Ricarda Huch

Im Alten Reich

e-artnow 2021

Ricarda Huch

Im Alten Reich

Lebensbilder Deutscher Städte

e-artnow, 2021
Kontakt: info@e-artnow.org

ISBN 978-80-273-4190-0

Inhaltsverzeichnis

Ich gestehe, daß ich aus Liebe zur Vergangenheit von verschiedenen alten Städten erzähle. Ich glaube, daß es eine Grenze des Umfangs gibt, jenseits welcher die Dinge und Verhältnisse nicht mehr schön, nicht mehr zweckdienlich, nicht organisch mehr sein können, und ich glaube, daß wir diese Grenze überschritten haben. Nur das halte ich dem Menschen angemessen, was er persönlich übersehen kann, nur das befriedigt seinen Schönheitssinn und seine Vernunft. Aus diesem Grunde liebe ich unsere alten Städte so wie sie bis etwa zum Beginn des neunzehnten Jahrhunderts waren. Sie hatten drei Feinde: das Feuer, die Franzosen und die Zerstörungswut und den Ungeschmack der neuen Zeit. Es liegt mir fern, den Menschen das Recht absprechen zu wollen, das Überlieferte nach ihrem Bedürfnis und Geschmack umzugestalten, insbesondere der Schrei nach Luft und Licht war ohne Frage berechtigt. Alle Lebensformen, auch die besten, verderben oder erstarren einmal; hätte man immerhin verändert und niedergerissen, wenn man nur etwas Gutes, Taugliches an die Stelle gesetzt hätte. Ich weiß wohl, daß die Kraft, zu schaffen, sich nicht zwingen läßt, daß nie die gleichen Bedingungen wiederkehren, und daß etwas Verquältes entsteht, wenn man eine Richtung erzwingen will, die dem Zeitgeist nicht entspricht. Indessen könnte der Zeitgeist, der über menschlichem Willen und menschlicher Einsicht ist, auch einmal zur geschlossenen, organischen Form zurückkehren; tut er es nicht, so muß es doch erlaubt sein, des Schönen, Großen und Merkwürdigen, was unsere Vorfahren hervorgebracht und erlebt haben, mit Anteil und vielleicht mit Wehmut zu gedenken. Man braucht nicht ohne Sinn für die Gegenwart zu sein, wenn man die Vergangenheit und ihre Werke schätzt. Viele wissen nicht, wieviel Ursachen wir Deutsche haben, auf unseren Reichtum an Schönheit stolz zu sein, und daß wir nicht nötig hätten, nach Italien zu reisen, um Kunstwerke anzustaunen, wenn dies glückliche Land nicht eins vor uns voraus hätte: das gute Wetter. Wir haben fast immer schlechtes, und zwar ein solches, in dessen tonloser Stumpfheit alles Schöne erlischt. Daß ich einen stimmungsvollen Himmel über meinen geschilderten Städten aufgerichtet habe, wird man mir hoffentlich als poetische Freiheit zugute halten, nicht als Fälschung vorwerfen.

Eine eingehende Beschreibung wolle man nicht erwarten, die Sache des Kunsthistorikers wäre; ich habe versucht, der Städte geschichtliches Dasein in kleinen Zügen, wie sie mir zu Gebote standen, aufleben zu lassen und dadurch zugleich ihre Erscheinung zu würdigen. Niemand kann sagen, wieviel von dem Aroma eines Bauwerks, einer Landschaft, einer Stadt von den großen oder merkwürdigen Erinnerungen abhängt, die damit verknüpft sind. Zuweilen geht von einer alten Mauer ein Hauch aus, der uns überzeugt, hier müsse Wunderbares sich begeben haben, auch wenn wir es nicht wissen; umgekehrt kann unser Wissen Steine formen und melodisch erbeben lassen.

Von den Neubauten des verflossenen Jahrhunderts, die das Bild der alten Städte so vielfach stören, habe ich wenig gesprochen; ich habe sie ignoriert wie das schlechte Wetter, damit meine bescheidenen Skizzen desto hübscher würden.

Frankfurt a/Main

Das alte Reich konnte eine Hauptstadt nicht haben, denn sein Haupt, der Kaiser, hatte keinen festen Sitz, sondern wanderte, wenn er nicht Krieg führte, von Ort zu Ort, um seiner höchsten Aufgabe zu genügen, nämlich Recht zu sprechen. Die Kaiser waren keine Monarchen in dem später aufkommenden Sinne und das alte Reich kein Fürstentum nach heutigem Begriff; eher könnte man es ein Gottesreich nennen, mit einem Richter an der Spitze, dem das Volk sich freiwillig unterwarf, wie der Mensch sich Gott unterwirft. Die Idee eines höchsten Herrn, der Gott und göttliche Gerechtigkeit auf Erden vertritt, ist uralt und taucht immer wieder auf, sei es durch Überlieferung oder weil der menschliche Geist überall und jederzeit Ideen hervorbringen muß, die mit ihm übereinstimmen und die das Vereinzelte zum Universum runden. Aus fernstem Altertum stammt der betupfte Königsmantel als Abbild des gestirnten Himmels, der Reichsapfel als Bild der Erde, die in der Hand Gottes ruht und so in der Hand seines irdischen Vertreters ruhen sollte. Es gehört zu dieser uralten Kaiseridee, daß der Erwählte die ganze Erde beherrsche, wenn sich das auch niemals verwirklicht hat.

Ist die Grundidee stets dieselbe, so gestaltet sie doch jedes Volk anders, nach dem Urbild, das in ihm wohnt, in dem es sich selbst verherrlicht und sich selbst ein Ziel setzt. Der römische König und Kaiser deutscher Nation glich dem deutschen Gotte: er war der Inbegriff der Macht, Weisheit, Güte und Gnade, namentlich der Quell des Rechtes und der Freiheit. Ihm gehörte die Erde, nicht damit er sie für sich ausnutzte, sondern damit er sie allem Volk austeile und wieder einziehe, wenn der Belehnte gestorben war oder seinen Anteil durch Schuld verwirkt hatte. Wie Gott den Menschen verlieh er seinem Volke Freiheit und Verantwortlichkeit, er ließ sie, anstatt sie zu fesseln, in weiten Kreisen wirken und schaffen. So bildeten sich mannigfache Formen menschlichen Zusammenlebens in dieser kaiserlichen Republik aus und ergab sich eine Ordnung, die man, obwohl es nicht an strengen Bindungen, zum Teil rein ideellen, fehlte, im Vergleich zu den Anschauungen neuerer Zeit Anarchie nennen könnte.

Einige Orte, die zu den Kaisern in besonderer Beziehung standen, konnte man immerhin Hauptstädte nennen: Aachen als die alte Krönungsstadt, Frankfurt als die Stadt, wo die Kaiser gewählt, später auch gekrönt wurden, Wien als die Residenz der Habsburger in einer Zeit, als die fließenden Verhältnisse des Mittelalters zu erstarren begannen. Denkt man an Frankfurts Lage am Main, der die deutschen Lande in eine nördliche und südliche Hälfte teilt, und daß es Goethes Heimat ist, so darf man es wohl einen Mittelpunkt des alten Reiches nennen.

Wer auf dem Römerberge vor dem Rathause steht, im Hintergrunde prächtig herrschend den Bartholomäusdom aufragen sieht, den Weg überblickt, den die Kaiser unter Glockengeläute zur Krönung zogen, dem wird, wenn er die Geschichte seines Volkes auch nur in großen Zügen kennt, Stolz und Andacht das Herz ergreifen. Der Bogen, den die das Rathaus umgebenden Häuser bilden, gleicht in seinem sanften Schwunge einem Diadem, dessen Mitte der denkwürdige Römer mit Limpurg und Frauenstein einnimmt. Ungleich schöner, durch wundervolle Schnitzereien reich verziert, überaus vornehm wirkend durch den dunkelschwarzen Ton des Holzes, sind andere Häuser des Platzes, namentlich das Salzhaus; der Römer ist erst in neuester Zeit durch einen Balkon, Kaiserfiguren und Wappen geschmückt, aber immer noch schlicht. Es gibt auch originellere und schmückendere Brunnen als der mit der Justitia, und die Nikolaikirche mit dem graziösen Umgang, von dem aus einst die Ratsherren den Mysterienspielen zusahen, die von Handwerkern und Schülern auf dem Platze aufgeführt wurden, steht vielen anderen Kirchen an Schönheit nach. Gemessen an den Verhältnissen moderner Großstädte, ist der Römerberg und seine Umgebung klein, und auch wenn man von solchen Vergleichen absieht, wirkt er mehr anmutig als gewaltig. Das Anmutige, Maßvolle ist für Frankfurt charakteristisch, ein Patengeschenk vielleicht des schöngewundenen Flusses, an dem die Stadt erblühte. Ein Zug der Anmut und Heiterkeit geht auch durch die Geschichte der Republik, wie sie ihrem Dichter, dem größten Deutschlands, eigen sind, dessen Leidenschaft, Tiefe und Tragik in ihrer Erscheinung durch freie Anmut und Mäßigung gemildert werden. Dessenungeachtet vermittelt der Römerberg die Stimmung historischer Größe, und weht es vom

Turme der Nikolaikirche schwarzrotgolden, in den Farben der Sturmfahne des alten Reichs, so ertönt er in einem strahlenden Akkord feierlicher Freude.

Die Entstehung Frankfurts hängt mit dem Namen Karls des Großen zusammen, der auf der Flucht vor den Sachsen hier eine Furt gefunden haben soll, die ihm den Übergang über den Main ermöglichte und ihn und sein Heer rettete. Daß eine bequeme Übergangsstelle schon früh zum Entstehen einer Ortschaft Anlaß gegeben hat, ist wahrscheinlich und sicher, daß Karl der Große sich gern dort aufhielt und dem von ihm leidenschaftlich betriebenen Jagdvergnügen in dem großen Reichsforst nachging, von dem noch Teile um Frankfurt erhalten sind. Im Jahre 794 hielt er eine Kirchenversammlung in Frankfurt ab, und im selben Jahre starb dort Fastrada, die geliebteste seiner Frauen. Die Entstehung Sachsenhausens wird darauf zurückgeführt, daß eine Anzahl sächsischer Familien am jenseitigen Ufer angesiedelt wurden, was den Bau der Brücke notwendig machte. Der Neigung des Ahnherrn folgend, hielten Ludwig der Fromme und Ludwig der Deutsche sich gern in Frankfurt auf und in der Pfalz wurde Karl der Kahle geboren und starben Ludwig der Deutsche und dessen Sohn Ludwig. Einige nehmen an, daß Ludwig der Fromme die alte Pfalz umbaute, andere, daß er eine neue errichtete; die Leonhardskirche am Main und der Saalhof sollen die Stellen bezeichnen, wo sie sich befanden. Alle Kaiser, die sich nach den Karolingern in Frankfurt aufhielten, bewohnten den königlichen Hof, bis auf Heinrich VII.; dann verfiel er. Im Jahre 1353 kaufte ihn ein reicher Patrizier namens Knoblauch, von dessen Erben er im 18. Jahrhundert an die Familie Bernus überging. Nach mehrfachem Umbau ist von der alten Pfalz nur noch eine romanische Kapelle übrig, aber auch diese wohl kaum karolingischen Ursprungs.

Auch von der Salvatorkirche, einer karolingischen Gründung, die der Legende nach den Namen daher hat, daß der Sohn Ludwigs des Deutschen, Karl, dort vom Teufel erlöst wurde, der ihn besessen und zur Empörung gegen den Vater angestiftet hatte, ist keine Spur geblieben, da sie ganz im Dome aufgegangen ist. Ein erhebender Augenblick aus der Zeit der sächsischen Kaiser, der fälschlich nach Quedlinburg verlegt worden ist, hängt mit der alten Salvatorkirche zusammen. Als Otto der Große im Jahre 942 nach glücklicher Beendigung von Kriegen und Empörungen in Frankfurt die Weihnacht feiern wollte, warf sich ihm vor dem Portal der Kirche ein Mann im Büßergewande zu Füßen; es war sein Bruder Heinrich, der nach der Niederwerfung des von ihm geleiteten Aufstandes entflohen war. Der Kaiser stutzte und stieß den Flehenden in der ersten Aufwallung des beleidigten Gefühls zurück. Den Bischof, der ihn an die Aufgabe des Christen mahnte, dem Feinde zu verzeihen, erinnerte er daran, daß er das schon siebenmal getan habe, worauf der Bischof die in der früher beliebten Ballade so gefaßten Worte erwiderte: »Nicht siebenmal vergib – Nein, siebenzig mal sieben – das ist dem Herren lieb.« Rethel hat den Augenblick, wo der Kaiser sich verzeihend zu dem knienden Bruder herabbeugt, auf einem Bilde dargestellt, das auf dem Frankfurter Historischen Museum aufbewahrt wird.

Mit dem Jahre 1239 beginnt die Geschichte des Domes, den wir jetzt kennen. Nach der Art des Mittelalters, wo alle Pläne unter dem phantastischen Szepter der Zeit, des Zufalls und der Notwendigkeit erwuchsen, zog sich der Auf- und Umbau der Kirche bis zum Jahre 1514 hin. In den letzten hundert Jahren entstand der Turm, Pfarrturm genannt, für den erst der Brand des Rathauses, das an der Westseite der Kirche stand, den Platz hatte freimachen müssen. In kraftvoll harmonischer Hoheit erhebt sich Frankfurts steinernes Haupt, anstatt in gotischer Spitze einst endigend, in einer stumpfen Haube, über der in einer Laterne die Sturmglocke hing, die der Sage nach aus reinem Silber gegossen war und vier Zentner wog. Dem Apostel Bartholomäus wurde der Turm geweiht, weil die Stadt kurz vorher in den Besitz der Hirnschale dieses Heiligen gelangt war, die noch im 19. Jahrhundert am Bartholomäustage öffentlich gezeigt und verehrt wurde.

Mit der Gründung des Domes hängt der Beginn einer Einrichtung zusammen, die eine irdisch nährende Quelle der Größe Frankfurts bedeutet, nämlich die Messe. Die neue Weihe der Kirche zu Ehren des heiligen Bartholomäus gab Anlaß zu der Kirchweih, aus der die Messe sich entwickelte, anfangs eine Herbstmesse, zu der etwa hundert Jahre später eine Ostermesse hinzukam. Von den Kaisern begünstigt, erlangte sie bald großen Ruf und legte den Grund zu Frankfurts Blüte als Handelsstadt.

Inzwischen war aus der den römischen Königen gehörigen und von ihnen abhängigen eine freie, sich selbst regierende Stadt geworden. Wie die Dome eine sich oft durch Jahrhunderte hinziehende Baugeschichte hatten, so war auch die mittelalterliche Freiheit nicht etwas Angeborenes oder eine mit einem Male zufallende, einheitliche Gabe, sondern sie wurde erworben, erkauft, erkämpft, stückweise, mit Mühe und durch Glück, ein goldenes Kleinod, vielmal in Feuersglut gehärtet, ein Edelstein, aus Tiefen herausgegraben und mit Fleiß und Geschick geschliffen und gefaßt. Nachdem durch Friedrich II. die Stadtvogtei, welche die königlichen Güter verwaltete, aufgehoben war, bemühten sich die beiden städtischen Bürgermeister und der städtische Rat, den Schultheißen zu verdrängen, der in Kaisers Namen das Recht sprach. Erst im Jahre 1372 führten diese Bemühungen zum Ziel, indem Karl IV. der Stadt das Schultheißenamt verkaufte, nachdem der Ritter Ulrich von Hanau, dem er es vorher verpfändet hatte, gestorben war. Die Möglichkeit indessen, der Kaiser könne auf das verkaufte Recht einmal wieder zurückgreifen, blieb bestehen, weswegen noch zu Goethes Jugendzeit, wie er selbst erzählt, nach dem Tode eines Schultheißen hastig zur Wahl eines neuen geschritten wurde. Das wichtige Recht, daß kein Frankfurter Bürger vor ein auswärtiges Gericht gefordert werden dürfe, war 1291 erworben und wurde immer wieder bestätigt, ebenso das Versprechen, nicht verpfändet zu werden.

Aus dieser Frühzeit des Gemeinwesens werden Züge berichtet, die aufrechte, stolze Gesinnung und vernünftige Mäßigung in der Leitung der inneren Angelegenheiten beweisen. Als Adolf von Nassau die Frankfurter Juden zur Zahlung einer bedeutenden Geldsumme zwingen wollte, trat einer von den beiden damals regierenden Bürgermeistern, es waren Heinrich von Prumheim und Volrad von Seligenstadt, dem Kaiser entgegen, um die Ungerechtigkeit, als welche er es offenbar empfand, zu verhindern. Ebenso unerschrocken verhielten sich die Frankfurter dem Papst gegenüber. Während der Regierung Ludwig des Bayers war die Stadt, die ihm anhing, zwanzig Jahre hindurch mit dem Interdikt belegt. Nach des Kaisers Tod wollte der Papst es aufheben, wenn der Rat sich und die Bürgerschaft für Ketzer erkläre und verspräche, keinen mehr als deutschen König anzuerkennen, der die päpstliche Genehmigung nicht erhalten hätte. Der Rat erwiderte, diese Bedingungen ablehnend, er werde fortfahren, dem jeweiligen deutschen Könige zu gehorchen, auch wenn der Papst die Genehmigung versage; die vorgelegte Absolutionsformel zeige antichristlichen Stolz und Übermut und beeinträchtige die Hoheit des Königs und der Kurfürsten. Leider entsprach die Gesinnung des damaligen Königs, es war Karl IV. von Luxemburg, der seiner Reichsstadt nicht; immerhin, als sie auf seinen Befehl sich fügen mußte, tat sie es unter Vorbehalt ihres Rechts.

Gegen das Ende des Jahrhunderts hatten die Frankfurter Unglück in einer Fehde mit den Herren von Kronberg, die der Kurfürst von der Pfalz unterstützte. Trotz der Übermacht des Feindes griffen sie unter Führung des Schultheißen Winter von Wasen und des Stadthauptmanns Breder von Hohenstein und unter Beteiligung aller Patrizier tapfer an, erlitten aber eine vernichtende Niederlage. Unter den 620 durch die Feinde gemachten Gefangenen waren der Schultheiß, der Stadthauptmann, drei Holzhausen, zwei Glauburg, zwei Frosch, ein Weiß von Limburg und die ganzen Metzger-, Bäcker-, Schlosser- und Schuhmacher-Zünfte. Auch das Banner, das der Schultheiß getragen hatte, war verloren. Die finanzielle Belastung, die das mit sich brachte, denn nach Frankfurter Gesetz wurden gefangene Mitbürger auf Kosten der Stadt ausgelöst, hätte leicht innere Unruhen erregen können; dem beugte die Regierung vor, indem sie sofort den Rat erweiterte und die Zahl der Bürgermeister auf drei vermehrte, von denen je einer aus dem Patriziat, aus den Zünften und aus der Gemeinde besetzt wurde. Diese Einrichtung wurde bis zum Jahre 1408 beibehalten, wo die Ordnung im Finanzwesen wiederhergestellt war.

Durch Handel und Gewerbe überragte damals Frankfurt seine wetterauischen Schwesterstädte Wetzlar, Friedberg und Gelnhausen noch nicht erheblich; aber als Wahlstadt hatte es doch viel mehr Einfluß und Bedeutung. Von 1140 bis 1500 fanden in Frankfurt zehn Königswahlen statt, von 1140 bis zum Beginn des Interregnums, 1254, einundzwanzig Reichstage. Was für einen

Zusammenfluß von Menschen und welche Vorteile das mit sich brachte, kann man aus den Tatsachen ableiten, daß bei Rudolfs I. Königswahl allein der Erzbischof von Trier mit 1800 Vasallen einzog und 1555 Mark Silber ausgab.

Bei einer Doppelwahl war es herkömmlich, daß der Erwählte sechs Wochen und drei Tage vor der Stadt lagerte und seinen Gegner zum Kampf erwartete. Auf Bitten des Kurfürsten ließ Frankfurt Günther von Schwarzburg schon nach sieben Tagen ein. Dieser, der bald darauf, der Sage nach vergiftet, starb, ist der einzige römische König, der in Frankfurt beigesetzt ist; sein Grab ist im Dom durch eine Platte bezeichnet, auf der er in ganzer Figur gerüstet dargestellt ist. Die schöne Stadt am Main hütete nicht die kaiserlichen Grüfte, sondern begleitete die ersten Schritte des Gewählten mit festlichen Bräuchen, altheiliger Symbolik und dem Jubel der Hoffnung.

Durch die Goldene Bulle, im Jahre 1356 von Karl IV. erlassen und wahrscheinlich von seinem Geheimschreiber Rudolf von Friedberg verfaßt, die eine Art Reichsgrundgesetz aufstellte, wurde Frankfurt gesetzlich zum Ort der Königswahl bestimmt. Von den 22 Königen, die seitdem bis zum Ende des Reichs regiert haben, sind nur fünf nicht in Frankfurt gewählt worden, nämlich Ruprecht von der Pfalz, Ferdinand I., Rudolf II., Ferdinand III. und Joseph I. Ruprecht von der Pfalz, der in Lahnstein gewählt worden war, lag die übliche Zeit von sechs Wochen und drei Tagen, seinen Gegner erwartend, vor Frankfurt, um seine Wahl gesetzlich zu machen. Zur Krönungsstadt bestimmte die Goldene Bulle Aachen; sie blieb es aber nur bis zum Jahre 1521, wo Ferdinand I., in Köln gewählt, in Aachen gekrönt wurde. Seitdem wurden die Könige in Frankfurt nicht nur gewählt, sondern auch gekrönt, nicht ohne daß jedesmal das Recht Aachens gewahrt wurde. Drei Könige, Rudolf II., Ferdinand III. und Joseph I., sind nicht in Frankfurt gekrönt worden.

Die Goldene Bulle, die ihren Namen von dem in Gold gekapselten großen Siegel hat, das an der Urkunde hängt, befindet sich jetzt im Historischen Museum und wurde schon im 17. und 18. Jahrhundert als größte Sehenswürdigkeit Frankfurts hervorragenden Fremden gezeigt. Das Frankfurter Exemplar ist eine Abschrift, die zehn Jahre nach dem Erscheinen der Urkunde auf Ansuchen Frankfurts hergestellt und natürlich teuer bezahlt wurde, ausgezeichnet vor anderen Abschriften durch ein Siegel, das dem der Original-Ausfertigung gleich ist. An Original-Ausfertigungen der Goldenen Bulle sind noch vorhanden die Exemplare von Kurtrier, Kurköln und Böhmen.

Die ritterlichen Geschlechter, die im 12. und 13. Jahrhundert die höchste Schicht in Frankfurt gebildet hatten, die von Bonames, von Bommerstein, von Carben, Kranich von Kranichsberg, von Eppstein, von Kronenberg, die Schenk von Schweinsberg, Schelm von Bergen, von Selbold, von Gödele, von Treisa, von Ursel, starben zum Teil aus, zum Teil verließen sie Frankfurt. Es bildete sich ein neues Patriziat aus größtenteils von auswärts eingewanderten Familien, deren Reichtum hauptsächlich auf Handel beruhte. Die Stalburg, Melem, Heller, Ugelnheimer, Knoblauch hatten zwar noch Grundbesitz; aber im ganzen war wegen der Billigkeit der Bodenprodukte die Landwirtschaft nicht mehr einträglich. Einer der glänzendsten Repräsentanten der damaligen Frankfurter Großkaufleute war der aus Mainz stammende Claus Stalburg, genannt der Reiche. Er trieb hauptsächlich Handel mit Venedig; in seinem Besitz war an Gewändern, Stoffen, Bechern, Schmuckstücken und Kostbarkeiten, was die Zeit Kostbares und Schönes hervorbrachte. Er liebte und sammelte Bücher und interessierte sich für die geistigen Bewegungen seiner Zeit; der Reformation, deren Anfänge er erlebte – er starb im Jahre 1524 – war er geneigt und übertrug die Erziehung seiner Söhne Wilhelm Nesen, einem Freunde des Erasmus von Rotterdam, und den Melanchthon eine Zierde der Wittenberger Universität nannte. Er stiftete ein großes Anbetungsbild in die Karmeliterkirche, auf dem von den drei heiligen Königen einer den Kaiser Maximilian, einer ihn selbst wiedergibt. Unter den vielen Häusern, die er besaß, war auch das Haus Löweneck, das später Goethes Lili bewohnte. Der reiche Jakob Heller stiftet den Kalvarienberg an der nördlichen Seite des Dom-Kirchhofs und ein Altarbild von Dürer in die Dominikanerkirche, das die Mönche später gegen eine jährliche Rente von 400 Gulden dem Herzog Maximilian von Bayern überließen. Es ist im Jahre 1673 in München verbrannt. Ludwig zum Paradies, der Letzte seines Geschlechtes, vermachte der Stadt einen Teil der Bücher, die er gesammelt hatte, und legte damit den Grund zu einer Stadt-Bibliothek. In diesen Kreisen verkehrte Hutten gern, besonders mit den Glauburg, einer von den alten Adelsfamilien Frankfurts; man sagte, er habe eine Tochter aus diesem Hause heiraten wollen.

Wie unsicher indessen auch für diese Bevorzugten die Lebensbedingungen waren, geht aus der großen Kindersterblichkeit hervor, der die Zahl der Geburten entsprach. Margarete Stalburg, die Claus den Reichen mit 15 Jahren heiratete, hatte in den folgenden sechzehn Jahren vierzehn Kinder, von denen mehrere früh starben. Jakob Heller, der selbst das älteste von neunzehn Kindern war, mußte sein Vermögen dem Kinde einer Schwester hinterlassen, weil sonst keine Erben da waren; er war der Letzte seines Geschlechts. Das Haus Stalburg wurde im Jahre 1789 abgerissen, um Platz für eine deutsch-reformierte Kirche zu machen; es hatte Türme und Zinnen wie eine Burg und enthielt ein großes Altarbild, das im Jahre 1813 zugrunde ging. Die beiden Seitenflügel, die die Eheleute Claus und Margarete Stalburg in ganzer Gestalt reichgekleidet darstellen, sind erhalten.

Man muß sich die Patrizier dieser Zeit gebildet, großzügig, lebenslustig, aber auch menschlich und warmherzig vorstellen; das scheint die freundliche Sorgsamkeit zu beweisen, mit der sie ihre Dienstboten und andere arme Leute testamentarisch bedachten. Sie gingen, solange sie nicht etwa durch unglückliche Spekulationen ihr Vermögen einbüßten, wie es den reichen Brüdern Bromm ging, die ihren ganzen Besitz in die Ausbeutung Mansfeldischer Kupfergruben steckten und verloren, auf der Höhe des Lebens unangefochten, erwiesen sich gern mildtätig und gönnten jedem das Seine, wie man ihnen das Ihre ließ. Eine untergehende Kultur entfaltete eine letzte wundervolle Blüte, zu der schon neue Verhältnisse beitrugen, deren üble Folgen sich noch kaum bemerkbar machten. Die Verteilung des Vermögens war noch nicht so, daß eine darbende Mehrheit mit Neid und Bitterkeit auf die Besitzenden geblickt hätte, die Daseinsbedingungen waren auch für die unteren Schichten noch erträglich, die Herrschaft der Patrizier noch nicht erdrückend. Indessen, es war doch an dem blühenden Organismus ein krankhafter Flecken zu bemerken, das Gesetz von 1495, wonach die Vermögen, die über 10 000 Gulden betrugen, von der Steuer frei sein sollten. In dieser offenbaren Begünstigung der Reichen und Mehrbelastung der Armen, die auch durch die indirekten Steuern härter als die Besitzenden betroffen wurden, kann man den Beginn schamloser Geldwirtschaft sehen. Man muß deshalb diese Zeit als einen Wendepunkt betrachten, wo sich inmitten der schön gereiften Früchte mittelalterlicher Weltanschauung das Verderben neuer Grundsätze bemerkbar macht.

Nach mittelalterlicher Auffassung hatte die wirtschaftliche Tätigkeit nicht dem Vorteil des einzelnen, sondern der Gesamtheit zu dienen und schloß man, um eine möglichst gleiche Verteilung von Arbeit und Gewinn zu erzielen, den freien Wettbewerb aus. Geld auf Zinsen zu leihen, galt als unchristlich und unsittlich. Da nun der Kaufmann große Gewinne einheimste, die er mehr der Benutzung günstiger Umstände und der Überforderung des Käufers verdankte als der Arbeit, faßte Luther, ganz und gar mittelalterlicher Anschauungsweise anhängend, eine leidenschaftliche Abneigung gegen diesen Stand. Er warf ihm namentlich vor, wie er in der Schrift Von Kaufhandlung und Wucher ebenso scharfsinnig wie wohlwollend auseinandergesetzt hat, daß er die Regel angenommen habe, er dürfe seine Waren so teuer verkaufen, wie er könne, womit der Hölle Tür und Fenster aufgetan sei, während die gute Regel sei, so teuer zu verkaufen, wie recht und billig sei. Dieser und noch anderer Tücken und Schliche halber hielt er die Kaufleute für nicht viel besser als Räuber. Als Gegner des Importhandels klagte er, daß die Frankfurter Messe das Gold- und Silberloch sei, »dadurch aus deutschen Landen fließt, was nur quillt und wächst bei uns und gemünzt und geschlagen wird«. Die Deutschen seien dazu in die Welt geschleudert, alle Länder reich zu machen und selbst Bettler zu bleiben. Nach seiner Auffassung sollten die Deutschen nach Möglichkeit mit eigenen Produkten und selbstverfertigten Waren sich begnügen, anstatt sich an fremdländischen Luxus zu gewöhnen. Mit Widerwillen sah er das mit der Messe verbundene Geldgeschäft um sich greifen, das bereits sehr lebhaft war, wenn auch noch nicht so wie im achtzehnten Jahrhundert, wo es in Frankfurt 40-50 sogenannte Wechseljuden gab, die sich damit beschäftigten, gute Münze aufzukaufen und schlechte in Umlauf zu bringen. Das war zwar durch Reichsgesetz verboten, aber die Frankfurter Regierung ließ es stillschweigend hingehen, wenn sie nicht gar Vorteil dabei fand.

Die Folge davon, daß diese Verhältnisse sich im Laufe des 16. Jahrhunderts immer mehr zuspitzten, die reichen Patrizier sich von den verarmenden Handwerkern immer mehr abschlossen, war der große Aufstand des Jahres 1614, den der Lebküchler Vincenz Fettmilch leitete, und der sich zugleich gegen die oligarchische Regierung und gegen die Juden wendete.

Im Jahre 1240 wurden in Frankfurt 180 Juden teils erschlagen, teils verbrannt. Diese Verfolgung, bei Gelegenheit welcher zuerst eine Judengemeinde in Frankfurt erwähnt wird, soll dadurch entstanden sein, daß eine wider Willen getaufte Jüdin einem angesehenen Christen ihre Hand verweigerte, weil sie mit einem Juden versprochen war. Als Kammerknechte des Kaisers waren die Frankfurter Juden damals gut gestellt, hatten eigenen Gerichtsstand und eigene Gemeindeverwaltung, durften Grundeigentum erwerben und ihren Wohnsitz nach Belieben wählen. Die Judengasse wurde durchaus nicht nur von Juden bewohnt. Nachdem die Stadt das Eigentumsrecht über die Juden an sich gebracht hatte, verschlimmerte sich ihre Lage: im Jahre 1460 wurde ihnen die Judengasse als ausschließlicher Wohnort angewiesen. Anderseits konnten sich auch die Juden immer mehr bereichern, je mehr der Frankfurter Handel aufblühte und das Geld- und Wechselgeschäft, wie es die Anwesenheit der Meßfremden mit sich brachte, zunahm, das ja in ihren Händen lag. Während in der Bürgerschaft sich Haß gegen die Juden ansammelte, denen sie vielfach verschuldet war, nahm die Regierung sie in Schutz, weil sie an den gewinnbringenden Geldgeschäften beteiligt war oder daraus Vorteil zog. Die eigentlich handelnden Träger des Aufstandes waren unzufriedene Kleinbürger, im Hintergrunde wirkten aber auch Angesehene mit, namentlich die neu zugewanderten niederländischen Familien, die du Fay, de Neufville, Bernoully, d'Orville, die erst später in das Patriziat eintraten.

Nach langen wechselvollen Verhandlungen und Kämpfen wurde Fettmilch mit mehreren Genossen hingerichtet. Beim Besteigen des Schafotts, das an der Stelle des jetzigen Gutenbergdenkmals stand, soll Fettmilch gesagt haben, er hoffe zu Gott und wisse bestimmt, daß Gott, bevor er sterbe, ein Zeichen tun werde. Erst nach vollzogener Hinrichtung stürzte der anwesende Ratsherr Joh. Ad. von Holzhausen vom Schlage getroffen zusammen, was vom Volke als Erfüllung der Prophezeiung angesehen wurde.

Die von der Volkswut vertriebenen Juden wurden im Triumph und mit Trommelschlag in die Judengasse zurückgeführt. Es wird berichtet, daß ein Jude namens Oppenheim gebeten habe, eine Strecke weit selbst die Trommel schlagen zu dürfen, was ihm auch bewilligt worden sei. An den drei Toren der Judengasse waren drei große, auf Blech gemalte Reichsadler angebracht mit der Aufschrift: Römisch-kaiserlicher Majestät und des heil. Reiches Schutz. Aller Schaden, den die Juden während des Aufstandes durch Plünderung oder sonst erlitten hatten, wurde ihnen ersetzt. Im übrigen Reich bemerkte man mit Groll, daß die den Lutheranern verliehenen Privilegien nicht überall mit demselben Eifer innegehalten würden, wie auf den Schutz der Frankfurter Juden verwendet werde. Als beständiges Merkmal der Warnung und Drohung ließ die Regierung die Köpfe der hingerichteten Rebellen am Brückenturm befestigen. Dort sah sie noch mit Grauen Goethe als Knabe und fand, im Alter sich daran erinnernd, Worte des Mitgefühls und der Anerkennung für den unglücklichen Bekämpfer sozialer Mißstände.

Wie in allen Städten hatte in Frankfurt die herrschende Klasse im 17. Jahrhundert einen engherzigen Charakter angenommen; trotzdem zeigte sich gelegentlich der Geist überlegener Menschlichkeit. Als die Gelnhauser Bürger sich im Jahre 1629 bei der Regierung beschwerten, daß den Hexen nicht genügend zuleibe gegangen werde, und als der Gelnhauser Magistrat sich deshalb an den Frankfurter wendete, da Gelnhausen das Recht von Frankfurt hatte, gaben die Frankfurter folgende besonnene Antwort: »...den anderen von Euer fürsichtigkeit burgerschafft erregten puncten aber betreffendt, sihet solches einem glimmenden feur sehr ähnlich und wirdt mitt gottes beystandt sonderlich darbey zu wachen sein; erachten zwar, daß nur der gemeinste man und feldarbeitter interessiert, welchen als dan die Prediger dero wahn, als ob dergleichen geclagte schäden von zauberern herrühren theten auff den cantzlen oder auch etwa den principalioren privatim mitt guten gründen zu benehmen und eines besseren zu underrichten ahnzumahnen weren; da aber auch verständigere den sachen beyfällig und von gemelten ihrer intention und vorhaben gedachter masen nicht zu differriren und lassen zu underrichten, so würden Euer fürbesichtigkeit darauff zu sehen, was die in allegirten aussagen vermelte persohnen sonsten für ein leben und wandel führeten, auch deren besagungen zu observiren und darüber rechtsgelährten raht zupflegen und sonderlich dabei zu gedencken haben, daß die peinliche halsgerichtsordnung art. 15 item 44 und sonsten gelehrt, damit unschuldiger menschenbluht nicht vergossen werde; und erinnern wir uns benachbarter exempel, wie weit ahn etliche orten solch wesen einreisen thutt, ahn andern aber sehr behutsam verfahren und solchen blosen aussagen nicht nachgesetzet, auch von hohen standtspersohnen also zu verfahren bedenken getragen, ob auch schon fast dergleichen ahnsuchen bey ihnen auch bestehen.« Das Ergebnis der Betrachtungen wird darin zusammengefaßt, daß nur greifbare schwere Verbrechen, wie Mord und ähnliche Missetaten, mit dem Tode zu bestrafen wären.

Denkt man daran, wie fast überall der Hexenwahn die Einsicht der Menschen verdunkelte und sie zu einem sinnlosen Rechtsverfahren und bösartigster Grausamkeit antrieb, so vernimmt man dieses von Vernunft und Menschlichkeit durchleuchtete Gutachten beglückt wie eine Bürgschaft nicht ganz erloschenen Lichtes.

Der Sage nach wurde die Tortur in Frankfurt durch das kluge und gute Vorgehen des Henkers Ulrich Waldmann abgeschafft. Nachdem er sich von der Unschuld der vermeintlichen Zauberinnen, deren Geständnis er erpressen mußte, überzeugt hatte, weigerte er sich eines Tages, an ein paar vorgeführten Frauen seinen schrecklichen Dienst zu verrichten. Dem erzürnten Rat erklärte er, beweisen zu können, daß durch die Folter Unschuldige gewaltsam zu Schuldigen gemacht würden. Er tötete vor Zeugen sein bestes Pferd und bezichtigte dann einen seiner Knechte, es getan zu haben. Der Tortur unterworfen, gestand der Knecht, was er zuvor abgeleugnet hatte, das Pferd, um seinen Herrn zu ärgern, umgebracht zu haben, worauf den Ratsherren die Augen aufgingen und die Folter künftig nicht mehr angewendet wurde. Hat sich dies auch nicht wirklich begeben, so meint man doch, es hätte sich da begeben können, wo es erdacht und geglaubt wurde.

Frankfurt hatte ein doppeltes Gesicht: das der Geldstadt und das der Krönungs- und freien Reichsstadt, Noch zu Goethes Zeit, ja noch um 1848, als Frankfurt die Hauptstadt eines idealen Reiches wurde, herrschte im ganzen ein fröhlich unbekümmerter, jovialer Geist, und neben etwaigem, steifem Wesen in den regierenden Kreisen entfaltete sich Unabhängigkeitssinn und ausgelassenes Kraftgefühl der Bürgerschaft. Einig waren alle im Festhalten an der stolzen Überlieferung, in der Anhänglichkeit an Kaiser und Reich, in der Abneigung gegen die aufgedrängte preußische Herrschaft. Als im Jahre 1867 der Pfarrturm, der Turm des Kaiserdoms, brannte und zusammenstürzte, erschien der Untergang des vertrauten Hauptes als Symbol des Untergangs einer ruhmreichen und glücklichen Existenz.

Mit prahlerischen Denkmälern und plump überladenen Häusern machte sich anfangs die neue Zeit breit; die vornehme Gemessenheit der Barockpaläste an der Zeil mußte anspruchsvoll häßlichen Geschäftshäusern weichen. Trotzdem, wieviel Gutes auch verschwand und wieviel Geschmackloses einzog, hat Frankfurt doch in vielen Teilen den Charakter heiterer Majestät bewahrt. Ein Häuflein putziger Häuser mit Verkaufsschirnen und Ladenerkern, traulicher Höfe, winziger Plätze mit Brunnensäulen zwischen Dom und Römerberg entfaltet neuerdings durch größtenteils verständnisvolle Bemalung, die die Konstruktion hervortreten läßt, bestrickenden Reiz. Schon die Namen der Straßen: Fünffingereck, Rapunzelgäßchen, Goldhutgasse, Hinter dem Lämmchen, Goldenes Löwenplätzchen und die ebenso wunderlichen Namen der Häuser entrücken den Wanderer in eine Kindermärchenwelt. An den Eschenheimer Turm, Frankfurts Wahrzeichen, reiht sich noch manche würdige Front und das Goethehaus und seine Umgebung versetzt uns in die Zeit eines herrschaftlichen Bürgertums, das sich auf Grund ererbter und bewahrter Tüchtigkeit neben Fürsten stellte. Möchte doch das Antlitz der freien Reichsstadt nicht ausgelöscht werden, sondern auch ferner durch das blendende der neuen Großstadt mit unvergänglicher Anmut hindurch schimmern.

Mainz

Als die ehemalige Erzherzogin Marie Luise zum ersten Male, von ihrem kaiserlichen Gemahl geführt, auf den Balkon des Deutschherrenhauses in Mainz trat, rief sie überwältigt von der sie umgebenden Schönheit aus: Ah, comme c'est beau! worauf Napoleon sich sofort erbot, das Haus zu einem kaiserlichen Palast einzurichten. Der breite Rhein, der eben den Main in sich aufgenommen hat, rollt hier mit gelassener Majestät, auf der Höhe seines Daseins in die unabsehbare, fruchtbare Ebene. Die sanften Ufer, die nahen Hügel, der ferne charakteristische Umriß des Taunus mischen Lieblichkeit und Abwechslung in die einfache Größe der Landschaft, die einen Sitz bequem genießender Herrschaft zu tragen bestimmt scheint. Aber die Stadt, die hier entstand, hieß von jeher das goldene Mainz, und von dem Glanz des Goldes kam ihr Verhängnis und Gefahr. Gefährlich und verhängnisvoll war die Lage zwischen den Völkern, von denen jedes diesen beherrschenden Punkt begehrte, und zwischen Gefahr und Verhängnis hat immer Mainz geblüht, immer untergehend und sich erneuernd. Eine römische Stadt hat die Erde verschlungen, eine mittelalterliche, die darüber erwuchs, das Feuer zerstört.

Die junge und jüngste Generation kennt kaum noch das schöne, balladenhafte Gedicht Simrocks vom Helden Drusus, der die römischen Adler in die deutschen Wälder trug, bis ihm ein dämonisches Weib warnend entgegentrat: »Jene Marken unsrer Gauen – Sind dir nicht vergönnt zu schauen – Stehst am Markstein deines Lebens – Deine Siege sind vergebens – Säumt der Deutsche gerne lange – Nimmer beugt er sich dem Zwange – Schlummernd mag er wohl sich strecken – Schläft er, wird ein Gott ihn wecken!« Erschüttert kehrte Drusus nach Mainz zurück und starb, unendlich betrauert von seinen Legionen, die ihm, so geht die Sage, das gewaltige Grabmal auftürmten, das noch jetzt, wenn auch beträchtlich weniger hoch, als ein Denkmal der Römerzeit innerhalb der Zitadelle sich erhebt.

Das Unsichtbare ist stärker als das Sichtbare: die festesten Mauern verzehrt die Zeit, der Name dauert, leuchtet sonnenhafter, wie er sich mehr und mehr im Äther verklärt, erklingt mit vollerem Ton, je tiefer der Körper, der ihn trug, in die Vergangenheit versinkt. Nicht viel mehr als Namen sind übriggeblieben von den Heiligen und Hohen, die den Charakter und die Bedeutung von Mainz begründeten. Die Namen Dagobertwik und Alteburg deuten auf den Merowingerkönig Dagobert, auf den die Anfänge des germanischen Mainz zurückgehen. Wer ihm aber für ein Jahrtausend das Gepräge gab, das war der Angelsachse Winfried Bonifazius, einer jener Auserwählten, die, einem angeborenen Drange folgend, halb bewußt, halb unbewußt die Zukunft der Völker bestimmen. Die Heiden, insbesondere die seinem Vaterlande benachbarten Friesen zu bekehren, das war der erste Trieb des Jünglings; auch künftig und im Alter zog es den Träger höchster Würden wieder zu den Friesen, die ihn erschlugen, als hätte dort von jeher der Tod gestanden und ihn magisch gezogen, wo der Ring des Schicksals, zugleich Deutschlands Schicksal, sich bildete und schloß. Der Mann, der sich nach dem Märtyrertode sehnte, erstrebte doch auch eine irdisch feste Ausgestaltung des Christenglaubens, die eins war mit der Herrschaft der Franken und ihrer von der römischen gespeisten Kultur. Die festländischen germanischen Stämme waren für ihn Heiden, die bekehrt werden mußten, und um sie an das Christentum zu binden, band er sie an den Papst, den höchsten Bischof der Christenheit, das Haupt des einstigen Mittelpunktes der Erde. Indem er sich ihn zum Herrn wählte, seine Befehle suchte und annahm, fesselte er die deutsche Kirche an Rom und schuf eine Verbindung, die den Ideen der Zeit gemäß war und bei allen zerstörenden Folgen für Deutschland dem Zusammenhang des Abendlandes diente und insofern groß und notwendig war. Damals war Bischof zu Mainz Gerold, der Karlmann, den Sohn Karl Martells, in eine Schlacht gegen die Sachsen begleitete und dort fiel. Karlmann machte zu Gerolds Nachfolger dessen Sohn Gewilieb, der wiederum, von Rachegedanken erfüllt, mit in den Krieg zog. Als die feindlichen Heere sich an der Weser begegneten, ließ Gewilieb denjenigen, der seinen Vater getötet hatte, um eine Unterredung bitten und stieß ihm das Schwert in die Brust. Karlmann, der in dieser Schlacht siegte, fand die Tat seines kriegerischen Bischofs nicht anstößig; aber Bonifazius hatte eine andere Auffassung von den Pflichten der Geistlichen und bewirkte Gewiliebs Absetzung.

Zwei Jahre später kam er selbst an seine Stelle. Gregor III. hatte ihn zum Erzbischof ernannt und ihm die Bekehrung und Leitung aller Germanen anvertraut, Papst Zacharias erhob das Erzbistum Mainz zur Metropolitankirche, der fast alle damaligen Bistümer unterstellt wurden. Bonifazius hätte Köln vorgezogen, weil er dort den noch unbekehrten Friesen näher gewesen wäre, aber er ordnete sich dem Willen des Papstes unter. Nachdem er sich mit der Organisation der deutschen Kirche jahrelang beschäftigt hatte, folgte er, sich dem Tode nahe fühlend, noch einmal dem Drange seiner Jugend und begab sich mit mehreren Gefährten nach Friesland, wo er im Jahre 755 erschlagen wurde. Seine Leiche wurde, so wie er es bestimmt hatte, nach dem von ihm gegründeten Kloster Fulda gebracht, seine Eingeweide jedoch behielt Mainz, und sie wurden in der Johanniskirche in einer besonderen Gruft beigesetzt. Diese Kirche in nächster Nähe des Doms gilt als die älteste von Mainz und soll schon in der ersten Hälfte des 6. Jahrhunderts als Taufkirche bestanden haben. Im 12. Jahrhundert wurde sie der Aldedum, der alte Dom, genannt, und aus gewissen Gebräuchen ging die Abstammung des Domstiftes vom Johannisstift hervor. Im 13. Jahrhundert drohte der alten Kirche der Einsturz, aber erst hundert Jahre später wurde sie neu erbaut und im 17. Jahrhundert neu hergerichtet. Nachdem sie von den Franzosen als Magazin benutzt worden war, wurde sie im Jahre 1825 ›ganz verfallen‹ den Protestanten überlassen, die sie wiederum erneuerten. Turm, Südmauer und Dach stammen noch aus alter Zeit. Erzbischof Gerhard von Nassau, ein Enkel König Adolfs, ließ im Jahre 1357 ein Grabmal aus rotem Sandstein bei der Gruft des heiligen Bonifazius aufstellen, worauf er im erzbischöflichen Gewande dargestellt ist. Der Stein ist vor hundert Jahren in den Dom versetzt worden.

Ein würdiges Denkmal aus der Frühzeit der im Schutze der Erzbischöfe erblühenden Stadt sind die Bronzetüren, die der große Erzbischof Willegis am Ende des 10. Jahrhunderts gießen ließ, die ältesten in Deutschland nächst denen zu Aachen. Er schenkte sie der Bürgerschaft für die Liebfrauenkirche oder Sankt Marien zu den Greden, die sie damals erbaut hatte, und die lange die einzige Pfarrkirche von Mainz war. Hundert Jahre später war ein Graf von Saarbrücken, Adelbert, Erzbischof, der Kanzler Kaiser Heinrichs V. war. Als nun Heinrich in den Bann getan wurde, fiel Adelbert von ihm ab, worauf der erzürnte Kaiser ihn nach der Burg Trifels in Rheinbayern bringen und dort in ein Verließ werfen ließ. Die Ritter und Bürger von Mainz nahmen die Partei ihres Bischofs, belagerten den Kaiser in seinem Palast, als er ein paar Jahre darauf in Mainz eine Reichsversammlung hielt, und erzwangen die Freilassung Adelberts, der zum Gerippe abgemagert und entkräftet zurückkehrte. Diesen erfolgreichen Trotz der Stadt verzieh der Kaiser nicht, sondern rückte mit Heeresmacht gegen sie heran; aber es gelang Adelbert, sie zu entsetzen. Eingedenk der Opfer, die die anhänglichen und tatkräftigen Bürger ihm gebracht hatten, verlieh der Erzbischof ihnen ein Privileg, das seiner Wichtigkeit wegen nicht nur auf Pergament geschrieben, sondern in die ehernen Türflügel des Willegis eingegraben wurde. Es ist in lateinischer Sprache abgefaßt und erkannte den Bürgern von Mainz das Recht zu, außerhalb ihrer Mauern keinem Gericht und keiner Besteuerung unterworfen zu sein, sondern innerhalb ihrer Mauern nach ihrem angeborenen Recht gerichtet zu werden und keine anderen als die hergebrachten Steuern zu zahlen. Während die unvergleichliche Liebfrauenkirche vernichtet ist, bewahren die Metalltüren, an den Dom versetzt, noch die ehrwürdige Inschrift. Die Liebfrauenkirche, von jeher ein Ziel der Blitze, wurde nach mehreren Bränden im gotischen Stile aufgebaut; vielleicht war grade der Umstand, daß nur ein verhältnismäßig kleiner Platz für sie verfügbar war, die Ursache ihrer phantasievoll eigenartigen Gestalt. Die übriggebliebenen Abbildungen zeigen die Pracht des durchsichtigen Turmes, der kühnen Fenster, die kaum noch zusammenhängende Mauer übrigließen, so daß das schwere Gebäude wie ein wunderbar verzweigtes, aus überirdischem Samen aufgeschossenes Riesengewächs aussah. Das Portal, zu dem von der Rheinseite her die Stufen hinaufführten, von denen die Kirche den Namen hatte, war mit einer Darstellung des Jüngsten Gerichtes geschmückt, das in seiner figurenreichen Entfaltung einem steinernen Epos geglichen haben muß. Nachdem Sankt Marien durch das Bombardement des Jahres 1793, das so viele Kirchen vernichtete, stark beschädigt, aber keineswegs zertrümmert war, wurde sie von den Franzosen, deren Zerstörungslust fast auch der Dom zum Opfer gefallen wäre, trotz aller Gegenbemühungen kunstverständiger Mainzer abgetragen und verschwand.

Weit eher schon als ihre Kirche ging die Freiheit und Kraft der Mainzer Bürgerschaft unter. Je selbständiger sie wurde, desto reizbarer wurden die Beziehungen zwischen ihr und den Erzbischöfen, und bei den Kaisern, die mit ihrem Kanzler und dem Primas der deutschen Kirche sich so gut wie möglich abfinden mußten, fand sie nicht immer Unterstützung. Als der wegen seiner Schroffheit bei Volk, Ritterschaft und Domkapitel gleichmäßig verhaßte Erzbischof Arnold von Seelenhofen von den Aufständischen im St. Jakobskloster, wo er sich verschanzt hatte, getötet worden war, vollzog Friedrich Barbarossa furchtbare Strafe, indem viele Bürger verbannt, die Stadtmauern niedergerissen, Rechte und Privilegien aufgehoben wurden. Das Sinken der Kaisermacht war für Mainz wie für fast alle Städte im Reich günstig. Im Einverständnis mit dem Erzbischof Siegfried III. von Eppstein, der die Gegenkönige Heinrich Raspe und Wilhelm von Holland erhob, nahm die Stadt gegen die Hohenstaufen Partei. Der mächtige Mann wurde von den Bürgern zur Nachgiebigkeit gezwungen und gestand ihr eine weitgehende Unabhängigkeit zu. Sie durften einen Rat wählen, der lebenslänglich im Amte blieb, sie waren frei von Kriegsdienst, brauchten sich keine willkürliche Besteuerung gefallen zu lassen, und der Erzbischof durfte weder in der Stadt noch im Umkreis einer Stunde vor den Toren eine Burg bauen. Dagegen verpflichtete sich die Bürgerschaft, den Erzbischof um keines Menschen, auch um des Kaisers willen nicht zu verlassen. Sie wollten also nicht den Kaiser, sondern den Erzbischof als den Quell ihrer Freiheit betrachten, den Erzbischof, der doch im Grunde nach ihrer Unterwerfung trachten mußte.

Die Verwüstungen im Rheinlande, die eine Folge des Kampfes zwischen Hohenstaufen und Welfen waren, ließen in einigen Häuptern der Mainzer Bürgerschaft den Gedanken eines Bundes entstehen, der seinen Gliedern durch ihre vereinigte Kraft den Frieden verbürgen würde. Der ausgesprochene Zweck des Bundes war die Aufrechterhaltung von Recht und Frieden und der Schutz aller Schwächeren gegen die Mächtigen. Seinen Kern bildete die Verbindung der Städte Mainz und Worms, die sich vorher befehdet hatten, weil Worms zu den Hohenstaufen hielt, die aber schließlich die Gemeinsamkeit ihrer Interessen begriffen. Bald traten Bischöfe, Fürsten und Edle dem Bunde bei, denn er war nicht auf Städte beschränkt, und auch der Erzbischof, es war Gerhard I., billigte ihn. Kam der Rheinische Bund auch nicht zu der Wirksamkeit, die von ihm erwartet wurde, so war er doch ein Zeichen erstarkter Kraft und selbständiger Politik der Bürger. Als sein eigentlicher Begründer gilt Arnold der Walpode, einer der bedeutendsten Mainzer Familien angehörig, die im Jahre 1128 zuerst genannt wird. Der Name kommt von dem Amt des Gewaltboten, das die Walpod im 14. Jahrhundert aufgaben, worauf es an die Zum Baumgarten kam. Die Walpoden teilten sich in verschiedene Zweige; der berühmte Arnold führte einen gekrönten Löwenkopf im Wappen.

Das städtische Regiment lag in Mainz wie in allen anderen Städten in den Händen der begüterten vornehmen Familien, die in festungsartigen Häusern wohnten, deren Namen sie annahmen. Eines der hervorragendsten und weitverzweigtesten dieser Geschlechter waren die Gensfleisch, die mehrere Höfe in Mainz besaßen und die höchsten Stellen bekleideten. Die Geschlechterherrschaft erfuhr die erste Erschütterung durch finanzielle Schwierigkeiten, in welche die Stadt geriet. Als im Jahre 1328 zwei Erzbischöfe, Balduin von Luxemburg und Heinrich von Virneburg um den Besitz des Erzstifts stritten, entschied sich die Stadt für Heinrich, der Kaiser für Balduin, und in dem daraus entstehenden Kampfe zerstörten die Mainzer drei Klöster. Vom Kaiser in die Acht getan, mußten sie sich endlich fügen und wurden verurteilt, den angestifteten Schaden wieder gutzumachen. Die daraus sich ergebenden Schulden und Verlegenheiten benützten die Zünfte, einen Anteil am Regiment zu fordern und durchzusetzen. Gegen die neue demokratische Ordnung erhoben sich viele junge Patrizier, und ein Kampf entspann sich, in dem die Burg des Friele zum Gensfleisch geplündert wurde. Eine Anzahl Patrizier wanderten aus, kehrten aber zum großen Teil zurück, und eine Sühne zwischen den Parteien wurde geschlossen. Wie es zu gehen pflegte, waren die Zünfte nun zwar in die Regierung eingetreten, konnten aber den überwiegenden Einfluß der Geschlechter nicht hindern, wovon neue Unzufriedenheit die

Folge war. Im Jahre 1411 wanderten wieder Patrizier aus, darunter die Gensfleisch, Salmann, zum Jungen, Humbrecht, Fürstenberg, Wallertheim, von denen nicht alle zurückkehrten, und dasselbe wiederholte sich zehn Jahre später. Das Ergebnis der Zwietracht war eine neue Verfassung, in der die Zünfte nun sogar das Übergewicht hatten, indem den aus 36 Mitgliedern bestehenden Stadtrat nur zwölf Patrizier besetzten. Die Gemeinde konnte sich ihres Sieges nicht lange freuen; denn der völlige Untergang der alten städtischen Freiheit stand bevor.

Wieder wurde eine zwiespältige Bischofswahl den Bürgern zum Verhängnis. Diether von Isenburg, ein kluger und herrschsüchtiger Mann, wurde von Papst und Kaiser abgelehnt, die ihm Adolf von Nassau entgegenstellten. Die Bürgerschaft blieb dem Isenburger treu, der das Erzstift schon drei Jahre innehatte, und entschloß sich zum Kampfe. Niemandem war es bekanntgeworden, daß ein kleiner Teil der Bürger und die Domherren, darunter der Bürgermeister Zum Dymerstein und der Domherr Ewald Faulhaber von Wechtersbach mit Adolf in verräterisches Einverständnis eingetreten waren. Mit ihrer Hilfe gelang es dem Feinde, durch das Gautor einzudringen und unter der überraschten Einwohnerschaft ein Blutbad anzurichten. Als die Stadt überwältigt und besetzt war, zog Adolf, der draußen den Ausgang abgewartet hatte, ein und verhängte ein vernichtendes Strafgericht über die Bürger. Sie wurden auf den alten Tiermarkt, den jetzigen Schillerplatz, geführt, um unter Bewachung der siegreichen Gegner ihr Schicksal zu erfahren. Alle Freiheiten und Privilegien wurden aufgehoben, die Stadt dem Erzbischof untertänig erklärt, eine Menge von Höfen und Häusern eingezogen und alle Bürger, ausgenommen die, welche nicht entbehrt werden konnten, wie zum Beispiel die Bäcker und andere Handwerker, bis auf weiteres aus der Stadt gewiesen.

War dies unglückliche Ende bürgerlicher Freiheit auch nicht die unmittelbare Folge der demokratischen Regimentsveränderung – denn ob zurückgesetzte Patrizier aus Unmut und Rachsucht am Verrat beteiligt waren, ist nicht bekannt – so wäre es doch vielleicht nicht soweit gekommen, wenn die Stadt nicht durch die vorhergehenden Bürgerkämpfe und die veränderte Besetzung des Rats geschwächt gewesen wäre. Alles aber mag wohl damit zusammenhängen, daß die alten Geschlechter überhaupt schon ihrem natürlichen Ende zuneigten. Manche erloschen schon im 14. Jahrhundert, wie die Zum Pilgrim, die Seelhofen, die Zum Baumgarten und die Zum Ageduch, die meisten aber im 15., Zum Weidenhof, Zum Clemann, Zum Blashof, Zum Lichtenberg, Zum Bart, Zum Spiegel, von Bingen, Bechtelminzer, Seeheimer, Achheimer. Andere, deren Häuser vom Erzbischof Adolf eingezogen waren, wanderten aus, einige nach Frankfurt, andere nach Straßburg, und unter diesen waren die Zum Frosch, die Zum Landeck und die Gensfleisch zum Laden, jener Stamm der Gensfleisch, dem Johannes Gutenberg, der Erfinder der Buchdruckerkunst, entsprossen sein soll. Von dem verräterischen Bürgermeister Zum Dymerstein erzählen einige, er sei im Kampfe gefallen, andere, er habe sich, als er die unerwartet furchtbaren Folgen seiner Tat erkannt habe, in Verzweiflung selbst getötet. Das Haus »Zum Dymerstein« soll lange verrufen gewesen sein und kam endlich an einen Domherrn Knebel von Katzenellnbogen, der im Jahre 1600 ein neues, noch stehendes Haus auf der Stelle errichten ließ.

Adolf von Nassau hatte nicht den Mut, in der durch ihn gestürzten Stadt zu wohnen, sondern residierte in Ellfeld, wo auch Gutenberg, unter das Hofgesinde des Erzbischofs aufgenommen, seine besten Lebensjahre zubrachte. Mehr Haß als Adolf von Nassau hatte Diether von Isenburg verdient, der nach Adolfs Tode, von ihm selbst vorgeschlagen, das Erzstift erhielt und nunmehr unangefochten in seinem Besitz blieb. Uneingedenk der unsäglichen Leiden und Verluste, die die Bürgerschaft um seinetwillen erlitten hatte, erkannte er die von seinem einstigen Gegner herbeigeführte Umwälzung an und ließ sich als Herrn der Stadt huldigen. Die alte Inschrift auf den Bronzetüren des Willegis erinnert somit nicht nur an die Dankbarkeit Adelberts, der im 12. Jahrhundert die Freiheitsurkunde ausstellte, sondern auch an den Undank Diethers, der im 15. Jahrhundert das durch ihn veranlaßte Unglück für sich ausnutzte. Auf demselben Platze, wo Erzbischof Adolf die Bürger versammelte, damit sie ihr Urteil vernähmen, das sie ihrer Rechte und ihrer Heimat beraubte, veranstaltete Diether ein Turnier, zu dem er die Ritterschaft, Grafen und Herren des Rheins und der Länder Franken, Bayern und Schwaben einlud. Das Geschenk, das er der Stadt machte, vielleicht als Ersatz für die verlorene Selbständigkeit, die Universität, ist niemals zur Blüte gekommen; auch spätere Kurfürsten bemühten sich vergebens, ihr Leben einzuflößen.

Die Kurfürsten und Erzbischöfe von Mainz hatten wohl eine zu wichtige Stellung im Reich, als daß die Stadt, wo sie residierten, sich in der Reichsunmittelbarkeit hätte erhalten können. Die Zeitspanne, in der sie Hand in Hand mit den Kaisern gingen, war nur sehr kurz; früh schon betrieben sie die Politik, die Kaiser mit Hilfe des Papstes und der anderen rheinischen Kurfürsten von sich abhängig zu machen. Noch heute ist es hauptsächlich die erzbischöfliche und kurfürstliche Stadt, die sich dem Beschauer darstellt mit den beiden auffallenden Mittelpunkten des Doms und des Schlosses. Die alte Residenz, die Martinsburg, steht nicht mehr. Die neue wurde im Jahre 1627 durch Georg Friedrich von Greifenklau begonnen und etwa 50 Jahre später durch einen von der Leyen beendet. An das Schloß grenzen das ehemalige Deutsch-Ordenshaus, jetzt Erzherzoglicher Palast genannt, und das Zeughaus. Das alte Haus des Deutschherrenordens wurde durch den Kurfürsten Franz Ludwig Pfalzgraf von Neuburg, der Hoch- und Deutschmeister war, abgerissen, um einem neuen Platz zu machen, wozu der Domdechant von Breidenbach im Jahre 1729 den ersten Stein legte. Einige Jahre später wurde die alte, danebenstehende Deutschherrenkirche niedergelegt. Das neue Deutsche Haus diente für gewöhnlich Rittern des Ordens zur Wohnung; in der Franzosenzeit bewohnte es Napoleon, der die außerordentliche Schönheit des Gebäudes zu schätzen wußte; das schmückende Wappen des Ordens hatten die republikanischen Franzosen mit mehreren anderen zerstört. Das neue Zeughaus wurde etwas später unter Phil. Karl von Eltz von einem italienischen Architekten an Stelle des alten errichtet. Das alte hieß in früherer Zeit Zum Rumpel und Zum Rabenold, später Zum Säudanz; der Platz auf dem es steht, Uff den Schweinsmisten. Schloß, Deutschordenshaus und Zeughaus, das erste im Stil der Renaissance, die beiden anderen in Barock erbaut, bilden zusammen eine Brüstung des Rheins von blendender Pracht. Die abendrote Farbe des Sandsteins überzieht die schweren und gemessenen Formen wie mit festlichen Teppichen, die ausgehängt wären, um einem heimkehrenden Sieger zu huldigen. Weiter die Rheinstraße hinauf, von der Stadt umringt und getragen, erhebt sich der wundervolle Dom, ein Denkmal der Jahrhunderte. Er umfaßt die uralte Mauer, die Willegis im Jahre 1000 errichtete, den gotischen Kreuzgang und den barock-romanischen Westturm des Franz Ignaz Neumann, der als eine Herrscherkrone fünf andere Türme überragt. Hoch über die Stadt und die Häupter der Menschen, umsaust von Wind und Wetter, hebt er das Standbild des Patrons, des heiligen Martin zu Pferd mit Helm und Federbusch und dem Bettler mit der Krücke daneben, und birgt als hehre Gruft die steinernen Totenmale der einst als Bischöfe mächtigen Männer, die hier kämpften, herrschten und irrten.

Die ältesten Bischöfe, die Heilige oder Krieger waren, die Kaiser auf ihren Zügen nach Italien begleiteten und mit Lust das Schwert führten, finden wir nicht im Dom, teils weil der heutige noch nicht stand, teils weil sie außerhalb von Mainz starben und begraben wurden. Dort ruht nicht Sundarold, der im neunten Jahrhundert in einer Schlacht gegen die Normannen fiel, nicht Heriger, der erste Erzkanzler des Reichs, nicht Hildebert, der Otto I. in Aachen weihte, von dem an die Erzbischöfe von Mainz das Recht hatten, den neugewählten Kaiser mit dem Schwert zu umgürten, während die Erzbischöfe von Köln ihm die Krone aufs Haupt setzen durften, nicht Ottos I. Bruder, der edle Wilhelm, nicht Ruthard, der beschuldigt war, Hunderte von Juden, die sich mit ihren Schätzen seinem Schutz anvertraut hatten, ihren Mördern ausgeliefert zu haben, nicht Christian von Buch, der mit Reinold von Dassel zusammen bei Tuskulum die Römer besiegte, der hoch zu Roß, mit vergoldetem Helm, den Panzer umweht von hyazinthrotem Mantel in die Schlacht stürmte, aber ebenso gelehrt und unwiderstehlich beredt wie kriegerisch war und sechs Sprachen sprach, der 36 Lombarden eigenhändig mit seiner dreizackigen Keule die Zähne ausgeschlagen haben soll, dessen Taten lange noch in Liedern gefeiert wurden, und der zuletzt, von dem einst bekämpften Papst betrauert, den er gegen die aufständischen Römer schützte, in Rom starb.

Bardo, der am Martinstage des Jahres 1036 in Gegenwart Kaiser Konrads II. und seiner Gemahlin Gisela, seines Sohnes Heinrich und dessen junger Frau Kunihild den neuerbauten Dom einweihte, war der erste Erzbischof, der im Dom bestattet wurde. Das älteste Denkmal erhielt

Siegfried III. von Eppstein; es stellt ihn inmitten der Könige Heinrich Raspe und Wilhelm von Holland dar, mit denen er die Hohenstaufen bekämpfte. Peter Aspelt steht in dreister Größe zwischen den drei kleinen Königen, die er krönte: Heinrich von Luxemburg, Ludwig dem Bayer und Johann von Böhmen. Von ihm wird erzählt, daß er, der ehemalige Leibarzt der Grafen von Luxemburg und König Rudolfs, als Bischof von Basel nach Rom geschickt wurde, um Balduin von Luxemburg zum Erzbischof von Mainz zu empfehlen, daß aber der Papst, den er von einer Krankheit heilte, ihm selber das Erzstift gegeben habe, weswegen er, um die Luxemburger zu entschädigen, dem Grafen Heinrich die Königskrone verschaffte. Wir gehen vorüber an Johann von Nassau, der, klein von Gestalt und groß an Ränken und Listen, beschuldigt wurde, die Ermordung des beliebten Friedrich von Braunschweig, der sich um die Königskrone bewarb, veranlaßt zu haben, und der zum allgemeinen Befremden im Harnisch am Konzil zu Konstanz erschien; an Diether von Isenburg, dem Verderber der Stadt, an Berthold von Henneberg, dem klugen und energischen Gegner Maximilians, des liebenswürdigsten der Kaiser, an Albrecht von Brandenburg, dessen Züge wir aus dem Porträt Dürers kennen. Dann kommen die glänzenden Herren des Barock und Rokoko, Joh. Phil, von Schönborn, der Freund und Vertraute Spees, der, von ihm belehrt, in seinem Lande den Hexenprozessen ein Ende machte, der Leibnitz ehrte, Mainz die neue Befestigung und ein Waisenhaus schenkte, dessen Verdienst aber sein Bündnis mit Frankreich verdunkelt; Phil. Karl von Eltz, der das neue Zeughaus erbaute, Friedrich Karl von Ostein, der die durch elegante Pracht ausgezeichnete neue Peterskirche einweihte. Es fehlt der letzte Kurfürst, Friedrich Karl von Erthal, der die französische Revolution und den Untergang des alten Mainz erlebte.

Damals wurde auch das äußere Antlitz der Stadt entscheidend verändert, das, so oft durch Feuer des Himmels und Wut der Menschen verwüstet, sich doch immer in einer Art verjüngte, die in das alte Bild, es vollendend, hineinwuchs. Wie viele für das Stadtbild bestimmende Kirchen sind verschwunden! Das uralte St. Albansstift zerstörte Markgraf Albrecht von Brandenburg zur Zeit des Schmalkaldischen Krieges, als er in Abwesenheit des Kurfürsten in die unverteidigte Stadt eindrang. Dort war Fastrada, die allzugeliebte Frau Karls des Großen begraben, die im Jahre 794 in Frankfurt starb. Ihr Grabstein soll beim Brande der Kirche gerettet worden und in den Dom übertragen sein; aber es ist nicht der alte. Dort waren auch zwei Kinder Ottos I., die er von einer vornehmen Slavin hatte, Ludolf und Lintgarde, beigesetzt. In der Schwedenzeit wurde mit vielen andern Häusern die von Erzbischof Friedrich in der Mitte des 10. Jahrhunderts gegründete alte Peterskirche zerstört. Bei dem Bombardement des Jahres 1793 brannten die Liebfrauenkirche, die Franziskanerkirche, die Karmeliter- und die Dominikanerkirche. Mit der Franziskanerkirche, die erst an die Jesuiten, dann, nach der Aufhebung des Ordens, an die Universität kam, und die in der Nähe des jetzigen Theaters stand, wurde die Grabstätte vieler patrizischer Geschlechter und auch die der Gensfleisch mit dem Grabe Gutenbergs vernichtet. Sie wurde das erstemal von den Jesuiten abgerissen und durch eine neue ersetzt, die 1793 abbrannte. Die Trümmer wurden von den Franzosen versteigert.

Auch die neue Kirche, die sich die Franziskaner im Anfange des 17. Jahrhunderts bauten, verbrannte 1793. In dieser Kirche befand sich ein prächtiges Altargemälde von Van Dyck, das er für den Erzbischof Joh. Schweikard von Kronenberg gemalt haben soll. Es wird erzählt, der sparsame Fürst habe die dafür geforderte Summe nicht zahlen wollen; darauf habe Van Dyck sich bei den Franziskanern zu Gaste geladen und ihnen das Bild geschenkt. Durch die Rückkehr der Franzosen wurden die Franziskaner verhindert, den begonnenen Wiederaufbau ihrer Kirche zu vollenden, und sie wurde zuerst als Militärmagazin benutzt, dann abgerissen. Die Karmeliterkirche, die im 18.Jahrhundert neu erbaut worden war, enthielt die Grabmäler der Grafen von Nassau-Saarbrücken und der Brömser von Rüdesheim, eines ritterlichen Geschlechts, das drei Höfe in Mainz besaß. Die Dominikanerkirche mit Kloster wurde, dem jetzigen Gymnasium gegenüber, im Jahre 1236 von dem berühmten Arnold Walpod errichtet, der auch darin begraben war. Im Jahre 1462, dem Unglücksjahre der Stadt Mainz, brannten Kirche und Kloster ab, wurden aber wiederhergestellt. In der letzten Nacht des Bombardements von 1793 verzehrte das Feuer sie endgültig. Die alte Gongolphskirche wurde 1814 abgetragen, die prächtige eben erst vollendete Dompropstei 1793 als Hauptquartier der Franzosen in Brand geschossen, später auf Befehl Napoleons völlig niedergelegt. Ein Opfer der Franzosenzeit wurde auch das altehrwürdige, 1317 erbaute Kaufhaus am Brand, das mit den Steinbildern der sieben Kurfürsten und des damals regierenden Kaisers Ludwig geziert war.

Trotz der vielen absichtlichen und unabsichtlichen Zerstörungen macht Mainz im Schatten seines Doms mit seinen unregelmäßigen Straßen, kleinen geschlossenen Plätzen und altfränkischen Häusern den Eindruck einer historischen Stadt. Nicht gerade einer mittelalterlichen, denn wenn auch in den Seitengassen Reste gotischen Hausbaus zu finden sind, so haben doch im allgemeinen auch die älteren Häuser durch Umbau das Gepräge des späteren 18. und beginnenden 19. Jahrhunderts erhalten. Sehr anziehend wirken hie und da beschieferte Giebel und leicht vorspringende Stockwerke. Der alte Tiermarkt ist jetzt charakterisiert durch zwei stattliche Adelshöfe, den Osteinerhof und den Bassenheimerhof. Der erstere wurde vom Kurfürsten von Ostein gegründet auf einem Areal, wo früher die beiden Herbergen Zum Stiefel und Zum Wilderich und die Häuser Zum Adolph, Zum Ader, Zur grünen Schmied, Zum Wartenberg, Zum Eckstein, Zum kleinen Abt und Zum Siebeneck standen. Der schönste von den freiadeligen Höfen ist der Dalberger Hof in der Klarenstraße, früher Zum Säukopf genannt. Vier Brüder Dalberg bauten ihn im Anfang des 18. Jahrhunderts. Er wurde im Jahre 1809 von der Stadt angekauft und als Justizpalast benutzt; jetzt soll er zu Schulzwecken eingerichtet werden. Die ältere Linie der Dalberg erlosch bereits im 14. Jahrhundert; aber der letzte derselben übertrug Besitz und Namen seinem Vetter Johann Kämmerer von Worms, aus einer Familie, die durch ihren angeblichen römischen Stammvater mit Jesus Christus verwandt sein wollte. Kaiser Maximilian I. anerkannte das Recht dieser Dalberg, bei Gelegenheit jeder Kaiserkrönung, zuerst auf der Tiberbrücke von Rom, hernach im Frankfurter Dom vor allen andern Edelleuten durch den Heroldsruf: »Ist kein Dalberg da?« zum Ritterschlage aufgefordert zu werden. Es hat sich gefügt, daß ein Dalberg, Koadjutor des letzten Kurfürsten von Mainz, als Werkzeug Napoleons zur Auflösung des alten Reichs und des Erzbistums beigetragen hat.

Im Mittelalter hatten alle Häuser in Mainz Namen, die uns oft wunderlich klingen, weil wir ihren Ursprung nicht mehr verstehen. Es gab: Zum Hilferich, Zum Goderuf, Zum Herrgöttche, Zum Boderam, Zum Ungefugen, Zum Geiselmohr. Manche von den alten Namen haben sich erhalten. Als das älteste Haus gilt jetzt das Haus Zum Stein an der Augustiner Straße, das zur Zeit seiner Erbauung das höchste war. Es gehörte dem Rittergeschlecht Jud vom Stein. Von der alten Befestigung sind nur noch zwei Türme am Rhein erhalten, der Holzturm und der Fischturm, aus dem 13. und 15. Jahrhundert stammend. In jenem lagen im Jahre 1813 einige Lützower gefangen, die auf Napoleons Befehl wie gemeine Straßenräuber gerichtet werden sollten, aber gerettet wurden.

Nicht mehr steht das Stammhaus des größten Sohnes der Stadt Mainz, der Hof Zum Gensfleisch, an dessen Stelle im Jahre 1702 der Wamboldhof errichtet wurde. Der Hof zum Gutenberg, der der Mutter des Erfinders gehörte, in dem er vielleicht geboren wurde und der in der Nähe der sehr alten Christophskirche stand, wurde im Dreißigjährigen Kriege durch die Schweden zerstört, aber später wieder aufgebaut. Er wurde von der Mainzer Kasinogesellschaft »Hof zum Gutenberg« erworben und brannte im Jahre 1894 ab. Dasjenige Haus, in welchem Gutenberg mit seinem Gehilfen das erste Buch druckte, der Hof zum Humbrecht, verbrannte schon bei der Eroberung von Mainz durch den Erzbischof Adolf im Jahre 1462. Er wurde später neuaufgebaut und mit dem angrenzenden Hof Zum Korb zum sogenannten Dreikönigshof verbunden, wo jetzt eine große Brauerei ist.

In Mainz selbst, das nach dem Untergang der städtischen Freiheit allmählich ganz teils unter klerikalen, teils unter französischen Einfluß geriet, wurde der Erfinder der ars sancta et divina, den die gebildete Welt pries und feierte, vergessen; aber grade die Franzosen waren es, die sein Andenken in seiner abgestumpften Vaterstadt neubelebten. Sie, die den Erfinder jener Kunst, durch die der menschliche Gedanke bis in die fernsten Länder und bis in die niedrigste Hütte verbreitet wird, ebenso verehrten, wie sie die Kirche verabscheuten, trafen, sowie sie Mainz als ihnen gehörig betrachteten, Anstalten, um sein Gedächtnis dauernd zum Ausdruck zu bringen.

Napoleon ließ einen Platz inmitten der Stadt anlegen, der Gutenberg gewidmet sein sollte, und der, wenn er so groß, wie er geplant war, ausgeführt worden wäre, zugleich ein Bild der Revolution dargestellt hätte, die mit großen scharfen Linien das krause Mittelalter durchschnitt und zur Seite warf. Dort steht jetzt das Standbild, das Thorwaldsen schuf und, um dem Erfinder, der die Welt bereicherte, seine Ehrfurcht zu beweisen, der Stadt schenkte. Wunderbar ist es, daß die Kraft des erlöschenden Geschlechts, auf dem die Blüte des goldenen Mainz zum großen Teil beruhte und mit dem sie schwand, sich in einem letzten Sprößling sammelte, um grade die Kunst hervorzubringen, die den Charakter des Lebens so wesentlich, segensreich und zerstörend, veränderte. Sie schob sich zwischen Mensch und Mensch, begünstigte die Entwicklung des modernen wissenschaftlichen Menschen, machte aus dem Sänger und Dichter den Schriftsteller, lähmte die Phantasie und die mündliche Überlieferung, die, indem sie Sage, Legende und Mythos schafft, bedeutungslose Tatsachen zu ewiger Wahrheit erhebt. Sie war ein Geschenk scheidender Jugend an die gereifte Menschheit, vereinigend, erhaltend, erhellend.

Bei dem großen Gutenbergfest, das die Stadt Mainz im Jahre 1900 veranstaltete, indem sie das Geburtsjahr Gutenbergs auf 1500 festsetzte, waren zwei alte Herren von Molsberg anwesend und wurden als letzte Glieder eines alten Mainzer Geschlechts ausgezeichnet. Der Molsbergerhof lag an der Korbgasse, und das schöne Haus Zum Krummen Ring, in dem noch ein Rittersaal erhalten ist, gehörte dazu. Da der erste Molsberg um 1277 genannt wird, hat sich die Familie über 700 Jahre erhalten, und die beiden Letzten mögen den losgerissenen und zerstreuten Menschen von heute erschienen sein wie ein Band, das sie mit den Vätern verknüpfte.

Friedberg i/Hessen

Wehe dem Schwachen! Wehe dem Armen! Die Welt ist dasjenige Reich, wo, wie Luther sagt, der Stärkere den Schwächeren in den Sack steckt. Das gilt wie für die einzelnen auch für menschliche Gemeinschaften.

In der fruchtbaren Wetterau zwischen Taunus und Vogelsberg, wo einst ein Kastell und eine Ortschaft der Römer nebeneinander gelegen hatten, erstand im Mittelalter Burg und Stadt Friedberg. Man nimmt an, daß die Hohenstaufen sich die Burg erbauten, und daß neben ihren Mauern ein Markt aufblühte; beide waren da, ohne daß sich ihre Entwicklungsgeschichte verfolgen ließe. Von der Stadt ist zum erstenmal urkundlich die Rede, als König Heinrich, Friedrichs II. Sohn, im Jahre 1232 den Städten Frankfurt, Friedberg, Wetzlar und Gelnhausen das Recht verlieh, daß die Bürger nicht gezwungen werden sollten, ihre Töchter einem von den königlichen Hofleuten zur Ehe zu geben. Ein Fall, der sich in Frankfurt begeben hatte, war der Anlaß zu dem Privilegium, das beweist, in welcher abhängigen Stellung die Bewohner jener Städte sich damals befanden. Bald änderte sich das: Frankfurt, Friedberg, Gelnhausen und Wetzlar verbündeten sich, stärkten sich dadurch und errangen Ansehen durch ihre Sorge für den Landfrieden. Auch größeren Bünden schlossen sie sich an, fast immer zusammen auftretend und zusammen als die vier Städte der Wetterau genannt. Ihnen zusammen verlieh auch König Richard im Jahre 1257 die Reichsfreiheit.

Kaum hatte sich ein Gefühl der Kraft in der Stadt Friedberg befestigt, so empfand sie, wie hemmend für ihre Entwicklung die Nähe der Burg war. Sie war von Rittern bewohnt, die unter einem aus ihrer Mitte gewählten Burggrafen standen, sich selbst ergänzten und an Selbstgefühl der Stadt nichts nachgaben; der Drang, ihre Macht zu mehren, mußte die beiden reichsunmittelbaren Körperschaften in Gegensatz bringen. Verderblich aneinandergekoppelt standen sich Ritterschaft und Stadtrepublik kampfbereit, drohend und doch zögernd gegenüber; bei gleicher Kraft und gleichem Recht war der Ausgang eines Kampfes ungewiß. Trotzdem kam es zu einem solchen, während dessen die Burg durch die Städter zerstört wurde. Es geschah zu Kaiser Rudolfs Zeit, der der Stadt verzieh und eine Einigung zwischen den widerwilligen Zwillingen zustandebrachte, die erste Versöhnung von den vielen, die sich folgten, um immer wieder durch den unausrottbaren Zwiespalt gebrochen zu werden. Demselben König verdankte Friedberg das Privilegium de non evocando und das Recht, Lehen erwerben zu können; aber trotz dieser Begnadigungen begünstigte er, wie alle Kaiser, die Ritter. Kaiser Albrecht führte den ersten verhängnisvollen Streich gegen Friedberg, indem er dem Burggrafen das Recht verlieh, der Stadt einen Schultheißen zu setzen, und sie dadurch in eine gewisse rechtlich begründete Abhängigkeit von der Burg brachte. Es ist verständlich, daß die Burg, sowie die Stadt sich davon zu befreien suchte, das Recht festhielt und womöglich Folgerungen daraus zu ziehen suchte, wie ihr das dem freien Gericht in der Grafschaft Kaichen gegenüber gelang. Eine bedeutungslose Beziehung, in die sie durch irgendeine Urkunde mit der Grafschaft gebracht worden war, benutzten die Burgmannen, um ein Recht über sie zu erlangen, das der Kaiser ihnen bestätigte, so daß sie zuerst Beschirmer und dann Besitzer derselben wurden. Die Proteste und die Auflehnung der freien Bauern blieben unbeachtet; da sie nichts als ihr Recht hatten und ihre Dienste den herrschenden Klassen unentbehrlich schienen, wurden sie sogar bestraft, wenn sie sich darauf beriefen.

Noch machte sich das Übergewicht der Burg nicht bemerklich; in die erste Hälfte des 14. Jahrhunderts fällt die Blüte der Stadt. Sie erbaute die gotische Liebfrauenkirche, schlicht, aber nicht ohne Größe, und schmückte sie mit reicher Glasmalerei und anderen Kunstwerken. In einem Bündnis, das Friedberg nach alter Gewohnheit mit Frankfurt und Gelnhausen abschloß, war vorgesehen, daß Frankfurt 13, Friedberg 10, Gelnhausen 3 Gewaffnete zu stellen habe; dies Verhältnis stellte Friedberg noch in ziemliche Nähe von Frankfurt. Immer mehr aber machte sich der Vorteil, den seine Lage am Main dem glücklicheren Frankfurt gab, bemerkbar und drückte die benachbarten und befreundeten Wetterauer Städte sicherer und unabwendbarer, als ihre Feinde es konnten. Wohl hatte auch Friedberg eine Messe, aber gegen die von Frankfurt konnte sie nicht aufkommen. Mitten in ihrer Blüte traf die Stadt ein Schlag, mit dem ihr langes Siechtum begann.

Kaiser Karl IV. verpfändete sie an den Grafen von Schwarzburg. Die beginnende Ohnmacht des Reichshaupts, das auf wenig sichere Einnahmen rechnen konnte und auf die Willfährigkeit seiner Großen angewiesen war, entschuldigt einigermaßen den unkaiserlichen Gebrauch, den er einführte. Das Privileg Ludwigs des Bayern, das Friedberg vor Verpfändung sicherstellte, half nichts gegenüber dem Willen der Mächtigen. Andere Städte wußten sich der Gefahr zu entziehen; Friedberg war dazu nicht reich und infolgedessen nicht selbstbewußt und furchtlos genug. Patrizische Geschlechter, die sich ohne Reichtum nicht bilden oder halten, gab es in Friedberg nicht oder nicht mehr; es war in der Hauptsache eine Stadt von Handwerkern und Ackerbürgern, ehrenhaften Leuten, denen der reißende Zahn des Raubtiers fehlte.

Hingegen hatten die Burgmannen nur Gewinn einzuheimsen. Auch sie hatten innerhalb ihrer Mauern eine Kirche, die dem Patron der Ritter, dem heiligen Georg, geweiht war und für welche Johann Wölflein, Maler aus dem Cisterzienserorden zu Ilbenstadt, ein großes Gemälde zu Ehren Gottes malte. Außerdem besaß die Kirche eine hölzerne, bunt bemalte Figur des heiligen Georg und eine Glocke, die Maria hieß, und die ein Glockengießer von Frankfurt gegossen hatte. Graf Adolf von Hessen, den sie, von der Stadt unterstützt, erfolgreich befehdeten und gefangennahmen, baute ihnen, um sich zu lösen, die hohe Turmsäule, die das nördliche Burgtor bewacht. Ludwig der Bayer verlieh ihnen den ersten Burgfrieden, die Ordnung nämlich, wonach sie untereinander leben sollten. Sie hatten danach das Recht, aus ihrer Mitte einen Burggrafen auf Lebenszeit zu wählen, der mit einer gewissen Zahl von Burgmannen, welche Bauleute hießen, die Regierungsgeschäfte besorgte, ferner das Recht, wenn ein Burgmann gestorben oder seines Amtes entsetzt war oder es freiwillig aufgegeben hatte, einen anderen, Kaiser und Reich dienlichen zu wählen, den der Kaiser bestätigte. Wenn ein Burgmann einen anderen totschlüge, hieß es in der ersten Satzung, so solle er ein Jahr über Rhein gehen, habe er den andern nur verwundet, auf ein halbes Jahr nach Frankfurt oder, je nachdem, nach Wetzlar oder Gelnhausen. War dadurch der gebrochene Burgfrieden gesühnt, so blieb noch die Sühne mit den Geschädigten zu vereinbaren. Eine Reise nach Frankfurt oder Wetzlar und vollends eine über Rhein scheint demnach durchaus nicht als Vergnügen betrachtet worden zu sein.

Die Burg hatte das Recht, durch sechs Burgmannen an den Ratssitzungen teilzunehmen, wohingegen die Stadt von der Burg ausgeschlossen war. Geradezu gegen die Stadt richtete sich ein Privileg Wenzels, wonach die Burg, weil sie groß und weit sei, Beisassen aufnehmen dürfe; denn dadurch wurde sie gleichsam zur Stadt und konnte die Nachbarin noch in anderem Sinne als früher erdrücken.

Im Jahre 1400 kam Kaiser Ruprecht von Gelnhausen her zur Huldigung nach Friedberg. Sechzig bis achtzig Burgmannen holten ihn an der Grenze ein und geleiteten ihn mit entfaltetem Georgsbanner in die Burg. Sie schenkten ihm, altem Herkommen gemäß, drei Rehe und 60 Fische; die Stadt schenkte ihm ein Fuder Wein, halb neuen und halb firnen, einen silbernen vergoldeten Becher mit 200 Goldgulden und Hafer für die Pferde, wozu noch Geldgeschenke an das Gefolge und eine spätere Leistung von 500 Goldgulden zum Zuge »über Berg nach Lamparten« kam. Von der Burg aus ritt der Kaiser in die Liebfrauenkirche, wo ihm im Chor vom Magistrat gehuldigt wurde. Die Formel lautete: »Wir huldigen unserem gnädigen Herrn, König Ruprechten, gegenwärtig und in guten Treuen, ihm gehorsam, getreu und hold zu sein und zu warten als einem römischen König und zukünftigen Kaiser und als unsern rechten Herrn, doch uns unschädlich an solcher Pfandschaft, als wir unserem Herrn von Schwarzburg von des heil. Reichs wegen verpfändet sind, und wollen unserem gnäd. Herrn, König Ruprecht, stet und fest halten ohne alle Gefährde, als uns Gott helfe und alle Heiligen.«

Trotz der empfangenen reichen Geschenke stellte sich Ruprecht, wie die anderen Kaiser, auf die Seite der Ritter, indem er der Stadt gebot, die Türme der Liebfrauenkirche, von denen der eine noch kaum begonnen war, nicht höher aufzubauen, als sie gerade wären, und sie auf keinen Fall zu einer Befestigung einzurichten, von welcher aus die Burg beschossen werden könne. Eine solche Absicht lag allerdings den Friedbergern nicht fern, wie denn auch die Katharinenkapelle dicht am südlichen Turm der Burg zugleich den Zweck einer Schanze erfüllte.

Um 1430 war die Stadt Friedberg schon »wüst und vergänglich« geworden und so tief verschuldet, daß der Graf von Schwarzburg die Lust an seinem Pfande verlor und, nachdem er der Stadt das Recht erteilt hatte, sich ungeachtet der Pfandschaft mit anderen Fürsten und Herren einzulassen, sie weiter verpfändete, und zwar an mehrere Teilhaber. Es waren der Erzbischof Diether von Mainz, die Herren von Eppstein, ein Herr von Isenburg und die Stadt Frankfurt, und das Verhältnis der Anteile war so, daß Frankfurt die Hälfte hatte. Vermutlich um den Wert des verpfändeten Gegenstandes zu erhöhen, machte der Erzbischof von Mainz Anstalt, sich Friedbergs gegen die Burg anzunehmen; allein er fand sofort einen Gegner in dem Pfalzgrafen Friedrich dem Siegreichen, der kurz zuvor sich das Öffnungsrecht der Burg erkauft hatte und dadurch an ihr interessiert war. Indessen auch die neuen Pfandherren mochten einsehen, daß Friedberg nicht mehr hochzubringen war, und sie traten, zuerst Kurmainz, dann Frankfurt, das Pfandrecht an diejenigen ab, denen am meisten daran gelegen war, es zu besitzen, an die Burgmannen von Friedberg.

Bitterkeit und Groll im Herzen, mußten nun Bürgermeister und Rat dem Burggrafen und den Burgmannen, die an die Stelle der Pfandinhaber, also gewissermaßen an die Stelle des Kaisers getreten waren, schwören, ihnen treu, hold, gehorsam und gewärtig zu sein. Trotz ihrer Verarmung und Entkräftung vergaßen sie ihren ehrenvollen Stand als Reichsstadt nicht, sondern sannen auf Wiederherstellung der ehemaligen Blüte und Würdigkeit. Wie hätten sie das aber aus eigener Kraft vollbringen können? Die Zeit der Städtebünde war vorüber; sie wendeten sich also, eingedenk des vom Grafen von Schwarzburg erlangten Rechtes, sich ungeachtet der Pfandschaft mit anderen Fürsten und Herren einlassen zu können, an den Landgrafen Heinrich III. von Hessen-Marburg, um seine Schutzherrschaft zu erwerben. Dieser Versuch zur Befreiung führte zu vollständiger Entrechtung; denn die erzürnten Burgmannen zwangen der Stadt, als sie von ihrer Eigenmächtigkeit erfuhren, einen Verherrungs-Revers ab, in dem sie versprachen, sich nie mehr zu verherren; auch mußte die Huldigung künftig auf dem Platze vor der Burg vollzogen werden. Als die letzten Anteile des Pfandbesitzes von den Herren von Eppstein und Isenburg auch noch an den Burggrafen fielen, dem die Stadt über 2208 Gulden schuldete, war ihre Unterwerfung unter die Burg vollendet. Trotz ihrer Ohnmacht empörten sich die Bürger noch einmal unter der Führung von Johann Winnecken, aber vergeblich. Zur Strafe für ihre Auflehnung mußten sie die Katharinenkapelle, welche hart an den Toren der Burg lag und die sie als Befestigung zum Angriff benutzt hatten, auf eigene Kosten abbrechen und an einer anderen Stelle, wo sie nicht gefährlich werden konnte, wieder aufbauen.

Dies geschah in dem sturmvollen Jahre 1525, zu einer Zeit, als beide, Burg und Stadt, schon den neuen Glauben angenommen hatten; die alte Feindschaft war nicht darin untergegangen. In der breiten Straße, die Friedberg repräsentiert, wird ein Haus als dasjenige bezeichnet, das Luther auf seiner Rückreise von Worms bewohnte. Von Friedberg sind drei Briefe datiert, die der Flüchtende dort schrieb: ein lateinischer an den Kaiser, ein deutscher an die Kurfürsten und Stände und ein Billet an den Freund Spalatin. Ihn begleitete Kaspar Sturm, der, von seiner Persönlichkeit und seinem Wort ergriffen, sein treuer Anhänger wurde. Sturm blieb damals in Friedberg und ließ sich dauernd dort nieder, woraus manche schließen, daß er ein geborener Friedberger gewesen sei. Seine Nachkommen bewahrten das Geleitsschwert auf, das er in Worms als Reichsherold Luther vorantrug und das sich jetzt im Museum befindet. Daß Luthers kurze Anwesenheit in Friedberg den evangelischen Gedanken in Friedberg ausgesät oder nur befördert habe, ist nicht anzunehmen; die Bewegung war in den Gemütern so vorbereitet, daß das Auftreten des Reformators sie in ganz Deutschland wie ein erster warmer Frühlingstag aufgehen ließ. Zwar wurde in Burg und Stadt die Reformation erst im Jahre 1552 gesetzlich eingeführt, weil man den Kaiser zu erzürnen fürchtete; aber da war sie von selbst, dadurch, daß das Alte abbröckelte, die Klöster leer wurden, die Priester heirateten und selbst die neue Lehre predigten. Brendel von Homburg war der Burggraf, der die Reformation in der Burg durchführte; in späterer Zeit bekamen die Katholiken mehr Einfluß und setzten durch, daß von den Regimentsburgmannen die Hälfte katholisch sein mußten.

Der Umstand, daß Friedberg an der Hauptstraße nach Frankfurt lag, trug ihm viel hohen Besuch ein, der in rühmlich bekannten Gasthäusern gut verpflegt wurde, war aber auch Ursache, daß der Krieg es heimsuchte. Alle Kriege seit dem dreißigjährigen brausten vernichtend, Hunger und Pest im Gefolge, durch Friedberg. Elf Jahre lang, von 1620-31, war es von den Spaniern besetzt; während dieser Zeit kam es vor, daß der Bürgermeister Volkhard, ein Metzger, aus Lebensüberdruß sich die Kehle abschnitt. Dann kamen abwechselnd Schweden und Kaiserliche; Belagerung, Erstürmung, Plünderung war an der Tagesordnung. Schrecklicher und bösartiger noch hausten die Franzosen in den Napoleonischen Kriegen. »Unsere Nachkommenschaft,« schrieb ein Zeitgenosse auf, »wird sich nicht überzeugen können, daß in Gestalt von Menschen Geschöpfe auf dem Erdboden vorhanden gewesen, die alles Menschengefühl ausgezogen und Taten verübt haben, dergleichen in den ältesten und rohesten Zeiten nicht verübt wurden und wahrscheinlich, solange die Welt steht, nicht wieder erlebt werden.«

Als nach der Zerstörung Speiers das Reichskammergericht sich eine andere Stätte suchen mußte, kamen auch einige Abgeordnete nach Friedberg, das als Reichsstadt in bequemer Lage in Betracht kam, um die dortigen Zustände zu untersuchen. Man fand ein ländliches Städtchen, dessen Bürgerschaft nicht viel über 150 Mann stark war, wozu noch 75 Judenfamilien kamen. Zugunsten der Stadt sprach, daß die Post hindurchgehe, auch ein Arzt und ein Apotheker vorhanden sei; aber man tadelte sehr, daß in den Häusern keine Brunnen wären, daß die 12 oder 14 Ziehbrunnen, die die Stadt mit Wasser zu versorgen hätten, sehr tief wären, und daß man Strick und Eimer, um Wasser heraufzuwinden, selbst mitbringen müsse. Der Eindruck war im ganzen so kümmerlich, daß man von Friedberg absah.

Man bewundert es, daß das herabgekommene Gemeinwesen im Anfang des 18. Jahrhunderts wieder den Versuch machte, die drückende Abhängigkeit abzuwerfen, indem es die Pfandschaft ablöste. Die Burg ging jedoch nicht darauf ein, die Huldigung mußte nach alter Weise stattfinden. Festessen und Ball, wozu die Burgmannen den Friedberger Magistrat einluden, nahmen dem Akt nichts von seiner Bitterkeit; der Rat fuhr in seinen Bestrebungen fort und hoffte, nun zum Ziel zu kommen, indem er sich, wie schon früher einmal, in den Schutz des Landgrafen von Hessen begab. Die arme Stadt hatte kein Glück: die Folge war, daß sie vom Reichshofrat zu einer Strafe von zehn Mark lötigen Goldes verurteilt wurde. Noch bitterer mögen die Empfindungen der Bauern gewesen sein, welche die Grafschaft Kaichen aus ihrer Mitte nach Wien zum Kaiser abordnete, um an ihre alte, widerrechtlich geraubte Freiheit zu erinnern; es wurde ihnen bedeutet, augenblicklich Wien zu verlassen und sich nie wieder einer solche Auflehnung zu erdreisten. Der Burggraf betrachtete den nie erlöschenden Widerwillen der Kaicher Bauern gegen seine Herrschaft nicht mit Unrecht, aber mißbilligend, als »eine von ihren Voreltern gleichsam anererbte Freiheitssucht«.

Die doppelte Gerechtigkeit zeigte sich auch darin, daß die verschuldete Stadt, der sich niemand angenommen hatte, noch zu Reichsleistungen herangezogen wurde, die sie kaum aufbringen konnte, während die Burgmannen sich stets darauf beriefen, daß sie nur zu freiwilliger Hilfe verpflichtet wären und auch diese nur ungern leisteten. Die zunehmende Verfälschung der Ideen des alten Reichs und die Verknöcherung aller Formen war gerade an den aristokratischen Körperschaften wahrzunehmen, deren Ansprüche sich auf ihre Kaiser und Reich geleistete Schwerthilfe gründeten, die aber längst, entsprechend dem veränderten Charakter der Kriege, außer Übung gekommen war. Da die Ritter im allgemeinen zu anderen Zwecken nicht gebraucht wurden, waren sie eigentlich überflüssig geworden, genossen aber die althergebrachten Vergünstigungen weiter und trieben ihr Standesbewußtsein höher und höher. Neu aufgenommen in die Burg wurden nur Söhne oder Schwiegersöhne von Burgmannen und auch diese mußten auf einem Pergament von vorgeschriebener Größe einen Stammbaum beibringen und ihren Adel von 16 Ahnen her beweisen. Zur Zeit der Aufhebung des Instituts waren unter den 91 Burgmannen, die es damals gab, 22 Grafen. Übrigens vernimmt man nicht, daß die Burgmannen ihre Übermacht zu bösartigen Quälereien oder ehrenrührigen Zumutungen mißbraucht hätten; aber für die Friedberger Bürgerschaft waren die unvermeidlichen kleinen Übergriffe und Einmischungen und die dauernd spürbare Nähe der triumphierenden Nebenbuhler Pein genug.

Dem vielhundertjährigen Kampfe machte der Reichsdeputationshauptschluß ein Ende, der Stadt und Burg nacheinander dem nunmehrigen Großherzogtum Hessen zusprach. Die beiden Republiken des Heiligen Römischen Reichs mußten aufgehn in dem Territorialfürstentum, das im Anschluß an Frankreich aufgekommen war, und das jetzt durch Frankreich zum vollständigen Siege über das zertrümmerte, entseelte Reich geführt worden war. Französische Offiziere und Soldaten paradierten vor der Burg, als am 12. September 1806 ihre Übergabe an die neue Herrschaft stattfand. Der letzte Burggraf, Graf Clemens August Wilhelm von Westfalen, wurde 12 Jahre später auf dem alten Peterskirchhof in Frankfurt begraben. Nach einigen Jahrzehnten wurden Stadt und Burg zu einer politischen Gemeinde und dann zu einer Pfarrgemeinde vereinigt.

Die Anlage der Stadt Friedberg ist ungewöhnlich; denn sie gruppiert sich nicht um einen Mittelpunkt, wie Kirche oder Schloß oder Rathaus, sondern ihren Mittelpunkt bildet eine fast marktbreite Straße, die auf die Burg zuläuft und zu der von beiden Seiten her Gassen hinaufführen. Ungewöhnlich ist ferner, daß Friedberg nicht, wie die meisten anderen Städte, aus mehreren Dörfern oder Ortschaften zusammengewachsen ist, die alle ihren besonderen Mittelpunkt hatten und ihren besonderen Charakter lange bewahrten; vielleicht beschränkte auch das seine Entwicklungsfähigkeit. Man muß jetzt ein peinliches Stück Bahnhofsvorstadt überwinden, bis man zum alten Friedberg vordringt; hat man aber einmal die Breite Straße erreicht, fühlt man sich umfangen von einer wie eine Kindheitserinnerung lieben Welt. Da stehen sie dicht aneinandergedrängt, die spitzen Giebel der Straße zugewendet, die Bürgerhäuser, meist mit Schiefer gedeckt, keins wie das andere, obwohl von gleichem Stil, eins schmaler, eins stattlicher, eins geschmückter, eins breitspuriger, alle noch von der mäßigen Größe, daß man sie als zweites, weiteres Kleid der Familie betrachten kann, die sie bewohnt. Von den alten Gasthäusern – dem Ochsen, dem Schwan, den drei Schwertern – wo die Fürsten und Herren abstiegen, sind noch mehrere erhalten; aber es fehlen die Brunnen, über deren Tiefe die Kommission des Reichskammergerichts klagte, ohne ihre Wohlgestalt zu beachten. Nahe der Burg steht das barocke Rathaus mit dem gekrönten Doppeladler, das um 1738 an der Stelle des alten erstand; gegenüber lag das Haus zum Ritter, das der Familie Goethe gehörte. Nachdem am Ende des 16. Jahrhunderts ein Thilemann Goethe Syndikus der Burg gewesen war, tauchte der uns teure Name im 18. Jahrhundert wieder auf, als Johann Christian Goethe, ein Vetter vom Vater des Dichters, jenes Haus kaufte. Er und seine Frau starben in zerrütteten Vermögensverhältnissen, und das Haus zum Ritter wurde dann verkauft. Nicht nur steht Friedberg durch den Namen Goethe zu Frankfurt in Beziehung, sondern es hat einen bedeutenden Schatz bürgerlicher Tüchtigkeit an die glücklichere Schwesterstadt abgegeben. Die Grunelius, die Zickewolf, die Frank von Lichtenstein, die Senkenberg, Weisel und Lotichius, bekannte Frankfurter Familien, sind meist im 17. Jahrhundert aus Friedberg eingewandert. Die Zickewolf haben von 1501-1712 sechzehnmal das Bürgermeisteramt in Friedberg bekleidet, auch die Grunelius und Senkenberg einige Male.

Auf der Freiheit vor der Burg stand einst die Katharinenkapelle, von welcher aus zum letztenmal mit den Waffen um die Freiheit der Stadt gekämpft worden war. Dann steht man vor dem von zwei Türmen flankierten südlichen Tore der Burg; unter den Spitzbogen des Durchgangs prangt der Reichsadler mit dem Burgwappen, darunter ist ein aus einem jetzt abgebrochenen Turme stammender Stein angebracht mit der Inschrift: frid sy by üch. 1493. Eine andere Welt, als draußen war, umgibt uns jenseits des Tores, stolz und machtbewußt, wenn auch mit der neuen Zeit allerhand ausdruckslose Nutzbauten und Anstalten eingedrungen sind. Die Wachthäuser und das Schloß stammen zum Teil aus der Barockzeit; barock ist auch der wundervolle St. Georgsbrunnen, den die Kastanien zur Blütezeit feierlich wie gestirnte Globen umgeben. Der mittelalterliche Heilige in Harnisch und Helm und flatterndem Gewand hebt seine Lanze gegen den sich aufbäumenden Lindwurm, seiner anmutigen Hoheit bewußt und seines Sieges sicher. Den steinernen Rand des eckigen Brunnenbeckens schmücken die Wappen von Burgmannen: von Bettendorf mit den Brömser von Rüdesheim geviert, Rau von Holzhausen, Diede zum Fürstenstein, von Ingelheim, Kämmerer von Worms, genannt von Dalberg, von Breidenbach, genannt von Breidenstein, von Stockheim, von Weitelshausen, genannt von Schrautenbach, Löw von und zu Steinfurt, von Frankenstein. Das sehr alte Geschlecht Löw zu Steinfurt hatte fünf Burggrafen gestellt, und die letzten überlebenden Burgmannen waren zwei Löw zu Steinfurt. Auch ihr Haus mit ihrem Wappen, dem silbernen Kranich im blauen Felde, ist mit ein paar anderen Burgmannenhäusern, schlichten Fachwerkbauten, noch vorhanden. An Stelle der alten Georgskirche steht die nüchterne neue Burgkirche aus dem Anfang des neunzehnten Jahrhunderts mit dem Wappen des vorletzten Burggrafen, Grafen Wallbott von Bassenheim. Ein paar alte, zum Teil zertrümmerte Grabsteine aus der abgebrochenen Kirche, auf deren einem noch der Name Schelm von Bergen sich entziffern läßt, stehen jetzt auf dem Burggraben, von wo der Blick aus diesem festumzirkten Raume in die Weite schweift, bis ihn der Taunus und der ferne Vogelsberg festhalten. Jenseits des nördlichen Tores wendet sich die Straße im Bogen schluchtartig abwärts nach der Stadt zurück durch eine Wildnis von Grün, das sich ungestüm in die alten Gräben stürzt, unter den basaltenen Felsen, auf die schon die Römer bauten. Die starken Befestigungen, mit denen sich die Ritter gegen die Außenwelt sicherten, sind gefallen wie auch die der Stadt; wo nicht neues Menschenwerk sie hemmt, dringt Natur urkräftig ein, um das Alte zu verschlingen.

Limburg

> Limpurg ein edle Stad
> Im Land die schönste Kirche had.

Glorreich thront sie verschmolzen mit der Burg, ein vollendetes Menschenwerk zwischen den Elementen; dienend trägt sie der Fels, schützend umrauscht sie der Strom, Winde und Gestirne kränzen sie. Von der alten steinernen Lahnbrücke hinaufblickend, nimmt das Auge sie auf wie Musik: der Stein wird Mauer, die Mauer wird Gestalt, die Gestalt Harmonie. Die sieben Türme der Kathedrale sollen die sieben Sakramente bedeuten; der große Turm über der Vierung, heißt es, stelle den Mittelpunkt des Glaubens, das Sakrament des Abendmahls dar. So schweben die ewigen Mysterien des Lebens als ein triumphierender Akkord zwischen Himmel und Erde.

Über zwei untergegangenen Kirchen erhebt sich der Dom als die dritte, die Burg, wie die Sage will, über den Trümmern eines römischen, von Drusus errichteten Kastells. Die Grafen des Niederlahngaus, die die Burg bewohnten, waren die jeweiligen Gründer der Kirchen, von denen die erste in der ersten Hälfte des neunten Jahrhunderts durch den Erzbischof Hatto von Trier dem heiligen Georg geweiht wurde. Die zweite gründete hundert Jahre später, mit einem Stift sie verbindend, der Gaugraf Konrad Kurzbold, dessen Grabmal der Dom bewahrt. Es ist so außerordentlich schön, daß man, indem man es betrachtet, den Dom für einen Schrein halten möchte, aufgebaut, um diese Reliquie einzufassen. Die steinerne Bahre, auf der der Tote liegt, ist von leichter Anmut, dem Jugendbild angemessen, das sie trägt. Das Antlitz des Gaugrafen ist schmal und hat einen strengen, fast asketischen Zug bei aller Lieblichkeit; das Antlitz eines vornehmen Jünglings, der um hoher Ziele willen nicht ohne Schmerz und Selbstüberwindung viel verzichtet hat.

Aus sehr edlem Geschlechte stammte Kurzbold, denn er war der Vetter Konrads I., der zwischen den Karolingern und den Ludolfingern regierte. Sein Vater hieß Eberhard, seine Mutter Wiltrud. Er genoß nicht nur die Gunst seines königlichen Vetters, sondern auch Ottos I., und verdiente sie durch seine Treue und seine Taten. Für diesen Kaiser kämpfte er gegen die rebellischen Herzöge Eberhard von Franken und Giselbert von Lothringen, bis jener bei Andernach fiel und dieser ertrank. Von Kurzbolds Stärke werden Wunder berichtet; er soll einen Löwen, der aus dem Käfig entsprungen war und auf Kaiser Otto eindrang, mit einem Schwerthieb getötet und einen riesigen Slawen, der ihn herausforderte, mit der Lanze durchbohrt haben. Die Überlieferung, die ihm den Beinamen Sapiens, der Weise, gab, beweist, daß seine Geisteskraft der des Körpers nicht nachstand. Er war unverheiratet und soll Frauen und Äpfel, die süßen Dinge, gemieden haben; es besteht ja der Glaube, daß außerordentliche Kräfte Keuschheit zur Voraussetzung haben. Es ist nicht wahrscheinlich, daß der Gaugraf Kurzbold so ausgesehen hat, wie das Grabmal, ein Werk des 13. Jahrhunderts, ihn aufgefaßt hat; so aber sahen die späteren Generationen ihre Helden, in solcher Form stellte sich ihnen adlige Tugend ihres Volkes dar.

Die dritte Kirche gründete ein Isenburg aus der Familie, die im 12. Jahrhundert das Grafenamt im Niederlahngau hatte, und die vielleicht mit den Konradinern verwandt war. Sie waren Dynasten von Limburg bis zum Ende des 14. Jahrhunderts, die Blütezeit der Stadt hindurch, die neben Kirche und Burg als dritte selbständige Macht entstanden war. Reichsfrei im eigentlichen Sinn war die Stadt allerdings nicht, wenigstens nur zu einem Drittel, während die beiden andern Drittel den Isenburgern unterstanden, so jedoch, daß Mainz und Hessen daran Mitbesitz hatten. Die Landesherrschaft bedeutete indessen durchaus nicht Untertänigkeit; denn mit der hohen Gerichtsbarkeit, die ausschlaggebend war, verhielt es sich so, daß die Isenburger zwar den Blutbann besaßen, die Stadt aber das Urteil fällte, die Dynasten also nur das Urteil der Stadt vollstrecken konnten. Die Stadt hatte ihr eigenes Siegel: drei Türme mit der Umschrift Sigillum civium in Limdurch. Juste judicate. Dicht an die Stadt grenzte das Gebiet der Grafen von Diez, eine Nachbarschaft, aus der sich häufig Streitigkeiten ergaben. Sie wurden endlich dadurch beigelegt, daß die Stadt und die Grafen ein Schutz- und Trutz-Bündnis miteinander abschlossen, wobei die Stadt die Isenburger Grafen, die Grafen von Diez den Kaiser ausnahmen.

Auf das Isenburger Grafengeschlecht fiel unverhoffter Glanz dadurch, daß Adolf von Nassau, der Gatte der Imagina, Tochter des Grafen Gerlach I., nach dem Tode Rudolfs von Habsburg zum römischen König gewählt wurde. Adolf war weniger Staatsmann als Ritterkönig, untadelig tapfer in der Schlacht, nach Abenteuern dürstend und nach Ruhm. Imagina war, wie es scheint, zur Nonne bestimmt und soll vom Grafen Adolf aus dem Kloster entführt worden sein. Ihr Bruder Johann, später der blinde Herr genannt, kämpfte an Adolfs Seite in der großen Schlacht bei Woringen, wo der Erzbischof von Köln dem Herzog von Brabant unterlag.

Eine Ritterschlacht war auch die von Göllheim, die Adolf von Nassau den Tod und seinem Gegner Albrecht von Habsburg den Sieg und die unbestrittene Krone brachte. Das Heer des Königs zog in die Schlacht mit dem Gesange: »In Gottes Namen fahren wir, Seiner Gnade geren wir«; das des Herzogs sang: »Sant Maria Mutter und Magd, All unsere Not sei dir geklagt.« Die beiden Könige suchten einander im Getümmel, Adolf von Nassau verriet sein weithin glänzender goldener Harnisch. Wie unzweckmäßig die schweren Rüstungen waren, zeigte sich in dieser Schlacht, wo sowohl der Bannerträger des Königs, einer von Isenburg, wie der des Herzogs, einer von Ochsenbein, in ihren Harnischen erstickten. Das Pferd des von Ochsenbein stürmte mit der Leiche des Reiters, der noch fest im Sattel saß und die Sturmfahne in der erstarrten Faust hielt, durch die Reihen der Kämpfenden. Beide Heere führten die gleiche Sturmfahne des Reichs, ein weißes Kreuz auf rotem Grunde.

Wie König Adolf sich vornehm erwiesen hatte, indem er mit Gnadenbeweisen gegen seine Verwandten, die treu zu ihm hielten, sparsam war, so sein Gegner Albrecht, indem er sich ihnen gnädig zeigte. Als er sich mit seiner Frau, Elisabeth, in Nürnberg aufhielt, wo sie gekrönt wurde, erschien dort Imagina, die Witwe des gefallenen Königs. Im Trauergewande kniete sie vor der geschmückten Königin nieder und ersuchte sie, bei ihrem Manne Fürbitte zu tun, damit er ihren bei Göllheim gefangenen Sohn Rupprecht freigebe, eine Bitte, die Albrecht nicht erfüllen konnte, weil der Königssohn dem Erzbischof von Mainz überlassen war. Er starb einige Jahre später in der Gefangenschaft. Imagina und Elisabeth sollten sich nach wenig Jahren noch einmal wiedersehen, als König Heinrich VII. die Leichen seiner beiden Vorgänger in Speier feierlich beisetzen ließ. Die Albrechts kam den Rhein hinunter, die Adolfs war bis dahin im Kloster Rosenthal verwahrt. Sie wurden unter dem Gesange: »Quomodo ceciderunt inclyti« – Was sind doch die Starken! – in die Gruft versenkt, wobei Heinrich VII. selbst Hand angelegt haben soll. Die Anhänger Adolfs fanden Genugtuung in der Tatsache, daß die Gegner ihres Königs eines üblen Todes gestorben wären: Albrecht ermordet, ein anderer sei rasend geworden, ein anderer ertrunken, der Erzbischof von Mainz auf seinem Stuhle sitzend tot aufgefunden, also allein, ohne Menschentrost gestorben.

Stift und Stadt Limburg standen damals, wie der Chronist es ausdrückt, in Ehren und Seligkeit. Mit dem Geschlecht der Isenburg neigte es sich dem Ende zu, obwohl es noch in täuschender Blüte prangte. Gerlach II. war Anhänger Friedrichs des Schönen und befreundet mit dem Erzbischof Baldewin von Trier, einem Bruder Heinrichs VII., von dem der Chronist sagt, daß er ein kleiner Mann sei und doch große Werke tue. Mit Baldewin, mit den Grafen von Nassau und Sayn und mit Giso von Molsberg schloß Gerlach einen Landfrieden, der dem Kaufmann sicheres Geleit verschaffen sollte. Gerlach war ein Dichter, der Klügste nach des Chronisten Meinung, in allen deutschen Landen. Er hätte auch, rühmt derselbe, nicht um hundert Gulden eines armen Mannes Hammel gegessen, ohne ihn bezahlt zu haben. »Er hatte gekoren und auserwählt die Tugend, die da heißt Gerechtigkeit, die für alle Tugenden geht, die war seine Handgetreue und Testamentirer.« Dichter und Heilige sind selten gute Staatsmänner; während Baldewin von Trier durch Fehden und Kriege sich bereicherte und mit dem Reichtum mehr und mehr Lehensleute an sich zog, nahm die Geldnot der Isenburger beständig zu und wurde schließlich so dringend, daß Gerlach sich im Jahre 1344 entschloß, die Hälfte von Limburg dem Erzbischof um 28 000 alte kleine Gulden zu verkaufen. Er verkaufte Limburg mit Zustimmung der Bürgerschaft »mit herrschaften, gerichten, dorfern, luden, juden, gulden, gevellen«. Die Bürger wurden verpflichtet, dem Erzbischof beizustehen gegen alle »ussgenommen ane allein daz römische riche, den stift von Mentze und den Landgraven von Hessen«, die, wie erwähnt, Mitbesitzer zweier Drittel der Stadt waren.

Stadt Limburg, obwohl nicht auf Handel, sondern auf Ackerbau eingestellt, war ein Gemeinwesen voll Kraft und Selbstbewußtsein. Einmal baute Philipp von Isenburg, Glied einer anderen Linie, eine Burg, die der Stadt für ihre Ruhe und Freiheit zu nahe schien, worauf sie sich mit Kuno von Falkenstein, der damals Domherr zu Mainz und Coadjutor von Trier war, verbündete, um die unbequeme Veste zu brechen. Als es zum Sturm kam, verlangte ein Amtmann des Erzbischofs von Trier von den Limburgern, sie sollten vorangehen. Da sagte der Bürgermeister von Limburg, Johann Boppe, sie wären da, um zu stürmen, aber die Gräben sollten nicht mit denen von Limburg allein gefüllt werden; sie wollten mit den Rittern und Knechten zugleich stürmen und würden nicht die Letzten sein. Das machten sie wahr, als man tat, wie sie verlangten.

Aus der verschütteten Geschichte von Limburg ragt der Name Johann Boppe wie ein Turm. Es ereignete sich einmal, daß der Erzbischof von Trier, Kuno von Falkenstein, und Johann II., letzter Graf von Limburg, einen Schöffen der Stadt, der Johann Hartleib hieß und aus Nauheim war, gerichtlich belangen wollten. Offenbar war ihnen viel daran gelegen, sich des Mannes zu bemächtigen, denn sie kamen mit starkem Geleit in die Stadt, darunter der Erzbischof von Köln, die Grafen von Sayn, Reinhold von Westerburg, Dietrich zu Runkel und andere Ritter. Einer von diesen, Herr Dietrich zu Walpod, begann die Verhandlung, indem er die versammelten Schöffen fragte, wofür sie die Herren hielten, und welches nach ihrer Meinung ihre Herrschaft, ihre Freiheit und ihr Recht wäre. Die Schöffen gingen hinaus, berieten sich, kamen wieder herein und antworteten durch den Mund ihres Worthalters, Johann Boppe, der mit Würde und Festigkeit folgendermaßen sprach: »Wir bekennen, daß unser Herr von Trier ist unser gekaufter Herr nach Laut und Anweisung solcher Briefe, die darüber gegeben und gesiegelt sind. Wir bekennen und halten unsern Jungherrn von Limburg für unseren rechten geborenen Herrn, der zu der Herrschaft von seinen Eltern, unseren Herren seligen, geboren ist.« Nachdem er so der gestellten Falle mit seiner Antwort begegnet war, die, nett und rund das Rechtsverhältnis bestimmend, keine Handhabe zum Angriff bot, wurde eine weitere Frage gestellt, auf die nach der üblichen Beratung Johann Boppe den Bescheid gab: die Herren hätten das Gericht über Hals und Haupt, aber sie dürften keinen Bürger von Limburg greifen, wenn die Schöffen nicht zuvor darüber geurteilt hätten. Die nächste Frage war, ob die Herren einen, der zu Limburg Gewalt brauchte, nicht greifen dürften, damit er nicht flüchtig werde, bis die Schöffen sich versammelt hätten. Die Antwort Johann Boppes lautete: Nein, zuvor müßten die Schöffen urteilen. Nun wiederholten die Herren ihre Frage so: wenn man einen verdächtigte, daß er Gewalt begangen hätte, was der den Herren schuldig wäre? Johann Boppe antwortete: »Liebe Herren, wir, die Schöffen zu Limburg, erkennen und sprechen kein Urteil auf Gedanken.« »Und nit mehr sagt«, fügt der Chronist, der den Vorfall berichtet hat, stolz hinzu. Unter den Schöffen waren außer Johann Boppe und jenem bedrohten Johann Hartleib ein Holzhusen, ein Borgenit, ein Knappe, ein Priol, ein Mulich, ein Wiße, ein auf der Schoppen und der alte Johann Sibolt.

Deutlich treten hier die von der späteren Zeit so verschiedenen mittelalterlichen Verhältnisse hervor, die auf erworbenen Rechten und gegenseitigen Verpflichtungen beruhten. Der mächtige Erzbischof von Trier und der angestammte Landesherr von Limburg getrauten sich nicht, einen Limburger Bürger, der offenbar einem der Ihrigen, vielleicht einem Ritter, vielleicht in gerechter Gegenwehr, Gewalt angetan hatte, zu verhaften, um sich an ihm zu rächen, und als die Schöffen es geschickt vermieden hatten, sich durch unbesonnene Äußerungen eine Blöße zu geben, die etwa gerechtfertigten Anlaß zu einem Eingriff gegeben hätte, traten sie sehr verwundert über die Klugheit der Bürger den Rückzug an. Sie sahen sich an, berichtet der Chronist, als wollten sie sagen: »Der Has ist uns entgangen, den wir wähnten han gefangen.« Ebensowenig würden sie damals gewagt haben, eine nicht bewilligte Geldabgabe anders als bittweise zu verlangen.

Sein Hervortreten als worthaltender Schöffe ist das letzte, was von Johann Boppe erzählt wird; vielleicht ist er nicht lange danach gestorben. Er hatte einen Sohn und eine Tochter, die ihrerseits drei Töchter hatte. Als sie Witwe geworden war, verheiratete sie sich wieder mit

Heinrich von Staffeln, dessen drei Söhne die drei Töchter seiner zweiten Frau heimführten. Ueber dieser seltenen Familienverbindung stand kein guter Stern, denn alle drei Ehen wurden bis auf die des jüngsten Paares nach kurzer Zeit durch den Tod getrennt. Daraus, daß das Vermögen Johann Boppes an die von Staffeln fiel, ist zu schließen, daß männliche Erben nicht übrigblieben. Die Tochter des Sohnes wurde die Frau des Tilemann Elken von Wolfenhagen, eines Klerikers des Mainzer Bistums, der Stadtschreiber in Limburg wurde. Da er die höheren Weihen nicht empfangen hatte, konnte er sich verheiraten.

Es schickt sich gut, daß ein Ort von solcher Monumentalität wie Limburg bedeutende Chronisten hervorgebracht hat. von hier blickte Tilemann Elken wie von einem Adlerhorst in die weite deutsche Welt, und er sah, als hätte er eines Adlers Augen, das ihm Verwandte, das Große und Herrenmäßige. Seine Schilderungen von Menschen sind erstaunlich, besonders wenn man sie mit denen anderer geistlicher Geschichtschreiber vergleicht, für die Anhänglichkeit an die Kirche der einzige Maßstab der Größe war. Bei Tilemann ist fabulierende Lust an auffallenden Begebenheiten, Interesse für ausgeprägte Charaktere und Charakterköpfe und Sinn für Poesie, Neben dem Großvater seiner Frau, von dem er mit zärtlicher Verehrung sprach, bewunderte er den Erzbischof von Trier, Kuno von Falkenstein, mit dem vereint die Limburger manche Ritterburg brachen. Er schildert ihn ausführlich als einen herrlichen, großen und starken, wohlproportionierten Mann mit einem großen Kopf voll krausen Haars, mit breitem Gesicht, dicken Lippen, einer breiten, in der Mitte eingedrückten Nase, hoher Stirn und großem Kinn. »Und stund auf seinen Beinen,« schrieb er, »als ein Löwe und hatte gütliche Geberde zu seinen Freunden. Und wann daß er zornig war, so paußten und flodderten ihm seine Backen und stunden ihm herrlich und weislich und nit übel. Dann der Meister Aristoteles spricht: non irasci in quibus oportet insipientis esse.«

Von seinem Landesherrn Gerlach III. rühmte er, daß er scharf von Reden und Rat, rasch und heiter sei. Mit Wohlgefallen beschrieb er die jeweils üblichen Kleidermoden und zeichnete die Lieder auf, die grade gesungen wurden. Die besten Lieder der Welt in Wort und Melodie, denen keine anderen gleichkämen, habe ein aussätziger Barfüßermönch gemacht, der auf einer Insel im Main gelebt habe, und er führt seine Verse an: »Mai, Mai, Mai, du wonnigliche Zeit – Männiglichen Freude giebt – ohne mir; was meinet das?«

Nach Tilemann Elken schrieben in Limburg Johann Gensbein, Georg Emmel und Johann Mechtel Chroniken. Der letztere war zu Pfalzel bei Trier geboren, wurde in Eltz bei Limburg Pfarrer und hatte um das Ende des 16. Jahrhunderts eine Kanonikarstelle im Limburger Georgenstift, wo er Muße fand, seiner Lieblingsbeschäftigung, historischen Studien, nachzugehen. Er schrieb nicht wie Tilemann Elken zu einer Zeit, wo Burg, Stift und Stadt in Freuden und Ehren standen, sondern zur Zeit des Niedergangs, der Verarmung und verminderten Selbständigkeit. Nachdem der braune, schwarzlockige Gerlach III. gestorben war, dem seine kinderlose Frau drei Wochen später in den Tod folgte, mußte sein jüngerer Bruder Johann, der für den geistlichen Stand bestimmt und Domherr von Köln und Trier war, sich entschließen, die Herrschaft zu übernehmen, wozu die Erlaubnis des Papstes glücklich erwirkt wurde. Er war seinem dunklen und raschen Bruder ganz ungleich, sein Haar war gelb wie Goldfäden, so berichtet Tilemann, er war gütlich im Sprechen und in Scherz und Ernst weise. Erst nach zwanzig Jahren entschloß er sich zu heiraten, blieb aber kinderlos, so daß nach seinem Tode das ganze Limburger Gebiet an Trier fiel.

Einst hatte die Stadt als eine ebenbürtige Macht sich mit den Erzbischöfen verbündet, um Friedensstörer oder beeinträchtigende Gegner zu bekämpfen. Viele Fehden hatte die Stadt allein geführt, so mit dem Ritter Johann von dem Steine, mit dem Ritter Emerich Rudel von Reiffenberg, mit dem Knappen Rüdiger von Wanscheid, mit dem Grafen Gerhard VI. von Diez. Rasch und roh war die Bevölkerung, aber voll Kraft. Corz Noide, ein Bürgermeister von Limburg, führte einst in Person einen Dieb auf der Mauer zum Katzenturm. Als sie bei der Dietzer Pforte waren, sprang der Dieb, den Bürgermeister mir sich reißend, die Mauer hinunter. Der Bürgermeister starb nach acht Tagen, der Dieb wurde sofort gehängt, weil er sonst ehrlich gestorben wäre.

Warum, fragte sich oft der nachdenkliche Schilderer seiner Zeit, Johannes Mechtel, ist die
blühende Stadt so sehr herabgekommen? Es möchte sein, daß das Stift zu einem Teil den städtischen Reichtum aufgesogen habe, da die Patrizier nicht müde wurden, es mit Altären und
Stiftungen zu begaben; dann sei der Adel nach dem Aussterben der Isenburger weggezogen und
habe der Stadt Limburg ihre verfallenden Mauern und die Namen ihrer Höfe überlassen. Er
führt den Westerburger, den Ottensteiner Garten an, die Gärten der Spechten von Bubenheim,
der Diez, der von Staffel, der Reiffenberger, der Kronberger, der Wanscheid, der Walderdorff:
leere Häuser, verwildernde Stätten. Die Sage bildete sich, daß angesehene Geschlechter nach
Frankfurt gezogen wären und dadurch den Aufschwung Frankfurts bewirkt hätten, wovon noch
das Haus Lympurg in Frankfurt, das Gesellschaftshaus der vornehmen Frankfurter neben dem
Römer, Zeugnis ablege. Andere Familien wären verarmt und unter die Bürger gesunken; aber
doch, wenn der Chronist die Menge der einst in Limburg blühenden reichen Geschlechter
bedenkt, so kann er nicht fassen, wohin sie alle mit Gut und Blut gekommen sein sollen? Er
führt noch viele Namen von altem edlen Klange an; ist es wahr, wie man sagt, daß sie nach
einem großen Brande ausgewandert sind? Es will ihn bedünken, daß es damit nach dem Laufe
der Natur oder nach dem Worte der Schrift gegangen sei, daß der Mensch aufgehe und hinfalle
wie eine Blume; so wären auch diese gestorben und verdorben. »vor Zeiten waren sie an Stamm
und Namen, von Ehren und Gut berumt und weit bekant, jetzo seint nit wol die malzeiten irer
haus und hof zu finden.«

So viel ist gewiß, daß in der Umgegend von Frankfurt schwerlich eine andere Stadt durch
Handel hochkommen konnte, und daß anderseits eine auf Ackerbau angewiesene Stadt verarmen
und bedeutungslos werden mußte, als die Nation von der Naturalwirtschaft zur Geldwirtschaft
überging.

An die starken, stolzen und wilden Zeiten Limburgs erinnern nur noch der Dom und die
Burg und die steinerne Brücke, unter der die Lahn sich um den Fuß des Felsens biegt.

Gelnhausen

Kaiser Barbarossa hatte bei der alten Reichsstadt Gelnhausen eine Burg, wo er sich gern aufhielt, von einer wunderschönen Geliebten, die Godula hieß, gefesselt. Nah bei der Burg war damals ein kleiner See, von Erlen und Birken umgeben, der voll bunter Fische war; sie schimmerten wie Edelsteine milchweiß, silbern, bläulich und rosenrot. Das Volk getraute sich nicht, sie zu fangen, weil ein Neck im See hauste: der stieg oft aus dem Wasser, setzte sich ans Ufer und spielte auf einer Harfe. Er hatte langes, schilfiges Haar und grüne Augen und tat niemandem etwas zuleide. Die schöne Godula hatte große Freude an den Fischen und belustigte sich damit, ihnen Brot zuzuwerfen und zuzusehen, wie sie danach schnappten; besonders einen roten, der wie eine Feuerflamme durch das Wasser zuckte, gewann sie lieb, und wenn sie ihn einen Tag lang nicht gesehen hatte, wurde sie traurig. Da, eines Tages, als er langsam, langsam ans Ufer geschwommen kam, sah sie, daß Blutstropfen aus seinen Schuppen quollen, und nach einigen Minuten war er tot und versank in die Tiefe. Die schöne Godula verfiel in Traurigkeit und starb nach drei Tagen; seitdem mochte Kaiser Barbarossa nicht mehr in der Burg verweilen, ritt hinweg und kam nie wieder nach Gelnhausen.

Diese seltsame Sage raunt von der dämonischen Macht der Elemente und der elementarischen Leidenschaften über das, was der bewußte Mensch hervorbringt. Unaufhörlich ringen sie mit ihm um sein Werk, das sie lieben und an dem sie Anteil haben; Feuer und Wasser wühlen und nagen daran, der Sturm erschüttert es und die Erde wächst darüber hin. Gras und Blumen dringen aus der geborstenen Mauer, das Moos kriecht daran herauf, der Purpur des Efeu umhüllt sie. Nicht mehr widerhallt sie vom Klirren der Waffen oder vom Gebet der Mönche oder vom Sausen des Spinnrads, nicht mehr begrüßt das Horn des Wächters den Morgen von der Zinne; aber die Musen rauschen daran vorüber mit unsterblichen Gesängen.

In früherer Zeit ließen die Menschen gebrochene Burgen, abgebrannte Klöster und Kirchen verfallen und in die Erde verbröckeln, wenn sie nicht etwas Neues darüber errichteten oder die brauchbaren Trümmer zu anderen Bauwerken verwendeten. So ging es auch mit der alten Burg von Gelnhausen; wer in der Stadt etwas baute, holte sich das Material dazu aus der herrenlosen Burg, wo es nichts kostete. Dem machte die preußische Regierung ein Ende: das denkwürdige Gebäude wurde gesäubert und instand gesetzt, wissenschaftlich untersucht und angeordnet, der Zugang versperrt und die Besichtigung nur in Begleitung eines Aufsehers gestattet. Das war dankenswert und notwendig, wenn überhaupt noch die Ruine erhalten bleiben sollte; aber schöner muß es damals gewesen sein, als noch der Zauber der Insel ungehindert in die verfallende Burg hineinwuchs, als das Gestrüpp die klagenden Figuren verschlang, die einst Säule und Gesims schmückten, und ein Klang von Harfe oder Tränen über das Wasser rieselte.

Auch die aufgeräumte Burg ist noch herrlich und ergreifend, ein Stück Vergangenheit, das der Kinzigfluß und ein Dickicht von Schwarzpappeln und Wasserweiden von der rastlos veränderlichen Zeit abtrennen. Die Welt bleibt hinter einem zurück, wie wenn man eine Kirche betritt, obwohl man ihr Walten hier wie dort spürt. In der Vorhalle werden besonders wertvolle Trümmerstücke aufbewahrt, und es finden sich da Adler als Schmuck an Säulenkapitellen, die mit überraschender Kunstfertigkeit und Sorgfalt gearbeitet sind. Den Hauptteil des Erhaltenen bildet der Festsaal, zu dem man über eine Treppe hinaufsteigt, wo der mächtigste Fürst des Abendlandes seine Gäste versammelte, mit dem Bogenfenster, wo er und seine Gattin Beatrix von Burgund standen und die Bürger von Gelnhausen grüßten. Es befinden sich dort die Reste eines Kamins mit orientalischem Muster, wie es die Kreuzzüge nach dem Westen gebracht hatten. Orientalisch mutet auch das rätselhafte Haupt mit dem langen geflochtenen Bart an, das jetzt außen über dem Portal des Pallas angebracht ist, und das Schenkendorf als das des großen Friedrich besang. Von dem übriggebliebenen Turm überblickt man die Stadt und das wellige Land und den Büdinger Forst, der als Jagdgrund die Gegend dem Kaiser lieb machte.

Lange vor den Hohenstaufen, schon zur Zeit der Merowinger, soll sich da, wo jetzt Gelnhausen liegt, ein Dorf befunden haben und auch eine Burg, die den Grafen von Gelnhausen gehörte. Erst Barbarossa jedoch erhob die alte Siedlung zur Stadt, errichtete eine neue Burg, besetzte sie

mit Burgmannen und unterstellte sie einem Burggrafen, den er belehnte. Den Burggrafen als
Vögten des Büdinger Waldes waren erblich belehnte Forstmeister beigegeben; aus ihnen ging
die Familie derer von Forstmeister hervor, die eine Wolfsangel im Wappen führten, eine Erinnerung an die Zeit, wo Wölfe im Büdinger Forst gejagt wurden. Für den Kaiser, der bisweilen um
zu jagen in die Burg kam, mußte der Forstmeister einen weißen Bracken mit herabhängenden
Ohren bereithalten, der auf einem seidenen Kissen liegen sollte; auch sein Leitseil sollte von
Seide, sein Halsband von vergoldetem Silber sein. Ferner mußte für den Dienst des Kaisers
ein weißes Roß da sein, eine Armbrust aus Ebenholz und ein Pfeil mit silberner Spitze, befiedert mit Straußen- und Pfauenfedern. Im Jahre 1180 wurde in Gelnhausen auf sehr besuchtem
Reichstage die Acht über Heinrich den Löwen ausgesprochen; anwesend waren die Erzbischöfe
von Magdeburg, Köln, Trier und Salzburg, Landgraf Ludwig von Thüringen, Markgraf Otto
von Brandenburg, die Äbte von Fulda und Hersfeld, viele Bischöfe und der älteste Sohn des
Kaisers, Herzog Friedrich von Schwaben, dessen Verlobung mit einer Tochter des Königs von
Ungarn damals gefeiert sein soll. Fünfzehn Jahre später wurde auf einem Reichstag in Gelnhausen über den Kreuzzug beraten, von dem Barbarossa nicht zurückkehrte. Auch die späteren
Kaiser haben sich in Gelnhausen aufgehalten: Heinrich II., Philipp von Schwaben, Friedrich II.
und sein Sohn Heinrich, Konrad IV., Rudolf von Habsburg, Albrecht I., Heinrich VII., Ludwig
der Bayer und Ruprecht von der Pfalz. Damals jedoch war die Blüte der Stadt bereits vorüber.

Wenn je eine, so war die Wiege der Stadt Gelnhausen mit verheißungsvollen Patengeschenken ausgestattet. Der große Hohenstaufe, der die Zeit Karls des Großen, Ottos I., Heinrichs
III. erneuerte, war ihr Gründer, Beschützer und Freund und verlieh ihr wertvolle Freiheiten; er
befreite sie von allen Handelszöllen an allen kaiserlichen Plätzen und Zollstellen und bestimmte,
daß nur die Kaiser selbst oder kaiserliche Beamte in der Stadt Gericht halten sollten, womit sie
zur Reichsstadt erhoben war. Da sie auf Reichsboden entstanden war, hatten ihre Bürger nur
dem Kaiser einen Arealzins zu leisten und durften ihre Häuser und Besitzungen ihren Erben
überlassen, wenn diese den Zins weiterbezahlten. Die folgenden Kaiser fuhren fort, Gelnhausen
mit allerlei Rechten und Freiheiten zu begaben, so daß die Stadt am Ende des 18. Jahrhunderts
deren mehr als vierzig besaß. Darunter war ein Privileg Heinrichs VI., das sie von allen Zöllen
im Reich befreite, das wichtige Privileg de non evocando von Rudolf von Habsburg, das wichtige
von Kaiser Sigismund, es dürfe auf eine Meile Wegs von Gelnhausen keine neue Burg errichtet
werden. Sämtliche Privilegien wurden von allen Kaisern bis auf Joseph I. bestätigt. Nicht viele
Reichsstädte führten ein ebenso pompöses Siegel: die Brustbilder Kaiser Friedrichs I. und seiner
Frau Beatrix in einem Doppelbogen mit der Umschrift: Sigillum sculteti et civium de Geilnhausen. Der Bogen deutet das romanische Fenster in der Burg an, von dem aus das Kaiserpaar
auf die erblühende Stadt hinabgesehen hatte.

Die kaiserlichen Gnaden konnten nicht ersetzen, was Natur und Geschichte versagt hatten;
hier war kein starker Strom, kein alter Handelsweg, kein besonders günstig zu verwertendes
Erzeugnis, und auch auf diese kleine Schwesterstadt warf Frankfurt einen drückenden Schatten.

Die Verbindung mit der Burg wurde für Gelnhausen nicht so verhängnisvoll wie für Friedberg; denn es war zwar mit dem Burggrafenamt ein Reichsgericht über die Umgegend verbunden, aber rechtlichen Einfluß auf die Stadt hatten die Gelnhauser Burgmannen nicht und scheinen ihn auch nicht angestrebt zu haben. Sie bildeten wie auch in Friedberg eine Ganerbschaft, d.
h. eine zusammen lebende und gemeinsam erbende Genossenschaft, und unterstanden einem
Burggrafen, der vom Kaiser belehnt, in späteren Jahrhunderten von den Burgmannen gewählt
wurde. Anfangs wohnte eine Reihe von adeligen Familien in der Stadt, so die von Breidenbach,
die von Trimbach, die von Bünau, die von Grimmelshausen, die von Füßchen. Einer aus der
Familie von Grimmelshausen hat diesen Namen unsterblich gemacht.

In anderer Weise leben die Schelme von Bergen in der Literatur fort: zwei Dichter, Heine
und Simrock, haben die Sage von der Herkunft dieses Geschlechtes in reizvollen Romanzen erzählt. In dem maskierten Tänzer, dessen schlanker Wuchs und edle Bewegung alle Augen auf
sich zog und die Kaiserin bewog, den ganzen Abend mit ihm zu tanzen, erkennt die Frankfurter Hofgesellschaft, als er auf den bestimmten Wunsch der Herrin die Maske fallen läßt, mit

Entsetzen den Scharfrichter von Bergen. Sein Leben scheint verspielt; aber Kaiser Friedrich weiß einen besseren Ausweg und schlägt den Verwegenen, der die Kaiserin zum Tanze geführt hat, als Schelm von Bergen zum Ritter. Eine andere Fassung der Sage ist so, daß Barbarossa eines Tages, als er sich bei der Jagd im kaiserlichen Forst Dreieich bei Frankfurt verirrt hatte, zu einem Karrenführer aufstieg, den er unterwegs als den Scharfrichter von Bergen kennenlernte. Die Schelme führten als Wappen zwei rote Rippen im silbernen Feld und einen roten feuerspeienden Drachen als Helmzierde. Ihre Stammburg lag in Bergen nah bei Frankfurt und dort war auch eine Kirche mit ihrem Erbbegräbnis, die 1600 durch Feuer zerstört und im Anfang des 19. Jahrhunderts ganz niedergelegt wurde. Es gab Schelme von Bergen in Friedberg, Gelnhausen und noch anderen Ganerbenhäusern. Die Bergener Linie starb 1768 aus, von denen von Gelnhausen lebte im Anfang des 19. Jahrhunderts noch Christian, Hauptmann der freien Stadt Frankfurt, der keine Söhne hatte.

Die meisten von diesen Namen verschwanden allmählich aus der Stadt, um unter den Burgmannen wieder zu erscheinen. Insofern also wurde die Stadt Gelnhausen durch die Burg beeinträchtigt, als diese ihr die reichen und vornehmen Familien entzog. Eine fast nur aus Bauern und Handwerkern bestehende Stadt war nicht entwicklungsfähig; es bedurfte der Reibung, des Kampfes, mehr noch des Reichtums und vor allen Dingen der größeren Gesichtspunkte und der stärkeren Leidenschaften dieser Familien, ihres Ehrgeizes und ihrer Herrschsucht. Aus irgendeinem Grunde aber müssen wohl die Bewohner von Gelnhausen, Bürger wie Ritter, weniger tätig, weniger unternehmend gewesen sein als z. B. die von Friedberg. Die Anwesenheit der vielen hochgestellten Personen, die die Reichstage herbeizogen, belebten anfangs den Markt und brachten Arbeit und Verdienst mit; seitdem die Kaiser seltener und schließlich gar nicht mehr kamen, trat ein Stillstand ein und begann auch die Burg zu verfallen. Bewohnte ein Kaiser die Burg, mußte für seine Verpflegung und für die Erfüllung der verschiedenen Auflagen gesorgt werden, mußte die Burg in gutem wohnlichen Stande sein; da die kaiserlichen Besuche wegfielen, hatten die Burgmannen, die die Vorburg, nicht die Burg selbst bewohnten, an ihrer Erhaltung kein Interesse mehr. Schon am Ende des 14. Jahrhunderts beklagte sich König Wenzel über ihren Verfall.

Der Stadt hätte die dauernde Abwesenheit der Kaiser einen Aufschwung bringen können, wie das bei den meisten anderen Reichsstädten der Fall war, deren große Zeit im Interregnum begann. Auch Gelnhausen nahm an den Städtebündnissen teil, wurde insbesondere ein Glied des Bundes der vier wetterauischen Städte. Im Jahre 1285 vereinigten sich Frankfurt, Wetzlar, Friedberg und Gelnhausen zum ersten Male, um dann den Bund von Zeit zu Zeit zu erneuern. Sie wurden als Eidgenossenschaft so anerkannt, daß ihnen meistens gemeinsam von den Kaisern die gleichen Privilegien erteilt wurden. Frankfurt war ihr Vorort, Gelnhausen ihr schwächstes Mitglied. Auch Friedberg und Wetzlar haben dem wirtschaftlichen Aufstiege Frankfurts nicht folgen können, dem seine Sterne eine glanzvolle Zukunft bestimmt hatten.

In der Mitte des 13. Jahrhunderts war Frankfurt noch so wenig bedeutend, daß König Wilhelm es mit Gelnhausen zusammen verpfändete; er nahm aber diese von den Städten gefürchtete und gehaßte Maßregel zurück, indem er zugleich versprach, sie nicht zu wiederholen. Karl IV. indessen, ein schlechter Mehrer des Reichs, bediente sich mit Vorliebe dieses Mittels, um zu Gelde zu kommen, und verpfändete zuerst Gelnhausen und Friedberg an den Grafen Kraft von Hohenlohe und später Goslar und Nordhausen an den Grafen von Schwarzburg. Den letztgenannten Städten gelang es, sich selbst aus der Pfandschaft zu lösen, nicht so Gelnhausen, bei dem sich mit der wirtschaftlichen Schwäche noch das unkluge und allzu bequeme Vertrauen auf das Versprechen der Wiedereinlösung verband.

Zum Unglück für die Stadt verkaufte der Graf von Schwarzburg das Pfand an den Kurfürsten Ludwig von der Pfalz und den Grafen Reinhard von Hanau, von dem es im Jahre 1736 als Erbschaft an den Landgrafen von Hessen-Kassel fiel. Trotz seiner Ohnmacht hielt Gelnhausen unerschütterlich an seinem Charakter als freie Reichsstadt fest. Als kurz vor Beginn des 30jährigen Krieges der damalige Graf von Hanau sich in die inneren Angelegenheiten Gelnhausens einmischte, beschwerte sich die Stadt beim Kaiser Matthias, der es auch nicht an einem gespreizten Urteil fehlen ließ, in dem er der Pfandherrschaft, die sich nicht daran kehrte, aufgab, sich der Vergewaltigungen zu enthalten und der Stadt den erlittenen Schaden zu vergüten. Nach dem Kriege warf sich Leopold I. noch einmal zum Vertreter des Reichs und Herrn der Reichsgüter auf und schickte einen Kommissar zur Entgegennahme der Huldigung nach Gelnhausen. Die Grafen von Hanau verboten bei 1000 Gulden Strafe, die Huldigung zu leisten, doch verzweifelten die Gelnhauser nicht an ihrer guten Sache, riefen die Entscheidung des Hofgerichts an und huldigten nach erfolgtem günstigen Spruche. Die Reichszugehörigkeit machte sich nur dadurch bemerkbar, daß Gelnhausen aufgefordert wurde, die Reichssteuer zu leisten, welche dem Kurfürsten von Trier zur Unterhaltung der Reichsfestungen Koblenz und Ehrenbreitstein zugewiesen war. Gelnhausen war bereit, sie als Zeichen seiner Freiheit zu zahlen; aber gegen das Militär des Pfandherrn waren die Stadt sowohl wie der Kaiser machtlos.

Etwa hundert Jahre später unterschrieben eine Anzahl Bürger, nicht alle, eine Urkunde, in der sie versprachen, auf die Fortführung des Prozesses zu verzichten und der Pfandherrschaft den schuldigen Gehorsam zu leisten; aber noch nachdem durch den Reichsdeputationshauptschluß Gelnhausen dem nunmehrigen Kurfürstentum Hessen einverleibt worden war, wagte ein Teil der Bürgerschaft Widerspruch, der durch einrückende hessische Truppen unterdrückt wurde.

Als Simplizissimus während des Dreißigjährigen Krieges nach Gelnhausen kam, fand er die Tore offen, wie wenn es leer wäre, und wo sie durchlöchert waren, mit Mist verschanzt. Er ging ein paar Steinwürfe in die stille Stadt hinein und begegnete niemandem; nur ein paar Tote lagen auf der Straße, von denen einige nackt waren. Da grauste es ihn und er kehrte um.

Von der Befestigung sind noch Mauern, Tore und Türme erhalten.

Der Hexenturm erinnert an die vielen Frauen, die als Hexen in Gelnhausen verbrannt sind. Besonders ein Bürgermeister Koch machte sich durch eifriges Hexenbrennen einen Namen und entsprach damit, wie es scheint, dem Bedürfnis der Bürgerschaft; denn als damit nachgelassen wurde, beschwerten sie sich darüber beim Rat und forderten zu besserer Ausrottung der Zauberer und Hexen auf, die ihnen den Wein, die Baum- und Feldfrüchte verderbten. Die Bewohner von Gelnhausen waren augenscheinlich Bauern, engherzig, abergläubisch, mitleidlos, welches auch sonst ihre Tugenden sein mochten. Der Rat, der willkürlich ohne beisitzende Schöffen richtete, hätte durch scharfe Urteile der Bevölkerung die Empfindlichkeit abgewöhnen können, wenn sie daran gelitten hätte. Im Jahre 1480 ließ er am neuerrichteten Galgen zwei Leute aufhängen, die nicht mehr als ein paar Kittel gestohlen hatten. Zwei Schneider wurden verbrannt, einem Metzger wurden die Augen ausgestochen für Verbrechen, die weit weniger Roheit kundtaten als die Strafe. Um diese Zeit wurde auch einmal eine Mutter mit zwei Töchtern lebendig begraben. Gela, die eine von den Töchtern, hatte ein uneheliches Kind zur Welt gebracht, und ihre Schwester Elsgen hatte ihr den unheilvollen Rat gegeben, es zu töten. Die siebzigjährige Mutter hatte darum gewußt und wurde deshalb mit den Töchtern zu grausamem Tode verurteilt. Man hatte auch die jüngste Tochter ins Gefängnis geworfen, aber da Mutter und Schwestern sie entschuldigten, daß sie nichts gewußt habe, ließ man sie gehen. Den Vater des getöteten Kindes, einen Knecht aus Wertheim, scheint keine Strafe getroffen zu haben. Wo, ob im Hexenturm oder in einem anderen Verließ, die Unglücklichen verschmachteten, wird nicht berichtet.

Jetzt empfängt Gelnhausen den Wanderer als eine freundliche, stille, halb ländliche Stadt, deren Bewohner betrübt und fast beschämt gestehen, daß sie keine Industrie haben. Um so besser hört man, wenn man die krummen Straßen hinaufklettert, den Genius dieses Ortes mit Adlerflügeln rauschen. Unsichtbare Schwingen segeln langsam zwischen der Burg und der Marienkirche hin und her, unter ihnen schwillt auch das Kleine und Geringe zu mythischer Größe über die enge Stadt hinaus. Das romanische Rathaus, das einzige dieser Art in Deutschland, das früher in ein gotisches Haus verbaut war, hat durch die Wiederherstellung an überzeugendem Leben verloren. Aber man geht an schönen, ansehnlichen Fachwerkbauten vorüber, an einem Portal der Peterskirche sieht man geheimnisvolle Gesichter, Madonnen voll unnahbarer Hoheit schmücken die Altäre der Marienkirche. Dieser herrliche Bau mußte der Kaiser-Wilhelm-Gedächtniskirche zum Vorbild dienen; aber wohl keiner, der vor einer von beiden steht, denkt an die andere.

Wetzlar

Seit dem Jahre 1495 waltete das Reichskammergericht in Speier, das bestimmt war, auf dem Wege gerichtlichen Prozesses zu schlichten, was bis dahin mit dem Schwerte ausgemacht wurde. Nicht mehr heftete der Ritter, dessen Knecht eine Stadt abgefangen und in den Turm gelegt hatte, den Fehdebrief an ihre Tore; die Reichsstände, die beide auf das gleiche Gebiet Erbansprüche zu haben behaupteten, überzogen sich nicht mehr mit Krieg, sondern warteten auf die Entscheidung des Kammergerichts, meist sehr lange. Als die französischen Raubkriege am Ende des 17. Jahrhunderts die Pfalz bedrohten und schließlich verwüsteten, sah sich das erschreckte Reichskammergericht nach einer anderen Stätte um, wo es sich niederlassen könnte, und wo es gesicherter wäre. Es eignete sich dazu nur eine Reichsstadt, und zwar eine von Frankreichs Grenze hinreichend entfernte; man wies daraufhin, daß im 15. Jahrhundert, als man Speier bezog, Lothringen, Elsaß, die Freigrafschaft und sogar das Erzbistum Besançon, damals Bisonz, noch zum Reich gehörten und die Pfalz deckten. Die Städte, an welche man zunächst dachte, verlockte die Aussicht, das Kammergericht zu beherbergen, durchaus nicht; denn sie fürchteten die Einmischung der hochgeborenen Herren, die demselben vorstanden, in ihr Regiment. Frankfurt, Schweinfurt, Augsburg, Memmingen widersetzten sich nachdrücklichst; in Mühlhausen in Thüringen und Dinkelsbühl war die Bürgerschaft dem Plane geneigt, nicht aber der Rat. In Friedberg und Wetzlar lagen die Dinge anders; da war kein hochmütiges Patriziat, auf nichts als auf seine Alleinherrschaft bedacht, da bestand der Rat aus kleinen Kaufleuten und Handwerkern, welche froh waren, durch den Zuzug vieler wohlhabender Familien ihre Einnahmequellen zu vermehren. Die verschiedenen Kommissionen, welche Wetzlar in Augenschein nahmen, stellten fest, daß die Bürgerschaft 400 Mann stark sei, worunter nicht über 20 Katholiken wären; die Nahrung der Bürger sei Ackerbau, Viehzucht und Tabaksbau, das übliche Getränk Bier, Wein werde wenig getrunken. Sie lobten Luft und Wasser als gesund, die wohlfeilen Preise und die Obst- und Gemüsegärten, welche die Stadt umgäben, auch drei Apotheken und 2 Ärzte gebe es. Dagegen wären die Häuser mit Stecken geflochten und mit Lehm übertüncht, meist mit Stroh gedeckt und ohne Brandmauern, was Feuersgefahr bedeute, und das Wasser müßte bei Feuersbrünsten von der Lahn heraufgeschafft werden. Nur wenige Häuser wären aus Stein oder hätten steinernes Erdgeschoß, auch hätten sie nicht einmal rechte Küchen und gemauerte Schornsteine. Da die meisten Zimmer der Erdgeschosse zu ebener Erde wären, herrsche Feuchtigkeit und wegen der Pferde, Rinder und Schweine, die die meisten Bürger hielten, übler Geruch. Die Straßen wären teils gar nicht, teils schlecht gepflastert und sehr unflätig. Es sei ferner keine Post vorhanden, die Briefe müßten zur Beförderung nach Gießen getragen werden, mit der Kaufmannschaft sehe es schlecht aus, es mangle an geschickten Handwerkern und an allerlei Gewerbe. Die Schulen wären so schlecht, daß man die Kinder schon im zarten Alter auf auswärtige Schulen würde schicken müssen. Die Stadt liege an einem Abhang, so daß das Fahren in Kutschen beschwerlich und bei Schnee und Glatteis auch das Gehen für nicht wohlgeübte Fußgänger gefährlich sein würde. Kurz, Wetzlar sei, obwohl eine Reichsstadt, so gar unansehnlich, daß das Kammergericht ohne Verminderung der ihm gebührenden Achtung und selbst ohne Nachteil der Hoheit des Heiligen Römischen Reichs darin nicht wohnen könne. Niemand erwähnte die liebliche Lage der hügelumgebenen Stadt, die uns so anzieht; ein Kammergerichts-Prokurator schilderte Wetzlar »als einen bergigten, nahe an einem unfreundlichen Himmel gelegenen Ort, als einen nicht durch den Geist ihrer Bürger, sondern durch die Beschaffenheit eins von der Natur stiefmütterlich behandelten Bodens fast unwirtlichen Aufenthalt, des verjagten höchsten Reichsgerichts letztes Los und rauher Wohnsitz«.

Es scheint indessen, daß diese schonungslosen Urteile etwas übertrieben und von Katholiken ausgegangen waren, die ein Mißfallen an der wesentlich protestantischen Richtung der Stadt hatten; denn als der Stadtrat sich bereit erklärte, den Franziskanern mehr Platz anzuweisen, ihnen das Almosensammeln zu gestatten, öffentliche Prozessionen in wie vor der Stadt zu erlauben, ja sogar die Jesuiten aufzunehmen, milderte sich der Widerstand sichtlich, und als der beflissene Magistrat außerdem noch Abschaffung der Strohdächer und Reinhaltung der Straßen und Plätze versprach, kam es zur Einigung. Eine dringende Einladung von seiten Dinkelsbühls hatte keine andere Folge als einen Wechsel von Schmähschriften zwischen den beiden Städten.

Im Jahre 1693 konnte das Kammergericht in Wetzlar feierlich eröffnet werden, wobei der Erzbischof von Trier vom Thron herab eine Rede hielt. Anstatt jedoch die Streitigkeiten anderer zu entwirren, gerieten die Herren untereinander in schwere Mißhelligkeiten, die durch die Willkür und den Hochmut des älteren Präsidenten, Freiherrn von Ingelheim, genährt wurden. Es bildeten sich zwei Parteien, deren Mittelpunkt auf der einen Seite Ingelheim, auf der anderen der jüngere Präsident Reichsgraf von Golms-Laubach war. Während Ingelheim beschuldigt wurde, den Lauf der Gerechtigkeit zu hindern, klagte Graf von Wartenberg, ein Anhänger des Ingelheim, den Grafen Solms der Parteilichkeit an. Ingelheim drohte einem Herrn von Pyrk den Degen in den Leib zu stoßen und Nytz ging so weit zu erklären, daß Pyrk von seiner Hand sterben müsse, sei es auch in der Kirche. Kam es dazu auch nicht, so beschlagnahmte doch die Ingelheimsche Partei die Besoldung des besonders verhaßten Pyrk. Dieser scheint allerdings ein sehr bissiger, dabei nicht unwitziger Mann gewesen zu sein; er ließ das kaiserliche Reskript, das zu seinen Gunsten sprach, drucken und setzte ihm als Motto den Vers aus den Psalmen vor: »Große Farren haben mich umgeben, fette Ochsen haben mich umringt, ihre Rachen sperren sie auf wider mich wie ein reißender und brüllender Löwe.« Er nannte ferner den Kammergerichts-Prokurator Flender, der zur Ingelheimschen Partei gehörte, vor Zeugen einen Schelmen und galgenwürdigen Gaudieb. Schelm und Dieb waren offenbar die damals unter Kavalieren üblichen Schimpfworte. Flender schob die von Pyrk gegen ihn ausgestoßenen Beschimpfungen zurück und erklärte, ihn so lange für einen galgenwürdigen Schelmen halten zu wollen, bis Pyrk entweder ihm ein galgenmäßiges Schelmenstück nachweise oder die ausgestoßene Beleidigung widerrufe. Pyrk unterließ beides. Inzwischen war vollständiger Gerichtsstillstand eingetreten, und die ruhigen Elemente verlangten nach einer außerordentlichen Visitation, die der Sache ein Ende mache.

Es begab sich um diese Zeit, daß ein marktschreierischer Zahnarzt mit einer Truppe von Gauklern und Seiltänzern nach Wetzlar kam und seine Bühne auf dem Marktplatz, dem alten Rathause gegenüber, aufschlug, welches der entgegenkommende Rat dem Kammergericht abgetreten hatte. Die Gaukler führten eine Posse auf, worin als Hauptperson ein Richter figurierte, der, feierlich mit dem Szepter in der Hand, auftrat, um einen Prozeß zu führen, aber der Bestechung zugänglich war und zuletzt offener Verhöhnung anheimfiel, indem der Hanswurst die Kleider mit ihm tauschte und sich statt seiner auf den Richterstuhl setzte. Graf Solms-Laubach, der als Biedermann geschildert wird, sah die Posse für eine heillose Satire an, die das Kammergericht verspotte, und beschuldigte den älteren Präsidenten, Freiherrn von Ingelheim, der Aufführung mir Wohlgefallen zugesehen und sogar die Gaukler beschenkt zu haben. Mit Hilfe des Kaisers setzte er durch, daß der Schauspieldirektor und Zahnarzt, es war Joh. Eisenbart, seine Bühne vor dem Rathause abbrechen und an einer anderen Stelle aufrichten mußte.

Inzwischen hatte Herr von Pyrk verschiedene Streitschriften drucken lassen mit langen Titeln, von denen der eine anfing »Gedämpftes Ehrengift«, der andere »Pyrkisches Echo oder Widerschall, d. i. abgedrungene Retorsion und Ehrenrettung«; er erklärte in der letzteren die ganze Ingelheimsche Partei für galgenmäßige Schelme. Die Kammergerichts-Visitation, die endlich in Wetzlar eintraf, verlangte zuerst von allen, die einander beschimpft hatten, die Beschimpfungen zu beweisen; das veranlaßte neue Schriften, über deren Verfassen und Drucken wieder lange Zeit hinging. Die Untersuchung schloß damit, daß Ingelheim und Nytz freigesprochen wurden, Pyrk dagegen wurde seiner Stelle entsetzt und seine Schmähschriften wurden vor seinen Augen durch den Kammergerichts-Pedellen zerrissen und ihm vor die Füße geworfen. Es war eine für die Sieger vielleicht nicht ganz so befriedigende, aber für das Opfer leidlichere Rache, als wenn man ihm, wie es vor 100 Jahren wohl geschah, das Herz aus dem Leibe gerissen und ins Gesicht geschmissen hätte. Übrigens hatten die Visitatoren wohl den Auftrag gehabt, den Freiherrn von Ingelheim zu schonen; denn Pyrk wurde bald darauf »wegen seiner beim Reichskammergericht bewiesenen Treue und nützlichen Dienste und im Hinblick auf seine bekannten guten Eigenschaften« zu einem böhmischen Oberappellationsrat auf der Herrenbank ernannt. Im Jahre 1711 wurde nach siebenjährigem Stillstand das Gericht wieder eröffnet. Fast wäre der Streit sofort aufs neue ausgebrochen, weil die Abgeordneten des gräflich wetterauischen Collegii und des Collegii der Prälaten in einem mit 6 Pferden bespannten Wagen zu fahren beanspruchten wie die Abgeordneten der Reichsfürsten; aber es gelang, den Unfrieden im Keime zu ersticken. Seit die Fehden im Reich nicht mehr mit dem Schwert, sondern mit dem Wort ausgefochten wurden, waren ihrer nicht weniger geworden, und der Verzicht auf die Selbsthilfe hatte die Menschen zwar äußerlich gesitteter, aber weichlicher, kleinlicher und würdeloser gemacht; man begreift, daß ein Jerusalem in dieser Umgebung zum Selbstmord kam, und daß der Freiherr von Stein ihr an gewidert den Rücken wandte.

Von Zeit zu Zeit tauchte im Schoße der Kammergerichtsgesellschaft der Wunsch auf, Wetzlar wieder zu verlassen. Man zählte alle Mängel der Stadt von neuem auf: ihre schlechten Wege, die schlechte Polizei, indem das Landvolk die Preise der Waren nach Belieben selbst bestimmte, die Baufälligkeit des alten Rathauses, die Lage des Kirchhofs inmitten der Stadt. Das Beerdigen am Markte, das in fast allen Städten des Reichs schon mit dem 16. Jahrhundert nicht mehr stattfand, verursachte so heftige und gefährliche Ausdünstungen, daß man, so hieß es, im Sommer vor Sonnenaufgang über dem ganzen Platz einen blauen Dunst wahrnehmen könne. Mit einiger Nachgiebigkeit hinsichtlich der Franziskaner und Jesuiten pflegte der Rat die Anstände zu überwinden; er verlegte nun sogar den Friedhof vor die Mauern, wo sich zwar zuerst niemand begraben lassen wollte. Wie man in manchen Sagen dem Teufel, der die Brücke gebaut hat und zum Lohn die Seele dessen fordert, der zuerst hinübergeht, einen Hahn oder Pudel entgegentreibt, so schickte man hier eine verstorbene Henkersgattin voran, womit der Bann gebrochen war.

Im Zusammenhang mit Beerdigungen entstand in der Mitte des 18. Jahrhunderts zwischen dem Kammergericht und der Stadt Wetzlar ein merkwürdiger Streit. Der damalige Kammergerichtspräsident Graf Karl von Wied verlor seine Gattin durch den Tod und wollte ihre Leiche nach dem Wiedschen Erbbegräbnis in Runkel führen. Da nun sowohl die Stadt Wetzlar wie der Landgraf von Hessen als Schutzherr der Stadt das Recht in Anspruch nahmen, dem Leichnam bis an die Grenze des Stadtgebiets das Geleit zu geben, kam es zu ernstlichem Streit und sogar zu Tätlichkeiten, worauf der Graf von Wied um des Friedens willen sich dazu bequemte, die Verstorbene in der Stiftskirche von Wetzlar beisetzen zu lassen, weniger nachgiebig als der Graf von Wied war die Witwe des ersten Kammergerichtspräsidenten, jenes unbeliebten, triumphierenden Freiherrn von Ingelheim, der dreiundachtzigjährig starb. Ohne sich durch die Wetzlarer Stiftskirche locken zu lassen, ließ sie den Leichnam in einen Sack stecken und in der Abenddämmerung durch Heiducken fortschaffen, die, wie man sich erzählte, an der Grenze den Sack über die Mauer geworfen hätten.

Es scheint nicht, daß die Anwesenheit des Kammergerichts der armen Stadt Wetzlar die erhoffte Blüte gebracht habe, wenn sie auch die Ursache war, daß der junge Goethe dort unsterblichen Liebesschmerz erlebte, der für alle Zukunft einen Glanz auf die alte Reichsstadt warf. Damals hatte sie nichts, um sich über ihr fadenscheiniges Dasein zu trösten, als das Bewußtsein einer schöneren Vergangenheit, das die Kaiser nährten, die ihrerseits an den letzten, ihnen gebliebenen Reichsrechten festhielten. Wenn der Landgraf von Hessen, der schutzherrliche Alp, allzu drückend wurde, wandte sich die Stadt klagend an den jeweiligen Kaiser, der dann verwarnend eingriff. Joseph I. schrieb dem Fürsten, er könne nicht gestatten, daß die Stadt Wetzlar an ihrer Unmittelbarkeit, ihren Landeshoheiten und Rechten, ihren Freiheiten und Privilegien, die sie kundbarlich von kaiserlicher Majestät und dem Reich habe, gestört und verkürzt werde; er versehe sich dazu, daß der Herr Landgraf aus dem ihm zustehenden Schutzrecht keine Gewalt und Obrigkeit machen wolle. Karl VI. erneuerte die Mahnung und fügte hinzu, er wolle nicht leiden, daß die Stadt Wetzlar gleichsam in eine Munizipalstadt umgeschaffen und unstatthaften Zumutungen ausgesetzt werde, sondern er wolle sie bei ihrer Unmittelbarkeit und den derselben anklebenden Gerechtsamen erhalten.

Als Joseph II. die Huldigung der Reichsstädte durch Kommissare einnehmen ließ, beschloß der Stadtrat im Verein mit dem Vertreter des Kaisers, dem Grafen Franz Spauer von Pflaum und

Valme, die Festlichkeit mit Pomp zu begehen. Unter dem Läuten der Glocken und Donner der Geschütze hielt der Kommissar mit vier sechsspännigen Staatswagen und einigen vierspännigen Reisewagen seinen Einzug, begleitet von vier Hofkavalieren, nämlich einem Grafen von Spauer, einem Grafen von Firmian, dem Reichsgrafen Franz Karl von Metternich zu Virneburg und Beilstein und dem Freiherrn von Sternbach, von Edelknappen, Offizieren, Heiducken, Läufern und Lakaien und schließlich von der eigens errichteten und eingeübten Wetzlarer Bürgergarde, deren Offiziere blaue Uniformen mit gelben Unterkleidern und silberne Tressenhüte trugen. Am Neustädter Tore, wo die Ehrenpforte errichtet war, überreichten Bürgermeister und Rat die Stadtschlüssel und brachten ledige Bürgerstöchter einen Blumenstrauß mit schriftlichem Glückwunsch dar. Der Huldigungseid wurde auf dem Rathause geleistet, vor demselben fand die Huldigung der Bürgerschaft und zuletzt die der Judenschaft statt.

Trotz dieses Sichanklammerns an die Vergangenheit ging es abwärts. Im Jahre 1770 mußte die Wollenstrumpfweberzunft sich zahlungsunfähig erklären. Sie überließ die Walkmühle, die ihr gehörte, ihren Gläubigern und erklärte sich für aufgelöst. Ein großer Brand vernichtete mitten in der Stadt viele Häuser, darunter das Rathaus, den Sitz des Reichskammergerichts. Das alte Kaufhaus, wo der Stadtrat inzwischen getagt hatte, war schon Jahrzehnte vorher »bei einer gänzlichen Windstille« eingestürzt.

Jetzt sind neue Sterne über Wetzlar aufgegangen mit elektrisch hellem Licht: die beiden größten, umgeben von einem Gewimmel kleinerer, heißen Buderus und Leitz, Eisenwerke und optische Industrie, und haben der verarmten Stadt Zustrom von Geld und Menschen vermittelt. Vor ihnen erblaßt ein wenig der sanftschimmernde Himmelsstern Goethe, der sonst etwa Besucher nach Wetzlar lockte; aber noch heute suchen zuweilen welche das ehrwürdige Deutsche Haus auf, wo Amtmann Buff als Verwalter der Güter des Deutschen Ordens wohnte, und die anmutig vornehmen Räume, wo Lotte ihren Bräutigam und seinen glühenden Freund empfing. Kaum beachten sie den großartigen Zeugen des Mittelalters, den Dom, sowenig wie der junge Goethe, versunken in den Genuß seiner Schmerzen und seines Genius, ihn gewürdigt zu haben scheint.

Wenn man die schmale, steile Treppe hinaufsteigt, die von der Hauserstraße zum hochgelegenen Buttermarkt hinaufführt, steht man bestürzt vor dem phantastischen Bauwerk, das an den Turm von Babel erinnert, wie Maler des 16. oder 17. Jahrhunderts ihn etwa darstellten. Man fragt sich, ob das zum Dienst des Christengottes errichtet wurde, oder was für ungeheuren Göttern man hier Altäre baute. Allmählich entwirrt man sich das chaotische Gebilde: es ist ein Dom im Dom, ein alter romanischer Bau im Gehäuse eines gotischen, der nicht vollendet, so wie jener nicht ganz abgerissen wurde. Neben und hinter dem gewaltigen gotischen Turme steht der alte romanische aus schwarzem Basalt und ein dunkles altertümliches Portal mit zwei Rundbogen, in der Mitte getragen von einer zierlichen, adlergeschmückten Säule. Dieser Turm wird Heidenturm genannt, obwohl der spätere, gotische mit dem seltsam bekrönten Haupte titanischer wirkt. Der Eindruck der Absonderlichkeit läßt zuerst die Andacht der Schönheit nicht aufkommen; wenn aber die hereinbrechende Nacht das erhabene Ungetüm anhaucht und das beruhigte Monument, halb Pyramide, halb Obelisk erscheint, gibt man sich gern dem Zauber hin, der den gemütlichen Marktplatz in ein Fabelland verwandelt. Tatsächlich hat die so überraschend sich darstellende Kirche nichts Verfängliches oder Verhängnisvolles an sich; Protestanten und Katholiken teilen sich in sie, wie es scheint mit brüderlicher Vertraulichkeit.

Außer einigen schönen Häusern, die meistens aus dem 17. oder 18. Jahrhundert sind, dem Haus zum Reichsapfel, dem Gasthaus zum Römischen Kaiser, dem Gasthaus zum Adler am Kornmarkt, ferner dem Gasthaus zum Dom und dem Hotel zum Herzoglichen Haus, das zeitweise dem Kammergericht gehörte, am Buttermarkt, dem Jerusalem-Haus und anderen gutgebauten Häusern aus alter Zeit, außer der steinernen Lahnbrücke, die schon im 13. Jahrhundert da war, sowie das Hospital, von dem nur noch ein paar Glocken in das neue übergegangen sind, hat Wetzlar noch ein Denkmal besonderer Art aufzuweisen, das ich in der Frühe eines Sommermorgens aufsuchte. Aus der Stadt hinaus, am Friedhof vorüber, kommt man in die sich öffnende, von bewaldeten Hügeln begleitete Landschaft. Ein alter Wartturm taucht auf, der einst die städtische Landwehr befestigte, leuchtend wallen hügelige Fluren in die blaue Ferne. Zwischen betautem Grase am Fuße einer Anhöhe liegen zwei Steine, auf deren einem die Inschrift steht: »Monumentum facti et executionis Friderici Holstuch alias Tile Kolup, falso se imperatorem Fridericum II fingentis, in Wetzflaria capti, damnati, combusti, in hac valle imperiali tumulati, jussu imperatoris Rudolfi I MCCLXXXIV.« Auf deutsch: Denkmal der Tat und Einrichtung des Friedrich Holstuch, auch Tile Kolup genannt, welcher sich fälschlich für Kaiser Friedrich II. ausgab, in Wetzlar ergriffen, verurteilt, verbrannt und in diesem Kaisergrunde verscharrt wurde auf Befehl des Kaisers Rudolf I. 1284. Ein Herr von Gülich, dem der Kaisergrund gehörte, ließ Ende des 18. Jahrhunderts die Steine mit der von ihm verfaßten Inschrift setzen, auf der Notiz eines älteren Chronisten fußend, daß an der betreffenden Stelle sich ein derartiger Denkstein befunden haben solle.

Viele aus den Quellen gezogene Zeugnisse sprechen dafür, daß sich wirklich am Kaisergrunde bei Wetzlar die grausige Schlußszene eines tragischen Kampfes abgespielt hat.

Etwa dreißig Jahre nach dem Tode Friedrichs II., der in Italien sechsundfünfzigjährig starb, tauchte ein Mann auf, der eben dieser Kaiser zu sein behauptete. Es war ein schöner Greis, der dem Hohenstaufen glich; er schien sehr alt zu sein, aber er war rüstig und sein Gesicht erleuchtete oft jugendliches Feuer. Um sich zu beglaubigen, führte er Tatsachen an, die kein anderer als der Kaiser selbst oder seine nächsten Freunde hätten wissen können. Alte Ritter, die Friedrichs Feldzüge mitgemacht hatten, Bauern, Städte, ja Fürsten schlossen sich ihm an. Es war nicht nur, daß seine Liebenswürdigkeit, Leutseligkeit und Freigebigkeit hinriß: alle diejenigen, die mit Rudolfs Regiment unzufrieden waren, namentlich die Feinde des Papstes und der Pfaffen, hofften in ihm einen Führer zu finden. Dagegen bekämpfte ihn grimmig die von Rudolf begünstigte Geistlichkeit, allen voran der bei jedermann verhaßte Erzbischof Sifrid von Köln. Aus Köln verjagt, begab er sich nach Neuß, wo er begeisterte Aufnahme fand, und wo er sich zwei Jahre als Kaiser anerkannt hielt. Dieser Erfolg gab ihm den Mut zu einem allzu kühnen, aber folgerichtigen Schritte: er forderte nämlich König Rudolf von Habsburg auf, sich ihm zu stellen und seine Krone niederzulegen. Rudolf, der den falschen Friedrich bis dahin nicht recht ernst genommen hatte, rückte nun mit Heeresmacht vor Wetzlar; denn dort war der angebliche Hohenstaufe mit Freuden aufgenommen. Nicht unbewegt sah Rudolf der Begegnung entgegen; denn er hatte den Verstorbenen verehrt und hätte sich verpflichtet gefühlt, ihm zu weichen, wenn er ihn erkannt hätte; aber das war nicht der Fall. Da hingegen manche auf seine Seite traten, andere schwankten, unterwarf ihn Rudolf der Folter, die ihm das gewünschte Geständnis erpreßte, er sei ein Betrüger, heiße Dietrich Holzschuh oder Tile Kolup und habe vermittels schwarzer Kunst und Zauberei seine Rolle spielen können. Daraufhin wurde er zum Feuertode verurteilt und mit einem treugebliebenen Anhänger verbrannt, der Überlieferung nach dort, wo jetzt die Steine liegen. Auf der Anhöhe über dem Grunde standen als Zuschauer König Rudolf, Erzbischof Erich von Magdeburg, Bischof Volrad von Halberstadt, die Grafen von Anhalt, Wernigerode, Blankenburg, Leiningen und viele andere Herren und Ritter, vor allem natürlich der Erzbischof von Köln, der als Vorsitzender des Fürstengerichts das Urteil gesprochen hatte. Anwesend waren auch die Bürgermeister und Schöffen von Wetzlar, adlige Herren, die sich durch Auslieferung des Usurpators die Verzeihung des zürnenden Königs zu erwerben gewußt hatten. Durch die gewaltsame Lösung wurde das Dunkel, in das die Begebenheit gehüllt ist, nicht gelichtet; denn die durch Tortur erpreßten Aussagen sind belanglos. Wer war der Mann, der Kaiser Friedrich ähnlich sah? Woher kam er? Hieß er wirklich Dietrich Holzschuh? War er vielleicht ein Knappe des verstorbenen Kaisers gewesen und wußte er daher so viele ihn betreffende Dinge? War er ein Wahnsinniger oder ein Betrüger? Woher hatte er das viele Geld, das ihm zur Verfügung stand? War er durch Feinde des Königs gedungen?

Was ich an jenem Sommermorgen im Kaisergrund mit dem inneren Auge sah war so: Ich sah den rechtschaffenen König Rudolf, der ausgezogen war, einen unverschämten Betrüger und Friedensstörer zu strafen, betroffen von der wundersamen Erscheinung, die ihm vor den Toren von Wetzlar entgegentrat. Dieser Friedrich war ein Betrüger und doch keiner, weil er ein Wahnsinniger war, der der Kaiser zu sein glaubte. Und er war es, solange er es glaubte. War dieser

Mann so alt, wie Friedrich hätte sein müssen, wenn er lebte? Manchmal schien er hundertjährig und älter und morsch, als müsse er vor einem Luftzug zusammenfallen; aber wenn sein Gefühl ihn hinriß, strahlte er von Kraft und Jugend, trotz des weißen Haars, das ihm wirr ums Gesicht hing. Er war ein Träumender und sprach seltsam ergreifende Dinge aus Tiefen des Traums. Er war Friedrich, verzehrt von Schmerzen und hell im Bewußtsein seines Namens. Er war ein Sinnbild herrlicher Vergangenheit und stand geisterhaft schaurig vor dem Bringer der neuen Zeit, dem der gemütliche Humor auf den Lippen erstarb angesichts dieser Flamme aus der Asche.

Solange Friedrich träumt, ist er der Kaiser und herrscht; aber wenn man ihn rauh antastet, ihn martert, dann erwacht er und ist ein armseliger, gehetzter Kranker, der sich fürchtet und zittert und nach Hause möchte. Irgendein Wort aber des Hohns oder der Schande stürzt ihn wieder in den Abgrund seines Wahns: er ist wieder Friedrich, der Kaiser. Er wirft sich in das Feuer wie in die Glorie, die ihm gebührt und besser ansteht, als vor der Verlegenheit der einen und dem verbissenen Hasse der anderen zu stehen. Rudolf handelt, wie er muß, wenn er den Betrüger, den Zerstörer seines Friedenswerks aufopfert; und dennoch, solange die beiden sich gegenüberstehen, ist Rudolf der falsche und der mit Purpurfetzen behangene Bettler der echte Kaiser, der Hohenstaufe, der von Gottes Gnaden.

Friedrich:

> So empfängt Habsburg seinen Kaiser! Knechte dingt er,
> Nicht ihn zu stützen, denn er ist sehr alt,
> Nein, ihn zu greifen, vor sich herzustoßen
> Als einen Missetäter. Rudolf! Hättst du das geglaubt,
> Wenn jene umbrische Sibylle dir's
> Geweissagt hätte,
> Die bei Arquata uns den Weg vertrat?
> Sie griff in deines Rappen Zügel, hielt ihn,
> Ein alt gebrechlich Weib, und rief: Heil dir,
> Gottes Erwählter! Hoch, hoch wirft du steigen
> Und dein Geschlecht! Du sprachst, zu mir dich wendend:
> »Die Törin sieht nicht weiter als ein Maulwurf.
> Nie steig ich höher, Herr, als du mich hebst
> In deiner Gnade; und ob hoch oder nieder,
> Findst du mich treu.« Was sagte ich darauf?

Rudolf:

> Im tiefsten Busen regt sich ein Erinnern,
> Haucht auf verwischte Bilder. War's in Umbrien,
> Wo uns, als wir am Quell vom Pferde stiegen,
> – Uns dürstete – ein Trupp Banditen überfiel
> Und den von Arnstein fingen und entführten,
> Des roter Bart sie trog, als wär's der Kaiser?

Graf v. Katzenellenbogen:

> So hört ich's einst von meinem Vater sagen,
> Der auch dabei war!

Friedrich:

> Katzenellenbogen?
> Ich seh, du bist sein Sohn. Gleichst ihm zwar wenig,
> Er kurz und fett, du schlank, fast wie ein Mädchen;

Doch deine Augen sind's, die ihn bezeugen.
So schmale hatt' er, bläulich spiegelnde,
Daß ich ihn wohl zu necken pflegte,
Sein Vater hab ihn aus Jerusalem
Von einer Sulamith.

Graf v. Katzenellenbogen:

Ist das Magie nicht,
Spricht Wahrheit hier. So wärst du Kaiser Friedrich!
Mir ist zumut, als drehte sich der Himmel!

Friedrich:

Ihr zögert, schweigt. Grüßt mich denn keiner, keiner
Erkennt mich? Bin ich nicht mehr ich,
Weil Schnee mein Blondhaar deckt, weil Alter
Und Kummer meinen stolzen Rücken krümmte,
Die Wange einfiel, die einst straff und braun?
Kenn ich doch euch und weide mich
An euren Zügen, draus Vergangenheit,
Zeit meiner Jugend, meiner Herrlichkeit
Wie aus dem Spiegel glänzt, und ihr steht stumm,
Verlegnen Blicks. Ihr werft euch nicht
In meine Arme, auf die Knie vor mir,
Dem letzten Staufer, den ein Wunder sparte!

Graf v. Regenstein:

Eben das Wunder lähmt uns. Kaiser Friedrich,
Den Gift zu früh entseelte, liegt begraben
Im Dome zu Palermo. Wenn er lebte,
Hätt' er geschwiegen, als der Feinde Wut
Ihm Söhn und Enkel schlachtete? Der Frauen
Und Kinder selbst nicht schonte? Wär' er nicht,
Ein Löwe, starken Sprungs in Feindes Nacken
Gefallen? Läg' er nicht im Grabe, Staub,
Soweit er Fleisch war, hätt' er zugesehen,
Wie Konradins, des Knaben, edles Haupt
Das Beil des Henkers abhieb? Zugesehen,
Wie Manfred mit Verrätern rang und fiel?
Und ohne Hülf und Rache Heinz, den Liebling,
Im Turme wimmern hören?

Friedrich:

Schweig!
Grausamer, schweig! Reiß nicht von meinem Herzen
Die Narbe! Glaubst du etwa, in der Hand
Wägen zu können, was ich litt? Kein Abgrund
Faßt all die Qualen, die mein Herz ertrug.
Von meinem Reiche fern hab ich Jahrzehnte
In Knechtsgestalt gelebt, mein Bettlerelend
Gefristet. Und in Lumpen noch gefürchtet,

Erkannt zu werden. Sie verfolgten mich
Noch übers Meer, nach Asien, Trapezunt
Und Persien. Dies gesalbte Haupt
War feiler Mörder Ziel. Der große Gaukler
In der Tiara war auf meinen Fersen.
Ach, daß der Haß scharfsichtiger, treuer ist
Als Liebe! Häscher und Banditen, die
Erkannten mich! Syrien und Palästina
Verbarg mich ihnen nicht. Aus schmählichster
Vermummung blitzen sahn sie meiner Ahnen
Verderblich Adlerauge. Jener Wüstenscheik,
Der auf Kamelen flog, wie Wolken fliegen,
Weit – weit – unendlich weit – auch jener kannte mich
Und sandte Sklaven mir und Sklavinnen
Und Gold und Purpur, rot wie adlig Blut.
»Da man im Abendland,« sprach er, »den Herrn
Der Welt verstößt, heilig sei mir dein Haupt
In Dornen.« So der Scheik. Und weiter, weiter,
Rasende Flucht bei Nacht, bei Tagesgrauen
In alten Gräbern mit der Fledermaus
Verborgen. So verfolgte mich
Der böse Greis in Rom.

Schwäbisch-Hall

Natur hat diese Stadt gewiegt und Kunst sie gebildet. An zwei Abhängen, die der Kocher durchbricht, steigt sie anmutig prächtig hinauf, auch wo sie groß wirkt noch traulich wie die Landschaft, der sie verschwistert ist. Jenseits erhebt sich wie ein Fabelbau die ritterlich-kirchliche Komburg, und dahinter der Einkorn, einst Träger einer Wallfahrtskirche, jetzt ein dunkelgrün bewaldeter Kegel. Hier ist Burg, Strom, Insel, Felsarchitektur, auf, nieder, Winkel und Bogen, alles so glücklich benutzt und ineinander gewachsen, daß es wie ein lobpreisender Auszug deutscher Welt vor dem überraschten Wanderer liegt.

Die freigebige Natur, die jedem Ort etwas verleiht, womit er sich nährt und woran er erwächst, schenkte hier zur Schönheit Nutzen in einer Salzquelle, die schon in geschichtsloser Zeit von Tieren und Menschen aufgesucht wurde. Sie gehörte zum Gebiet der Grafen von Westheim, und diese, die zugleich Grafen des Kochergaues waren, haben wohl zuerst Versuche planmäßiger Salzbereitung angestellt. Die königlichen Beamten, denen der Betrieb anvertraut wurde, vermutlich Adlige der Umgegend, lebten nach der Überlieferung in sieben Burgen, die im Jahre 1718 bis auf eine noch alle vorhanden waren. Der große Brand von 1728 ließ nur noch eine übrig, die sogenannte Keckenburg, ein Fachwerkbau auf steinernem Untergeschoß. Der Ertrag der Quelle wurde in 111 gleiche Teile geteilt, die verpachtet wurden, und man unterschied Obereigentum, Lehn genannt, und Nutzeigentum oder Erb, dessen Besitzer Erbsieder hießen. Mit dem Beginn des 14. Jahrhunderts war die ursprünglich königliche Quelle ganz im Besitz der Erbsieder. Sie bildeten den reichsten und vornehmsten Teil der Bürgerschaft, aus deren Mitte der Rat besetzt wurde.

Jetzt ist die Haal, der Platz, wo die Quelle gefaßt ist, verödet. Mit Eröffnung des Steinsalzwerks Wilhelmsglück wurde die alte Quelle von Hall, die der König von Württemberg durch Ankauf sämtlicher Aktien erworben hatte, aufgegeben und wird seitdem nur noch zu Solbädern benutzt. Das in gutem Geschmack erbaute Solbad liegt auf der baumbeschatteten Insel Unterwöhrd, die durch Stege und Brücken mit den verschiedenen Stadtteilen verbunden ist. Diese Brücken mit ihren Türmen, ihrem Holzdach, die Ufermauern, die Gebüsche, die kleinen, zutraulich übers Wasser geneigten Giebelhäuser setzen sich bei jeder Wendung zu neuen, unaussprechlich anziehenden Bildern zusammen. Das unerschöpfliche Durcheinanderspielen der Linien wirkt so, als wären die Winkel und Plätze und Häusergruppen weniger zur Benutzung als zur Lust eines müßigen Riesenkindes hingestellt, das sich mit wunderlichen Bausteinen die Zeit vertreibe. Von bösartig lauernden und furchtsam zusammengeschrumpften Häusern umringt steht der Malefizturm da; hier hauste vielleicht der Henker mit Folterzeug und Schwert, und aus diesen verwegenen Schornsteinen konnte man vielleicht nachts auf ihren Besen die blanken Hexen fahren sehen. An das Badtörlein beim Josenturm duckt sich ein kleines gequetschtes Haus mit einem spitzen Hut, wie ein Zauberer ihn tragen möchte; im Süden der Stadt unweit des malerisch reizvollen Weilertores erstreckt sich ein Stück Stadtmauer neben dem Henkersturm. Hier ist es, fern von den Lichtern und der Bewegung der Stadt, wenn der Abend fällt, feucht, einsam und schaurig; aber selbst die Stätten düsterster Erinnerung sind durch den Genius des Ortes ins Märchenhafte, oft Drollige gerückt. Überaus anheimelnd sind die spielzeughaften Häuser, die am Rosenbühel behutsam zum gewaltigen Neuen Bau hinaufklettern. Gemütlich und doch zugleich, seiner Bedeutung gemäß, eine Hoheit darstellend, empfängt uns die Mitte der Stadt, der Markt. Vom stillen Haalplatz durch die Haalstraße hinaufsteigend, kommt man zur Rückseite des Rathauses, an dessen Seiten Treppen zum Marktplatz hinaufführen. Dieser erste Aufstieg ist Vorbereitung eines zweiten: zur Michaeliskirche, die den Markt bekrönt, leitet eine breitausladende Freitreppe, die in den wesentlich mittelalterlichen Platz ein neues festliches Raumgefühl glücklich einführt. Auf beiden Seiten begrenzen ihn herrschaftliche Giebelhäuser, der Kirche gegenüber schließt ihn das Rathaus ab, das nach dem großen Brande von 1728 errichtet wurde, ein Barockbau von heiterer Pracht, der Umgebung angemessen mehr anmutig als imposant. Reizend belebt den Platz ein großer rechteckiger Brunnen, dessen Rückseite geschmückt ist durch drei Heroengestalten unter gotischem Baldachin: Simson mit dem Löwen, Sankt Michael mit dem Drachen und Sankt Georg mit dem Lindwurm. Das wehrhafte Mittelalter hatte eine Vorliebe für die kämpfenden Göttersöhne, Vorbilder des Kampfes gegen die Heiden sowohl wie gegen das Böse. Ein schmiedeeisernes Gitter mit kunstvollen Verschlingungen faßt den Brunnen ein, zu dem rechts der Pranger hinzutritt, ein hübsches Bauglied und zugleich ein Instrument der Justiz. Aus der Mitte des Brunnens speit ein abenteuerliches, steinernes Ungetüm Wasser.

Dies schöne Reich beherrscht die Michaeliskirche. Da alle Salzquellen in der heidnischen Zeit als heilig galten, kann man annehmen, daß auch in Hall schon in Urzeiten ein Gott verehrt wurde, vielleicht Wodan, den gewöhnlich der Erzengel Michael verdrängte. Im Jahre 1156 wurde die Kirche durch den Bischof von Würzburg geweiht in Anwesenheit eines Sohnes Friedrich Barbarossas, des zwölfjährigen Herzogs Friedrich von Rothenburg, der in jungen Jahren vor Rom an der Pest starb. Diese romanische Kirche wurde im Jahre 1427 als zu klein abgebrochen, die neue war erst hundert Jahre später vollendet. Von der alten sind nur die vier unteren Stockwerke des Turms übriggeblieben und die Vorhalle. Auf einer Konsole an der Mittelsäule, die sie stützt, steht im langen Gewande ein schöner Dämon, der Erzengel Michael, der das Schwert gegen den sich aufbäumenden Drachen richtet. Seine hochaufgestellten Flügel gleichen zornigen Flammen; seine Gestalt sowie die dunkle Vorhalle überhaupt hat etwas altertümlich Geheimnisvolles. Anders ist der Eindruck des Inneren: licht, leicht, majestätisch, die Seele zu befreiendem Aufschwung emporhebend. Die beiden mit dem Mittelschiff gleichhohen Seitenschiffe setzen sich in einem Kapellenkranz um den Chor fort, der länger als das Schiff und um mehrere Stufen über dasselbe erhöht ist. Es ist von großer Wirkung, daß der Blick inmitten der Kirche noch höher hinauf und tiefer ins Weite geführt wird. Der Reichtum an Altären, Grabdenkmälern und allem sonstigen Zubehör gibt dem Raum die sinnliche Fülle und das Wohnliche. In einer Seitenkapelle befindet sich ein heiliges Grab, das dem von Gmünd verwandt ist; der göttliche Leichnam ist hier bewegter und schöner, aber weniger feierlich. Herrlich ist das Triumphkreuz über dem Hochaltar mit dem überlebensgroßen Christus, einem Werk des Ulmer Meisters Michael Ehrhardt. Zwischen der Menge geschnitzter Altäre und heiliger Bilder blickt überraschend von der Nordwand des Mittelschiffs das Porträt einer vornehmen jungen Dame in die Kirche, auf dem schön geformten Antlitz ein spöttisch überlegenes, herablassendes und doch anmutig liebenswürdiges Lächeln. Sie stammt der Umschrift nach aus dem Geschlecht der Bonhöffer, die als Goldschmiede aus Holland einwanderten und im 17. und 18. Jahrhundert zu hohen Stellungen gelangten.

Vor der Kirche wurde einst auf ummauertem Platze unter einer Linde das alte Gaugericht gehalten, und noch im Jahre 1462 wird ein »freyheimlich Gericht« dort erwähnt. Im Anfang des 16. Jahrhunderts wurde die Linde gefällt und die Mauer abgetragen. Als ein Überbleibsel des königlichen Gerichts ist auch das Kampfgericht anzusehen, eine sehr altertümliche Einrichtung, die noch lange in Hall bestanden hat. Ritter, die keinen ordentlichen Richter finden konnten, durften in Hall miteinander kämpfen, bis der Sturz des einen dem andern erlaubte, das Gottestodesurteil auszuführen.

War Hall durch sein Salz in vieler Leute Munde, so kam es durch seine Münze in vieler Leute Hand. Die dort geprägten Haller oder Häller waren so verbreitet, daß der Name noch jetzt als Bezeichnung für eine kleine Münze verständlich ist. Das besonders feine Gepräge der Häller war vielleicht die Ursache, daß sie sosehr in Aufnahme kamen. Sie zeigten auf einer Seite das Kreuz, auf der anderen eine Hand, das Symbol der Macht, entweder auf Gott oder, wahrscheinlicher, auf den Kaiser deutend; später blieb eine Seite leer und Kreuz und Hand nebst Reichsadler füllten die andere. Nach einer Bestimmung Kaiser Wenzels durfte dies Gepräge nur in Augsburg, Nürnberg, Köln und Hall geschlagen werden. Von demselben Kaiser, der sich eine Zeitlang städtefreundlich zeigte, erwarb Hall das Münzrecht, das eigentlich ein kaiserliches Hoheitsrecht war, auf ewige Zeiten für sich. Unter den Münzmeistern, die eine hochangesehene Stellung einnahmen, fällt der Name Martin Lerch auf, der später nach Regensburg kam und dort, weil er im Zorn einen Knecht erschlagen hatte, das große Kruzifix im Vorhof von St. Emmeram stiftete.

Kreuz, Hand und Reichsadler gingen in das Wappen der Stadt über, dessen Farbe rot und gelb war, das Rot und Gold, das mit Schwarz verbunden zur Zeit der Freiheitskriege die Farbe des frei und einig zu erneuernden Reiches wurde. Die Haller rühmten sich nämlich des Rechts, den sogenannten Verlorenen Haufen zu stellen, der im Vordertreffen war und eine rotgelbe Fahne führte; von anderer Seite wird behauptet, diese Fahne sei keine andere als die Sturmfahne gewesen, die die Schwaben seit alters dem Reichsheer vorantragen durften.

Unter Friedrich I. wurde Hall eine Stadt, indem es Markt und Mauern erhielt, und es war infolgedessen gut staufisch. War auch Barbarossa selbst nie in Hall, so doch sein Sohn Heinrich VI. als Reichsverweser, der hier den neuen Herzog von Brabant belehnte, ferner Philipp von Schwaben, fünfmal Heinrich VII., der unglückliche Sohn Friedrichs II., und sechsmal Konrad IV. Die Haller gingen in der Hohenstaufentreue so weit, daß sie, weil sie Friedrich II. Zuzug leisteten, vom Papste mit dem Bann belegt wurden, und daß Prediger in Hall auftreten durften, die, nachdem durch Glockengeläut das Volk zusammengerufen war, auf dem Markte verkündeten, der Papst, die Bischöfe, Prälaten und Priester wären Ketzer, weil sie in Laster und Todsünde lebten, die Franziskaner und Dominikaner wären Irrlehrer, nur sie selbst sagten die Wahrheit, und wenn sie nicht gekommen wären, würde Gott die Steine haben reden lassen, damit der wahre Glauben nicht verlorengehe. Kaiser Friedrich und sein Sohn wären vollkommen und gerecht.

Niemals hat irgendein Kaiser grundsätzlich und dauernd die Städte begünstigt; wenn die Staufer einen Stand bevorzugten, so waren es die Ritter, deren Hilfe sie zu ihren Feldzügen benötigten, während die Städte zu voller Blüte und Leistungsfähigkeit im allgemeinen erst später kamen. So bereicherten die Hohenstaufen zwei Familien, die Hohenlohe und die Limpurg, beide Nachbarn der Stadt Hall, die dem eben sich entfaltenden Gemeinwesen durch die kaiserliche Gunst sehr gefährlich zu werden drohten.

Die Hohenlohe, die von Weikersheim ausgingen, gerieten durch die Begabung mit Öhringen, Waldenburg und Neuenstein in Halls unmittelbare Nachbarschaft. Diese Familie, die sich Jahrhunderte hindurch auf einer immergleichen Höhe von Tüchtigkeit und Gesundheit erhielt, brachte gerade um diese Zeit einige in Kampf und Verwaltung ausgezeichnete Männer hervor, unter denen Gottfried, ein unentwegter, tätiger Anhänger der Hohenstaufen, der bedeutendste war. Über den Zoll, das Geleitrecht und das Jagdrecht kam es zwischen den Nachbarn häufig zu Zwistigkeiten. Graf Kraft von Hohenlohe nahm einmal den Haller Patrizier Gilg Senfft, den er auf einem Gebiet jagend antraf, wo nach seiner Meinung ihm das Jagdrecht zustand, gefangen und warf ihn in Waldenburg in den Turm. Folgenschwerer und bedenklicher aber waren die Beziehungen zu den Limpurgern, die zur Hohenstaufenzeit auf Limpurg neben Hall auftauchten.

Walter von Schüpf, dem wahrscheinlich Heinrich VII. die Aufsicht über die staufischen Güter anvertraute, erbaute auf einem Hügel oberhalb Hall die Burg, von der noch ein paar jetzt sorgfältig behütete Trümmer übriggeblieben sind. Wahrscheinlich war diese Familie, die sich von den alten fränkischen Herzögen ableitete, schon lange in der Kochergegend ansässig; sie hatten einen Streitkolben, die fränkische Heerspitze und den Schenkenbecher im Wappen. Die semperfreien Erbschenken von Limpurg hatten ursprünglich nur das Afterschenkenamt von der Krone Böhmen zu Lehen, erst durch die Goldene Bulle kam das Reichserbschenkenamt an sie und blieb bei ihrem Hause bis zu dessen Erlöschen. Den Titel semperfrey erhielten sie im 15. Jahrhundert, im 17. wurden sie Grafen. Bei allen Königs- und Kaiserkrönungen hatte der Älteste des Geschlechts das Amt zu verrichten, indem er vom Pferde stieg und den Becher voll mit Wasser vermischten Weins dem Neugekrönten zum Trinken reichte. Pferd und Becher erhielt er hernach geschenkt. Der Becher, aus dem Maximilian II. 1562 getrunken hat und den er dem Reichserbschenken Christoph schenkte, ist noch vorhanden. In schöner getriebener Arbeit ist der Triumph des Bacchus darauf dargestellt, während auf dem Deckel ein geflügelter Löwe oder Greif das böhmische Wappen hält. Zum letztenmal vollzog Graf Vollrath das Amt bei der Krönung Kaiser Josephs I. im Jahre 1690. Im Jahre 1713 starb die Familie im Mannesstamm aus. Im Kreuzgang des Ritterklosters Komburg, dessen Schirmherren sie sehr zum Leidwesen des Klosters wurden, hatten sie ihre Begräbnisstätte. Dort steht unter gotischem Baldachin aufrecht auf einem Löwen Schenk Georg I., gestorben im Jahre 1475, schlank, gerade wie ein

Lichtstrahl, ganz gerüstet, die linke Hand am Schwert, in der rechten eine Lanze, die ihn um ein Stück überragt und die stolze Haltung der Figur betont. Alles, was das Rittertum an Kühnheit und Ehre besaß, ist in dieser Gestalt wie in einem Symbol ausgedrückt. Er ist von zehn Wappen umgeben und wird in der lateinischen Umschrift als des heiligen Reiches Erbschenk de sanguine ducum Francorum et Suevorum bezeichnet. Das schöne Denkmal Friedrichs V. aus derselben Zeit hat eine deutsche Umschrift: des hyligen Rychs Erb schenk Semper frey. Am Tag nach bartolme. Got Gnad im. Von diesem Friedrich wird eine liebliche Legende erzählt. Als er einmal bei Tüngen Hasen jagte, geriet eines der verfolgten Tiere in die dortige Kirche, sprang auf den Altar und schmiegte sich schutzsuchend an das Marienbild. Die Hunde, die dem Flüchtling in die Kirche nachgesetzt waren, blieben bescheiden vor dem Altar stehen. Als der Schenk das sah, nahm er das Häschen, trug es ins Freie und ließ es laufen, indem er sagte: »Zeuch hin, lieber Has, du hast Freiheit in der Kirche gesucht und gefunden; dieweil meine Hunde die Freiheit an dir gehalten haben, so will ich sie auch nicht brechen.« Das Grabmal seiner Frau Susanne von Thierstein befindet sich auch in der Schenkenkapelle.

Trotz aller Treue, die Hall den Hohenstaufen bewiesen hatte, fügte Konrad IV. der Stadt ernstlichen Schaden zu, indem er Walter von Schüpf die erbliche Schirmvogtei mit der Gerichtsoberhoheit über Hall verlieh, wodurch die Schenken das Recht erhielten, Schultheißen und Schöffen zu ernennen. Nicht damit genug, überließ er ihm auch noch einen Anteil an der Hallschen Steuer, also eine Art Finanzhoheit, und im Jahre 1255 mußte die Stadt förmlich anerkennen, daß sie verpflichtet sei, den Schenken zu dienen. Es schien damit aus der königlichen Stadt eine Limpurger Landstadt werden zu sollen. Aus eigener Kraft hätte Hall damals das ihm auf den Nacken gelegte Joch kaum abwerfen können, aber das Glück kam ihm zu Hilfe: Rudolf von Habsburg nämlich hob alle Akte seiner Vorgänger bis 1245 auf, wodurch sie Reichsgüter verschenkt oder in irgendeiner Form weggegeben hätten. Dadurch wurde der Grund zu Halls Reichsfreiheit von neuem gelegt. Die Einteilung des Reichs in Landvogteien, die Rudolf von Habsburg einführte, und wobei Hall zur Reichslandvogtei Wimpfen geschlagen wurde, versetzte es in die schwäbischen Kreise; aus dem fränkischen Hall wurde Schwäbisch-Hall.

Die gegenseitige Befehdung und Eifersucht zwischen Hall und Limpurg hörte nicht auf, wenn auch Kaiser Rudolfs segensreicher Eingriff die Unabhängigkeit der Stadt wiederhergestellt hatte. Es gab jedoch auch Zeiten der Freundschaft, wo Schenken und Haller Patrizier in einem Schlößchen, das die Limpurger nahe bei dem die Stadt gegen ihr Gebiet abschließenden Tore erbaut hatten, zusammen pokulierten. Eines Nachts, im Jahre 1430, geriet bei einer solchen Gelegenheit der Schenk wegen des Jagdrechts mit seinen Gästen so heftig in Streit, daß er sie mir gezogenem Schwert bis ans Tor verfolgte. Daraufhin ließ der Stadtrat das Tor zumauern zum Ärger der Schenken, die dadurch einen großen Umweg zu machen gezwungen wurden. Auf ihre Klage soll Kaiser Sigismund geantwortet haben, daß seinethalb »seine lieben Söhne und Untertanen zu Hall ihre Tore alle zumauern und mit Leitern über die Mauern aus- und einsteigen möchten, es könne ihnen das niemand wehren.« Das Tor blieb vermauert, bis hundert Jahre später Schenk Erasmus die Burg mitsamt der Stadt Unterlimpurg den Hallern zum Verkauf anbot. Waren auch die Limpurger damals keine gefährlichen Nachbarn mehr, und war auch das »alt zerrissen grundlos Schloß« nichts wert, so erwarb die Stadt doch um 42 000 Gulden das Gebiet als erwünschte Abrundung ihres Landes. Das Tor wurde geöffnet, die Stadt hatte über die Ritter gesiegt; aber als die Schenken ausstarben, war auch die Herrlichkeit der Städte vorüber.

Halls dritter Nachbar war das Stift Komburg. Ursprünglich war es eine Burg, die sich ein Graf von Rotenburg am Ende des 11. Jahrhunderts erbaut hatte. Von seinen vier Söhnen, Einhard, Burkhard, Rugger und Heinrich, wurden zwei von der damals das Abendland bewegenden kirchlichen Strömung ergriffen und verwandelten die Burg in ein Kloster, dessen Ruf sich bald so verbreitete, daß ein mainzisches Ehepaar, das in seinem Hause einen Schatz entdeckte, denselben zur Vollendung der drei steinernen Türme der Klosterkirche stiftete. Der dritte Abt des Klosters, Hartwig, hat seinen Namen dadurch denkwürdig gemacht, daß er den berühmten Kronleuchter schenkte, der jetzt den edelsten Schmuck der ziemlich liederlich barockisierten Kirche bildet.

Seltsam spukte in dem reichsunmittelbaren Kloster der Rittergeist fort, aus dem es hervorgegangen war. Verschiedene Äbte legten gern den Harnisch an und lagen mit ihren Nachbaren in Fehde, so Konrad von Münkheim und Gottfried von Stetten. Im Anfang des 13. Jahrhunderts wurde die Bestimmung gemacht, daß keiner als Konventuale aufgenommen werden sollte, der nicht edel von Vater und Mutter sei. Die adligen Mönche führten ein weltliches, verschwenderisches Leben, wovon die Folge war, daß das Kloster aus den Zahlungsschwierigkeiten und unangenehmen Verwicklungen nicht heraus kam. Nach langen Kämpfen wurde es endlich in ein weltliches Chorherren- oder Ritterstift verwandelt, als welches es bis zur Säkularisation im Jahre 1803 bestanden hat. Seine wertvolle Bibliothek, die reich an Inkunabeln ist, enthält eine niederländische Handschrift des Reineke Fuchs. Die reichgegliederte Gebäudemasse, die der Berg hoch über das Tal hinaushebt, als wolle er ein gelungenes Meisterwerk weithin sichtbar machen, ist überraschend wirkungsvoll. Die mit Türmen besetzte Mauer umgibt den Gipfel wie ein Kronreif, aus dem die alten Kirchtürme mächtig hervorragen. Die Vereinigung zweier Hauptmächte des Mittelalters, der Kirche und des Rittertums, kommt hier zu monumentaler Erscheinung.

Den schlimmsten Nachbar, denjenigen, der es zuletzt verschlingen sollte, bekam Hall, als Eberhard I. von Württemberg, von den Zeitgenossen der Recke, von seinem respektvolleren Volke später der Erlauchte genannt, seine kleine Grafschaft auszudehnen unternahm. Damals schritten die Kaiser noch gegen das Bestreben der Fürsten, sich einen Territorialstaat zu bilden, strafend ein; aber sie verfuhren dabei so wenig folgerichtig, daß Albrecht dem Eberhard die Landvogtei von Niederschwaben übertrug, wodurch vierundzwanzig Städte, darunter Hall, unter seinen Schirm, und das hieß soviel wie unter seine Gewalt, kamen. Gegen den landgierigen Grafen bildete sich jedoch ein Landfriedensbund, in dem neben verschiedenen Herren zweiundzwanzig Städte vertreten waren, und in dem Kriege, den Heinrich VII. anführte, verlor er seine ganze Grafschaft. Es kam die Zeit der großen und einflußreichen Städtebündnisse, wo eine Entwicklung möglich schien, die derjenigen der schweizerischen Eidgenossenschaft ähnlich gewesen wäre; indessen ein Enkel Eberhards I., Eberhard der Greiner, machte ihr durch den Sieg bei Döffingen ein Ende, den der Alternde mit dem Tode seines Sohnes zahlen mußte.

In allen diesen Fehden fand der zahlreiche hallsche Adel Gelegenheit, sich zu betätigen. Als ein Hund von Wenkheim im Jahre 1438 in Rothenburg o. d. Tauber turnierte, war er von dreißig Edlen von Hall begleitet; und doch hatte damals schon ein großer Teil der Patrizier die Stadt verlassen. Die Unzufriedenheit der vom Regiment ausgeschlossenen Handwerker führte zu drei sogenannten Zwietrachten, deren Folge die gänzliche Auswanderung der Geschlechter war. Bei der zweiten Zwietracht, die im Jahre 1340 stattfand, änderte Ludwig der Bayer zugunsten der Handwerker die Verfassung, so daß künftig zwölf Edelleute, sechs Mitterbürger und acht Handwerker im Rat vertreten sein sollten. Auch ein Nichtadliger sollte das Amt des Städtmeisters, so hieß in Hall der Bürgermeister, bekleiden dürfen.

Entrüstet über die kaiserliche Entscheidung wanderten etwa fünfundzwanzig bis dreißig adlige Familien aus und ließen sich zum Teil in Straßburg nieder, wo eine Straße nach ihnen Haller Gasse benannt wurde. Immerhin blieben noch hundertundvierzehn adlige Familien zurück, die auch verfassungsgemäß das Übergewicht hatten.

Im Anfang des 15. Jahrhunderts wurde ein hervorragender Mann, Hermann Büschler, Städtmeister, der, aus mittelfreiem Stande hervorgegangen, vom Adel ungern gesehen wurde. Als er um Aufnahme in die Trinkstube der Patrizier nachsuchte, wurde sie abgeschlagen, obwohl seine Frau aus altadligem Geschlecht, eine Hornberger aus Rothenburg war; als geladener Gast, wurde ihm geantwortet, sollte er willkommen sein, nicht als berechtigtes Mitglied. Als nun Hermann Büschler mit verschiedenen des Rats eine bürgerliche Trinkstube gründete, wendeten sich die Geschlechter an den Schwäbischen Bund und setzten mit dessen Hilfe durch, daß die Trinkstube geschlossen und eine Veränderung der Verfassung im aristokratischen Sinne eingeführt wurde. Nachdem alle Versuche Büschlers, dies Verfahren auf dem Rechtswege zu bekämpfen, durchkreuzt worden waren, floh er aus Hall, um persönlich vor den Kaiser zu gelangen. Ein Rad um den Hals, Asche auf dem Kopf, ein Schwert in der Hand, so sei er, erzählt man, in

Frankfurt am Main bis zum Kaiser vorgedrungen. Man wollte ihn in seinem närrischen Aufzuge nicht vorlassen, allein Maximilian, der öfters in Hall gewesen war, erkannte ihn wohl wieder und hieß ihn sprechen. Indem er seine Sache vortrug, soll Büschler gesagt haben, er wolle sich gerne dem Feuer, dem Rade, dem Strang, dem Schwert unterwerfen, wenn er strafbar sei. Vielleicht war dem Kaiser die Persönlichkeit Büschlers sympathisch, der außerdem eine gerechte Sache vertrat; Maximilian schickte eine Kommission nach Hall, die anordnete, daß die Verfassung Ludwigs des Bayern wiederhergestellt werde. Diese Verfassung hinderte nicht, daß sich wieder eine Oberschicht bildete; aber der alte Adel, der Jahrhunderte hindurch die Geschicke der Stadt geleitet hatte, verschwand gänzlich und für immer. Die Adelsheim, Crailsheim und Theurer waren schon nach der ersten Zwietracht aufs Land gezogen, nach der zweiten und dritten folgten ihnen die Backenstein, die Bebenburg, Erbküchenmeister des Reichs, die Berler, oft Reichsschultheißen von Hall, die Clingenfels, Egen, Geyer, Gottwollshausen, Münzmeister, Ottendorf, Lamparter von Ramspach, Sturmfeder und Eschelbach. Zum Teil starben sie bald aus. Der Städtmeister Simon Berler, der das Haupt der Adelsverschwörung gewesen war, soll ruhelos im Land herumgewandert und in Armut gestorben sein. Der letzte Büschler starb im 18. Jahrhundert wahnsinnig im Arbeitshause.

Man kann es als einen Vorzug ansehen, daß durch die Auswanderung des Adels die Bevölkerung vereinheitlicht wurde, andererseits bedeutete sie einen Verlust und nicht nur durch das Sinken der Steuerkraft, was sich ziemlich bald wieder ausglich. Der Adel, so herrschsüchtig er im Inneren war, war er es auch nach außen, im allgemeinen stets auf das Ansehen, die Erweiterung, den Glanz der Stadt bedacht, und dadurch, daß er in den Waffen geübt, und nicht durch Erwerbsarbeit behindert war, in der Lage, große Pläne auszuführen. Gewiß waren auch die Zünfte wehrfähig und stets zur Verteidigung der Mauern bereit, auch ihnen lag das Wohl der Stadt am Herzen, auch aus ihrer Mitte gingen tüchtige und unternehmende Männer hervor; aber sie waren doch ihrer Natur und Aufgabe nach behutsam und sparsam, ein unentbehrliches Gegengewicht gegen den verwegenen Übermut des Adels, einseitig ohne ihn. Die kurzsichtige Überhebung und Herrschsucht des Adels hatte die unheilbare Spaltung herbeigeführt.

Die letzten 50 Jahre vor der dritten Zwietracht waren für Hall eine Zeit der Blüte, die sich in monumentalen Bauten ausdrückte. Damals entstanden das große Bollwerk, von dem nur der Pulverturm unterhalb des Bahnhofs übriggeblieben ist, der Brunnen am Fischmarkt, die Michaelskirche, das Spiral am Markt und die schönen Patrizierhäuser in der Oberen Herrengasse. In den Grundstein der Kirche schloß man ein Glas voll roten Weins, ein Glas mit Korn, einen rheinischen Goldgulden, einen hällischen Reichstaler und einen hällischen Pfennig, eine Bleitafel mit der Jahreszahl und den Namen des regierenden Kaisers und der amtierenden Ratsherren. An den Namen Hermann Büschlers, der es ursprünglich zum Schutze gegen Limpurg erbaute, knüpft sich das Büchsenhaus oder der sogenannte Neue Bau, der die Stadt von ihrem höchsten Punkte aus beherrscht. Die Schmucklosigkeit des vorderen Giebels, dessen einzige Zierde das kaiserliche und das hällische Wappen bilden, läßt ihn um so gewaltiger erscheinen. Das Haus wurde beim Übergang an Württemberg Staatseigentum, aber später von der Stadt zurückgekauft und soll jetzt zur Abhaltung von Festen und Tagungen eingerichtet werden; ein der stolzen Lage auf dem Felsenvorsprung und der herausfordernden Massigkeit entsprechender Zweck findet sich nicht.

Auch mit kaiserlichen Besuchen, an denen es Hall nie gefehlt hat, wurde die Stadt in diesem Zeitraum mehrfach beehrt. Friedrich III., der sich, aus Wien durch Mathias Corvinus vertrieben, einstweilen von seinen Reichsstädten versorgen ließ, kam im Jahre 1485 nach Hall. Als auf einem abschüssigen Wege Kühe vor seinen Wagen gespannt werden mußten, sagte er mit habsburgischem Humor: »Seht, die Kühe müssen das Römische Reich führen!« Vier Jahre später kam sein Sohn Maximilian, gleichfalls umgänglich und gutgelaunt, aber frisch und unternehmend, um bei einer Versammlung des Schwäbischen Bundes gegenwärtig zu sein. Er nahm am Palmsonntage an der Prozession teil, und als er bemerkte, daß der hölzerne, auf Rädern laufende Palmesel durch die Stadtbüttel gezogen wurde, sagte er: »Haben die Herren von Hall sonst niemand, das Bild Christi zu führen, als die Schergen?« was den Anlaß gab, daß zwei

Ratsherren an die Stelle der Büttel traten, bis die Reformation den ganzen Brauch aufhob. Im November des Jahres 1495 zog der Kaiser spät abends mit 350 Pferden ein, um die Huldigung entgegenzunehmen, die am folgenden Tage auf dem Markt durch Rat und Bürgerschaft geleistet wurde. Am Nachmittage fand auf Maximilians Wunsch ein Tanz der Geschlechter auf dem Rathause statt. Bei einem folgenden Besuche stieg der Kaiser bei Michael Senfft ab, der im Schwabenkriege den Haller Zuzug geführt und sich so ausgezeichnet hatte, daß der Kaiser ihn nach der Schlacht mit einem Pferde beschenkte. Damals soll es vorgekommen sein, daß ein fahrender Bettler den Kaiser als seinen Bruder ansprach, weil sie beide von Adam abstammten. Der Kaiser soll ihm einen Kreuzer gegeben und gesagt haben: »Gang hin und heiß dir einen jeden Bruder von Adam her einen Kreuzer geben, so wirst du reicher werden, als ich bin!« Ein heikler Besuch in veränderter Zeit war der Karls V., von dem die evangelische Stadt Hall fürchtete, er werde ihr Zwang in Glaubenssachen antun. Er kam mit 800 Pferden und einem Gefolge, das, wie er selbst, einfach und ganz und gar in Schwarz gekleidet war, weil er um seine verstorbene Frau Juana trauerte; auch die Ratsherren, die ihm entgegenritten, trugen sich schwarz. Vier Ratsherren hielten den schwarzen damastenen, mit goldenen Adlern bestickten Baldachin über ihn, während er einzog, Herolde trugen ihm einen goldenen Adler und ein goldenes Schwert voran. Im Haufe Hermann Büschlers am Markt, das noch steht, stieg er ab, nahm den goldenen, mit Dukaten gefüllten Pokal entgegen, den man ihm überreichte, und gab dann seiner gnädigen Gesinnung gegen die Stadt Ausdruck. Beim Essen, das am anderen Tage in der Frühe stattfand, gab es unter anderem: Weinbeeren, Maien in Schmalz gebacken, Eier doppelt übereinandergestürzt, gedämpfte kleine Rübchen, gebackene Schnitten, Torten, Erbsensuppe, dürre Forellen, Stockfisch, blaue Karpfen, heißen Hecht, gebratene Birnen, Reis mit Mandelmilch, Fladen und Konfekt. Dazu nahm der Kaiser dreimal einen Schluck Wein aus einem venezianischen Glase. Nach dem Essen, es war um elf Uhr, fand die Huldigung statt. Dabei ereignete es sich, daß, als die anwesenden Ratsherren zwei Fenster aushoben, wo der Kaiser und der Kanzler standen, vermutlich damit er besser sehen und gesehen werden könne, und einem der Herren das schwere Fenster aus der Hand gleiten wollte, daß der Kaiser, um es zu verhindern, zugriff. »Dies Stück der Demut,« sagt der Chronist, »hat allen Menschen wohlgefallen.« Nach erfolgter Huldigung verabschiedete sich Karl, indem er dem Städtmeister und einigen Ratsherren die Hand gab, und brach nach Crailsheim auf, von den Hallern bis an die Grenze ihres Gebiets geleitet. Dort erwartete ihn der Markgraf Georg von Brandenburg, begrüßte die Majestät und sagte zu denen von Hall: »Da hat euer Geleit ein End.« Nachdem sie erwidert hatten: »Ja!« sagte er weiter: »So hebt meines an,« womit die Zeremonie beendet war. Bis Hall hatten die Hohenlohe das Geleit gehabt.

Der letzte Kaiser, den die Stadt Hall einziehen sah, war der den Protestanten freundlich gesinnte Maximilian II.; er kam einmal mit der ganzen Familie, der Kaiserin, den Prinzen und Prinzessinnen, ein anderes Mal mit der Kaiserin. Der letzte Krieg, an dem die Haller sich beteiligten und der ihnen teuer zu stehen kam, war der schmalkaldische; der Kaiser ließ sich die verscherzte Gnade mit vielem Gelde abkaufen.

Reformator der Stadt war Johannes Brenz, nicht aus Hall, sondern aus Weilderstadt gebürtig, wo sein Vater Stadtschultheiß war. Auf der Heidelberger Universität befreundete er sich mit einigen jungen Hallern, die ihn seiner der neuen Lehre geneigten Vaterstadt empfahlen. Brenz war unbedingter Anhänger Luthers. Sehr jung, mit zweiundzwanzig Jahren, wurde er Prediger an der Michaelskirche und Ausgangs- und Mittelpunkt der reformatorischen Bewegung. Er war ein Mann von unbeugsamer Überzeugungstreue, tatkräftig, gewissenhaft und furchtlos, durch seine Sittenstrenge manchem unbequem. Als er im Jahre 1548 dem Stadtrat zuredete, das sogenannte Interim nicht anzunehmen, verlangte der Kaiser seine Auslieferung, was einem Todesurteil gleichkam. Der Rat mußte schwören, von dem kaiserlichen Auftrage nichts verlauten zu lassen. Es wird erzählt, daß durch einen seltsamen Zufall einer der Ratsherren, Philipp Büschler, das Ratszimmer erst betreten habe, als der Eid schon geleistet gewesen sei. Er habe eilig auf einen Zettel die Worte geschrieben: fuge fuge Brenti cito citius citissime! und habe einen Boten damit zum Pfarrer geschickt. Brenz soll gerade mit Frau und Kindern beim Mittagessen gewesen sein, als er abgerufen wurde und von dem im Hofe wartenden Boten den Zettel empfing. Ohne noch einmal ins Haus zurückzukehren, ging er sofort dem nächsten Stadttor zu. Unterwegs, so heißt es, begegnete ihm der kaiserliche Kommissar und fragte, wohin er gehe? »In die Vorstadt zu einem Kranken,« antwortete Brenz; worauf ihn der Kommissar für den folgenden Tag zum Mittagessen einlud. »So Gott will,« soll Brenz erwidert haben. Er fand zunächst ein Asyl bei demselben Schenken Erasmus, der einige Jahre vorher die Limpurg der Stadt verkauft hatte. Seine damals schon schwindsüchtige Frau sah Brenz nicht wieder. Mit seinem Sohne starb die Familie aus.

Der Dreißigjährige Krieg verwüstete Hall weniger als viele andere Orte, kostete der Stadt aber dreieinhalb Millionen Gulden und ein Drittel der Bevölkerung. Es ist zu verwundern, wieviel eine Stadt, die kaum jemals mehr als 8000 Einwohner hatte, leisten konnte. Allerdings verfügte sie über ein ansehnliches Gebiet mit drei Städten, 21 Pfarrdörfern und Weilern und Höfen und 20 875 Einwohnern. Als Hall an Württemberg überging, brachte es Schulden von beinah anderthalb Millionen Gulden mit, aber auch einen Schatz an unvergänglicher Schönheit und kostbarer Erinnerungen.

Schwäbisch-Gmünd

Die Schwabenmädchen haben den Ruf besonderer Lieblichkeit; schöner können keine sein, als die von Gmünd. Sie sind schlank und behende und ihr feines Gesicht leuchtet von Geist. Es wäre denkbar, daß die lange Beschäftigung mit schönen Dingen, denn seit dem 18. Jahrhundert ist die Anfertigung von Schmucksachen das blühendste Gewerbe in Gmünd, den Sinn für das Schöne so ausgebildet hätte, daß er sich auch in den Schöpfungen offenbarte, die die Natur der Frau zugewiesen hat. Schon lange jedoch, bevor an Gegenstände der Kultur gedacht wurde, zog sich an der himmlischen Kuppel, die über Gmünd sich wölbt, die reizende Linie der Alb mit Hohenstaufen und Hohenrechberg hin, die das Auge an das Schöne gewöhnte. Umfangen und umschirmt in samtgrüner Mulde liegt die Stadt da; in dieser Muschel war eine Perle zu liegen bestimmt.

Als Haupt der Gemeinde erhebt sich über die niedrigeren Häuser das breite und hohe Gie-beldach der Heiligkreuzkirche, die über einer alten romanischen erbaut wurde. An ihr haben zwei Glieder der weitgewanderten und weitberühmten Künstlerfamilie der Parler im 14. und 15. Jahrhundert gearbeitet, Vater und Sohn, Heinrich und Johannes; vollendet wurde sie erst im 15. Jahrhundert. Sie ist ein herrliches Denkmal des gotischen Stiles in seiner Blüte, aber in ge-mäßigter Auffassung. Das Aufstreben der senkrechten Linie wird überall durch die wagerechten zurückgehalten, wodurch das Münster nicht sosehr den stürmischen Schwung mancher anderen Dome, sondern den Charakter ruhiger Vollkommenheit, Majestät erhalten hat; so ist zum Bei-spiel der reiche Chor zweigeschossig und die Linie der Teilung durch einen Umgang betont, wie auch dadurch, daß die Fenster im unteren Geschoß bedeutend breiter als die im oberen sind. Wie auf einem Gebirge wachsen im Sommer zwischen seinen grauen Steinen Glocken-blumen, die der leiseste Lufthauch bewegt. Von den Portalen, großen steinernen Bilderbogen, kann man die Weltschöpfung, das Weltgericht und die Welterlösung durch Maria und Chri-stus ablesen; denn die mittelalterliche Kunst wollte gerade das, was der modernen durchaus ver-boten ist: erzählen, belehren, erleuchten. Nicht solche Begebenheiten werden hier dargestellt, wie sie dem einzelnen etwa zustoßen, sondern der große Kampf und die unabwendbare Tragik des zwischen Himmel und Hölle hingespannten menschlichen Lebens in Symbolen, die der ganzen Christenheit geläufig und verständlich waren. Die Hauptdarstellungen sind unterstützt durch einzelne Figuren von Propheten, Aposteln, Königen, die an jeder Stelle ihre besondere Wirkung und Bedeutung haben, sowohl für das Auge wie zum Verständnis der sinnvollen Ge-schichte. Manche unter den plastischen Gruppen haben durch Stilisierung jene Fremdheit und Undurchdringlichkeit bekommen, die das Kunstgebilde über das Lebendige erhebt, so die jetzt im Inneren aufgestellte Verkündigung. Der Fülle des Chors und der Nord- und Südportale ist die monumentale Einfachheit der Westfassade ebenbürtig. Die durch Strebepfeiler angedeute-te Gliederung der Halle, drei wundervoll gearbeitete Rundfenster, fünf hohe Blendfenster im Giebel und das Portal bilden den Schmuck der gewaltigen, der Abendsonne zugekehrten Wand. Die über die Mauer hinaufgeführten, in Fialen endigenden Spitzen der Strebepfeiler umgeben das ganze Gebäude wie mit einem Kranz von Lanzenspitzen oder versteinerten Flammen, dem der Kranz wagerecht vorspringender Wasserspeier in Gestalt von tierhaften und dämonischen Ungetümen entspricht. Diese doppelte Umrandung verleiht dem Münster etwas Kriegerisches: es ist eine Gottesburg, die himmlische Heerscharen, unterstützt von knirschenden Teufeln, ge-gen die Hölle verteidigen.

Nach diesem erschütternden Vorspiel wirkt das Innere als beruhigende Erfüllung. Die Über-einstimmung der Zahlenverhältnisse, wie sie die Gotik errechnete und ergrübelte, hat eine Musik hervorgebracht, die den Eintretenden wie Orgelklang begrüßt. Nicht, was das Auge sieht oder wovon der Verstand sich Rechenschaft geben könnte, ist es, was ergreift; sondern etwas, was vom Gewölbe, von den uns umwandelnden Säulen, von dem Bogengänge der Fenster strömt und uns durchdringt, von allen Seiten, besonders von den zehn Chorkapellen fließen dem großen Wohllautstrome Stimmen zu, die ihn anschwellen lassen und seine Harmonie be-reichern. Unter den Kunstwerken, die die Kirche füllen, ist das steinerne Heilige Grab das eindrucksvollste. Auf einer Tumba ausgestreckt liegt der überlebensgroße Leichnam Christi, dahinter stehen die drei Marien und in gleichem Abstande von ihnen zu beiden Seiten je ein Engel; vor dem Sarkophage sitzen drei schlafende Wächter. Während diese mannigfaltig bewegt sind, stehen die Trauernden wie Säulen, liegt der Tote wie ein Felsen am Horizonte. Die unzugängliche Entrücktheit des Todes tritt uns erschreckend entgegen und ein Schmerz, der währen soll, solange die Menschheit währt; es ist, als umgäbe diese Gruppe nicht die Luft der Lebendigen, sondern raumlose Ewigkeit. Obwohl das Material des Steins sich gut zu diesem Werk eignet, har man doch den Eindruck, als wäre es nach einem hölzernen Vorbild gearbeitet.

Am Karfreitag des Jahres 1497, während am Heiligen Grabe Andacht gehalten wurde, stürzten plötzlich die beiden Türme ein, welche als einzige Zeugen des älteren romanischen Baus übriggeblieben waren, wahrscheinlich infolge davon, daß man den Bogen entfernt hatte, der den Chor vom Schiff trennt, um einen ungehemmten Blick durch die ganze Halle zu ermöglichen. Einer der Türme durchbrach das Kirchendach und riß eine Lücke, die erst dadurch ganz geschlossen wurde, daß der Nürnberger Patrizier Sebald Schreyer, der, vor der Pest flüchtend, einen längeren Aufenthalt in Gmünd genommen hatte, aus Dankbarkeit für die genossene Gastfreundschaft eine Kapelle an der beschädigten Stelle stiftete. Der kunstsinnige Mann stattete sie mit allem Zubehör aus, dabei zugleich die Künstler seiner Vaterstadt beschäftigend; einen Altar, seinem Lieblingsheiligen Sebaldus geweiht, ließ er in Dürers Werkstatt anfertigen. Dieser Altar befindet sich jetzt in einer anderen Kapelle, während in der Schreyerkapelle der sogenannte Sippenaltar aufgestellt ist. Der Stammbaum Christi, der aus dem schlafenden Stammvater Jesse als aus seiner Wurzel hervorwächst, sich vielfach verzweigt und endlich in der Maria und ihrem Sohne gipfelt, war ein beliebter Gegenstand mittelalterlicher Kunst. Der holzgeschnitzte Altar von Gmünd, dessen Mitte vier heilige Frauen einnehmen, umgeben von den beturbanten Häuptern sagenhafter Könige in reicher Verzweigung, und dessen Spitze der Gott am Kreuz bildet, hat in seiner Verschlungenheit etwas Romantisches, das es begreiflich macht, wenn manche glauben, das Werk sei nach einer Skizze des Baldung Grien, Gmünds größtem Sohne, gefertigt.

Unter den Grabsteinen hat der des im Jahre 1285 verstorbenen Bürgermeisters Bertold Klebzagel, aus der 1807 abgerissenen alten Michaelskapelle hierher versetzt, besonderes historisches Interesse. Klebzagel war nach einer erstmaligen Austreibung der Adligen aus Gmünd Bürgermeister, der zwar selbst zu den Geschlechtern gehörte, sich aber im Kampf auf die Seite der Bürgerschaft gestellt hatte. Zu den zahlreichen Adelsfamilien gehörten die Rinderbach, Rauheimer, Feierabend, Horkheim, Euler, Fetzer, Zeiselmüller, Eytakofen. Viele vom Landadel, so die Edlen von Wolfskehl, die Wöllwarth, die von Degenfeld, die von Lauingen, die Blarer von Wartensee, hatten Häuser in der Stadt. Ein Ritter Wolfskehl blieb in der Schlacht bei Döffingen, ebenso Joh. Wolf von Thal, der den Gmünder Heerhaufen anführte. Bis 1462 blieb der Adel am Regiment, dann kamen die Zünfte zur Herrschaft und regierten bis 1551, in welchem Jahre Karl V. wieder eine aristokratisch-oligarchische Verfassung einführte. Der Goldschmied Hans Blezger war der letzte Bürgermeister aus den Zünften. Hoch über der Tür der Schatzkammer hängt eine Ritterrüstung von mailändischer Arbeit, die dem berühmten Bürgermeister Johann Rauchbein, einem langen, hageren Manne, gehört haben soll, der durch seinen persönlichen Eifer das Eindringen der Reformation in Gmünd verhindert hat. In dem barocken Orgelgehäuse, einem von Giganten gestützten Gerüst, auf dem Engel musizieren, glaubt man schon die neue Kunst, die Musik, zu hören, die im Begriff war, den Ausdruck der Empfindungen aufzunehmen, der in Holz und Stein bis an die äußerste Grenze gelangt war.

Sehr altertümlich, wunderlich und malerisch steht neben der Kirche ein Holzturm auf einem Fundament von Quadersteinen, in dessen pyramidenförmiger Spitze die Glocken hängen. Er diente erst als Glockenturm, seit die beiden Osttürme im Jahre 1497 eingestürzt waren; die beiden ältesten von den Glocken, die damals in ihn übertragen wurden und deren kleinste Susanna heißt, hat der Weltkrieg geschont. Es wird angenommen, daß der Sonderling einst zu einem Kirchhofstor oder zu einem der bewehrten Adelstürme gehörte, wie sie im 13. und 14. Jahrhundert beliebt waren.

Bis zum Jahre 1803 wurde auf dem Kirchplatz alljährlich am grünen Donnerstag und am Karfreitag ein Passionsspiel aufgeführt, das, nachdem es Jahrhunderte hindurch der Stadt Stolz und Lust gewesen, vielleicht auch ausgeartet war, von dem neuen Herrn, dem Staate Württemberg, abgeschafft wurde. Das Spiel begann um 7 Uhr abends auf einer gedeckten Bühne, während die Zuschauer unter freiem Himmel saßen. Alle Stände beteiligten sich daran nach einer Regel, die sich im Laufe der Zeit herausgebildet haben mochte; eine Familie, welche durch Generationen die Darsteller des Herrn geliefert hatte, wurde d'Herrgottles genannt. Seltsam grotesk muß der Zug des kreuztragenden Christus gewirkt haben, der sich am Karfreitag durch die Stadt bewegte, und in welchem barocke und vielleicht noch spätere Elemente dem Althergebrachten augenscheinlich sich beigemischt hatten.

Auf weißem Pferde reitend, eröffnete die Prozession der Tod mit Krone und Szepter. Ihm folgte zu Pferd ein Sardenbläser, der mit abgerissenen Trauertönen auf Schreckliches vorbereitete. Dann kamen Adam und Eva, zwei uralte weißgekleidete Leute mit Pflug und Ochsen. Nun nahte sich, wieder zu Pferd, der Hohe Rat der Juden, der von alten, angesehenen Bürgern dargestellt wurde, darauf der Judenhauptmann zu Pferde. Die nächste Gruppe bildete die Rotte der Henker mit den Leidenswerkzeugen, denen Christus folgte mit dem Kreuz, das Simon von Kyrene ihm tragen half. Ihm nach gingen die heiligen Frauen, Johannes und die Töchter Jerusalems. Unerwartet kamen die sieben Todsünden und der heilige Joseph, von Kindern an einem Bande geführt, dann Tod und Teufel, die in einem kleinen Wagen das Söhnchen des Pilatus und das Töchterchen des Herodes führten. Die heilige Genoveva mit Schmerzensreich, von vier Jägern begleitet, und eine Menge von Büßern machten den Beschluß.

Gmünd kam durch Handel empor, glücklich an der Straße gelegen, die von Augsburg nach dem Neckar und Rhein führte. Daneben hatten die Erzeugnisse der Waffen- und Sensenschmiede weithin Ruf, sowie die der Paternostermacher und Perlarbeiter, lauter Gewerbe, die der Kunst nahestehen. Die auf Schmuckgegenstände angewendete Goldschmiedekunst entfaltete sich im 18. Jahrhundert; es gab damals in der kleinen Stadt 250 Goldschmiedemeister. Die Einführung fabrikmäßigen Betriebs, welcher im ersten Viertel des vorigen Jahrhunderts stattfand, schadete dem Wert der Arbeit. Massenfabrikation unechter und billiger Ware trat in den Vordergrund, die persönliche Arbeit des Mittelalters verdrängend, die jedem Stück gründliche Vollendung und eigenartiges Gepräge gab. Vergeblich suchte man jetzt in Gmünd Schmuck, der sich durch überlieferte Form auszeichnete. Natürlich traf das Abhandenkommen des Schönheitssinnes und gewissenhafter Arbeit nicht allein Gmünd, sondern das ganze Abendland.

Dem Adel fehlte es nicht an kriegerischer Beschäftigung, wenn auch Gmünd, obwohl von zahlreichen Ritterburgen umgeben, nicht so gefährliche Nachbarn hatte wie Hall. Die mächtigsten Herren der Umgegend waren die Hohenstaufen und die Rechberg, wie auch die Berge, die ihre Stammsitze trugen, das Landschaftsbild beherrschen.

Um die Mitte des 11. Jahrhunderts lebte auf der Schwäbischen Alb, unweit Göppingen, Graf Friedrich von Büren, Herr einer kleinen Burg, die auf der Stelle eines untergegangenen römischen Kastells erbaut sein soll. Es mag als Zeichen hochstrebenden Sinnes und aufsteigenden Glücks zu betrachten sein, daß er sein Stammschloß verließ und auf dem nahen, als schlanke Pyramide aufsteigenden Hohenstaufen sich ein größeres, prächtigeres Haus errichtete. Daß er bestimmt war, Stammvater eines ruhmreichen Kaisergeschlechts zu werden, ahnte ihm damals noch nicht; er war ein treuer Vasall des unglücklichen Heinrich IV., der nicht ohne eigene Schuld soviel Abfall und Verrat erleben mußte. Die Anhänglichkeit Friedrichs des Alten von Hohenstaufen, wie der Graf sich nach seinem neuen Schloß nannte, muß ihn dem Kaiser wert gemacht haben; denn auf einem Reichstage zu Regensburg vermählte er dem Getreuen seine einzige Tochter Agnes und machte ihn zugleich zum Herzog von Schwaben. Er war nun Schwiegersohn des herrschenden Kaisers und Schwager des künftigen, dem keine Kinder beschieden waren. Nachdem das nördliche Deutschland mit Lothar von Süpplingenburg noch einmal den Thron besetzt hatte, drangen die Staufer als nächste Verwandte der vorigen Dynastie und reiche, hochangesehene Herren bei der Wahl durch: Konrad, der Sohn Friedrichs, wurde als Konrad III. römischer König.

Friedrich der Alte und die Kaisertochter Agnes werden als Gründer der alten romanischen Johanniskirche von Gmünd betrachtet, die sowohl durch ihre Bauart wie durch altgermanisch anmutenden Reliefschmuck von Tieren und undeutbaren Symbolen auffällt. Auch als Gründer der Stadt gilt Friedrich der Alte, während andere die Rechberger Herren dafür halten; Friedrich Barbarossa verlieh ihr das Wappen, ein silbernes Einhorn im roten Schilde.

Als Grabstätte für sich und ihr Geschlecht gründete Friedrich der Alte das Kloster Lorch. Von den schweifenden Kaisern ist freilich keiner dort begraben: Friedrich Barbarossa ertrank im syrischen Flusse Saleph und liegt in Tyrus, Friedrich II. und Heinrich VI. im Dome von Palermo. Der blonde Enzio starb als Gefangener in Bologna und wurde dort auch bestattet, Konradin fiel auf dem Schafott in Neapel, Margarete endete in einem Kloster in Frankfurt am Main, nachdem sie vor ihrem eigenen Manne, Albrecht dem Entarteten von Thüringen, hatte fliehen müssen. Die Sage erzählt, daß Barbarossa in der kleinen Kirche des Dorfes Hohenstaufen am Fuße des Bergkegels einmal seine Andacht verrichtet habe; über einer jetzt vermauerten Tür stehen die Worte: hic transibat Caesar. Das einzige Glied jedoch der kaiserlichen Familie, von dem sich mit Sicherheit feststellen läßt, daß es die Burg der Väter betreten hat, ist Irene, die Tochter des Kaisers von Byzanz und Gattin Philipps, des liebenswürdigsten jüngsten Sohnes Friedrichs I. Er hatte eben den ihm entgegengestellten Otto IV., Sohn Heinrichs des Löwen, besiegt, als er in Bamberg von Otto von Wittelsbach ermordet wurde. Da floh seine Witwe auf den Hohenstaufen, wo sie nach einigen Tagen ein totes Rind gebar und starb. Die beiden Fremdlinge wurden im Kloster Lorch begraben.

Nach dem Aussterben des herrschenden Geschlechts bemächtigten sich die württembergischen Grafen der staufischen Güter und wurden Schirmvögte der Burg. Jahrhunderte zogen schicksallos an ihr vorüber, bis im Frühling 1525 ein Haufe aufständischer Bauern zuerst das Kloster Lorch, dann die Hohenstaufenburg zerstörte. Ein Reuß von Reußenstein, der sie an Stelle des abwesenden Kommandanten hätte verteidigen sollen, entfloh und gab sie preis. Eine bedeutende Ruine blieb stehen, deren Steine Herzog Christoph zum Bau einer Kirche und eines Schlosses in Göppingen benutzen ließ. Seit der Zeit wurden die Trümmer des einstigen Kaiserhauses nach Belieben zu Neubauten verwendet, bis nichts mehr übrig war. Kahl und einsam, eine wüste Stätte, liegt jetzt der Gipfel da, dessen Name ein Schall voll Ruhm und Größe ist. In dem wilden Gras, das ihn bedeckt, fängt sich zuweilen ein Schmetterling, Wolken und Winde und tragische Erinnerungen gehen über ihn hin. Der Schäfer, dessen Herde an seinem Fuße weidet, gedenkt der Vergangenheit nicht, die durch so viele Umwälzungen, die sich seither vollzogen haben, verschüttet wurde; und doch ist die Strecke zwischen dem Hohenstaufen und dem Hohenrechberg ein Geisterweg. Der Hohenstaufen ist nicht ganz 700 Meter hoch und überragt die Ebene nicht wie die Alpen, die unberührt oder spät von Menschen berührt in eisiger Schneeluft den irdischen Geschicken entrückt sind; sondern er gehört zu ihnen, wenn er auch über ihnen ist. Römer besiedelten diese Berge nicht, ob heidnische Kelten und Germanen dort ihren Göttern opferten, wissen wir nicht, aber es ist wahrscheinlich, da Anhöhen mit Vorliebe als Kultstätten benutzt wurden. Die Bewohner der umliegenden Dörfer sahen manchmal des Nachts Lichter unerklärlichen Ursprungs zwischen Hohenstaufen und Hohenrechberg hin- und herfliegen. War es das wilde Heer? Der alte Gott Wodan mit seinem Gefolge? War es Barbarossa, den es von Tyrus in die Heimat zog? Friedrich der Zweite und seine unglücklichen Söhne, Manfred – Enzio – Konradin? Es ist ein Weg für Götter und Göttersöhne; heißt er doch auch Asrücken, die Straße der Asen. Man blickt von hier weit ins Land, nichtbeackertes Feld, Tannendickicht, in dem das Licht erlischt, Dörfer, alte Mauern und Türme; es mag vor tausend Jahren nicht viel anders ausgesehen haben. Man spürt das Leben, das sich ewig wiederholt und ewig dasselbe ist: Dämmerung, Sonnenuntergang, blaß aufbrechende Sterne, weidende Schafe, Arbeit und Ernte der Bauern; und man denkt zugleich die weltumspannenden Gedanken der schwäbischen Herren nach, die hier erwuchsen, kurze Zeit das Abendland beherrschten und untergingen.

Die Spitze des Rechberg war seit alten Zeiten ein Heiligtum. Im 11. oder 12. Jahrhundert lebte ein Einsiedler dort, der in seiner Zelle ein Marienbild ausgestellt hatte; am Ende des

15. Jahrhunderts stiftete ein Herr von Rechberg eine Kapelle und ein ewiges Licht. Jetzt steht dort eine Wallfahrtskirche und die frommen Gesänge darin wechseln ab mit den Wanderliedern der vorüberziehenden Jugend. Unterhalb des Gipfels, durch einen tiefen Graben von ihm getrennt, erhebt sich ein abgesonderter Felsenhügel, der die Burg trägt. An einen steinernen Viadukt, der über den Abgrund führt, schließt sich eine Holzbrücke als Zugang zur Burg, ein kühner Auftakt zu der großartigen Ruine. Das war die passende Burg für jenen Junker Rechberg, von dem Uhland erzählt, daß er in einer Kirche, wo er eine Nacht geruht hatte, seinen Handschuh habe liegen lassen. Als er zurückkehrte, um ihn zu holen, sah er einen häßlichen Teufel auf der verlassenen Stelle sitzen, damit beschäftigt, den ritterlichen Handschuh auf seine feurigen Finger zu ziehen. Der Unerschrockene nahm dem Bösen die Beute ab und ging seines Weges. Da begegnete er einem seltsam stillen Reiterzuge, dem ein lediges Pferd folgte. Wem das Pferd gehöre? fragte der Junker den, der es führte. Dem Rechberger, sagte der, den soll es zur Hölle tragen.

Die Rechberger der Geschichte sollen dem der Sage, der vermutlich manchen Raubritterfrevel auf dem Gewissen hatte, nicht geglichen haben, sondern im allgemeinen biedere Herren gewesen sein, die sich in angesehenen Stellen bewährten. Es gab einen Bischof von Augsburg unter ihnen, einen Bischof von Thur, einen Propst zu Ellwangen, einen Abt von Maria Einsiedeln; einer fiel in der Schlacht bei Sempach. Ebenso treu wie anfangs den Hohenstaufen dienten sie später den Grafen und Herzögen von Württemberg. Ihre Treue war so ungestüm, daß sie manchmal dem lästig fiel, dem sie galt. Ein Rechberg diente dem Herzog Georg von Bayern, den im Jahre 1489 der Papst in den Bann tat. Als nun ein Geistlicher den Bann verkündigte, forderte der entrüstete Rechberg denselben auf, den Bannbrief zu verschlingen und durchschoß ihn, da er sich weigerte, mit einem Pfeil, worauf der Diensteifrige nicht nur vom Papst mit dem Bann belegt wurde, sondern auch beim Herzog von Bayern in Ungnade fiel.

Mit der Stadt Gmünd gerieten die Rechberger zuweilen in Streit, besonders einmal, als der Graf Ulrich von Württemberg der Stadt Eßlingen Fehde ansagte und Rechberg dem Grafen beistand, während die Städte Eßlingen zu Hilfe kamen. Trotzdem zeigten sich die Rechberger, die drei Häuser in Gmünd besaßen, im allgemeinen als Freunde und durch Stiftungen als Wohltäter der Stadt. Seit dem Aussterben der Hauptlinie im Jahre 1585 wurde die Burg nur noch von Beamten bewohnt. Eine Seitenlinie, in neuerer Zeit gegraft, blüht noch immer.

Außer den Kirchen und einigen Türmen, den Überbleibseln der Befestigung, besitzt Gmünd nicht viel Altertümliches mehr: die meisten Häuser, soweit sie nicht modern sind, stammen aus dem 18. Jahrhundert. Das alte, 1523 aus Eichenholz erbaute Rathaus mußte im Jahre 1793 wegen Feuersgefahr abgerissen werden, und auch die Zunfthäuser der Krämer, der Goldschmiede, der Gerber verschwanden damals. Indessen Gmünd ist so geartet, daß man ihm das Unschöne nicht zurechnet und nur das Gefällige in sich aufnimmt. Seine Seele ist mit den Hügeln, den Wäldern und dem Remsbach verbunden geblieben, die sie umschlingen, und wurde nicht berührt von den Häßlichkeiten der Zivilisation, die auch hier eindrang. Verschiedene Städte erheben Anspruch auf die Sage von dem armen Geiger, dem die Madonna in der Kapelle, durch Musik ins Leben gezaubert, ihren goldenen Schuh reichte; aber keiner steht sie so wohl an wie Gmünd, der sie der romantischste Dichter Schwabens, Justinus Kerner, in seiner Ballade zugesprochen hat. Er feiert Gmünd als die Stadt, die seitdem auch den ärmsten Sohn der Lieder gastlich empfängt, die stets von Geigen, Gesängen und Tänzen klingt, und aus deren Trümmern noch Melodien tönen werden. Gewiß, der hatte nicht unrecht, der einst den Namen dieser musischen Stadt, Heimat der Schönheit, der Kunst und der Musik, Gamundia, aus den lateinischen Worten Gaudium mundi, Freude der Welt, ableitete.

Nördlingen

Ich fahre durch das Ries, das einst in vorgeschichtlicher Zeit ein See gewesen sein soll; man will einmal am Hang eine Seejungfrau gesehen haben, einsam unter dem lichten Himmel sich sonnend, wie sie es vor Tausenden von Jahren getan haben mochte. Wenn der Sommerwind über die grüne Ebene streicht und die Halme biegt, daß eine silberne Welle darüber hinläuft, könnte man sie auch heute für eine Wasserfläche ansehen und den Turm, der sich tannenschlank und gerade daraus erhebt, für den Mast eines versteinerten Schiffes oder für eine vereinzelte Basaltsäule. Entdecken wir näherkommend, daß sie in Stockwerke geteilt, aus dem Viereck ins Achteck umgestellt und endlich mit einer grünen Kappe und Laterne vollendet ist, so erkennen wir edles Menschenwerk: es ist der Daniel, der Turm der Georgskirche von Nördlingen, König im Ries.

Im späteren Mittelalter gab es im Ries sechzehn Landes- und Grundherren: Kurbayern, Pfalz-Neuburg, Brandenburg-Ansbach, die Grafen von Oettingen-Spielberg und die von Oettingen-Wallerstein, die Abtei Deggingen, die Propstei Ellwangen, der Deutsche Orden, der Johanniter-Orden, verschiedene Klöster und Stifter und die Reichsstadt Nördlingen. Der Stadt voll arbeitsamer, reicher, waffengeübter Bürger wurde viel nachgestellt, und sie hat sich ihre Freiheit Blut und Schweiß kosten lassen, am meisten, als sie sie gegen den Kaiser selbst, der ihr Quell war, verteidigen mußte.

Ich denke etwa dreihundert Jahre zurück und lasse die Nacht sinken auf einen Sommertag wie heute. Jene Anhöhe, der Breitwang, ist ein einziges großes Lager schwedischer und deutscher Soldaten; vor seinem Zelt steht Herzog Bernhard von Weimar und sieht nach dem Daniel hinüber, einem festen dunklen Schatten in ruheloser Nacht. Sorgenvoll bedenkt er die nächsten Kriegsereignisse: ist es geraten, sich hier auf eine Schlacht einzulassen, angesichts eines Feindes, der an Zahl und durch seine Stellung weit überlegen ist? Wagnis lockt; aber wagen, was nicht gelingen kann, ist das eines Feldherren und Staatsmannes würdig? Soll er es darauf ankommen lassen, daß Gustav Adolfs siegreiches Heer seine Reputation einbüßt, ohne daß Nördlingen gerettet wird? Er sieht es klar, daß er sich entschließen muß aufzubrechen, um an einem besseren Ort Schwaben zu decken. Ja, hätte Horn ihm nachgegeben und sofort angegriffen, ehe die Spanier zu den Kaiserlichen stießen, dann hätte er das Spiel gewinnen können; aber Horns Wille war immer des seinigen Gegensatz. Nun muß er schmählich abziehen, seine Ohnmacht eingestehen, um nur die Hauptsache zu erreichen und Schwaben zu decken. Da geschah in der nächtlichen Tiefe, die ihn umgab, etwas, das ihn aufschreckte: ein trübe glühendes Aufflammen, die Pechpfanne am Daniel, das Zeichen, durch welches die Stadt in äußerster Not seine Hilfe anrufen wollte. Beide Hände schlug er unwillkürlich vors Gesicht, um den Feuerschein nicht zu sehen; als er sie wieder sinken ließ, flog es langsam wie lodernde Zungen abwärts vom Turm: sie warfen Pechkränze, damit ja das Winken der Verzweiflung nicht übersehen werde. Er ging ins Zelt, warf sich auf sein Lager und grub sein Gesicht in die Kissen. Nein, er konnte, er konnte der Stadt das Wort nicht brechen, das er gegeben hatte, sie zu entsetzen. Seine Ehre war verpfändet, er mußte sie einlösen, mochte das Heer und sein Leben und alles darüber zugrunde gehen. Auch als Bettler konnte er noch Kavalier sein; einen Flecken auf der Ehre wusch ihm kein Glück ab. Er dachte des armen Mannes, der viermal, einem schmählichen Tode trotzend, aus der umzingelten Stadt zu ihm ins Lager geschlichen war, um ihm die Not der Bürger zu schildern, und wie er wieder und wieder versprochen hatte, sie zu entsetzen. So mußte er die Schlacht wagen, hoffend auf den Gott, der Wunder tun kann.

Auch die Stadt hatte gezaudert, eine kleine schwedische Besatzung unter dem Befehl des Eberhard Daubitz, eines Pfälzers, einzunehmen; denn ungern löste man die Beziehung zu dem kaiserlichen Herrn, auf der das Glück reichsstädtischer Unabhängigkeit begründet war. Es war die Zeit, wo der Glaube, eigentlich der germanische Gedanke, die deutschen Reichsglieder von den Kaisern losriß, in denen nur der römische Gedanke des Weltreichs noch lebendig war, nicht mehr der der deutschen Nation. Eberhard Daubitz war ein beherzter Mann, dessen Nähe den Bürgern, wenn sie verzagten, Mut und Vertrauen einflößte, und unter dessen Leitung sie einen siebenmaligen Ansturm des mächtigen Feindes siebenmal abschlugen. Als sie eine Verbindung mit dem Herzog von Weimar herzustellen wünschten, um ihn an sein Versprechen zu mahnen, meldete sich ein Mann aus dem Dorfe Goldburghausen, Adam Jäckle, genannt Weckerle und sagte, Kinder habe er nicht und sein Weib sei alt, er wolle sein Leben um das Heil der Stadt wagen. Nachts um 4 Uhr wurde er beim Baldinger Tor an einem Seil in den Graben hinabgelassen, wußte sich schlau und keck durch die kaiserlichen Wachen durchzuschleichen und gelangte bis zum Herzog. Abends um 10 Uhr kehrte er mit einer vertröstenden Antwort in die harrende Stadt zurück. Das traurige Kennwort an der Mauer war: mich hungert. Einige Tage später, als die Bedrängnis wuchs, schickte man Adam Jäckle wieder aus mit flehender Bitte um Hilfe; da der Herzog in seiner Verlegenheit ihn vier Tage zurückhielt, glaubte man in Nördlingen den Braven verloren und sandte einen andern, der sich dazu bereit erklärte, einen armen Mann, der krumme Schneider genannt; den sah man am andern Morgen vor der Mauer gehängt mit ausgeschnittener Zunge: er hatte nicht die Geistesgegenwart und das Glück des andern gehabt. In der Nacht des 23. August kam der Totgeglaubte wieder und brachte die Botschaft, daß der Herzog binnen zwei Tagen Entsatz schaffen werde. Zum Zeichen, daß Weckerle angelangt sei, hängte man der Verabredung gemäß eine Pechpfanne zum Daniel hinaus, worauf zwei Kanonenschüsse aus dem schwedischen Lager antworteten. Käme die Stadt in äußerste Not, so war ferner verabredet, sollte sie Feuerzeichen vom Turme geben. Die Not kam am folgenden Tage, einem Sonntage, als das spanische Heer unter dem Kardinal-Infanten zur Verstärkung der kaiserlichen Armee eintraf. Zu Ehren des fürstlichen Helfers wurde, nachdem die habsburgischen Vettern sich begrüßt hatten, nicht nur große Parade abgehalten, sondern auch vom frühen Morgen bis zum Mittag die Stadt beschossen. In der Nacht ließ Daubitz vom Turme höchste Not melden; sieben Kanonenschüsse vom Breitwang her gaben Antwort. Es folgte ein Tag heldenhafter und siegreicher Verteidigung, und wieder züngelte das Signal der äußersten Not durch die Nacht. Am Vormittage des 26. August ließ König Ferdinand der Stadt nochmals Pardon anbieten; aber schon hatte sich das schwedische Heer in Bewegung gesetzt und dadurch jede Verhandlung abgeschnitten. Trotz der bedeutenden Übermacht der Kaiserlichen machten die Gegner ihnen so zu schaffen, daß am zweiten Schlachttage die beiden Habsburger den Oberbefehl an Gallas abtraten, der einen entscheidenden Sieg davontrug.

Die Schlacht bei Nördlingen bedeutete einen Wendepunkt im Kriege, wie vorher die Schlacht bei Leipzig im anderen Sinne. Die Verluste der schwedischen Armee waren furchtbar, Horn gefangen, Herzog Bernhard verschwunden. Er wurde für tot gehalten, weil sein Schlachtpferd gefallen war, aber er entkam mit einer leichten Wunde, der Überlieferung nach durch einen Dragoner aus dem Regiment Taupadel gerettet. Sein gesamtes Gepäck im Schlosse von Neeresheim fiel dem Führer der gefürchteten Kroaten, Isolani, der es erstürmte, in die Hände. Es war nicht nur die Kriegskasse, sondern des Herzogs Gold, Silber und Juwelen, zwölf reichgestickte Gewänder, kostbare Sättel, ein mit Diamanten besetztes Degengefäß, eine schwere goldene Kette mit Schmelzwerk, eine goldene Agraffe mit einem großen Diamanten, eine massive goldene Hand mit Smaragden, Diamanten und Rubinen besetzt. Das wertvollste Stück waren zwei große Diamanten in einem goldenen Kästchen mit den Porträts des Königs und der Königin von Schweden, einem Geschenk der letzteren im Werte von 60 000 Talern; dies rettete die tapfere Frau des Kommandanten von der Greene, der hatte kapitulieren müssen, und gab es dem Herzog später in Frankfurt wieder. Er hat die unheilvolle Niederlage nur um fünf Jahre überlebt.

Niemand ahnte in Nördlingen das Unglück, so groß war das Vertrauen in das bisher nie besiegte schwedische Heer und seine Führer. Von Hoffnung beschwingt, wagten die Bürger noch einen Ausfall und erbeuteten Lebensmittel; sie fühlten sich schon befreit. Um so erschreckender wirkte die Nachricht von der Niederlage; aber die Freude des jungen Siegers bewahrte die Reichsstadt vor dem Untergange. »Der Kaiser, mein Herr, hat mich nicht gesandt, seine Städte zu zerstören, sondern sie zu ihrer Schuldigkeit zurückzuführen«, so soll der König von Ungarn zu den Ratsdeputierten und dem Kommandanten gesagt haben, die in sein Hauptquartier kamen, um Gnade zu erbitten. Sogar im Genuß des Religionsfriedens sollte Nördlingen bleiben; Ferdinand wollte, als er im silbernen Kleide seinen Einzug hielt, kein Jammergeschrei, sondern dankbaren Zuruf hören. Alle Glocken läuteten und scheinbar herrschte Festfreude; aber es war nicht so wie einst, als Kaiser Friedrich III. unter dem vom berühmten Stadtmaler Friedrich Herlin bemalten Baldachin seinen Einzug hielt, oder als Kaiser Maximilian vor der Trinkstube die freudig geleistete Huldigung empfing. Das war um 1634 schon gute alte Zeit.

Ein besonderer Freudentag war der Palmsonntag des Jahres 1474 gewesen, als Friedrich III. mit seinem Sohne, dem blonden Maximilian, zusammen einzog. Obwohl es zwischen 8 und 9 Uhr abends war, begab man sich zuerst in die Hauptkirche, um ein Tedeum zu hören. Die dunkle Stadt war mit Fackeln und Lichtern erhellt, auf vielen Plätzen brannten Feuerpfannen. Den mit Adler und Sternen bemalten blauen Himmel, der von vier vornehmen Bürgern über dem Kaiser schwebend getragen wurde, verlangte hernach, sowie das Bett, in dem der Kaiser geschlafen hatte, Philipp, Herr zu Weinsperg, als des Reiches Erbkämmerer für sich; die Stadt überließ ihm den Baldachin und kaufte ihm das Bett ab. Der Kaiser wohnte damals bei dem Patrizier Melchior Müller, Maximilian gegenüber bei Wilhelm Protzer in der jetzigen Polizeistraße. Im Jahre 1634 stieg Ferdinand in der Höllwirtschaft im Höllengäßchen, der jetzigen Pfarrgasse, ab.

Nördlingens große Zeit begann unter Kaiser Friedrich II., der die Stadt durch Tausch mit dem Bischof von Regensburg für das Reich gewann. Sie lag damals auf dem Totenberge, wo jetzt der Friedhof ist, vor dem Bergertor und blickte auf einige Jahrhunderte bescheidenen Lebens zurück, als im Jahre 1238 eine große Feuersbrunst sie verheerte und den Gedanken anregte, da doch einmal wieder aufgebaut werden mußte, es in der Ebene zu tun, vielleicht in der Meinung, dort besser vor dem Winde geschützt zu sein. Es scheint, daß der Wind, der mit ungehemmter Schwinge über das Ries bläst, in Nördlingen besonders gefürchtet wurde; denn unter den Angestellten der Stadt war ein Windreiter, der bei starkem Windgange, vor fallenden Ziegeln durch eine Sturmhaube geschützt, durch die Straßen reiten und etwa ausbrechendes Feuer ansagen mußte. Der letzte städtische Windreiter hieß Alexander Lunte und starb im Jahre 1866. Am Johannistage des Jahres 1517 erhob sich des Abends zwischen 7 und 8 Uhr eine Windsbraut, die nicht nur Bäume ausriß, sondern auch die Emmeranskirche umwarf, die als Zeuge der verlassenen Stadt noch auf dem Berge stand und als Grabkirche dient. Was noch von ihr übrig war, rissen die Nördlinger im Jahre 1634 ein, damit es nicht vom Feinde als Stützpunkt benutzt werden könne.

Etwa hundert Jahre nachdem Nördlingen in der Ebene neu angelegt worden war, ordnete Ludwig der Bayer eine Erweiterung der Stadt an, wozu er eine Abgabe gestattete, die acht Jahre lang erhoben werden durfte. Diese Befestigung, an der bis zum Anfang des 16. Jahrhunderts gebaut wurde, hat sich in der Hauptsache bis heute erhalten und bildet mit der Georgskirche und dem Rathaus den Stolz Nördlingens. Das Mittelalter liebte die geschlossene Form, die dem Auge so wohltut, wie alte Musik dem Ohr; der gemauerte Gürtel ist ein Rahmen, der die Stadt, indem er sie vom Lande trennt, zusammenfaßt und zum Bilde macht. Schöpfer des Werks war vornehmlich Wolfgang Waldberger. Er entstammte einer Baumeisterfamilie, die seit 1432 in Nördlingen genannt wird, und arbeitete teilweise mit seinem Vater zusammen an der Befestigung. Zuerst war er Barlier und wurde dann Werkmeister; so hing das Handwerk mit der Kunst zusammen. Seine Tätigkeit, die sich über Jahrzehnte erstreckte, hat wesentlich der Stadt Nördlingen ihr eigentümliches Gepräge gegeben; errichtete er doch auch viele andere öffentliche Gebäude, wie das durch Umbau des alten Barfüßerklosters entstandene und deswegen Klösterle genannte Kornhaus, auf dessen gediegen schönem steinernen Portal des Meisters Bildnis angebracht ist. Der Charakter der Befestigung ist derb und kräftig, wenig, aber wirkungsvoll geschmückt; allein der Zweck des Schutzes kommt in massiven, gemütlichen Formen zum Ausdruck.

Vom Bahnhofe kommend, trifft man zuerst den Deininger Torturm, eine stattliche, runde, mit einer Haube gekrönte Säule auf viereckigem Unterbau. In diesem Turm hatte sich bei der Belagerung des Jahres 1634 zum Entsetzen der Bevölkerung der Feind festgesetzt. In der Verzweiflung, da er anders nicht zu vertreiben war, verfiel der Gerber Hans Eiferlin auf den Gedanken, ihn anzuzünden; man sah die von der Flamme gehetzten Soldaten einen Augenblick in die Mauer festgeklammert schweben und dann, halbverbrannt, in den Graben stürzen, wo ausgehungerte Frauen sich über die Leichen warfen, um sie zu verzehren. An der Deininger Mauer stand das durch zwei gekreuzte Schwerter über der Tür bezeichnete Scharfrichterhäuschen. Der letzte Nördlinger Scharfrichter, Georg Andreas Edelhäuser, wurde im Jahre 1809 mit einer Pension abgedankt; sein Richtschwert wird auf dem Rathause aufbewahrt. Am originellen Reisturm vorüber kommt man zum Reimlinger Tor, das durch seinen Vorbau und einen seltsamen, schirmartigen Hut auffällt. Es ist ausgezeichnet durch das herrliche Stadtwappen: auf Goldgrund ein schwarzer Adler mit ausgebreiteten Flügeln, rechtsgewendetem gekrönten Kopf, gelben, raublustig gespreizten Fängen und roter, drohend aus geöffnetem Schnabel ausgereckter Zunge. Eine Tafel erinnert an Wolfgang Waldberger. Vor dem Reimlinger Tore lag die Richtstätte, jetzt versöhnlich Marienhöhe genannt, wo Galgen und Rad die Rechtsgewalt des Magistrats verkündeten. Im Jahre 1777 wurde dort zum letzten Male eine Hinrichtung vollzogen.

Es folgt im Süden die Alte Bastei und der jetzt zur Erdbebenwarte eingerichtete Feilturm. Er barg in sich ein Verließ, in welches diejenigen, die sich verfehlt hatten – daher kommt der Name –, an einem Seil heruntergehaspelt wurden. Wo einst die Neue Bastei stand, ist jetzt eine Lücke im Wehrgang. Sie war reichgeschmückt durch steinernes Figurenwerk, einen geharnischten Ritter, Türmchen mit Löwen, Wappen und den Brustbildern der Baumeister Wolfgang Waldberger und Hans Hämmerlein. Im Dreißigjährigen Kriege stark beschossen, wurde sie wegen Baufälligkeit im ersten Viertel des 19. Jahrhunderts abgetragen. Vor dem Berger Tor, einem viereckigen Turm mit niedrigem Vorbau, liegt der Totenberg, wo vor fast tausend Jahren Alt-Nördlingen entstand, und wohin jetzt die neue Stadt ihre Toten führt. Nach Norden zu folgen der Löwenturm, der Obere Wasserturm, durch welchen die Eger in die Stadt hineinfließt, und der Backofenturm, dann sehr verkümmert das denkwürdige Baldinger Tor. Am Mittag eines Sommertages, im Jahre 1703 bei windstillem Wetter stürzte der schlanke Hauptturm über dem Tore plötzlich in sich zusammen, fünf Personen im Fall erschlagend: den Torkorporal, den Torwart, den Turmwächter mit Frau und Kind. Er ist nicht wieder aufgebaut worden. Durch das Baldinger Tor zog im September 1632 Gustav Adolf ein, nachdem er seiner Gewohnheit nach die Stadt umritten hatte, um die Befestigungswerke zu prüfen. Er ritt auf einem Schimmel und trug zum Habit eines gemeinen Soldaten sein weißgraues Schwedenhütlein mit weißen Federn, das er abnahm, wenn er die im Gewehr stehende Bürgerschaft grüßte. Im Oktober kam er noch einmal wieder kurz vor der letzten Schlacht und dem Tode. Vom Baldinger Tor aus trat Adam Jäckle seinen verwegenen Gang durch die kaiserliche Zernierung ins schwedische Lager an; hierher wagte sich General Horn nach einem glücklichen Gefecht, führte über die Mauer hinweg ein kurzes Gespräch mit dem Stadthauptmann Weber und dem Kommandanten Daubitz und empfing einen Trunk Wein zur Labe. Draußen vor dem Baldinger Tore liegt die Kaiserwiese, wo im Mittelalter um die Frühlingszeit Turniere, Waffenspiele und andere Belustigungen gefeiert wurden. Unter diesen war das Scharlachrennen am beliebtesten, ein Wettreiten um den Preis eines scharlachroten Tuches, das Bürgermeister und Rat stifteten. Von dem Stabe, an dem der Herold das Tuch trug, schrieb sich der Name Stabenfest. Die Gesellen und Mädchen liefen zu Fuß um ein Barchenttuch. Als der Rat am Ende des 15. Jahrhunderts das Scharlachrennen abschaffen wollte, befahl Kaiser Maximilian, der ritterliches Spiel liebte, man solle es weiterführen, er habe genug Fürsten, Grafen, Herren, Ritter und Knechte an seinem Hof, die Lust und Freude dazu hätten. Der Rat gehorchte bereitwillig, aber nur bis zum Tode des Kaisers; dann verlief sich das Herrenfest in ein Frühlingsfest für Kinder.

Am Spitztor und Unterem Wassertor vorüber, wo die Eger aus der Stadt hinausschleicht, führt der Rundgang endlich zum Löpsinger Tor, das dem Deininger Tor ähnlich ist. In die Zeit des alten viereckigen Turms, an dessen Stelle die beiden Waldberger in der zweiten Hälfte des 16. Jahrhunderts den neuen errichteten, fällt ein Ereignis, das die Phantasie der Nördlinger lebhaft und lange beschäftigt hat, nämlich der geplante und vereitelte Überfall durch die Oettinger Grafen.

Die Grafen von Oettingen waren die nächsten Nachbaren der Stadt und sahen den Aufstieg der Bürgerschaft mit scheelem Auge. Sie führten ihren Stammbaum bis auf das Jahr 1007 und behaupteten, einst Gaugrafen im Ries gewesen zu sein, woraus sie ein Recht über Nördlingen ableiteten, das erst im 13. Jahrhundert, und wie sie meinten, mit Unrecht und zu ihrem Schaden reichsunmittelbar geworden war. Tatsächlich kreuzten sich die Rechte verschiedentlich; so hatte z. B. Oettingen-Wallerstein das Lehnsrecht über die Nördlinger Stadtflur und zahlte Nördlingen ihm die Stadtsteuer, die die Kaiser diesem Hause verpfändet hatten. Dazu besaß es noch das Geleitsrecht, was von den Städten immer ungern ertragen wurde, da es zu Eingriffen Anlaß gab. Nur in zweien seiner Dörfer war Nördlingen zugleich Grund- und Landesherr, nicht ohne daß ihm auch diese beiden Fälle von Oettingen bestritten wurden.

Im Jahre 1440 nun wollte einmal Graf Hans von Oettingen seinen lange gehegten Widerwillen gegen die Stadt austoben und sie nachts überfallen, um, wie man sich damals ausdrückte, im Blute der Bürger zu baden. Er gewann durch Vermittlung zweier Diener für seine Mordbrennerei den Türmer des Löpsinger Tores, Hans Lederer, und sein Weib, sowie den Torwart Hans Bös und seine Frau Els Klarerin. Außerdem wurden der Torwart des Reimlinger Tores, der Dütt von Erlingen und das »bös Cleuslein« des Einverständnisses verdächtigt. Zum Glück für die Stadt kam der Plan so zeitig auf, daß der Rat Gegenmaßregeln treffen und die beiden Oettinger Diener fangen konnte; sie gestanden es und wurden nebst Hans Bös, Hans Lederer und Els Klarerin hingerichtet. Die Oettinger Grafen ließen es sich sehr angelegen sein, ihre Untertanen zu retten, indem Graf Albrecht, die Frau des Grafen Ludwig und dazu noch eine verwandte Äbtissin persönlich Fürbitte einlegten, ohne aber den Rat dadurch zu rühren. Die anderen Schuldigen, darunter der Dütt von Erlingen und das bös Cleuslein wurden der Stadt verwiesen.

Die Händel zwischen Nördlingen und Oettingen wurden zuweilen durch kurze Perioden nachbarlicher Vertraulichkeit unterbrochen. Einmal begab es sich, daß die Frau des Grafen Ludwig eine Tochter zur Welt brachte, als gerade der regierende und der Altbürgermeister zu Besuch im Schloß waren, worauf sie zu Gevatter gebeten wurden. Als sie das daheim berichteten, äußerte der Rat die Meinung, da die beiden im Auftrage des Rats in Oettingen gewesen wären, müßte auch der Rat Gevatter sein, und kaufte als Patengeschenk »ein trinkgeschirrlin mit aim deckelin, alles inwendig und auswendig vergult, kost neun Gulden.« Dergleichen Aufmerksamkeiten zu erwidern, schenkten die Grafen wohl ein schweinernes oder anderes selbsterlegtes Wild.

Dauerhafter waren die Händel; sie drehten sich zuweilen um den Lerchen- oder Wachtelfang, den die Nördlinger ausübten, während die Oettinger wie gewöhnlich ihnen das Recht dazu abstritten. Ein Prozeß, der dadurch entstand, daß die Oettinger den Bürgern auf ihrem altgewohnten Lerchenplätzlein ihr Garn zerrissen und wegnahmen, wurde vom Kammergericht zugunsten der Nördlinger entschieden; die Oettinger gaben es, wenn auch nicht ohne Protest, zurück. Im sogenannten vierten Lerchenkrieg im Jahre 1614 wurde Graf Marx Wilhelm, dessen siegesgewisses Lächeln herausforderte, von den erzürnten Bürgern erschossen. Die Streitigkeiten und Prozesse nahmen erst ein Ende, als beide feindliche Nachbaren, zuerst Nördlingen, dann das Fürstentum Oettingen von Bayern verschlungen wurden.

Von Bayern sagten die Nördlinger gelegentlich, es habe sie von jeher gehaßt. Herzog Georg von Bayern-Landshut drohte am Ende des 15. Jahrhunderts mit Krieg, weil er, wie er sagte, den Tod eines bayrischen Herzogs rächen müßte, der im Jahre 1289 bei einem Turnier erstochen sei. Solange das Reich dauerte, fand die alte Schwabenstadt gerade Bayern gegenüber bereitwilligen Schutz bei den Kaisern.

Der Wohlstand Nördlingens beruhte auf Gewerbe und Handel, und zwar wurden hauptsächlich mit Erfolg betrieben die Färberei, die Gerberei, die Lodweberei und Teppichweberei. Der fertige Loden wurde nach der Schweiz, nach Italien und Spanien versendet; auch Flanell und Fries wurden hergestellt. Rohstoffe kamen aus Franken und Böhmen und über Triest aus Mazedonien. Rot und schwarz wurde damals nur in Hamburg ebenso gut gefärbt. Beträchtlich war auch die Gänsezucht und der Handel mir Gänsefedern.

Durch Färberei war die angesehene Familie der Gundelfinger reich geworden, aus der eine Reihe von Bürgermeistern hervorging. Ein eigentliches Patriziat gab es in Nördlingen nicht; aber daß gewisse, durch Vermögen und Geschäftskenntnis geeignete Familien bei der Ratswahl berücksichtigt wurden, bildete sich naturgemäß als Gewohnheit aus. Die beiden Bürgermeister, die beiden geheimen Räte und die acht Senatoren, welche den Magistrat bildeten, übten eine fast absolute Herrschaft aus, da der große oder äußere Rat, den es daneben gab, nur auf Berufung zusammentrat und auch nicht Beschluß fassen durfte. Im allgemeinen aber, wenigstens bis ins 18. Jahrhundert, scheint der Magistrat die öffentliche Meinung berücksichtigt und das Wohl der Bürgerschaft nicht über die Sorge für das eigene vernachlässigt zu haben. Das Gemeinwesen war so verknüpft mit der Existenz eines jeden und die Anhänglichkeit an dasselbe so groß, daß so ziemlich ein jeder, und vornehmlich die Führenden, ihre Kraft und ihr Leben an seine Erhaltung und Förderung setzte. Politik im großartigen Stile wurde von der Stadt, wo es keinen Adel gab und wo die geographische Lage nicht beherrschend war, nicht getrieben, auch gehörte Nördlingen mit etwa 10 000 Einwohnern nicht zu den großen Städten; doch wußte es sich ansehnlich und achtbar zu behaupten. Noch zeugen eine Anzahl ausdrucksvoller, origineller Wohngebäude von der Wohlhabenheit der Bürgerschaft, zeugen die Georgskirche und das Rathaus von dem Bedürfnis würdiger Repräsentation. Zwei tüchtige Maler, Hans Schäufelin aus Nürnberg und Friedrich Herlin aus Rothenburg, fanden in Nördlingen Beschäftigung und Anerkennung.

Schäufelins Vorfahren sollen in Nördlingen ansässig gewesen und erst sein Vater soll nach Nürnberg ausgewandert sein. Der Sohn kehrte nach der Stadt seiner Ahnen zurück, nachdem er im Auftrage des Rats das große Freskogemälde, die Belagerung Bethuliens mit der Geschichte von Judith und Holofernes, geschaffen hatte, das ihm außer der Geldzahlung das Bürgerrecht eintrug, vom Rat ihm »ferner Kunst halb« geschenkt. Sein berühmtestes Werk ist die Beweinung Christi, die er als Epitaph für die Familie Ziegler malte. Es stellt in schöner Anordnung die heiligen Männer und Frauen dar, die den die Mitte des Vordergrundes einnehmenden Leichnam des Herrn beweinen. Einige unter den weiblichen Gestalten sind von rührender Lieblichkeit. Überhaupt ist der Schmerz auf diesem Bilde mehr durch Anmut gemildert, als in seiner zerreißenden Gewalt dargestellt. Sehr eindrucksvoll ist der Bergvorsprung im Hintergründe mit den drei Kreuzen; von dem leeren mittleren weht das Lendentuch des gemarterten Gottessohnes schaurig klagend gegen den stürmischen Himmel.

Auf Herlins schönfarbigen Bildern prägt sich so recht aus, was dem mittelalterlichen Stadtbürger teuer war. Der Engel der Verkündigung, die thronende Maria, die heilige Margarete auf demselben Bilde vereinigen Lieblichkeit, Ernst und Hoheit mit bürgerlicher Zurückhaltung und Schamhaftigkeit, mit gesunder Festigkeit der Erscheinung; in der Art und Weise, wie der Boden auf dem Verkündigungsbilde mit Maiblümchen bestreut ist, wie die Tiere behandelt sind, zeigt kindlich-inniges Einleben in die Natur. Christus erscheint mehr verantwortungsbewußt und vertrauenerweckend als majestätisch oder übermenschlich, Herlin selbst mit den Seinigen so aufrecht, wohlgebildet, treu und sympathisch, wie man sich eine bürgerliche Familie des 15. oder 16. Jahrhunderts gern vorstellen mag. Die den Baldachin über der Maria tragenden Engel, die jüngste Tochter des Meisters, der zwölfjährige Jesus im Tempel sind umhaucht von dem Ernst und der Süßigkeit früher Jugend. Herlin faßte die heilige Geschichte auf wie der Künstler, der zugleich Handwerker ist, und dessen Vorstellungen, von Überschwenglichkeit fern, nie der Ehrbarkeit, Gründlichkeit, Handfestigkeit und Gewissenhaftigkeit ermangeln. Der Maler der heiligen Mysterien strich den Ofen für die Ratsstube und einen Tisch im Rechenstäblein an, bemalte für den Rat sechs Schildlein am Leuchter auf der Trinkstube, vergoldete die Zeiger der Uhr ebenda und bemalte den Adler am Baldinger Tor und den Kaiserhimmel; für die letztgenannte Arbeit erhielt er die bedeutende Summe von 40 Pfund. Er starb im Jahre oder 1500. Sein Enkel bemalte einen Teil der Außenwände des Rathauses mit figürlichen Darstellungen, von denen in der Mitte des vorigen Jahrhunderts noch einige Spuren zu sehen waren. Unter einem Erker waren noch die Worte lesbar: Ih guck, Ih gaff, Jhe länger Ih gaff, bin Ih ein Aff. Auch zwei Söhne Herlins wurden Maler, vermutlich mehr nach der handwerklichen als nach der künstlerischen Seite.

Daß es nicht nur schön und gut in Nördlingen zuging, beweist die Zeit der Hexenverfolgungen; man würde sagen, daß sie ein sehr schlechtes Licht auf den Nördlinger Magistrat werfen, wenn man nicht wüßte, wie verbreitet diese Raserei war. Die Verfolgung wurde in Nördlingen eingeleitet durch die persönliche Anregung des Bürgermeisters und geschickten Schreiners Pferinger, der dem Hexenglauben besonders ergeben war. Unter seinem Vorsitz wurde der Beschluß gefaßt, die Hexen mit Stumpf und Stiel auszurotten. Anfangs wurden mehrere bezichtigte Frauen wieder entlassen, im folgenden Jahre aber drei verbrannt und im nächsten Jahre wieder drei, darunter die 68jährige Engelwirtin Anna Roch. Lebhaft unterstützt wurde das Verfahren durch die Ratskonsulenten Dr. Röttinger und Dr. Graf und den Stadtsekretär Paulus Mejer, der in einem Gutachten entschied, daß man bei Hexen auch auf allgemeines Gerücht hin die Tortur anwenden dürfe. Sobald man dazu schritt, waren die Unglücklichen verloren, denn man wiederholte die Quälerei so lange, bis sie gestanden und das Geständnis nicht mehr zurücknahmen. Aus den Akten geht hervor, daß nicht etwa, wie zuweilen behauptet wird, die Opfer sich selbst für schuldig hielten, wenigstens in Nördlingen tat das kaum eine; der Hexenglaube bestand nur, solange er andere anging und nicht einen selbst oder Nahestehende. Die Frauen waren gewöhnlich anfangs voll Zuversicht im Vertrauen auf ihre Unschuld und den Beistand Gottes, der, wie sie meinten, Schuldlosen zuteil werden müsse; sie verzweifelten, sobald sie die Tortur und die Unmenschlichkeit ihrer Richter kennengelernt hatten. Diesen kam es darauf an, daß die einmal Beschuldigten und der Tortur Unterworfenen verbrannt wurden, was ohne Geständnis nicht geschehen konnte; sie wollten sich nicht geirrt haben und wollten auch von ihrem Verfahren nichts in die Öffentlichkeit dringen lassen. Mitleid oder Gewissenhaftigkeit erschwerte ihnen die Ausübung dieser Grundsätze nicht. Auch wurden nicht nur solche Frauen eingezogen, die sich auf irgendeine Art verdächtig gemacht hatten, sondern man zwang eine jede durch die Tortur andere anzugeben, die sie beim Hexentanz gesehen hätten, und drei erpreßte Zeugnisse genügten, um gegen die genannten einzuschreiten. Jede neue Gefangene empörte sich über die Schlechtigkeit der Hexen, die Unschuldige durch falsches Zeugnis ins Unglück stürzten, jede aber tat unter der Tortur dasselbe, um von der unerträglichen Marter frei zu werden. Die, welche schon längere Zeit litten, rieten den neu Eingelieferten, wenn sie mit ihnen konfrontiert wurden, lieber sofort alles, was verlangt wurde, zu gestehen, da es hier nicht auf Gerechtigkeit ankomme, sondern darauf, daß man verbrannt werde. Die Angst vor dem Feuertode erwies sich als weniger stark als die Angst vor der immer wiederholten Tortur. Die Familie des Zahlmeisters Peter Lemp, dessen Frau Rebekka als Hexe verklagt wurde, zeigt sich in dem Briefwechsel, der zwischen ihr und den Ihrigen hin und her ging, in jeder Hinsicht gutgeartet; reizend äußerte sich die naive Zärtlichkeit der Kinder, ergreifend die gegenseitige Liebe der Eheleute. Eine Bittschrift, die Lemp beim Magistrat einreichte, um seine Frau zu retten, schildert ein glückliches Haus, in dem die fromme Frau für Mann und Kinder liebend und pflichttreu sorgt, ohne dadurch die hartnäckigen Richter zu überzeugen. Unter der Tortur büßte die warmherzige Frau ihr fröhliches Vertrauen auf ihren Mann und Gott ein und starb mit ihren Unglücksgefährtinnen in den Flammen.

Wagte Peter Lemp nur behutsam, Zweifel an der Zulässigkeit des gerichtlichen Verfahrens zu äußern, so trat öffentlich auf der Kanzel der Superintendent und Stadtpfarrer Friedrich Wilhelm Lutz dagegen auf. Über zwei scharfe Predigten, die er gegen das Hexenverbrennen hielt, wurde er im April 1590 zur Rede gestellt, beharrte aber unbeugsam bei seiner Überzeugung, trotzdem Dr. Röttinger warnte, der Magistrat sehe die Einmischung der Geistlichkeit ungern. Auch führte Lutz an, daß vor fünfzig Jahren sehr berühmte Kanzelredner dasselbe wie er gesagt hätten. Seine Bemerkung, man verfolge die hilflosen armen Weiber, hatte einzig den Erfolg, daß man nun auch nach den vornehmen griff: so starben auf dem Scheiterhaufen eine Frickhinger, eine Saugenfinger und zwei Gundelfinger, Walburga, die Witwe des Bürgermeisters Karl, und Dorothea, die ihr siebzehnjähriges Leben unter der Tortur endete.

Was dem Pfarrer nicht gelang, dem fürchterlichen Morden Einhalt zu tun, das bewirkte eine Frau durch ihre bewundernswürdige Dulderkraft. Die aus Ulm gebürtige Kronenwirtin Maria Holl ließ sich kein endgültiges Geständnis entreißen, obwohl sie mehr als fünfzigmal grausamster Tortur unterworfen wurde. Die Gerichtsherren wurden stutzig und stellten zunächst einmal das Verfahren ein, ohne jedoch an Entlassung des Opfers zu denken. Da schritt, durch die Familie veranlaßt, der Magistrat von Ulm mit einem nachdrücklichen Schreiben ein, das Eindruck machte, zumal auch in der Bürgerschaft eine den Hexenprozessen feindliche Stimmung um sich zu greifen anfing. So wurde Maria Holl endlich ihrem Manne zurückgegeben, mußte aber vorher eine Erklärung unterschreiben, in der sich die Engherzigkeit und Herrschsucht des Magistrats offenbarte; sie mußte nämlich hervorheben, wie gnädig und väterlich sie behandelt worden war, und daß sie gutwillig verschiedenes gestanden hätte, wodurch der gegen sie gehegte Verdacht bestätigt worden sei. Nach ihrer Entlassung im Jahre 1594 hörten die Hexenprozesse in Nördlingen auf. Bedenkt man, wie es in anderen Ländern und Orten zuging, so kommt man dazu, Nördlingen zu loben, wo sich Menschen fanden, die die Ungerechtigkeit und den Unsinn bekämpften, und wo die Epidemie immerhin nicht länger als vier Jahre dauerte.

Während die bei der Tortur Gestorbenen unter dem Galgen begraben wurden, die Asche der Verbrannten der Wind verwehte, erhielten die Richter ehrenvolle Grabstätten in der Hauptkirche. Seit dem Jahre 1521 wurde niemand mehr dort begraben mit Ausnahme sehr angesehener Personen.

Nachdem die Stadt aus der Höhe in die Ebene verlegt worden war, wurde zunächst noch die Bergkirche benutzt, aber allmählich zog man die kleine, dem heiligen Georg geweihte Kirche unten vor. Da sie sich jedoch für die wachsende Bevölkerung ungenügend erwies, entschloß man sich im Jahre 1427 zum Bau einer neuen, die erst im Jahre 1505 vollendet wurde. Sankt Georg wurde auch dieser Kirche Patron und zugleich Patron der Stadt, der »liebe Hausherr«, der »liebe Herr und Ritter« genannt. Die von Stephan Weyrer überwölbte, von schlanken Pfeilern herrlich getragene Halle birgt als edelsten Schatz neben der Beweinung von Schäufelin das aus Holz geschnitzte Bild des Gekreuzigten am barocken Hochaltar. Das dornengekrönte, sterbende Haupt des Erlösers ist von ergreifender Schönheit, so daß die Sage sich bildete, die Herren, die Nördlingen zum kaiserlichen Geleit abschickte, als Kaiser Friedrich III., um seine Braut, Eleonore von Portugal, zu empfangen, nach Italien zog, ein Laninger, ein Frickhinger, ein Ainkürn, ein Strauß hätten es von dort mitgebracht; ein rührendes Zeichen der deutschen Sehnsucht, die sich einbildete, alles Schöne komme aus dem Süden. Man schreibt das Kunstwerk jetzt der Werkstatt des Veit Stoß zu. Das Sakramentshäuschen, an dem besonders die jubilierenden Engel entzücken, die wie zwitschernde Vögel in den Verzweigungen eines Wunderbaumes sitzen, ist von Stephan Weyrer, demselben, der das Bild Kaiser Maximilians am Brothause anfertigte.

Zum Bau des Sakramentshäuschens stiftete der Bürger und Ratsmann Claus Berger ein Pferd, das er im Städtekrieg gegen den Markgrafen von Brandenburg gebraucht hatte, woraus 28 Gulden gelöst wurden. Unter denen, die für den Kirchenbau Gaben opferten, wird »eyn armes frewlein von Behem« erwähnt, das in Nördlingen starb und »eyn plöven Mantel und eyn sleygerlin« gab, die für 4 Gulden verkauft wurden.

Im heiligen Säulenhain der Kirche wurden einst die Häupter der Stadt und Tote, die man ehren wollte, bestattet; die Lebenden, die sich hier zum Gottesdienst versammelten, empfingen die Namen und Bilder der Toten, die einst hier gebetet hatten und nach beendigter Predigt wieder hinaus ins Licht gegangen waren. Bis zur Restauration des Jahres 1887 gab es 230 Epitaphien und Totenschilder in der Kirche; dann glaubte man die Säulen freilegen zu müssen und behielt noch etwa die Hälfte an den Wandflächen.

Da finden sich verschiedene Gundelfinger, auch jener Karl, gestorben im Jahre 1592, dessen Witwe bald hernach als Hexe verbrannt wurde; ein Wappenschild mit goldener Lilie und einem Arm mit emporgehobenem Zeigefinger deutet auf die Familie Saugefinger. »Anno Dm. 1575 am S. Martins Abend verschied der Ersam und weis Balthas. Saugefinger des Rats zu Nördlingen.« Er war Gerber und gehörte zwölf Jahre dem Rate an. Auch dessen Witwe wurde als Hexe verbrannt. Die Familie starb mit seinem Enkel aus. Die führenden Persönlichkeiten der Hexentragödie sind alle vorhanden: vor allen Dingen der Bürgermeister Johann Pferinger, der 1604 im 71. Jahre starb. Am 2. April 1597 verschied Wilh. Friedr. Lutz, »der hl. Schrift Doctor vnd Pfarrer alhier seins Alters 47 Jar. Des Seel Gott gnädig und barmherzig sein wolle. Amen.« Er starb ohne Erben. Prächtig ist das Epitaph des Ratskonsulenten Röttinger; auf seinem Wappen steht sein Motto: in silentio et spe. Die lateinische Inschrift lautet auf deutsch: Im Jahre

1608 ist fromm und ruhig entschlafen der edle und fürnehme Mann Dr. Sebastian Röttinger, beider Rechte Doktor, der freien Stadt Nördlingen 43jähriger und nicht minder der schwäb. und fränk. Ritterschaft treueifriger Konsulent. Seine Seele ruhe in Frieden. Er hatte mit zwei Frauen vier Söhne, von denen drei vor ihm starben. Im selben Jahre starb auch sein Kollege und Genosse Graf. Wir begegnen den Welsch, den Ostertag, den Frickhinger. Im Jahre 1648 starb Joh. Melchior Welsch, Bürgermeister und Stadthauptmann, der, als eine feindliche Partei das Stadtvieh forttrieb, an der Spitze der Bürger hinauseilte und erschossen wurde. Es sind da die während des Dreißigjährigen Krieges regierenden Bürgermeister Georg Bommeister und Joh. Bapt. Jörg und auch Marx Seefried, beider Rechte Doktor, der nach der Schlacht bei Nördlingen beim Sieger Fürbitte für seine unglückliche Vaterstadt einlegte; er starb 59 Jahre alt, die Katastrophe nur vier Jahre überlebend. »Dem Gott der Allmechtig an Jehnen großen Tag eine fröhliche Auferstehung in Gnaden erteilen wolle.« Ein Epitaph gedenkt des »ernsthaft und fürnem Friedrich Herlin, Stadtmaler allhie«; ein anderes des Enkels Jesse. Auf einem Grabstein im Chor ist die sogenannte »alte Gräfin« abgebildet, deren Wunsch es war, in der Georgskirche begraben zu werden. Die Gräfin Anna von Oettingen trennte sich von ihrem Manne, dem Grafen von Oettingen-Wallerstein, weil er ein Gegner der Reformation war, der sie anhing. Sie begab sich zunächst zu ihrer Schwester Christine, der Frau eines Grafen Wolfg. Karl zu Sternberg und lebte dann bis zu ihrem Tode in Nördlingen. In ganzer Figur auf rotem Sandstein dargestellt ist der junge Herzog Albrecht von Braunschweig, der im Dienste des Landgrafen Philipp von Hessen 1546 fiel. Im Kampfe stieß ihm ein Soldat den Spieß in den Mund, dessen eiserne Spitze steckenblieb; trotzdem tötete der tapfere Jüngling noch vier Spanier, bevor er ohnmächtig vom Pferde fiel. Er starb in Nördlingen nach schmerzhafter Operation. Sein lebensgroßes Bild zeigt ihn gerüstet, in der Rechten die Streitaxt, die Linke aufs Schwert gestützt. Von den sechsundfünfzig Offizieren, die in der Schlacht bei Höchstädt im spanischen Erbfolgekrieg 1704 fielen oder infolge der Wunden in Nördlingen starben, sind mehrere in der Kirche beigesetzt, darunter Joh. Wigand von Goor, General der Infanterie bei den holländischen Truppen, Joh. von dem Busch, Christ. Rud. von Haake und Karl Heinr. von Wilknitz bei preußischen Regimentern. Die vornehmen Begräbnisse fanden gewöhnlich nachts mit Windlichtern statt.

Aus dem Stil der Inschriften auf den Epitaphien kann man den wechselnden Charakter der Zeit ablesen, vom 15. bis in die Mitte des 17. Jahrhunderts wird der Mitteilung des erfolgten Todes ein kurzer Segenswunsch beigefügt: »Des Seel Gott gnad« oder »Dem Gott genad« oder »Dem Gott barmherzig sy.« Allmählich werden sie weitschweifiger und aufgeblasener und posaunen schließlich das Lob des Verstorbenen aus, wie ein Scharlatan in einer Jahrmarktsbude seinen Kram anpreist.

Eine anmutige Geschichte erzählt die Chronik von dem Bürgermeister Wolfgang Grave, dessen Namen und Daten die Kirche bewahrt. Er war seinem Stande nach Säcklermeister und so tüchtig und angesehen, daß 72 Reichsstädte ihn zu ihrem Sprecher erwählten, damit er auf dem Reichstage zu Speier vor dem Kaiser die evangelische Religion bekenne. Nachdem er das in schöner, höflicher Rede getan habe, wie noch nie eine solche von einem Handwerker gehalten worden sei, habe Karl V. lachend zu ihm gesagt: »Säcklerle, Säcklerle, warum tust du Oration für meine Reichsstädte, haben sie doch genug Doktores unter ihnen?« Darauf habe Wolfgang Grave geantwortet: »Allergnädigster Herr, dieweil es an mich ist kommen, solches Ew. Majestät vorzutragen, habe ich mich geweigert; aber die Reichsstädt und Herren mich nit entlassen wollen; bitt Ew. Majestät wollt solches mir selbst nit zurechnen.« Darauf der Kaiser: »Ich laß mirs gefallen, daß ein ungelehrter Mann mehr soll reden können, denn die gelehrten; ich lob dich von Herzen deiner Relation halber für meine Reichsstädt; dir, ob Gott will, soll bald eine freundliche und gute Antwort werden.« Der Kaiser, so wird weiter berichtet, habe Wolfgang Grave zweimal malen lassen, ein Bild behalten und eines ihm geschenkt.

Mag auch die Forschung die Echtheit dieses Vorfalls bestreiten, deutlich spiegelt sich darin die Auffassung, die das deutsche Volk von seinem Kaiser hatte, und die Art, wie Kaiser und Volk miteinander verkehrten. Auch Karl V. hatte bei aller spanischen Grandezza so viel von seinem Großvater Maximilian geerbt und so viel durch Menschenkenntnis und Klugheit gelernt, daß er in späteren Jahren den Ton anschlagen konnte, der dem deutschen Bürger zu Herzen ging. Wahr ist schließlich die Gestalt des Säcklers und Bürgermeisters Wolfgang Grave; manche Bilder von Handwerksmeistern aus dem 15. und 16. Jahrhundert sind auf uns gekommen, deren Züge einen so tapferen, sicheren, treuherzigen und bescheidenen Mann vergegenwärtigen.

Regensburg

Da, wo die Donau den nördlichsten Punkt ihres Laufes erreicht hat und sich zwischen Hügeln und Fluren nach Südosten wendet, gründete Kaiser Mark Aurel eine starke Festung, die nach dem Flusse Regen, der sich hier in die Donau ergießt, den Namen Castra Regina erhielt. Diese Anlage, die für die Ewigkeit erbaut schien, versank, nachdem sie durch bajuvarische Germanen zerstört war, unter dem Schutt der Jahrhunderte; aber wie alles Sterben Verwandlung ist, so lebte auch dies Gebilde unterirdisch weiter, strömte sein eigentümliches Wesen aus seinen Quadern in die neuen Mauern, die sie zu tragen bestimmt wurden, aus den Tempeln seiner Götter in die des Alleinen, die darüber erstanden. Soweit die Völkerwanderung nach Italien hineinflutete, hat sie unverwischbare Spuren hinterlassen, soweit die Römer nach Norden vordrangen, haben sie dem Boden ihren Stempel aufgeprägt. Römisches Heidentum weht unsichtbar über den einst römischen Stätten und schwingt fort in den Gemütern der dort Lebenden. Die Luft ist in Wahrheit erfüllt von Dämonen, die sich untereinander bekämpfen und um die Macht über die Menschenseele ringen.

Die Mauern von Regensburg umfingen einst fünf unmittelbare Reichsstände, die das Recht der Vertretung auf den Reichstagen und in weltlichen Dingen nur den Kaiser, in geistlichen Dingen nur den Papst über sich hatten. Das war nicht anders, als wenn man Panther, Löwen und Tiger in einen Käfig sperrte; doch fraßen sie sich nicht gegenseitig auf, vielleicht weil jeder sich von der Kraft der andern überzeugt hatte und daher seine Rechte achtete, strichen nur mit verhaltenem Knirschen und gesträubtem Fell aneinander herum. Insofern, als vier dem geistlichen Stande angehörten, war die Stadt, der fünfte Reichsstand, etwas benachteiligt, und es ist zu verwundern, und nur gewissen, für sie günstigen Umständen zu verdanken, daß sie sich zu so hoher Blüte aufschwingen und durch Jahrhunderte darin erhalten konnte.

Die beiden Stifter, Ober- und Niedermünster, traten als Frauenklöster am wenigsten hervor. Beide gehen in die älteste Zeit zurück: Niedermünster erhob sich über dem Grabe des heiligen Erhard, eines der legendarischen Männer, die dem noch halb heidnischen Lande das Christentum brachten. Obwohl schon vor den Karolingern bestehend, verehrte das Stift als seine eigentliche Gründerin die Herzogin Judith, Mutter Kaiser Heinrichs II., des Heiligen, der der Abtei im Jahre 1002 die Freiheit der königlichen Klöster verlieh. Es war jedoch, ebenso wie Obermünster, kein eigentliches Kloster und seine Bewohnerinnen keine Nonnen, sondern Kanonissen. Diesen Charakter wahrten sich die Frauen selbst dem heiligen Wolfgang gegenüber, der in frommem Eifer die adeligen Damen unter eine strenge Regel stellen wollte. Der Abtei Obermünster stand als erste Äbtissin die Königin Hemma vor, die Frau König Ludwigs des Deutschen, der das damals schon bestehende Kloster durch Tausch erwarb und es dadurch zur Reichsabtei erhob. Kaiser Konrad III. schenkte der derzeitigen Äbtissin bei Gelegenheit einer Belehnung sein Szepter, das er sich bei feierlichen Gelegenheiten vorantragen ließ. Vergeblich bemühte sich einer der Regensburger Bischöfe die beiden Stifter unter seine Gewalt zu bringen. Auf einem Reichstage erklärten mehrere Fürsten, daß Veräußerung von Fürstentümern ohne den Willen der Betreffenden unzulässig sei.

Bedeutender als die beiden Frauenstifter und älter und denkwürdiger als selbst der Dom ist die Abtei, die den Namen des heiligen Emmeran trägt, der zur Zeit der Agilolfinger, wahrscheinlich am Ende des 7. Jahrhunderts, den Märtyrertod erlitt. Er wurde in der Kirche des heiligen Georg beigesetzt, die außerhalb der römischen Mauer stand, und von der man annimmt, daß sie über einem Herkulestempel errichtet sei; gewiß ist, daß unter dem späteren Kreuzgang Gräber aus römischer Zeit gefunden worden sind. Im Anschluß an die Georgskirche wurde ein Kloster gebaut, dessen Äbte bis auf die Zeit des heiligen Wolfgang die jeweiligen Bischöfe von Regensburg waren. Kaiser Adolf erhob das inzwischen zu großem Reichtum und Ansehen gestiegene Benediktinerkloster im Jahre 1295 zu einem gefürsteten Reichsstift. Es war eine Art Akademie oder Universität, wo Kunst und Wissenschaft gepflegt wurden; Bücher, Bucheinbände, Miniaturen, kunstgewerbliche und künstlerische Arbeiten aller Art gingen daraus hervor.

Vielleicht gibt es keinen Fleck in Regensburg, der das Gemüt des Besuchers so ergreift, wie der Vorhof und die Vorhalle der Emmeranskirche. Die niedrige Mauer des Vorhofs, über die das volle Grün von Baumzweigen hereinhängt, und an der eine Galerie von zierlichen romanischen Säulen zwischen höheren Pfeilern sich hinzieht, geleitet uns zum Eingang der Halle. Vom Giebel darüber leuchtet die Farbigkeit eines Freskogemäldes sanft in das Licht des Tages. Von den Grabsteinen, die längs der Halle aufgerichtet sind, geht überirdischer Friede aus: wir werden selbst die Verklärten, die, aus Gräbern geweckt, wie die Träumenden in das ewige Paradies eingehen. Hier befindet sich der Grabstein des bayrischen Geschichtsforschers Aventin, der im Jahre 1534 in Regensburg starb, als er Frau und Kinder, die er hier zurückgelassen hatte, nach der neuen Heimat abholen wollte. Alle Denkmale überragt die große Kreuzigungsgruppe, die der Reichsmünzmeister, Martin Lerch, zur Sühne eines begangenen Frevels, stiftete.

Das Reich des Bischofs, des mächtigsten unter den geistlichen Ständen, erstreckte sich im Norden der jetzigen Stadt an der alten römischen Mauer entlang; das Tor eines Torturms der römischen Festung, die Porta Praetoria, starrt mit schwarzen Quadern gigantisch aus der verputzten Wand des bischöflichen Brauhauses hervor. Von der Pracht des Palastes, der allmählich entstand und sich mit vielen Nebengebäuden ausbreitete und einen großen Raum nördlich des Domes ausfüllte, ist nicht mehr viel vorhanden. Der Name der Schwibbogenstraße erinnert daran, daß die auf beiden Seiten liegenden bischöflichen Häuser durch drei Bogen verbunden waren, damit bei etwaigen Streitigkeiten zwischen Bischof und Stadt eine unbehinderte Verbindung bleibe. Vom alten Dom zu St. Peter ist nur der sogenannte Eselsturm übriggeblieben, der sich dem nördlichen Querschiffarm des neuen anschließt; es wird angenommen, daß er als ein Glockenturm neben der Kirche gestanden habe, wie das bei der alten Kapelle und bei der Stiftskirche von Obermünster der Fall ist. Dieser sehr alte, vielleicht schon vor Karl dem Großen unter den Agilolfingern gegründete Dom brannte, bereits baufällig, im Jahre 1272 vollständig nieder. Bischof Leo von Thundorf, in dessen Regierung das Ereignis fiel, legte drei Jahre später den Grundstein des neuen Domes und wurde nachmals zwei Jahre später darin begraben. Seine Fertigstellung erlebte er nicht, sowenig wie sein Nachfolger; Jahrhunderte bauten daran, viele Bischöfe und viele Baumeister kamen und gingen, bis er im Jahre 1524, zu einer Zeit, als schon die ersten Schauer der Reformation in Regensburg umgingen, vollendet war. Auch dann aber nicht ganz: die Westtürme erhielten ihre durchbrochene Spitze erst im Jahre 1869, und der Turm auf der Vierung, der im Plan vorgesehen war, ist niemals in Angriff genommen. So ist es mit allen großen Werken und großen Taten: mögen sie auch dem Geiste einzelner entkeimen, Gefährten und Widersacher, ganze Geschlechter nehmen daran teil und ungeladen ein dämonischer Meister, der Zufall.

Wem sich jetzt bei untergehender Sonne der Blick auf die Westfront mit den Türmen auftut, der steht erschüttert davor. Aus der ungeheuren Felsenpyramide ringt sich Bewegung: Säulen und Pfeiler erwachen und stemmen sich titanisch gegen die überwältigende Last. Von Aposteln, Propheten und Märtyrern, unter zierlichen Baldachinen gekrönt, wachsen sie aufwärts, immer schlanker werdend, als spürten sie die Masse weniger, die sie tragen müssen. Dazwischen begeben sich, in Nischen geborgen, heilige Geschichten: ein Engel beugt sich über den eingekerkerten Petrus und führt ihn hinaus; die Wächter schlafen. Eine unerschöpfliche Legende christlicher Heroen entfaltet sich, höher, höher hinauf, wo kein Menschenauge mehr das edle Werk unterscheidet. Bogen reiht sich an Bogen, leicht, als wär es zum Spiel, schießen die Säulen empor, stürmisch flutet der energische Wille zum Himmel, kaum trägt er noch an der steinernen Masse, die durchglüht sich öffnet, zittert, lebt. Zum Zeichen, welcher Art die Kraft ist, der dies gelang, schwebt inmitten der Glorie des Lichts das Kreuz mit Christus, dem Überwinder. Von seinem stummen, hochentrückten Leibe schwingt sich die Botschaft, als ob ein Chor von Posaunen sie bliese, über den Markt ins Gewimmel: »In der Welt habt ihr Angst und Not; aber seid getrost, ich habe diese Welt überwunden.« Der ganze Körper der Kathedrale bis zu dem wundervollen Chor, den die Strebepfeiler brüderlich stützend umgeben, singt mit an dem großen Mysterium von der Verschmelzung des Geistes mit dem Fleisch und seinem Sieg über das Fleisch. Das Innere beschwichtigt die erregte Seele. Dieser breite, majestätische, fast wohnlich anmutende Raum, in den magisches Licht durch farbige Glasfenster hineinflutet, ist das Haus des ewig Unerforschlichen, wo der Mensch nicht mehr kämpft, sondern anbetet und Erbarmen aus dem Abgrund der Liebe erfleht.

Der Dom, obwohl des Bischofs Kirche, gehörte dem Geiste nach der Stadt an, die in dem Jahrhundert, wo zumeist an ihm gebaut wurde, die erste Macht in Regensburg geworden war. Der gotische Stil bezeichnet die germanische Idee im Kampfe mit der romanischen, die Freude am Kampf, die Lust an der Freiheit, das reizbare, flammende, unerbittliche Gewissen. Es ist der Stil des erwachenden Gedankens, der die Mauern durchbricht, um ins Unendliche zu greifen. Jahrhunderte freilich hatten vergehen müssen, ehe die Bürgerschaft aus dunklen und sehr bescheidenen Anfängen zu einer den geistlichen Körperschaften ebenbürtigen Macht herangewachsen war. Die Bischöfe hätten sie auch wohl kaum aufkommen lassen, wenn nicht noch zwei Ansprecher dagewesen wären, die nach ihrem Besitz trachteten, nämlich die Herzöge von Bayern und die Kaiser. Die Stammesherzöge von Bayern, die Agilolfinger, die die alte Lagerstadt der Römer besiedelt und zur Hauptstadt erhoben hatten, standen unter der Oberhoheit der fränkischen Könige, die sich aber erst fühlbar machte, als die Karolinger sich der Herrschaft bemächtigten. Karl der Große setzte den Agilolfinger Thassilo ab und wurde vom bayrischen Volke als König und Herzog anerkannt. Dadurch wurde Regensburg aus der Hauptstadt des Donaugaus zu einer Hauptstadt des Reichs, wo sich die Karolinger mit Vorliebe aufhielten. Ludwig der Deutsche hat Spuren dauernder Anwesenheit und Wirksamkeit hinterlassen; es wird nämlich von ihm berichtet, daß er zum Bau der Kirchen, die er gründete, Quadern der alten Römermauer benutzte, weshalb man, wo solche sich finden, etwa am Glockenturm von Obermünster oder an der Alten Kapelle, auf seinen Namen schließen kann. Seine Gemahlin Hemma, die erste Äbtissin des Stifts Obermünster, liegt dort oder in der Kirche St. Emmeran begraben. In St. Emmeran stellte eine spätere Zeit einen Grabstein mit ihrem Bilde auf, einen Kopf von unbeschreiblich anziehender, schwermütiger Lieblichkeit; in der Obermünsterkirche bezeichnet ein Stein aus rotem Marmor, eine Arbeit der Renaissancezeit, ihre vermeintliche Ruhestätte. Karl der Dicke wählte Regensburg zu seiner eigentlichen Residenz und die beiden letzten Karolinger, Arnulf und Ludwig das Kind, sind in St. Emmeran begraben. Von den königlichen Palästen, die diese Fürsten bewohnten, ist nichts übriggeblieben, wenn nicht der Ursprung des sogenannten Herzogshofes so weit zurückliegt.

Kaum war das Geschlecht der Karolinger versiegt, so griffen die bayrischen Herzöge wieder zu: Markgraf Arnulf widersetzte sich dem neugewählten König Konrad, worauf dieser im Jahre 914 Regensburg eroberte. Ein Kampfmittel benutzend, dessen sich die deutschen Fürsten leider nur zu oft bedienten, entfloh Arnulf zu den Ungarn, den Reichsfeinden, und vorher seinen eigenen. Zwei Jahre später eroberte er Regensburg zurück und befestigte es, damit es ihm nicht wieder entrissen werden könnte, sehr stark, indem er auch den östlichen Stadtteil mit St. Emmeran in die Altstadt einbezog und ummauerte. Er hatte sich so gut geschützt, daß eine zweite Belagerung Konrads mißglückte. Dessen Nachfolger, der Sachsenkönig Heinrich, schloß mit dem mächtigen Bayern einen Vertrag, worin dieser seine Zugehörigkeit zum Reich, König Heinrich aber auch seine Selbständigkeit anerkannte. Auch er ist in St. Emmeran begraben, und sein Haus starb bald nach ihm aus. Einige Jahrzehnte später setzte ein anderer Herzog von Bayern, Heinrich II., der Zänker, dieselbe Politik fort, griff sogar nach der Königskrone; aber die Ottonen überwanden ihn und entsetzten ihn des Herzogtums. Nachdem er es von Otto III. zurückerhalten hatte, regierte er bis zu seinem Tode in Frieden. Von Gandersheim, wo er als Gast bei seiner Schwester Gerberga, der Äbtissin des dortigen Klosters, starb, wurde seine Leiche nach Regensburg gebracht und in St. Emmeran beigesetzt. Seinen Königstraum verwirklichte sein Sohn, der als Heinrich II. Kaiser wurde und das Herzogtum Bayern zugleich in seiner Hand behielt.

Ein erster großer Zeuge des Aufschwungs der Stadt war die weitberühmte steinerne Brücke, zu deren Bau ein außergewöhnlich trockener Sommer den Anlaß gab. Mit gelassenem Kraftgefühl steigt sie, von sechzehn Bogen getragen, bis zur Mitte empor und wieder hinab bis an das gegenüberliegende Ufer, von der Vorstadt Stadtamhof, damals An der Stätte genannt, empfangen. Drei Türme bewachten sie, einer an jedem Ufer, einer in der Mitte. Der südliche war mit dem Reichsadler und dem Bildnis Heinrichs I. geschmückt und wurde, nachdem er bei der Erstürmung Regensburgs durch die Franzosen im Jahre 1809 beschädigt war, abgebrochen, der mittlere fiel einem Hochwasser zum Opfer. Einzig der Turm auf der Regensburger Seite ist übriggeblieben; er diente im Mittelalter als Schuldturm, wo die Zahlungsunfähigen gefangen saßen, bis sie aus milden Gaben so viel gesammelt hatten, um ihre Schulden tilgen zu können. Das vornehmste Wahrzeichen der Brücke ist ein auf einem Postament reitender nackter Jüngling von Stein, der nach der Stadt hinüberblickt, die Augen mit der Hand schützend, als ob ihn die Sonne blendete, eine anmutig natürliche und doch eigenartige Bewegung. Ein paar in Stein gehauene Kampfhähne mit der Jahreszahl 1580 sollen auf die Streitigkeiten deuten, die zwischen den bayrischen Herzögen und der Stadt wegen der Brücke entstanden. Herzog Heinrich der Stolze hatte zum Brückenbau geholfen und leitete daraus Rechte ab; die Stadt berief sich auf die Beiträge der reichen Kaufmannsgeschlechter, deren Interesse eine bequeme Verbindung mit dem anderen Ufer war. Hier trafen die Warenzüge und Gäste aller Art ein, darum entwickelte sich an dieser Stelle ein besonders geschäftiges Leben und entstanden mit der Zeit Gasthäuser, wie der Blaue Hecht, das Weiße Lamm und das Haus zum Walfisch. Einer der hübschesten Brunnen der Stadt befindet sich in dieser Gegend: auf dem viereckigen Trog, von geschmackvoller Gitterzier umrandet, erhebt sich eine zierliche Säule, die einen ritterlichen Jüngling mit mädchenhaftem Antlitz, Roland genannt, trägt. Er stützt sich mit der rechten Hand auf einen Schild und tritt mit dem Fuß auf einen Drachen, der einem Delphin gleicht.

Die Begehrlichkeit der bayrischen Herzöge, die von den Kaisern mit der Burggrafenwürde in Regensburg belehnt wurden, so daß sie nicht nur ihre eigenen Ansprüche vertraten, sondern auch die Rechte des Kaisers in der Stadt, bildete einen Damm gegen das Bestreben der Bischöfe, ihre Macht über ganz Regensburg auszudehnen. Sie mußten sich begnügen, mit den herzoglichen Burggrafen, als Vertretern des Kaisers, gemeinschaftlich zu regieren: herzogliche und bischöfliche Ministeriale bildeten einen Rat, Bischof und Herzog ernannten gemeinsam die Münzbeamten, es gab einen bischöflichen Richter, Propst genannt, und einen herzoglich-kaiserlichen, den Schultheißen. Seitdem sich der Rat im Jahre 1205 zu einer einheitlichen Körperschaft vereinigt hatte, bildete sich seine Selbständigkeit heraus. Er erwarb durch Kauf oder Verpfändung allmählich die wichtigsten Rechte, so zum Beispiel von den bayrischen Herzögen das Schultheißenamt. Die Hohenstaufenzeit begünstigte diese Entwicklung; denn die Stadt stand auf seiten des Kaisers, der Bischof war sein Gegner. Erzürnt über den Abfall des Bischofs Siegfried bestätigte Kaiser Friedrich II. im Jahre 1245 den Bayern von Regensburg alle ihre wirklichen und vermeintlichen Privilegien, insbesondere das Recht, Bürgermeister und Rat zu wählen, wozu sechs Jahre später eine Urkunde König Konrads kam, die allen Einwohnern Regensburgs, Geistlichen, Weltlichen und Juden befahl, sich den Anordnungen zu unterwerfen, die der Rat zur Verteidigung der Stadt treffen würde. Es half dem Bischof nichts, daß er das Privileg widerrufen ließ; zwei Jahre darauf trat Regensburg dem Rheinischen Bunde bei, dadurch seine Unabhängigkeit erweisend. Um diese Zeit kam es vor, daß Bischof und Herzog gelegentlich eines Streites über die Münze das Urteil des Stadtrats anriefen.

Was an tatsächlicher Macht diesem Aufschwung zugrunde lag, war die Unternehmungslust und Arbeit der Kaufleute und Handwerker und die Wehrhaftigkeit aller weltlichen Bewohner der Stadt. Eine große Anzahl edler Geschlechter, meist Ministerialen des Kaisers oder des Bischofs, bildeten jetzt die obere Schicht der weltlichen Bevölkerung. Ihre burgähnlichen Häuser waren durch hohe Türme ausgezeichnet, von denen einige sich erhalten haben und der Stadt ihren eigenartigen Charakter verleihen. Im Innern fast aller dieser Häuser gab es Kapellen, die jetzt, soweit sie noch vorhanden sind, als Warenlager oder Gaststätten dienen. Der jetzt höchste Turm ist der Goldene Turm an der Wahlenstraße, der ursprünglich der edeln Familie der Haymo gehörte. Als der Marktturm im Jahre 1706 abgebrannt war, verwendete der Rat den Goldenen Turm an dessen Stelle, und so wurden dort bis in die neuere Zeit Hochzeiten ausgeblasen. Der Baumburger Turm am Walmarkt, in dem seit 1762 eine Spenglerwerkstätte war, ist, gleichzeitig mit den alten Teilen des Doms entstanden, einer der ältesten und der besterhaltene. Das berühmte Haus zum Goliath ist das Stammhaus der Thundorfer, jener Familie, der Bischof Leo von Thundorf, der erste Erbauer des Doms, angehörte. Später besaß es der Mann der Margarete Tucher, die durch ihr von Peter Vischer angefertigtes Denkmal im Dom bekannt ist. Es stellt Christus dar, wie er von seiner Mutter Abschied nimmt, in harmonisch klassischer Form, die unter den gotischen Wölbungen befremdet. Der Name des Hauses knüpft sich an ein Gemälde, mit dem der geniale Michael Bocksberger es im 16. Jahrhundert schmückte. Mehrfache Erneuerung hat seine originelle Kraft sehr herabgemindert. Die Familie der Woller besaß das große Haus »Die Arch« an der Ecke der großen Hahnengasse und der Haid. Das große Eckhaus der Herren de Zandt, einer der reichsten Familien, wurde 1718 abgetragen. Ihr Stammhaus ist wahrscheinlich das Haus »Zum Pelikan« an der Ecke der Zandten- und Keplerstraße; sie führten einen Löwenkopf mit langen Stoßzähnen im Wappen. Lange Zeit waren die Auer das reichste und mächtigste Geschlecht in Regensburg. Sie hatten im Rat so sehr die Übermacht an sich gerissen, daß ein Teil der Patrizier selbst sich gegen sie auflehnte und, um es mit ihnen aufnehmen zu können, dazu schritt, eine Eidgenossenschaft mit den Handwerksinnungen einzugehen, die Aufnahme in den Rat verlangten, und infolge dieses Ereignisses auch erhielten. Die vereinte Kraft brachte es zuwege, daß der Bürgermeister Friedrich und das ganze Geschlecht der Auer aus der Stadt verbannt wurden. Friedrich bewohnte damals das Haus mit der Thomaskapelle am Römling, mit dem später die Namen Dürnstetter, Ingolstetter und Leublfing verknüpft sind. Nach der Vertreibung der Auer beschloß der Rat ein Gesetz, demzufolge künftig der Bürgermeister nicht aus einem einheimischen Geschlecht gewählt werden durfte. Bei diesem Gesetz befand sich die Stadt hundert Jahre lang wohl. Das letzte Glied des berühmten Geschlechtes, die 1483 verstorbene Anna von Marbach, hat einen Grabstein in der gotischen Dominikanerkirche.

Von diesen alten Adelsfamilien waren in der Mitte des 15. Jahrhunderts die meisten entweder ausgewandert oder ausgestorben. Eine neue Zeit bereitete sich vor, während die ritterliche unterging. Die Burg und das Schwert dienten den neuen Lebensgewohnheiten nicht mehr, die allmählich bequemer und gemütlicher wurden. Zu einer großen Erscheinung kam das Rittertum noch einmal in Kaiser Maximilian, allein mit einem Stich ins Wunderliche, wie es wohl geschieht, wenn irgendwo der Geist einer Zeit festgehalten wird und sich entfaltet, die schon von neuen Sternen gerichtet ist. Auch in Beziehung zu Regensburg trat Maximilian als der alte Reichskaiser auf. Die bayrischen Herzöge rüsteten sich wieder einmal zum Überfall auf die begüterte Stadt und nahmen zum Vorwande das im 13. Jahrhundert verpfändete Schultheißenamt, das sie nun auslösen zu wollen erklärten. Seltsamerweise hatten sie Anhänger in der Stadt, auch ein Beweis, daß die einst heiß erstrebte Reichsunmittelbarkeit nicht mehr als das selbstverständlich höchste Gut erschien. Nun aber verhängte der Kaiser nicht nur die Reichsacht über den Herzog, sondern er rückte mit einem Heer heran, um die Schuldigen zu strafen, wie einst zu König Konrads oder König Heinrichs Zeit. Und doch war es nicht dasselbe; denn Maximilian kam nicht nur als Kaiser, sondern auch und vielleicht sogar noch mehr als Herzog von Österreich, der nicht vergaß, daß Bayern einst einen Teil der Markgrafschaft des Ostens gebildet hatte. Für diesmal mußte Albrecht sich beugen; er gab der Stadt das Schultheißenamt zurück, behielt sich jedoch den Blutbann als einen Zipfel vor, an dem er die Stadt einmal wieder an sich ziehen könnte. Dem Kaiser genügte die Wiederherstellung des alten Verhältnisses nicht; um einem erneuerten Abfall vorzubeugen, so sagte er, drängte er der Stadt einen Vertreter auf, dem er den Titel eines kaiserlichen Reichshauptmanns gab. Die Stadt hatte sich das gefallen lassen; als aber nach dem Tode des neuen Beamten ein anderer erschien, Ritter Thomas Fuchs von Schneeberg, kam es zum Aufruhr, dem ein greises Haupt zum Opfer fiel. Der Ratsherr Wolfgang Lyskirchen, dessen Vater Hans, einem alten Kölner Patriziergeschlecht angehörig, sich erst vor einigen Jahrzehnten in Regensburg angesiedelt hatte, wurde, weil er zum Kaiser hielt, gefoltert und gehenkt. Im folgenden Jahre rächte ihn der Kaiser, indem er einige von den Aufrührern hinrichten ließ; unter ihnen befand sich ein kunst- und ehrenreicher Mann, Wolfgang Roritzer, der seit zwanzig Jahren als Baumeister am Dom tätig war. Sein Großvater, Meister Wenezla oder Wenzel, vielleicht aus Böhmen gebürtig, kam im Beginn des 15. Jahrhunderts nach Regensburg. Nach seinem Tode, der im Jahre 1419 erfolgte, wurde anfänglich

Andreas Engel, der seine Witwe heiratete, sein Nachfolger, dann aber erhielt sein Sohn Konrad Roritzer das Amt und hatte es 27 Jahre lang inne. Dessen Söhne, Mathias und Wolfgang, wurden gleich ihm Dombaumeister und haben dauernde Werke hinterlassen. Mathias schrieb das Buch Von der Fialen Gerechtigkeit und ließ es in eigener Druckerei herstellen, soviel man weiß, der ältesten in Regensburg. Dort erschien auch die Schrift, in welcher Herzog Albrecht von Bayern sich wegen der Unterwerfung Regensburgs zu rechtfertigen suchte. Wolfgang ist der Schöpfer des graziös prächtigen Sakramentshäuschens im Dom; da die Arbeit unvollendet ist, scheint es, als habe der Tod, der den Meister so schrecklich antrat, ihm das Werkzeug aus der Hand genommen.

Die Persönlichkeit des in seinen Unternehmungen sowenig glücklichen Kaisers Maximilian übte eine solche Macht aus, daß die Stadt Regensburg seinen Tod abwartete, um eine Tat zu vollziehen, die ihm mißfällig gewesen sein würde. Es begab sich nämlich eine Abordnung des Rats, zu der auch der berühmte Maler Albrecht Altdorfer, damals Bauherr des Rats, gehörte, in die ummauerte Judenstadt und eröffnete den Vertretern der Judenschaft, daß sie binnen acht Tagen die Stadt gänzlich und für immer zu verlassen habe. Wie in allen Städten, gab es auch in Regensburg eine starke antisemitische Bewegung, die im Reichtum und den Geldgeschäften der Juden ihre Ursache hatte. Viele Bürger waren ihnen verschuldet; war ihnen doch sogar einmal von Böhmen aus eine besonders kostbare Reliquie, ein Partikel vom Kreuz Christi, verpfändet, das ursprünglich dem König Ottokar II. von Böhmen gehört hatte und später von einem Regensburger Bischof ausgelöst und dem Domschatz einverleibt wurde.

Nach dem Abzuge der Juden wurde die ganze Judenstadt, die den Platz zwischen Dom und Obermünster einnahm, samt der in der Mitte liegenden Synagoge zerstört und dem Boden gleichgemacht. Vorher fertigte Altdorfer zwei Aufnahmen von der Synagoge an, die noch vorhanden sind, während ein ihm zugeschriebenes Bild von der Schönen Maria verlorengegangen ist. Da, wo die Synagoge gestanden hatte, erbaute man eine hölzerne Kapelle und schmückte ihr Inneres mit einem Altar und einem Bilde der Madonna mit dem Kinde, für welche man ein Gnadenbild in der Alten Kapelle als Muster benutzte. Auch vor der Kirche wurde eine Maria mit dem Kinde aufgestellt, ein Werk des Baumeisters Michael Ostendorf, Nachfolger des unglücklichen Roritzer.

Das aufsehenerregende Ereignis der Judenvertreibung lockte eine Menge Menschen herbei und führte zu wunderbaren Heilungen Kranker vor dem Marienbilde, so daß ein Wallfahrten entstand, dessen Ergebnis an Geld den Bau einer neuen Kirche ermöglichte. Diese Kirche, an der der Bischof vergeblich einen Anteil zu erkämpfen suchte, prächtig zu gestalten, ließ sich der Rat sehr angelegen sein; sie sollte wohl ein Gegenstück zum Dom werden. Bekannte Meister, darunter Hans Behaim zu Nürnberg, legten Baurisse vor; genehmigt wurde endlich der Vorschlag des Hans Hueber, der sich in Augsburg durch Arbeiten in den modernen Renaissanceformen einen Namen gemacht hatte. Wie großartig die Kirche gedacht war, kann man an dem reizenden, im Rathause aufgestellten Holzmodell studieren; was wirklich entstand, ist immerhin sehr eindrucksvoll und eigenartig durch die gelungene Vermischung von Gotik und Renaissance. Als wesentlich neu springt einem sofort die zentrale Anlage des Baus ins Auge; sie verkündet sichtbar die auch im politischen und sozialen Leben sich vorbereitende Zentralisierung. Als Prediger an die neue Pfarrkirche berief der Rat den Balthasar Huebmaier, einen fanatischen Mann, der besonders zur Vertreibung der Juden gehetzt hatte; da er früher in Ingolstadt an der Kirche zur Schönen Maria gepredigt hatte, wünschte er, daß der Name auf die neue Kirche übertragen würde, was auch geschah. In seinem ruhelosen Fanatismus wurde er später Wiedertäufer und wurde als solcher in Wien verbrannt.

Zur Zeit der Judenvertreibung und des kirchlichen Neubaus widerhallte schon Europa von den ersten Schlägen der Reformation. Unergründliche, zwiespältige Umwälzung! Etwa 1000 Jahre lang hatte die Zusammenfassung der romanischen, germanischen und slawischen Völker, vornehmlich der ersten beiden, gehalten. Ein Reich war entstanden, das nicht wie das alte römische von einem Mittelpunkt aus regiert wurde, sondern in dem das Leben der Völker, wenn auch die Deutschen die Mitte bildeten und zuerst eine Vorherrschaft, später nur einen Vorrang hatten, auf Zusammenwirken und gegenseitiger Verständigung beruhte, die allerdings meist erst durch Kämpfe erzielt wurde. Vergeblich hatten Päpste und Kaiser nach Alleinherrschaft, wie man später sagte, nach der Universalmonarchie gestrebt: die Vielheit der regsamen selbstbewußten Kräfte stellte immer wieder einen Ausgleich her. Nun aber zerriß das elastische Netz, in dem Verschiedenartiges so bewunderungswürdig verflochten war, daß die Germanen sich dem Einfluß eines römischen Papstes, die Romanen sich der Macht eines deutschen Kaisers unterwarfen. Die Städte, schon im 14. und 15. Jahrhundert so protestantisch wie sie gotisch waren, lagen oft um der Kaiser und der Reichsfreiheit willen mit ihren geistlichen Herren in Streit, hielten aber doch recht und schlecht miteinander haus; nun rissen sie sich los. Luther, wie sehr er auch in mittelalterlicher Weltanschauung lebte und wie wenig er auch die Wissenschaft überschätzte, denn er war, wie kein anderer Reformator, durchdrungen von der Zwiespältigkeit und Paradoxie der letzten Dinge, hatte doch so viel wissenschaftliche Art zu denken, daß er in die abgegriffenen, dünngewordenen Symbole hineinschaute und grade, weil er wußte, daß sie nicht bedeuten, sondern sind, sie erklärte. Es war nicht seine Schuld, daß sie dünn geworden waren, und auch nicht seine Schuld, daß keine Erklärung sie auf die Dauer retten konnte. Die Künstler fingen an, nicht mehr nur heilige Gegenstände und nicht nur für die Kirche zu malen; Altdorfer teilte, wenn er Legenden darstellte, seinen Zauber weniger dem religiösen Vorgang als der in ihn hineinrauschenden Natur mit. Nachdem das Netz an einem Punkte gerissen war, fiel alles auseinander und die bisher oft gegeneinander, aber doch noch zusammenwirkenden Kräfte standen vereinzelt einander kampfbereit und unversöhnbar gegenüber: Kaiser, Papst, Fürsten, Bauern, Ritter und Städte.

Die vornehmen Geschlechter Regensburgs bekannten sich größtenteils zu der neuen Lehre und hielten in ihren Kapellen den Gottesdienst in der neuen Weise, allen voran die Herren von Stauff von Ehrenfels zu Beratzhausen, Verwandte der Argula von Grumpach, der Freundin Luthers.

Im Anfang des 17. Jahrhundert starb diese mächtige Familie mit Bernhard von Stauff aus. Ihr Freihaus, der Staufferhof an der Obermünsterstraße, wo zuerst protestantischer Gottesdienst stattfand, brannte gegen Ende des 19. Jahrhunderts ab und an seiner Stelle wurde das Gasthaus Zum grünen Kranz errichtet. Auch viele Geistliche schlossen sich Luther an, besonders die Klosterleute, die von jeher die strenge Zucht ihrer Orden unwillig ertragen hatten. Im Minoritenkloster, wo die Wissenschaft immer gepflegt worden war, waren im Jahre 1543 nur noch vier Mönche, von denen zwei der neuen Lehre anhingen; der Rat richtete dort eine Buchdruckerei ein, aus der die ersten protestantisch-religiösen Bücher hervorgingen. In das Augustinerkloster, das stets unter dem Schutz der Stadt gestanden hatte, verlegte der Rat im Jahre 1524 die städtische Lateinschule und stellte dort einen von Melanchthon empfohlenen Lehrer an. Die auf sumpfigem Grunde erbaute Augustinerkirche wurde 1838 wegen Baufälligkeit abgerissen, bei welcher Gelegenheit ein Teil des Grabsteins von Albrecht Altdorfer zum Vorschein kam, der hier neben seiner Frau begraben wurde. Besonders starken Anklang fand die neue Lehre bei den Dominikanern, die trotz öfterer Reformen schlechte Disziplin zu halten gewohnt waren; der Prior Moritz Fürst entfloh mit der Äbtissin des Klosters Arlesberg, Käthchen Hinzenhausen, und nahm sie in Nürnberg zur Frau. Bis zum Jahre 1626 hatten Protestanten und Katholiken die Kirche gemeinsam inne, dann räumten sie die Protestanten infolge eines Vergleichs. Die Sakristei der Dominikanerkirche bewahrt einen Becher für die Johannes-Minne aus dem 13. Jahrhundert; er trägt als Umschrift die Worte: Trinchd Sent Johans min.

Daß die Bürgerschaft insgesamt protestantisch war, braucht kaum erwähnt zu werden. Trotzdem gelang es der Stadt, mit den habsburgischen Kaisern in gutem Einvernehmen zu bleiben. Im Anschluß an den Kampf Bayerns und Österreichs um Regensburg, der zur Zeit Kaiser Maximilians stattgefunden hatte, begab sich die Stadt nach mancherlei Kämpfen im Jahre 1521 auf ewige Zeit in Österreichs Schutz. Ein innigeres Band als dieses sollte Karl V. mit Regensburg verbinden, da er sich hier in die schöne Barbara Blomberg verliebte und von ihr mit einem Sohn beschenkt wurde. Das hübsche Gesicht des gefeierten Siegers von Lepanto, dem die charakteristischen Eigentümlichkeiten der Habsburger fehlen, trägt vermutlich die Züge der Mutter. Ihre

Eltern, Wolfgang und Sibylle Blomberger, besaßen zu jener Zeit ein Haus an der Kramgasse, wo Don Juan d'Austria geboren sein mag. Ihm war nach einem Leben von Bitterkeit unter dem eifersüchtigen Auge seines Stiefbruders, Philipps II., Königs von Spanien, ein großer Sieg, Ruhm durch die ganze Christenheit und früher Tod beschieden. Karl V. pflegte in Regensburg im Gasthaus Zum Goldenen Kreuz abzusteigen, einem mit Turm und Kapelle versehenen großen Hause, dessen erste bekannte Besitzer die Weltenburger waren. Nachdem es durch verschiedene Hände gegangen war, wurde es im 16. Jahrhundert ein Gasthaus. Es beherrscht mit seinem gut erhaltenen, mit Zinnen versehenen Turme noch immer den Haidplatz, wenn es auch durch Umbauten das charakteristische Gepräge des Mittelalters verloren hat. Sonst wohnten die Kaiser meistens im Bischofshof; dort starb Maximilian II. im Jahre 1576 während eines Reichstages, und dort stieg im Jahre 1613 Matthias ab, nachdem er unter einem Baldachin von gelbem Seidendamast, der noch im Rathause aufbewahrt wird, feierlich eingezogen war. Er legte damals mit seiner Gemahlin Anna den Grundstein zu einem Kapuzinerkloster.

Matthias war der letzte von den Kaisern, die in dem Zwiespalt, der durch den mächtigen Aufstieg der neuen Lehre entstanden war, auf Reichstagen und Kurfürstentagen zu vermitteln suchten; immer stärker wurde der Widerstreit der Kräfte und führte zu dem entsetzlichen Kriege, der das alte Reich in Stücke schlug. Regensburg sah den für seine Zukunft so bedeutungsvollen Kurfürstentag, auf welchem Ferdinand II. nach der siegreichen Schlacht am Weißen Berge bei Prag, den Herzog Maximilian von Bayern für ihn errungen hatte, dem Pfalzgrafen Friedrich die Kurwürde nahm, um sie auf Bayern zu übertragen. Im Jahre 1630 folgte der verhängnisvolle Reichstag, auf dem der Kaiser sich dazu entschließen mußte, Wallenstein der Eifersucht der Fürsten zu opfern. Bei dieser Gelegenheit wurde die Kaiserin Eleonore im Dome gekrönt.

Zu demselben Reichstage traf ein größerer Mann als die versammelten Potentaten und Herren ein, Johannes Kepler, ein unscheinbarer Reisender, der hoffte, die rückständigen Geldsummen zu erhalten, die er aus der Zeit, wo er im Dienst Kaiser Rudolfs stand, zu beanspruchen hatte. Anstatt dessen fand er in Regensburg den Tod. Er nahm sein Quartier in einem Hause, das an das turmbewehrte Haus Zum blauen Hecht, schon seit dem 16. Jahrhundert Gasthaus, angrenzt. Vielleicht drang von der Donau her der Lärm des geschäftigen Hafens bis an sein Krankenlager und spielte fremdartig in seine letzten Gesichte und Gedanken. Er wurde auf dem Friedhof der Protestanten bei dem ehemaligen Kloster Weih St. Peter begraben, das im Schmalkaldischen Kriege behufs besserer Befestigung abgebrochen war. Das Grab, an der Mauer gelegen, wurde bei der bald danach erfolgenden Belagerung verschüttet, und konnte, als man später danach forschte, nicht mehr aufgefunden werden.

Bald flutete eine protestantische, bald eine katholische Welle über Regensburg hin. Im Jahre 1635 wurde der unglückliche Schaffgottsch, als Anhänger Wallensteins, in Regensburg gefoltert und enthauptet, im selben Jahre Ferdinand III., weil in Frankfurt die Pest herrschte, im Regensburger Dom gekrönt. Bei Gelegenheit eines späteren Reichstages nahm er teil an einer Fronleichnamsprozession; es war derselbe, den der verwegene Banér, unversehens vor die Stadt rückend, mit seinen Kanonenschüssen erschreckte.

Mit dem Ende des Kriegs war des Reichs und Regensburgs große Zeit dahin; aber wie für das Reich, wurde auch für Regensburg ein Gerüst gezimmert, sie von allen Seiten stützend, so daß es einem oberflächlichen Blick erscheinen konnte, als stünden sie noch in Glanz und Kraft. Im Jahre 1664 wurde Regensburg zum Sitz des beständigen Reichstages ernannt, nachdem der Magistrat vor Kaiser Leopold I. im Bischofshof, die Bürgerschaft auf dem Platze vereidigt war. So war Regensburg wieder eine Art Kapitale des Reichs geworden; aber Reich und Kapitale erstarrten in ihren Klammern, indes neue Mächte sich reckten und breit machten. Das letzte Geschäft des Reichstages war, unter dem Drucke des französischen Kaisers und seiner Kreaturen den Reichsdeputationshauptschluß zu unterschreiben, durch welchen die weltlichen Reichsstände, das heißt die Fürsten, für die auf dem linken Rheinufer verlorenen Länder durch geistliches und reichsstädtisches Gebiet entschädigt wurden. Regensburg fiel wie Frankfurt an den Koadjutor des letzten Erzbischofs und Kurfürsten von Mainz, den Freiherrn von Dalberg. Das war aber nur der Übergang zu dem nach damaliger Auffassung noch härteren Schicksal, dem neuen

Königreich Bayern einverleibt zu werden. Im Jahre 1810 wurde Regensburg förmlich erst Frankreich, dann von Frankreich Bayern übergeben. In dem langen Kampfe Österreichs und Bayerns um die Stadt Regensburg hatte Bayern endlich gesiegt. Von diesem Zeitpunkt an verschwand der Protestantismus rasch aus Regensburg, und es wurde eine katholische Stadt. Aus der Tiefe der Erde heraus herrschten wieder die römischen Quadern.

Bautzen

Das allverzehrende, unverzehrbare Element des Feuers, das die hölzernen Gassen der mittelalterlichen Städte mit ihrem Zierat und Unrat immer wieder wegfegte, hat Bautzen, das alte Budissin, besonders oft und vernichtend heimgesucht; aber seinen kühnen, malerischen Umriß hat es nicht angetastet. Gebaut auf Felsen von Granit, umschattet von Wäldern, scheint es von schaffenden Naturgeistern ans Licht gezaubert zu sein. Der Strom zu seinen Füßen, die schilfigen Teiche, die erhabenen Eichen vor seinen Toren haben etwas Menschenfernes, heilig Verhülltes, als wären sie von geflüchteten Dämonen bewohnt. Es ist historische, mythische Erde; sie hat sich voll Blut getrunken in Schlachten und hat die Heidengötter noch nicht vergessen, um die hier einst gerungen wurde. Der goldene Löwengötze, den Bischof Adelgott von Magdeburg einst in die Spree hinabstieß, glimmt in Geisternächten aus der Tiefe hervor. So scheint wohl wendisches Blut durch die Seele des deutschen Volkes, das hier wohnt; denn die Wenden wurden in dieser Gegend nicht vernichtet oder gänzlich verdrängt wie anderswo, sondern führten ein rechtmäßiges und gesichertes Leben in der Stadt fort, wenn auch in geringerer Zahl und abgesondert; namentlich auf dem Lande jedoch wird es zu Vermischungen mit den Deutschen gekommen sein.

Seit Heinrichs I. Zeit wogte der Kampf zwischen Deutschen, Wenden, Polen und Böhmen, die sich um das Land an der Spree, an der Neiße und an der Oder stritten, auf und ab. Langsam wichen die wendischen Götter der christlichen Bekehrung, die von dem zu diesem Zweck gegründeten Bistum Meißen ausging. Kaiser Heinrich IV. belehnte den Böhmenherzog Wratislav, der ihm treu beigestanden hatte, indem er ihn zum König erhob, mit Meißen und den beiden Lausitzen, wodurch diese zu Böhmen kamen. Wratislav übergab sie seinem Schwiegersohn, dem tapferen Wiprecht von Groitzsch, der, als Heinrich IV., um Rache für Canossa zu nehmen, im Jahre 1083 gegen den Papst Gregor zog, zuerst die Mauern von Rom erstieg. Er bewohnte die Ortenburg und rief deutsche Ansiedler aus Franken, Hessen, Thüringen, namentlich aber Friesen in sein fast entvölkertes Land, die in der Kultur des Bodens sowie im Handwerk den Wenden überlegen waren. Welche Bedrängnisse diese Niederdeutschen veranlaßten, ihre Heimat zu verlassen, scheint im einzelnen nicht bekannt zu sein; sie sangen auf dem Wege das alte Auswandererlied: »Naer Oostland willen wy ryden – naer Oostland willen wy mee – al over die groene heiden! – frisch over die heiden – daer isser een betere stee.«

Der Keim der Stadt Budissin war die Ortenburg auf dem Felsen über der Spree, die Kaiser Otto I. als Zwingburg gegen die Slawen errichtet haben soll. Die schroffe Granitzacke, ursprünglich von der Stadt durch einen tiefen Graben getrennt, wandelt sich fast unmerklich in Turm und bearbeitetes Gemäuer, das schwindelnd aufschießt. In dieser Felsenburg wohnten die Landvögte der Lausitz, Vertreter des jeweiligen Landesherrn, die von ihm vorgeschlagen, von den Ständen aber, Adel, Geistlichkeit, Städten und Landgemeinden bestätigt wurden. Auch der Landesherr wurde gewählt. Dem Herkommen nach mußte der Landvogt dem deutschen Ritterstande angehören.

Die Burg, von dem genialen Ungarkönig Mathias Corvinus neu erbaut, bildet einen Eckpfeiler der Stadt, die selbst eine Burg ist, getürmt zwischen Türmen, Granit auf Granit, das kühnste Bild triumphierender Kraft und Wehrhaftigkeit. Von allen Seiten umfaßt der Blick ein ganzes Bild aus einem Guß trotz des Nacheinander der Entstehung. Den der Ortenburg entsprechenden Eckpfeiler bildet die alte Wasserkunst, die der Ratsbaumeister Wenzel Rohrscheid der Ältere am Ende des 16. Jahrhunderts sowohl zur Verteidigung wie zum Zweck der Erhebung der Spreemassen erbaute, ein bauchiger, aus der Taltiefe aufwachsender Koloß, dessen Spitze ein wenig zur Seite gerückt ist, damit Platz für Geschütze gewonnen werde. Dahinter und höher hinauf ragt mit feiner Turmspitze die gedrungene Michaelskirche, die an der Stelle errichtet wurde, wo der Hussitensturm am heftigsten gewütet hatte. Noch höher hinauf erheben sich im Inneren der Stadt die schlanken Türme der Peterskirche und des Rathauses. Keiner der vielen Türme gleicht dem andern: der viereckige Lauenturm trägt eine barocke Laterne, elegant ist der zierlich bekrönte Reichenturm, düster die hohe Masse des Gefängnisturms an der Burg. Graue Mauern steigen hinauf und hinab, den Schutz der Felsen verstärkend, um den Berg, der das Schloß trägt, schlingt die Spree einen Bogen, wie um die Festung, die die Erde schuf, auch durch die Macht des Wassers abzuschließen.

Die Hauptstadt der Lausitz, Budissin, trat an Reichtum und Macht allmählich hinter Görlitz zurück; die Ursache davon mag sein, daß es als Sitz des Landvogtes sich weniger frei bewegen konnte. Wie in Görlitz wurde in Budissin hauptsächlich Tuch und Leinen verfertigt; die Handelsbeziehungen waren besonders mit Nürnberg lebhaft. Die Zünfte machten einen einzigen gewaltsamen Versuch, die Mitherrschaft im Rate zu erringen, nach dessen schrecklichem Ausgang sie verstummten. Infolge einer Bestimmung des Königs Wenzel, der zugleich König von Böhmen und Kaiser im Reich war, sollte der Rat zur Hälfte aus Handwerkern bestehen, ja, die Bürgermeister sollten abwechselnd aus den Geschlechtern und aus den Zünften gewählt werden. Um diese Verordnung kümmerten sich die Ratsfamilien nicht, sondern besetzten die Regierung nach wie vor aus ihrem Kreise. Den Anlaß zum Aufstande gab das Recht des Bierbrauens, an dem die Handwerker einen Anteil verlangten, während die Geschlechter es für sich allein beanspruchten. Nachdem die Unzufriedenheit mehrere Jahre hindurch gegärt hatte, brach sie im Jahre 1405 offen los. Unter Anführung des Ältesten der Tuchmacherinnung zogen die Handwerker auf das Rathaus, um den Rat gefangenzunehmen; es gelang jedoch allen sich zu retten, bis auf einen, der eine Zeitlang in einem Turm festgehalten wurde. Hierauf wendeten sich die Aufständischen gegen die Ortenburg und setzten sich dort fest, bis der damals gerade abwesende Landvogt, Bolko von Münsterberg, zurückkehrte. Die mit Budissin verbündeten Sechsstädte waren ihm bei der Wiedereroberung der Burg behilflich. Trotz der Rückkehr der Obrigkeit blieb der neue, aus Handwerkern zusammengesetzte Rat drei Jahre im Amte; solange dauerte es, bis König Wenzel, vom Landvogt über das Vorgefallene unterrichtet, sich der Erledigung der Sache widmete. Im September 1408 kam er mit seiner Gemahlin Sophie in Budissin an, begab sich auf das Rathaus, ließ die Mitglieder des alten und des neuen Rates vor sich kommen und eröffnete, wie überliefert wird, das Gericht, indem er sich auf den Stuhl des Bürgermeisters setzte und sagte: »Hier sitze ich, euer rechter Bürgermeister; wer etwas zu klagen hat, der tue es!« Der neue Rat entschuldigte sich damit, daß der König selbst den Handwerkern Anteilnahme am Rat gewährt habe und daß sie also nur ihr Recht in Anspruch genommen hätten; sie hätten auch zu ihren Gunsten anführen können, daß sie kein Blut vergossen hatten. Allein Wenzel mochte inzwischen durch den Landvogt für die Sache der Geschlechter gewonnen sein, oder er mochte den Angriff auf seine Burg als Hochverrat betrachten: er setzte den alten Rat wieder ein und verurteilte die Leiter des Aufstandes, die zum Teil im Rat saßen, zum Teil von der Bürgerschaft bezeichnet wurden, zum Tode. König und Königin sahen vom Fenster eines am Markt gelegenen Hauses der Vollziehung des Urteils zu. Nachdem 14 Köpfe gefallen waren, erwirkte die Fürbitte der Königin, die das Jammern und Flehen der Frauen und Kinder vielleicht rührte, die Begnadigung der Übrigen. Die Fleischerinnung, die den Aufstand nicht mitgemacht hatte, wurde als einzige nicht aufgelöst und erhielt ein eigenes Panier. Der Stadt wurde zur Strafe die freie Ratswahl genommen, aber später zurückgegeben.

Die siegreiche Abwehr des Hussitensturms ist der heroische Augenblick in der Geschichte Budissins, der energischen Erscheinung der Feste wert. Nicht ohne schweren Kampf vermochte die damals noch nicht so durchaus befestigte Stadt die Gefahr zu überwinden. Daß die Hussiten die Belagerung unternahmen, obwohl Bautzen viel unzugänglicher war als Görlitz, erklärte sich vielleicht daraus, daß sie sich auf heimlichen Beistand von Freunden innerhalb der Mauern verließen. Unter dem Landvogt Thimo von Colditz verteidigte das Bürgerheer standhaft die Wälle, unterstützt durch tapfere Frauen und Geistliche, bis der Fall des Hussitenführers Molesto, der von zwei Pfeilen tödlich getroffen wurde, das Zeichen zum Abzuge des Feindes gab. Ein fürchterliches Nachspiel folgte dem Siege mit der Hinrichtung des Stadtschreibers Preischwitz, der des Einverständnisses mit den Hussiten beschuldigt wurde. Nachdem er auf einer Kuhhaut durch die Stadt geschleift worden war, wurde ihm das Herz aus dem Leibe gerissen und ins Gesicht geschmissen. Es ist wohl denkbar, daß es unter den Bewohnern Bautzens solche gab, bei denen die große tschechische Bewegung Anklang fand. Auch der hussitische König Podiebrad hatte Anhänger in den Sechsstädten, obwohl die Räte ihn überall ungern anerkannten.

Nun aber trat eine Persönlichkeit auf, die durch ein merkwürdiges Kunstwerk mit Budissin auf immer verbunden ist, und für welche die alte Felsenstadt einen geeigneten Rahmen bildete: Mathias Corvinus. Der rasche, kluge Ungar, der mit der gespannten Leidenschaftlichkeit eines genialen Emporkömmlings sich die Bildung seiner Zeit aneignete, in seiner Residenz Ofen ein Schloß erbaute, das italienische Künstler mit der neuen Kunst ihres Landes schmücken mußten und eine Hofhaltung in der Art der Renaissance durch seinen Wink dort erstehen ließ, war einer jener geborenen Herren, die ihr Fürstentum suchen, und wenn es fehlt, fast aus dem Nichts heraus schaffen müssen, Gewalt, List, Überredung und die Macht ihrer Gegenwart zu dem einen Zweck bewußt und unbewußt zusammenspielen lassend. Die Sechsstädte waren ihm nicht unebenbürtige Gegner. In ihrer Begierde, von Georg Podiebrad loszukommen, anerkannten sie zwar Corvinus als König, weigerten sich aber, in die dauernde Abtrennung von Böhmen zu willigen, das nach dem Tode Podiebrads an Polen gefallen war, während Corvinus Mähren, Schlesien und beide Lausitzen an sich brachte. Der Bürgermeister von Budissin, Balthasar Pretsch, genannt Steinichen, der mit Benedikt Dörheide nach Breslau abgeordnet war, weigerte sich, auf den Vertrag, den der König forderte, einzugehen, indem er sagte, er wolle lieber des Königs Strafe leiden, als sich daheim von groben Schustern und Schneidern belästigen zu lassen. Das läßt darauf schließen, daß die Handwerker, wenn auch keinen rechtlichen, doch einen fühlbaren Einfluß ausübten, mit dem der Rat rechnen mußte.

Die von Budissin hatten Ursache auf der Hut zu sein; denn Mathias Corvinus war im Anfang seiner Regierung persönlich dort gewesen, hatte Gefallen an der imposanten Festung gefunden und erwog den Plan, sie zu seinem Königsitz zu machen. Eine solche Ehre bedeutete Verlust aller Freiheit für die Stadt und sie suchte sich ihrer zu erwehren. Indessen begann der von Corvinus eingesetzte Landvogt Georg von Stein auf königlichen Befehl die Ortenburg aufzubauen, die durch Brände bis auf den Gefängnisturm zerstört war. Gleichsam als Siegel der Besitzergreifung ließ der König in den Schloßturm sein Bild ein setzen, ein schönes und eigenartiges, des königlichen Abenteurers würdiges Denkmal. Es stellt ihn in halber Lebensgröße unter einem Baldachin sitzend dar, das Szepter in herrischer Faust aufs Knie stemmend; zwei knabenhafte Engel halten eine Krone über dem Barbarenhaupte. Das fremdartig wilde, häßlich-schöne, dumpf leidenschaftliche Etzelgesicht würde man für ähnlich halten, auch wenn nicht überliefert wäre, daß der Landvogt dreimal mit dem Entwurf nach Ofen reisen mußte, wo Corvinus residierte, bis er seinen Charakter getroffen fand.

Die Überzeugung, daß der König die Burg bewohnen und von dort aus gegen Sachsen operieren wollte, bewog den Bürgermeister Pretsch, dem Landvogt möglichst viele Schwierigkeiten in den Weg zu legen; so weigerte er sich zum Beispiel, ihm die unterhalb des Schlosses gelegenen Häuser, die der Stadt gehörten, zu verkaufen, an deren Stelle jener einen königlichen Marstall anlegen wollte. Der entrüstete König lud Pretsch als Hochverräter vor sein Gericht, doch hatte die Stadt den Mut, auf ein Privileg sich stützend, ihren Bürgermeister zurückzubehalten. Schließlich mußte sie sich doch dazu verstehen, ihn auszuweisen, um so mehr, als der andere Bürgermeister, Benedikt Dörheide, sich auf des Königs Seite hatte ziehen lassen. Grundsätzlich scheint Dörheide dieselbe Politik wie Pretsch verfolgt, aber mehr diplomatische Mittel zu ihrer Durchführung vorgezogen zu haben, wie solcher auch Corvinus selbst sich zu bedienen liebte. Georg von Stein fiel bei ihm in Ungnade, weil er in seiner Wut die Stadt vom Schloß aus hatte beschießen wollen.

Mathias Corvinus starb; das Schicksal stand diesmal noch den mannigfaltigen Staatsgebilden des Mittelalters bei. In das Jahrhundert selbständigen Lebens, das den Sechsstädten noch beschieden war, fällt die Reformation, der unglückliche Pönfall und mühsames Erhalten der zugestandenen Religionsfreiheit. Ferdinand I., Maximilian II., Rudolf II., Matthias, Ferdinand II. zogen nacheinander festlich in Budissin ein; aber der letzten Huldigung folgte bald die Absetzung des jesuitischen Habsburgers und der Anschluß an das protestantische Böhmen mit seinem Winterkönig. Dann verpfändete der Kaiser dem Kurfürsten von Sachsen die Lausitz, indem er ihn mit ihrer Eroberung beauftragte, und aus der Verpfändung wurde im Laufe des Krieges dauernder Besitz. Schauerlich beleuchtete den Untergang des alten Budissin der Brand des Jahres 1634, der, ein Jahr bevor es mit den übrigen Sechsstädten an Sachsen fiel, die Stadt verzehrte. Der kaiserliche Oberst v. Goltz ließ auf Wallensteins Befehl die Stadt anzünden, damit sie dem heranrückenden sächsischen Heer als Schutthaufen in die Hände fiele. Nach sagenhafter Überlieferung soll der Mordbrenner, der mit seinen Soldaten durch das Lauentor aus der feuererfüllten Stadt floh, im Augenblick, als er zurückblickend voll Hohn ausrief: »Hört, wie die Hunde von Budissin heulen!« von seinem vor den Flammen scheuenden Pferde gestürzt und von den nachdringenden Heermassen zerstampft worden sein.

Ein in dem städtischen Museum befindliches, vom Ratsmaler Matheus Crocinus angefertigtes Bild stellt die brennende Stadt dar, über der Rauchmassen stehen wie schwere, schwarze, riesengroße Trauerfahnen. In größeren Maßen malte derselbe Maler im Auftrage des Rates die Stadt Bautzen, wie sie vor dem Brande war. Da sieht man in der Mitte die Peterskirche noch mit dem gotischen Turme, tiefer unten die Nikolaikirche, deren Dach vor der ersten sächsischen Belagerung der damalige Hauptmann Kornitzky abtragen ließ, um die Kirche als Bastion zu benutzen und den Feind durch die hohen schmalen Fenster zu beschießen. Man ließ sie verfallen und Gräber das verlassene Schiff erfüllen. Am Markt sieht man die geschmückten Giebel des alten Rathauses, das dem von Breslau geglichen zu haben scheint, sieht man die Giebel des Gewandhauses und des Syndikathauses, wo die Versammlungen der Sechsstädte tagten.

Die gotische Herrlichkeit ist bis auf die Türme und Mauern dahin. August der Starke führte den Barockstil in Bautzen ein, der jetzt die Hauptmärkte charakterisiert; aber die schönen hohen Häuser sind nicht mehr von Geschlechtern bewohnt, wie sie unter den anmutig-pompösen Denkmälern des Taucherkirchhofs liegen: die gute Gesellschaft lebt nicht in der inneren Stadt, sondern in Vororten, die den modernen Bedürfnissen entsprechen. Auch die zahlreichen Fabriken, die in neuerer Zeit entstanden, hat man von dem alten Budissin ferngehalten, damit das einzigartige Stadtbild nicht zerstört werde, das aus soviel Feuerflammen und Bombardierungen nicht unversehrt, aber immer wieder der Erneuerung fähig hervorging. Im Märchen kommt es wohl vor, daß einer, durch dicken Wald wandernd, es plötzlich grau durch die schwarzen Tannen schimmern sieht: da liegt ein verwünschtes Schloß mit Zinnen und Brüstungen, das nur ein Kind des Glückes, von guten Geistern geführt, auffindet. Nicht durch hohe Wälder muß sich schlagen, wer Bautzen aufsuchen will, sondern durch mehr oder weniger häßliche moderne Straßen mit Mietskasernen und Kaufhäusern. Auf einmal betritt er den Bannkreis; steigt umbüschte Stufen hinauf und hinunter, windet sich durch drollige Winkel, steht bestürzt vor steinernen Riesensäulen, schlendert vorüber an grünüberhangenen Mauern, an winzigen, dicht an den Fels geduckten Häusern, an jähen Abgründen. Wo sind die Barbaren, die Helden, die Träumer, die auf dieser Bühne Tragödien spielten? Jetzt ist es ein Park voll Sehenswürdigkeiten, wo die Menschen nach Stunden gehetzter Arbeit oder gehetzten Vergnügens Erholungsstunden feiern.

Görlitz

Oberhalb der Neiße, wo vor Jahrhunderten das wendische Dorf Gorlice lag, ziehen sich jetzt der alte und neue Nikolaifriedhof der Stadt Görlitz hin. Ein sanfter Abhang trägt zwischen verwildertem Kraut und wuchernden Büschen die altersgrauen Male, unter denen Geschlechter ruhen, die keiner mehr kennt. Manche bewegen durch ihre Schönheit das unbeteiligte Herz des vorübergehenden Wanderers: da neigt sich eine verhüllte Frau in zärtlicher Trauer über den Stein, der ihre Liebe deckt, da verziehen kleine Engel und Amoretten ihr Kindergesicht in Falten bitterlichen Schmerzes; eine vielstimmige Totenklage scheint unter dem unablässigen, leisen Flügelschlage der Zeit erstarrt, verwittert und auf immer verstummt zu sein. Symbole von kunstvoller, oft bizarrer Form, die den Anspruch ererbter Würden und gesammelter Verdienste anzeigen, bezeichnen die Gräber: figurenreiche Wappen, bekränzte Sarkophage, Pyramiden und Urnen, halb versunken und traurig vereinsamt in ihrer zerbröckelnden Pracht. Eine unverständlich gewordene, aufgebauschte Sprache reden viele von den verwaschenen Inschriften. Hier ruhen die Gebeine des wayl. Hoch-Eddlen, Vesten- und Hochbenahmten Johann Ferbers. Dieser wurde Ao. 1658 am 12. Febr. allhier gebohren, auf hiesigem Gymnasio und der universität Leiptzig wie auch in Holland, Engelland und Franckreich rühmlich qualificieret. Bey seiner glücklichen Retour Ao. 1684 den 26. Juny mit der Hoch-Edlen, Hoch- Ehr- Sitt- und Tugendbelobten, damahls Jgfr. Even Christianen geb. von Teitz und Goldenstern verknüpfft und zu einem vatter Sieben Liebekinder ...

Oder: Steh Wanderer! Und beweine mit uns Hochbetrübten Adelichen Eltern, Hannß Siegmunden von Warnsdorff auf Schönborn und Fr. Helenen Marien geb. Warnsdorffin, den höchstschmerzlichen Todesfall unser hertzliebsten Tochter Agneten Tugendreich, welche durch unversehenes Umschlagen des Wagens im 18. Jahre ihres Lebens nebst Kutscher und Pferden ach! jämmerlich ertrunken und bey der Walck-Mühle todt herausgezogen ... Auf der Höhe des Abhangs stehen nebeneinander mehrere Grabkapellen, die der Totengräber mit schweren, verschnörkelten Schlüsseln aufschließen kann. An den Wänden hängen voll Staub und Spinnweb die prunkvollen Wappen der Schön, der Schmidt, Färber, Seyfriedt, Schnitter, Moller von Mollerstain, Familien alten Stadtadels, die fast alle das Von verschmähten, außer wenn es sich auf das Gut bezog, auf dem sie saßen. Unter den schaurigkühlen Räumen unzugänglich liegen die Särge. Vor einer Gruftkapelle befindet sich ein Gitter, an dem ein Ring fehlt, und den kein Schmied so ersetzen kann, daß er nicht in der folgenden Nacht wieder abspränge; so wird erzählt. Es ist die Gruft des Gregor Gobius, dessen Familie aus Anklam in Pommern stammte, und der im Jahre 1656 Stadtrichter in Görlitz war. Er war ein Alchimist und auch sonst eine auffallende Persönlichkeit, ging im roten Rock und großer Perücke einher und trieb nach dem Tode sein spukhaftes Wesen in Görlitz fort. Knaben, die einmal, vor der Gruft spielend, riefen: »Gobsch, Gobsch, komm heraus!« erhielten von unsichtbarer Hand eine Ohrfeige. Auch wollen ihn viele um Mitternacht gesehen haben, wie er, den Kopf unter dem Arm, in einer mit vier Pferden bespannten schwarzen Kalesche dreimal im Kreise herumfuhr. Seine Tochter Anna Margarete war die Letzte des Geschlechtes; sie war zur Schwedenzeit mit einem schwedischen Fähnrich namens Johann Loest verlobt, der, weil er seinen Posten bei einem der Stadttore verlassen hatte, von dem schwedischen Kommandanten zum Tode verurteilt und arkebusiert wurde. Die Braut vermählte sich schon im folgenden Jahre mit dem Stadthauptmann zu Görlitz, Albin Seyfriedt.

Auf dem unteren Teile des Kirchhofs liegt der berühmte Mystiker Jakob Böhme begraben. Das Haus am Ufer der Neiße, das er bewohnte, ist nicht mehr vorhanden, auch das alte Grabmal nicht mehr. Zwei Anhänger des von den Theologen angefeindeten Theosophen, von Tschech und von Franckenberg, setzten ihm ein Kreuz mit Sprüchen zu seiner Ehre; der Rat nahm daran Anstoß, entfernte es und ersetzte es durch eine gedrechselte Säule, auf der nur sein Name und das Jahr seines Todes stand.

Der Mann, welcher ihn hauptsächlich verfolgte, der Pastor Primarius Richter, hat seine Ruhestätte nicht weit entfernt auf demselben Friedhof. Jakob Böhme galt in Görlitz allgemein für einen, wenn nicht gefährlichen, so doch verstockten Schwarmgeist, erlangte aber ein ehrliches Begräbnis und eine Leichenpredigt. Ein Ratsherr schrieb über ihn in sein Tagebuch, die akademischen Theologen und Professoren hätten seine Schriften wegen der abscheulichen Gotteslästerungen, die sie darin gefunden, nicht beantworten wollen. Er habe seine Irrlehre nicht allein durch Bücher befördert, sondern auch unmittelbar, indem er sich auf seine Schüler gelegt und ihnen Hand auf Hand und Mund auf Mund seinen irrigen Geist samt seinen irren Gedanken eingehaucht habe, so daß der so Angehauchte tage- und nächtelang ebenso abscheuliche Sachen habe niederschreiben können wie Jakob Böhme selbst. Auch das Denkmal, das der Rat dem einsamen Denker zugebilligt hatte, verfiel mit der Zeit; jetzt ist sein Grab durch einen modernen Felsblock bezeichnet.

An Stelle des eisernen Gitters, das den Friedhof bis zum Jahre 1789 abschloß, stand früher ein hohes, breites Tor, auf dem unter einem Totenkopf mit kreuzweise gelegtem Gebein der Vers eingegraben war: Heut mir – Morn dir 1561. Die Toten und Lebenden begrüßte ein Spruch, in dessen hartem Ernst eine leise, grausame Schadenfreude hinein spielt. Von dieser Knappheit und Wahrhaftigkeit ist nichts mehr in den meist aus dem 17. und 18. Jahrhundert stammenden Aufschriften der erhaltenen Grabsteine, und doch liegen darunter die Nachkommen der Immergerüsteten, die einst den Hussiten trotzten.

Jener Markgraf Gero, der seinem Namen ein so edles Denkmal in der alten romanischen Kirche in Gernrode gesetzt hat, war der Besieger der Wenden, nicht ohne Trug und List zur Gewalt zu fügen. »Zu Lausitz erster Fürst war ich – Dreißig wendische Herren tötet' ich« – singt das Volkslied von ihm. Hundert Jahre später belehnte Heinrich IV. einen böhmischen König mit der inzwischen christianisierten Oberlausitz, zu der Görlitz gehörte, bis sie unter Karl IV., der zugleich deutscher Kaiser und König von Böhmen war, unmittelbar zu Böhmen geschlagen wurde. Im zwölften Jahrhundert begann der reichliche Zuzug westdeutscher Bauern und Handwerker, durch deren Kunstfertigkeit und Tätigkeit die Lausitzer Städte erblühten; es waren Flamländer darunter, die die Leineweberei und Tuchweberei einführten und dadurch den Grund zu Gewerbe und Handel legten. Auch Drang nach Freiheit brachten sie mit und rissen zuweilen die Eingesessenen mit fort; Erfolg hatte das aber nur, wo es das Interesse der Geschlechter betraf. Rasch entwickelte sich nun die Stadt: Um das Ende des 13. Jahrhunderts erscheint ein Bürgermeister, Christian Scultetus, an der Spitze des Rats, an die Stelle des landesherrlichen Vogts, der dem Gericht vorstand, trat der städtische Erbrichter, und das Magdeburger Recht, das schon gebräuchlich war, wurde der Stadt förmlich als Privileg verliehen. Unter den Privilegien König Johanns von Böhmen, des ritterlichen Fürsten, der blind wurde und in der Schlacht bei Crecy fiel, war das wichtigste, daß alle Kaufleute, welche Waid führten, woher sie auch kämen, sobald sie die Oberlausitz berührten, den Waid nur in Görlitz niederlegen und verkaufen sollten. Mit Waid pflegte man ehemals das Tuch blau, schwarz und grün zu färben, und er war deshalb für Städte, wo Tuch hergestellt wurde, unentbehrlich. Gebaut wurde die Waidpflanze namentlich in Thüringen und dort besonders in Erfurt, woher auch die Lausitz ihren Bedarf bezog. Das Waidstapelrecht war so wichtig für Görlitz, daß es auch befreundeten Städten gegenüber, die dadurch geschädigt wurden, rücksichtslos darauf bestand.

In der Zeit, wo sich im ganzen Reich die Nachbarstädte vereinigten, um dem hohen und niederen Adel die Stirn bieten zu können, schlossen sich auch sechs Städte der Lausitz: Bautzen, Görlitz, Zittau, Löbau, Lauban und Kamenz zu einem Schutz- und Trutzbündnis zusammen. Es ist ein Beweis für den Reichtum von Görlitz, daß es ein Drittel der bei etwaigen kriegerischen Unternehmungen entstehenden Kosten zu tragen hatte. Kaiser Karl IV., der eben damals seinem Vater Johann in Böhmen nachfolgte, bestätigte nicht nur das Bündnis, sondern gab den sechs Städten Vollmacht, Burgen, die der Sitz von Raubrittern waren, zu brechen. Sie hatten zu entscheiden, welche Burgen schädlich und zu zerstören waren, und im Zusammenhang damit eine Gerichtsgewalt, die an die Feme erinnert, aber im Gegensatz zu dieser öffentlich war. Das Lausitzer Gericht war aus Bürgerlichen und Ritterbürtigen zusammengesetzt; denn sowohl unter dem städtischen wie unter dem Landadel befanden sich Ritter, die das Raubritterwesen verurteilten, und diese sich zu verpflichten, lag im Interesse der Städte. Der Femrichter war immer von Adel. Karl IV., der im Reich die Städte vielfach schädigte, begünstigte die böhmischen und stattete Görlitz reichlich mit Privilegien aus, unter anderen mit dem wichtigen der eigenen Ratswahl, die schon vorher in Übung gewesen war. Einmal führte er persönlich einen Zug der Sechsstädter gegen eine schädliche Ritterburg an. Während also im Reich im engeren Sinne die Städtebündnisse oft eine Spitze gegen den Landesherrn hatten, stand das Lausitzer der Sechsstädte unter seinem Schutz.

Die Heldenzeit von Görlitz war das 15. Jahrhundert, dessen zweite Hälfte von den Hussitenkriegen erfüllt war. Die Görlitzer setzten ihre Befestigungswerke und Verteidigungsmittel in so guten Stand und führten für den Fall der Belagerung so energische Ordnungen in der Bürgerschaft durch, daß die Hussiten, die ringsumher alles verwüsteten, sich nie an Görlitz herantrauten. Auch in freiem Felde erlangten sie Vorteile über die Niebesiegten und wurden vom Kaiser Sigismund für ihr kriegerisches Verdienst durch das fürstliche Privileg ausgezeichnet, mit rotem Wachs siegeln zu dürfen. Daneben brachen sie mehrere Burgen und brachten andere, um sie unschädlich zu machen, durch Kauf an sich, wie sie denn die Landeskrone, den schöngeformten, schlanken Basaltkegel im Südwesten der Stadt erwarben, um sofort die, seine Spitze krönende Burg abzubrechen. Eine lange und schwere Fehde hatten die verbündeten Städte mit den Herren von Wartenberg auszukämpfen, die in Nordböhmen reichbegütert waren und viele Bundesgenossen hatten, aber doch, nachdem alle ihre Burgen gebrochen waren, sich einem Frieden bequemen mußten, der die Übermacht der Sechsstädte feststellte. Ein besonders kühner und erfolgreicher Zug von Görlitzer Stadtsoldaten und Söldnern, während der Fehde ins böhmische Land unternommen, wurde angeführt von zwei Görlitzer Ratsherren, Urban Emerich und Nikolaus Horschel, die etwa 20 Jahre später in ein tragisches Geschick sollten verflochten werden.

Noch zur Zeit der Hussitenkriege, als die Stadt Görlitz sich auf dem Höhepunkt ihres Lebens fühlte, tauchte dort, wahrscheinlich aus Glatz kommend, als Schwiegersohn des Bürgermeisters Rinkegießer, der etwa 35jährige Urban Emerich auf. Obwohl erst eben zugewandert, wurde er doch vom Rat sofort zu vielen Geschäften, politischen und militärischen, gebraucht, woraus man, wie auch aus seiner Ehe mit einem Mädchen aus vornehmer Familie, auf seine außergewöhnliche Tüchtigkeit schließen kann. Jahr für Jahr war Urban Emerich mit politischen Aufträgen unterwegs; er war sechzehnmal Schöppe und fünfmal Bürgermeister, er kaufte Mühlen und Dörfer und gehörte durch Würden und Reichtum zu den angesehensten Männern der Stadt. Über 60 Jahre alt verheiratete er sich zum dritten Male mit Agnete von der Heide. Damals jedoch waren seine glücklichen Jahre schon vorüber. Sein ältester Sohn aus erster Ehe, wie er Urban genannt, befand sich, man weiß nicht warum, in schlechten Geldverhältnissen und kam wegen Schulden in die Gefangenschaft einer Frau von Wartenberg. Diese Familie, ohnehin mit Görlitz verfeindet, hielt ihn sehr hart, und er bat flehentlich, ihn auszulösen. Man sollte denken, das wäre für seinen reichen Vater leicht gewesen; allein der hatte seine Güter schon an seine anderen Kinder vergeben und konnte offenbar für seinen unglücklichen Sohn nichts tun. Fünf Vierteljahre mußte Urban der Jüngere im Turm gefangen liegen, bis sich ein Herr von Gersdorf für ihn verbürgte; Gefangenschaft und Sorgen hatten ihn gebrochen, und er starb bald, zwei Jahre nach dem Vater.

Urbans zweiter Sohn aus erster Ehe, Georg, war etwa zehnjährig, als der Vater nach Görlitz zog. Er studierte die Rechte in Leipzig und ließ sich dann als Großkaufmann in Görlitz nieder; das ist alles, was man von ihm weiß, bis in seinem 42. Jahre plötzlich aus Stadtbüchern und Chroniken ein grelles Licht auf ihn fällt. Neben dem Emerichschen Stammhause am Untermarkt, dem jetzigen Gasthaus zum Baum, wohnte der angesehene Ratsherr Nikolaus Horschel, der aus seiner Ehe mit Benigna Lauterbach eine Tochter harte, die gleichfalls Benigna hieß. Frau Horschel hatte einen Bruder und eine Schwester, die mit Martin Schleife verheiratet war; sowohl die Lauterbach wie die Schleife gehörten zu den alten Görlitzer Geschlechtern. Es ist anzunehmen, daß Georg Emerich und Benigna Horschel als Nachbarskinder sich lange kannten; am Pfingsttage im Mai des Jahres kam es dazu, daß er sie im Hause ihres Vaters verführte. Hatte sie sich vielleicht ihm aufgedrängt? Wollte er sie nicht heiraten, eben weil sie sich verführen ließ? Er weigerte sich, es zu tun, als die Familie der Sache auf die Spur kam und Wiederherstellung der Ehre des Mädchens von ihm forderte. Die stolze Unbeugsamkeit, mit der Emerich allem Drängen der Familie widerstand, ihr entweder durch Heirat oder durch eine Buße Genugtuung zu geben, kränkte und reizte die Beleidigten aufs äußerste. Der Streit nahm solche Formen an, daß der Rat einschritt, dessen Behandlung der Angelegenheit dahin führte, daß der alte Urban mit seinen drei Söhnen geloben mußte, dem Rat 800 rheinische Gulden zu zahlen, eine sehr hohe Summe, die sie vermutlich nicht zur Hand hatten. Die Summe war nicht der gekränkten Familie, sondern dem Rat zu entrichten, weil Georg sich schwer dadurch verfehlt hatte, daß er seinen Fall vor ein fremdes Gericht hatte ziehen wollen. Indessen das Strafgeld wurde nicht gezahlt, und der alte Urban wurde gerade in dieser Zeit Bürgermeister; es scheint, daß die Partei im Rat, die für die Horschel sich eingesetzt hatte, durch die Emerichsche Partei überwunden wurde. Besondere politische Verhältnisse waren es, die den Rat mehr und mehr auf die Seite der Emerich drängten.

Nach dem Tode Kaiser Sigismunds fiel Böhmen an dessen Schwiegersohn Albrecht von Österreich und nach dessen frühem Tode an seinen nachgeborenen Sohn Wladislaus Posthumus, vom Volk zärtlich Lasla genannt. Vierzehnjährig zog er in Görlitz ein, um die Huldigung der Stadt entgegenzunehmen; er war, erzählt die Chronik, von schlanker Statur und holdseligem Antlitz, hatte leuchtende Augen und trug einen Kranz von Ringelblumen im langen blonden Haar. Er wohnte im Schönhof am Untermarkt, zusammen mit dem noch jugendlichen Reichsverweser Georg Podiebrad, der seine Wahl veranlaßt hatte und sich wie ein Vater zu dem Knaben stellte. Podiebrad hatte sich mit den gemäßigten Hussiten ausgesöhnt und wurde deshalb von den Tschechen geliebt, von den katholischen Deutschen gehaßt. Der Kanzler wohnte gleichfalls am Untermarkt in Urban Emerichs Hause; die Stadt hatte viel Geld ausgegeben, um dem jungen Könige den Aufenthalt angenehm zu machen. Als drei Jahre später der Siebzehnjährige plötzlich eines nie erklärten Todes starb, beschuldigten viele Deutsche insgeheim den Podiebrad als seinen Mörder, und als aus dem Statthalter der König wurde, zögerten sie, ihm die Huldigung zu leisten. Urban Emerich war bei dem Hilfsheer, das die Görlitzer dem Podiebrad stellen mußten, als er sich die Niederlausitz unterwerfen wollte, ebenso sein Sohn Urban, aber nicht Georg. Etwa um die Zeit, als sich der verhängnisvolle Liebeshandel im Hause des alten Horschel abspielte, berührte König Podiebrad Görlitz auf seinem Huldigungszuge. Entrüstet darüber, daß der Rat sich der Klage zu wenig annahm, die Emerich vielmehr unterstützte, schlossen sich die Familien Horschel, Schleife und Lauterbach eng an den König, dem der Rat und die Stadt im allgemeinen sich nur äußerlich fügte.

Ohne weiter belangt und belästigt zu werden, unternahm Georg eine Reise nach dem Heiligen Lande, vielleicht, weil der Vater ihn für eine Zeitlang aus Görlitz entfernen wollte, vielleicht auch als Sühne, die ein geistliches Gericht ihm auferlegte. War es eine Buße, so war es eine vergnügliche und ersprießliche für den Schuldigen, der als Ritter des Heiligen Grabes zurückkehrte. Die Überlieferung, freilich von der Wissenschaft nicht bestätigt, gibt ihm noch dazu als reizende Begleitung eine kluge, schöne und herzhafte Frau, die sich als Mönch verkleidet ihm angeschlossen hätte. Es war Agnete Fingerin, die Tochter eines reichen Görlitzer Tuchhändlers, deren viel älterer Mann nach kurzer Ehe gestorben war und sie kinderlos und im Besitz eines großen Vermögens zurückgelassen hatte. Obwohl es ihr nicht an Freiern mangelte, hat sie sich nicht wieder verheiratet. Ihr Andenken erhielt noch lange das von ihr gestiftete Agnetenbrot, eine Art von Semmeln, die jährlich einmal jedem, der sie begehrte, verabreicht wurden. Ihre schöne Gestalt und ihre schwarzen Brauen werden von der Chronik besonders hervorgehoben. Sie starb in hohem Alter im Jahre 1515. Wäre es möglich, daß die Liebe zu dieser geheimnisvollen Frau Georg Emerich gegen die zugemutete Verbindung mit Benigna Horschel gesteift habe? Warum aber hätte er jene nicht geheiratet? Wollte der stolze Mann keine Frau, die nicht den Geschlechtern angehörte? Oder wollte sie ihre Selbständigkeit nicht an einen herrschsüchtigen Mann verlieren? Warum brachte die Chronik sie in Zusammenhang?

In der Kirche zu St. Jakob, die zum Leprosenhause vor der Stadt gehörte, und die 1870 abgebrochen wurde, befand sich das Bild der Agnes Fingerin geb. Langin, die zugunsten des Spitals eine Stiftung gemacht hatte. Darunter standen die Verse: So war von Angesicht die

Agnes Fingerin – die mit Herrn Emrichen als eine Pilgramin – im Mönchshabit gereist nach dem gelobten Lande – Als sie sich auf der Reiß unweit von ihm befande – ruft sie Ihn namentlich – Da er sie nicht gekannt – in der verstellten Art, biß sie sich ihm genannt – mit freudigem Gesicht. Nach ihrem Wiederkommen, – hat das Agnetenbrodt hier seinen Grund genommen – das man dem Reisenden, der es begehrt, gar leicht – und ohne einges Geld auf dem Weinkeller reicht. Die Inschrift stammt offenbar aus späterer Zeit, vielleicht aus dem Jahre 1732, in welchem die Kirche renoviert wurde. Tatsache ist, daß Agnes Fingerin auch eine Reise ins Heilige Land gemacht hat, doch soll sie nicht gleichzeitig mit der des Georg Emerich stattgefunden haben. Beide steuerten zum steinernen Ausbau der alten Kapelle zum Heiligen Kreuz bei; neben derselben ließ Emerich eine Nachbildung des Heiligen Grabes in Jerusalem errichten, die noch steht und jahrhundertelang als größte Sehenswürdigkeit von Görlitz galt.

Es geschah nun, daß im Jahre 1466 der Papst den hussitischen König Podiebrad in den Bann tat und alle seine Untertanen aufforderte, von ihm abzufallen. Während die Mehrzahl im Rat diesen Anlaß ergriff, um den stets Gehaßten zu verlassen, wenn auch zunächst noch nicht öffentlich, verbündeten sich die Horschel und ihre Verwandten, dazu noch einige andere Ratsfamilien, desto enger mit dem Landvogt, der Podiebrad in der Lausitz vertrat. Sie verschworen sich, die Stadt dem Könige auszuliefern, und sollen sogar die Absicht gehabt haben, sie in Brand zu stecken, eine Beschuldigung, die allerdings auf durch die Folter erpreßten Aussagen beruht. Am 8. Juni 1467 kündigten die Görlitzer dem Könige den Gehorsam und bemächtigten sich zugleich seiner Anhänger in der Stadt, und im Mai 1468, grade vier Jahre nach jenem Tage, an dem Georg Emerich die Benigna verführt und dadurch die unheilvolle Verwicklung eingeleitet hatte, wurden Martin Lauterberg und Martin Schleife enthauptet, viele Familien aus der Stadt gewiesen. Kurz vorher hatte sich Georg Emerich mit Barbara Knebel, einer reichen Breslauerin, verheiratet. Niemand weiß, was die Unterliegenden fühlten; aber es ist nicht anders möglich, als daß sich in ihrer Brust zur ungelöschten Rache die bitterste Bitterkeit mischte, wenn sie im Kerker unter Folterqualen und auf dem Blutgerüst an den Triumph dessen dachten, der sie entehrt und in schimpflichen Tod getrieben hatte, und vor dem nun eine königliche Laufbahn sich öffnete.

War der Bürgermeister von Görlitz eine kraftvolle, energische, selbstbewußte Persönlichkeit wie Georg Emerich, so konnte er sich König von Görlitz nennen. Er hatte diese Würde fünfmal inne und war einundzwanzigmal Schöppe, zu welchem Amt er als besonders berufen gehalten wurde. Luther, der das weltliche Regiment scharf und streng gehandhabt wissen wollte, damit das geistliche allein auf Freiwilligkeit beruhen könne, hat Georg Emerich als Muster eines rüstigen, tätigen Regenten angeführt, und das war er sicherlich. Indessen bezog sich seine Tätigkeit in erster Linie auf die eigene Bereicherung, und er gehört in die Reihe jener modernen fürstlichen Herrscher, die auf der Grundlage geordneter Finanzen womöglich das Regiment in ihre Hand zu bringen suchen, das Interesse des Gemeinwesens dem eigenen gleichsetzend, vor allem Ordnung bezweckend als Grundlage für Arbeit, Gewinn und einseitig verteilten Reichtum. Das Vermögen seiner ersten Frau brachte sein Handelsgeschäft in die Höhe; er handelte hauptsächlich mit Tuch, das er in Görlitz und nach auswärts verkaufte, außerdem mit Wolle, mit Getreide, mit den Karpfen, die er in seinen Teichen züchtete. Das durch Handel erworbene Geld legte er in Grundstücken in und außer der Stadt an. In der Stadt gehörten ihm außer seinem Wohnhause noch drei Häuser; vor den Toren erwarb er Städte, Dörfer, Güter, Teiche, Wiesen in solcher Menge, wie nie zuvor ein Privatmann besessen hatte. Sie waren mit Hörigen, den sogenannten armen Leuten besetzt, die eine große Menge von Abgaben in Naturalien zu leisten hatten. Er versteuerte das weitaus größte Vermögen in Görlitz, wo es unter den Ratsherren viele wohlhabende Kaufleute gab. Es scheint nicht, daß er durch seinen Reichtum die Stadt besonders gefördert habe. Wenn er ein Hospital für Pilger stiftete, so ist das im Hinblick auf seine Mittel nichts Außerordentliches. Die schöne, tiefempfundene Gruppe der Maria mit dem Gekreuzigten auf dem Schoße von Hans Olmützer, die er der Kirche am Obermarkt schenkte, könnte etwa für seinen Kunstsinn Zeugnis ablegen. Die Anekdoten, die von ihm überliefert sind, zeigen ihn als strengen, gerechten Regenten, so, wenn er seine Frau, es war die zweite, aus der

Kirche weisen ließ, weil sie Borten trug, die nach einer neuerdings erlassenen Luxusvorschrift zu breit waren, oder wenn er zur Hochzeitsfeier seiner Tochter nicht mehr Gäste in sein Haus lud, als gestattet war. Er half sich zwar dadurch, daß er sie in Gasthäusern unterbrachte. Daß er einen Mann, der, in Pelz gehüllt, seine Frau und Töchter im Bade erschreckte, habe köpfen lassen, scheint kaum glaubhaft. Jedenfalls wurden Sittlichkeitsvergehen streng geahndet, ein Peter Frentzel wegen Ehebruchs aus dem Rat ausgestoßen, ebenso ein tapferer alter Krieger wegen Trunkfälligkeit und weil er, als ihm verboten wurde, im Weinkeller zu trinken, gesagt hatte, so werde er davorsitzend trinken. Zu einem Gärtner, der vom Baum gefallene Birnen beim Grasschneiden verletzte, sie verwahrte und das Versehen dem gefährlichen Herrn eingestand, soll er gesagt haben: »Zu deinem Glück hast du die Birnen nicht verzehrt; denn es wäre um dich geschehen gewesen.« Es sind Züge, die an Wallenstein erinnern. Kein einziger ist überliefert, der eine menschliche, liebenswürdige Seite des Mannes verriete. Selbst seinen Kindern gegenüber scheint er hauptsächlich der berechnende Hausherr gewesen zu sein, ausgenommen, daß er für die beiden Söhne aus zweiter Ehe eine Vorliebe hatte und sie gut zu versorgen suchte. Einer von ihnen, Caspar, studierte die Rechte in Bologna und wurde im Jahre 1504, offenbar noch sehr jung, Rektor der dortigen Universität.

Georg Emerich starb im Jahre 1507, 85 Jahre alt, und wurde in der väterlichen Gruft in der Nikolaikirche beigesetzt. Sein Grabstein an der äußeren Mauer der Kirche ist nicht mehr vorhanden. Im Wappen führte er eine Sirene mit Fischschwanz und ausgebreiteten Armen, die sowohl im Schild wie auf dem Helm erscheint.

Die Engherzigkeit der Oligarchie nahm ständig zu. Die Ratsherren pflegten sich stets wiederzuwählen, nicht einmal aus den ratsfähigen Familien strömten neue Elemente zu. Zu Emerichs Zeit wühlte einmal ein reicher Bürger namens Jakob Vierling unter der Bürgerschaft gegen das Ratsregiment, entfloh nach Bautzen, wurde nach Görlitz zurückgeführt, am folgenden Tage verhört, zum Tode verurteilt und enthauptet. Schnelle Justiz war im Mittelalter üblich, wo man noch kein ausgebildetes Gefängniswesen hatte, sondern die als schuldig Erkannten umgebracht oder ausgewiesen wurden; aber dieser Fall rechtfertigt doch die Meinung der Handwerker, daß der Rat »allzu geschwinde strafe«.

Noch einmal versuchte die Bürgerschaft, allen voran, wie immer, die Tuchmacher, die Allmacht des Rats zu erschüttern. Am Tage vor einer Ratswahl verlangten sie Aufnahme der Handwerker in den Rat. Bei dieser Gelegenheit zeigte sich, wie so oft in ähnlichen Fällen, welchen Vorteil die herrschende Partei durch ihr größeres Selbstvertrauen, ihr sicheres Auftreten, ihre Gewandtheit in der Behandlung aller Fragen des öffentlichen Lebens, kurz, durch ihre Gewohnheit des Herrschens hatte. Sie sperrten sofort den Zugang zur Peterskirche, wo die Unzufriedenen sich versammeln wollten, ließen die Führer kommen und hielten ihnen streng ihr Unrecht, wie sie es nannten, vor. Obwohl die Ratswahl ungestört vor sich ging, schritten die Sieger zu Verhaftung und Folter. Über diese durch nichts gerechtfertigte Härte empört, und weil sich alle Beteiligten bedroht fühlten, entschlossen sich die Unzufriedenen zu ernstlichem Vorgehen, Überrumpelung und Gefangennahme des Rats. Die Verschwörung wurde entdeckt, und die Rache des Rats traf die Bürgerschaft vernichtend. Sieben Anführer wurden enthauptet, andere wurden aus der Stadt gewiesen, alle waren gefoltert worden. Die, welche nach Breslau geflohen waren, wurden auf Ersuchen des Görlitzer Rats dort hingerichtet. Außerdem wurde den Zünften das Versammlungsrecht genommen; ihre Kraft war so gebrochen, daß nachher kein Aufstand mehr stattfand.

Der Gegensatz zwischen Rat und Handwerkern war zur Zeit dieser Bewegung dadurch verschärft, daß die Handwerker der Reformation anhingen, während die regierende Klasse sie ablehnte. Mit der Unterwerfung der Aufständischen hatte sie den revolutionären Charakter verloren und wurde als gültiges Bekenntnis von der Stadt angenommen. Noch im Jahre 1510, als Tetzel in Görlitz in pompöser Weise den Ablaß predigte, konnte er rühmen, nächst Köln habe er in Görlitz die reichste Einnahme gehabt; zwanzig Jahre später war der Übergang endgültig vollzogen.

In der ersten Hälfte des 16. Jahrhunderts, der Zeit, wo der Rat seine Macht innerhalb seines umfangreichen Gebiets auch durch Niederschlagen von Bauernaufständen neu und gründlich befestigt hatte, gab die künstlerische Tätigkeit eines Mannes der Stadt den baulichen Charakter, den sie heute noch hat: es war Wendel Roßkopf, der im Jahre 1519 das Werkmeisteramt in Görlitz übernahm und gleichzeitig die Witwe des Albrecht Stieglitzer heiratete, des Erbauers der Annenkirche, die von einem reichen Ratsherrn, namens Frentzel, gestiftet war. Wendel Roßkopf führte die Renaissance in dem noch ganz gotischen Görlitz ein und schuf in dem neuen Stil stattliche und harmonische Gebäude, die trotz ihres italienischen Charakters sich zu gotisch aneinandergedrängten, voll ausgefüllten, malerischen Gruppen zusammenfügen. Wenn die glückliche Anlage der beiden Märkte, die festen Türme mit den grünen Häuptern, das hohe und breite Dach der Kirche das Bild der Stadt im allgemeinen bestimmen, so ist das Rathaus am Untermarkt ihr Herz, ihr Kleinod und Wahrzeichen. Hier ist kurz vor ihrem Untergange, dem sie sich ferner als je fühlte, ihr blühendes, kräftiges Dasein in dauernder Gestaltung besiegelt.

Der dem Rathaus gegenüberliegende Schönhof mit seinem gastlich festlichen Portal, dem Erker, der schön bewegten Fensterreihe zieht das Auge des vom Obermarkt Kommenden vielleicht zuerst auf sich; die Rathausecke aber lenkt es bald ab und nimmt es vollends gefangen. In einem Winkel sind Portal und Fenster, die Kanzel, von welcher die Verordnungen des Rats verkündigt wurden, die zur hochgelegenen Tür führende, leicht geschwungene Treppe hineingedrückt, ohne doch beengt zu wirken. Die Justitia, die auf einer vom Eckpfeiler der Treppenbalustrade fest und zierlich aufsteigenden Säule steht und ihr Schwert hochhebt, scheint einen Zauberstab zu schwingen, der die kleine Bühne zur rauschenden Welt erweitert. Sie ist, diese Justitia, nicht gerecht, aber sie siegt; Fruchtgehänge, Meerweiber und Kränze verdecken das Blut, das in ihrem Namen vergossen worden ist; sie ist die Stadt selbst, die ihre Macht, Freiheit und Schönheit aus dem Schwall der Zeit gerettet hat.

Unvorbereitet traf das mächtige Gemeinwesen der erste Schlag, der seine Freiheit und seinen Wohlstand erschütterte. Der neue König von Böhmen, Karls V. Bruder Ferdinand, wurde bei seinem ersten Besuch in Görlitz mit einem Glanz und einem Geschmack empfangen, der ihn wohltuend berührte. Er bewies die Freude am Schönen, die den Habsburgern eigentümlich war, indem er sich eine Abbildung der Petruskirche ausbat und sogar, als das Geschenk auf sich warten ließ, daran mahnte. Indessen, im Gemüt der Mächtigen gewinnen diejenigen Regungen, die das Machtgefühl und die Machtgier nähren, die Oberhand; der Anblick des in Görlitz angesammelten Reichtums blieb dem König vielleicht als ein Stachel im Gedächtnis. Im ausbrechenden Schmalkaldischen Kriege war die Neigung der Stadt, wie es nicht anders sein konnte, auf seiten der Protestanten, und wenn sie auch Ferdinands Forderung der Waffenhilfe nicht abzuschlagen wagten, entließen sie doch ihre Truppen, bevor es zu eigentlichen Zusammenstößen kam. Sie selbst schrieben diese eigenmächtige Handlungsweise den hinterlistigen Ratschlägen des Adels zu, der in der Umgebung des Königs war und von ihm bevorzugt wurde. Görlitz hatte sich in der Bekämpfung des räuberischen Adels mehr als die anderen Sechsstädte hervorgetan, hatte sogar einmal zwei Kottwitze gefangen und in ihrer geschwinden Art enthauptet; infolge dieser Fehden hatte sich Haß und Rache in verschiedenen adeligen Familien angesammelt.

Als König Ferdinand Bürgermeister, Rat und Innungsälteste der beschuldigten Städte zur Verantwortung vor sich lud und die hohen Delinquenten diese Reise antraten, wurde in den Kirchen für sie gebetet, so düster sah man in ihre Zukunft. Sie gaben später als ihren Hauptfeind einen Herrn von Nostitz an, der sie unter dem Schein der Teilnahme überredete, sich nicht auf Unschuldsbeweise einzulassen, sondern sich auf Gnade und Ungnade zu ergeben. Dies wurde als Eingeständnis der Schuld ausgelegt und die Strafe dementsprechend verkündet: die Städte insgesamt mußten 100 000 Goldgulden zahlen, wovon Görlitz der größte Anteil traf, und alle Freiheitsbriefe und Privilegien, die sie gleich hatten mitbringen müssen, ausliefern. Es ist ein Beweis dafür, wie sehr die Schwungkraft des Volkes geknickt war, aber auch, wie stark das protestantische Gefühl zusammenhielt, daß diese furchtbare Niederlage der Regierung nicht zu einem Aufstande ausgenutzt wurde; wenn es Mühe kostete, das Geld aufzutreiben, so waren es doch besonders die Reichen, die sich weigerten zu zahlen. Durch diesen sogenannten Pönfall, den Verlust der freien Ratswahl, der Gerichtsbarkeit, des Zunftrechts, der Landgüter, wurde Görlitz zu einer bedeutungslosen Landstadt herabgedrückt. Zwar erlaubte Ferdinand nach dem bald darauf erfolgten Tode des Nostitz der Stadt den Rückkauf mehrerer Landgüter; aber die Finanzen wurden dadurch nur noch mehr belastet und das Selbstgefühl nicht zurückgewonnen.

Während des Dreißigjährigen Krieges kam die Lausitz erst pfandweise, dann endgültig an Sachsen. Als der Kurfürst Johann Georg in Görlitz einzog und sich im Rathause huldigen ließ, da Bautzen, die Hauptstadt, durch einen furchtbaren Brand zerstört war, sprach der Adel den Eid stehend, Geistlichkeit und Städte kniend nach. Die Geschlechter waren von nun an hochmütiger als je gegen das Volk, erstarben aber in Demut vor dem Hofe. Die Stadt hatte damals noch 5000 Einwohner, etwa um die Hälfte weniger als zu ihrer Blütezeit.

Durch die Zertrennung Sachsens nach den napoleonischen Kriegen, wobei Görlitz und Lauban an Preußen fielen, wurde auch der Sechsstädtebund aufgelöst, der bis dahin noch, obwohl ohne Bedeutung, bestanden hatte.

Der im 19. Jahrhundert überall einsetzende Drang nach Luft und Licht räumte noch vieles von dem hinweg, was die zahlreichen Feuersbrünste, die im alten Görlitz wüteten, übriggelassen hatten. Zum Schutze des Erhaltenen ließ man später, als man seine Schönheit zu würdigen begann, die innere Stadt möglichst unberührt von der Ausdehnung, die das allmähliche Anwachsen der Bevölkerung erforderte, woher es kommt, daß viele stattliche und stilvolle Häuser Geschäftszwecken dienen oder von ärmeren Leuten bewohnt werden. Geht man über den Obermarkt, wo das übliche Kaiser-Wilhelm-Denkmal das alte Salzhaus in der Mitte des Platzes verdrängt hat, sucht man sich die geschmackvollen Barockfronten zu vergegenwärtigen, wie sie einst waren, bevor sie Schilder und Plakate verklebten. In den malerisch bewegten, geschwungenen Straßen rinnt schwacher Verkehr und durch die geschmückten Portale gehen ausdruckslos und dürftig gekleidete Menschen ein und aus; stille Kinder spielen unter den festgegründeten Lauben.

Stendal

Vier Kirchen bezeichnen die vier Ortschaften, aus denen die Stadt Stendal zusammenwuchs. Die älteste, die Jakobikirche, war der Mittelpunkt des Dorfes Stendal, das der Stadt den Namen gab und Wohnsitz der Bismarck, der Voreltern des großen Kanzlers, war; sie besitzt noch einige wundervolle alte Glasfenster. Die Petrikirche, ausgezeichnet durch den mit vier Ecktürmchen reizvoll verzierten Turm, die ohne den Einspruch Friedrichs des Großen im 18. Jahrhundert der Magistrat als Barbarei der gotischen Zeit entfernt hätte, vertrat das Dorf Wusterbusch. Der Dom entstand auf dem Gebiet der alten askanischen Burg, die Marienkirche bildete den Kern der Kaufmannsstadt, die, wenn auch zuletzt entstanden, das kraftvolle Haupt Stendals wurde. Die Sage erzählt von einer Burg, die Heinrich I. im Kampf gegen die Slawen errichtet habe; aber auch die askanische, die vielleicht über jener sich erhob, wurde im Anfang des 13. Jahrhunderts abgetragen und mußte die Herrschaft dem Dom überlassen, den der Markgraf innerhalb der Burgmauern gegründet hatte. Wie sie verschwand, erhob sich die Stadt eigenwillig und eigenmächtig, reich durch Gewerbe und Handel, die erste der Altmark.

Wie in allen mächtigen Städten des Mittelalters stand an der Spitze des Gemeinwesens ein Patriziat, auf dessen Gegensatz und Ausgleich mit Handwerk und Gemeine das blühende Leben der Republiken beruhte. Zu den Stendaler Geschlechtern gehörten die Jerichow, Röxe, Flaxmenger, Schadewachten, die v. Thüritz, v. Bismarck, v. Kalbe, die Porditz und Kastel, Namen, die größtenteils von Städten und Dörfern entlehnt ihre Herkunft bezeichneten. Im allgemeinen waren die Bewohner Niedersachsen, Friesen und Westfalen, die allmählich die Wenden verdrängten. Deren Stellung war so, daß sie sogar in den Rat eintreten konnten, und so mögen sie denn auch anfangs in die niederen Volksmassen eingedrungen sein. Stendals angesehenste Gilde war die der Gewandschneider, was soviel bedeutete wie Großkaufleute; denn sie allein hatten das Recht, das Tuch zum Verkauf zu schneiden und zu versenden. Es bildete sich allmählich die Übung heraus, daß alle Gilden sowie auch die Geistlichkeit zum Eintritt in die Gewandschneidergilde befähigt waren, nur die Handwerker nicht; so sammelten sich in ihr die Angesehenen und Reichen, welche die Angelegenheiten der Stadt in der Hand hatten. Auch die Seefahrergilde, die im 13. Jahrhundert entstanden war, schloß sich ihr an. Sitz dieser großen Gilde war das Rathaus, worin allein schon sich ihre Bedeutung ausdrückte. Die Beziehungen zwischen Patriziat und Domstift waren nicht immer gut, indem beider Machtwille sich gelegentlich durchkreuzte und das Patriziat im ganzen kaiserlich, das Domstift päpstlich war. Irgendwelche Herrschaft über die Stadt maßte sich das Stift nicht an.

In der Mitte des 14. Jahrhunderts gab es einen ersten heftigen Zusammenstoß zwischen den verschiedenen Kräften, die die Stadt trugen. Das askanische Haus, als dessen Besitz die Stadt Stendal erwachsen war, starb im Jahre 1319 mit dem Markgrafen Waldemar aus. Verschiedene Ansprecher auf die Nachfolge in seinen Rechten traten auf, vor allen seine noch jugendliche Witwe Agnes, die sich eilig mit Herzog Otto dem Milden von Braunschweig vermählte; das Paar schlug seinen Sitz in Tangermünde auf und wurde auch von Stendal anerkannt. Außer Agnes und Otto machte noch der Erzbischof von Magdeburg ein Anrecht auf die Altmark geltend, der mächtigste Prätendent aber war Kaiser Ludwig der Bayer, der mit der erledigten Mark sich einen Hausbesitz schaffen wollte. Er belehnte damit seinen noch im Knabenalter stehenden Sohn Ludwig und fand Anklang beim Rat von Stendal, der damals nicht nur in der Altmark, sondern in der Mark überhaupt mächtigsten Stadt. Der Papst als erbitterter Gegner des Kaisers begünstigte den Welfen Otto, und auf dessen Seite standen auch die Handwerker und das niedere Volk von Stendal. Im Verlaufe des Streites suchten die Patrizier der Geistlichkeit dadurch einen Schlag zu versetzen, daß sie in der Nähe der Stadtkirche eine eigene Schule gründeten, eine eingreifende Neuerung, da es bisher nur die mit dem Domstift verbundene Schule gegeben hatte. Als der durch den Bischof von Halberstadt erlassene Entscheid, die Ratsschule sei in zehn Tagen abzubrechen, nicht befolgt wurde, exkommunizierte der Papst die ganze Stadt, nämlich den Rat, die Innungsmeister und die Gemeinde. Unter den Ratsherren, welche bei der Exkommunikation, gleichsam damit keiner entginge, namentlich aufgeführt wurden, war auch Rudolf von Bismarck. Den Eltern wurde verboten, ihre Kinder in die verfluchte Schule zu schicken. Es dauerte 40 Monate, bis dies Interdikt infolge eines Vergleichs zwischen den Parteien aufgehoben wurde; der Rat stiftete dem Dom einen Altar, behielt aber die Schule, aus der das spätere Gymnasium hervorgegangen ist.

Auch übrigens änderten die Patrizier ihre Politik nicht, sondern fuhren fort, für den Kaisersohn Ludwig einzutreten und ihm durch Geldunterstützung die Bekämpfung seines Gegners Otto zu ermöglichen. Nachdem der letztere auf der Gardeleger Heide besiegt war, wurde Ludwig in Stendal gehuldigt, jedoch ohne daß die Abneigung des niederen Volkes überwunden worden wäre. Durch einen unbesonnenen Schritt gab der inzwischen herangewachsene Ludwig dem Papst wieder Gelegenheit, gegen ihn vorzugehen; er verheiratete sich nämlich mit Margarete Maultasch, der Erbin von Kärnten und Tirol, deren erste Ehe zu dem Zweck auf Veranlassung des Kaisers, aber gegen den Willen des Papstes getrennt worden war. Der Papst exkommunizierte Ludwig und erklärte die Ehe für ungültig. Das machte keinen wirksamen Eindruck auf die Patrizier, wohl aber auf die Bürgerschaft, die ohnehin dem neuen Markgrafen fortwährend abgeneigt blieb. Dabei drehte es sich zum Teil um Geldfragen; so befreite Ludwig die Juden von der Steuerzahlung, eine Begünstigung, die sie wohl reichen Geschenken verdankten, die aber die ohnehin gegen die Juden gereizten Bürger erbitterte. Sie warfen ferner den Patriziern vor, daß sie den Markgrafen Ludwig mit Geld unterstützt hätten, das dem Vermögen der Stadt entnommen sei; denn wie überall pflegte der Rat die Finanzen ohne Rechnungsablage zu verwalten. Bei dieser Gelegenheit nun verlangten die Bürger einen Einblick, damit das, was sie steuerten, nicht gegen ihr Interesse ausgegeben werde. Dazu kam die alte Klage, daß sie, die kleinen Bürger, nicht denselben Anteil an Wald, Wiese, Wasser und Holz hätten wie die Patrizier. Die Erbitterung führte im Sommer 1345 zu einem Aufstande, der mit dem vollständigen Siege der Bürgerschaft endete, ein Zeichen, daß auch sie über tüchtige Köpfe und Energien verfügte.

Die bisherige Verfassung wurde umgestoßen, die Ratsherrn sollten künftig aus den Gilden gewählt werden und die Gewandschneidergilde, die den Rat zusammengesetzt und beherrscht hatte, wurde zu einer gewöhnlichen Gewerbeinnung gemacht, die der Bestätigung des Rats bedurfte. Die Juden wurden aus der Stadt verjagt; aber nicht nur diese: damit der Bestand der neuen Verfassung gesichert sei, wurden mehrere der vornehmsten Familien vertrieben. Gottschalk von Jerichow, Giso von Schadewachten und Johann Buch, die die Bürger gefangengenommen hatten, wurden dem Markgrafen unter der Bedingung ausgeliefert, daß er sie nicht ohne Bewilligung der Bürgerschaft der Haft entlasse. Unter den Vertriebenen war auch Nikolaus von Bismarck. Wenn der Haß der niederen Bürgerschaft sich besonders heftig gegen ihn wendete, so gibt der Umstand, daß der Markgraf ihn, seinen »aufrichtig geliebten«, im Jahre des Aufstandes mit dem landesherrlichen Schloß Burgstall belehnte, diesem Gefühl eine Berechtigung, insofern daraus hervorgeht, daß er sich vorzüglich um den Markgrafen verdient gemacht hatte. Man hielt es für nötig, drei Jahre nach dem Aufstande einen Vertrag mit ihm zu schließen, zufolge dessen er unbelästigt bleiben sollte, wenn er sich über eine gewisse Grenze hinaus der Stadt nicht nähere.

In diese Zeit fielen verschiedene eingreifende Ereignisse: der Tod Kaiser Ludwigs, die Wahl Kaiser Karls IV., das Auftauchen des falschen Waldemar, der mit seiner Behauptung, der letzte Askanier zu sein, bei verschiedenen Fürsten und bei den Städten Anklang fand. Alle Städte der Mark schlossen ein Bündnis miteinander, worin sie sich versprachen, an Waldemar festzuhalten und nach seinem Tode selbst über die Person des künftigen Herrn zu entscheiden. Da auch die Geistlichkeit für den auferstandenen Fürsten eintrat und Karl IV. ihn belehnte, so schien seine Stellung befestigt und das Patriziat mit seiner Politik vollends mattgesetzt. Wie aber so oft zufällige Begebenheiten unvorhergesehene Wendungen herbeiführen, so geschah es jetzt, daß der Kaiser mit der von ihm beliebten Finanzoperation hervortrat und die Altmark dem Erzbischof von Magdeburg verpfändete. Die Aussicht, ihrer Freiheit verlustig zu gehen, erschreckte die Städte dermaßen, daß sie sich entschlossen, mit Versöhnungsvorschlägen an die vertriebenen Patrizier heranzutreten, welche allein das Geld aufbringen konnten, um sie von der Verpfändung zu befreien. Der Rat von Stendal wendete sich an Nikolaus und Rudolf von Bismarck, Giso von Schadewachten, Etzel Dusee, Busso Goldschmidt und noch einige andere Herren und fand Entgegenkommen. Zehn verbannte Patrizier übernahmen die Bürgschaft, um zunächst Schloß und Stadt Tangermünde aus der Pfandschaft zu lösen, da diese wichtige militärische Stellung in fremden Händen zu lassen, besonders bedenklich erschien. Auf diese Weise kam fünf Jahre nach dem Aufstande eine Versöhnung zwischen der Stadt und den Vertriebenen auf der Grundlage zustande, daß die neue demokratische Verfassung nicht angetastet wurde. Nikolaus von Bismarck trat gegen Sold in den Dienst der Stadt; man glaubte wohl, den einflußreichen Mann sich befreunden zu müssen, indem man ihm eine besondere Vertrauensstellung einräumte, die anzunehmen er nicht zu stolz war. Man könnte sich diesen Ahnen des großen Kanzlers der Gegenwart als ein Vorgesicht der Zukunft ausmalen: die schroffe, leidenschaftlich um sich greifende, Haß oder Liebe erregende Persönlichkeit, ihre beherrschende Stellung zwischen Fürst und Volk, der endliche Ausgleich, wenn auch dies alles zur Zeit der Vorfahren in den viel freieren, fließenderen, menschlicheren Formen des Mittelalters und auf einen engen Kreis beschränkt sich abspielte.

Bei seinem Plan, sich wie Ludwig der Bayer in der Mark eine Hausmacht zu schaffen, fand Karl IV. einen Helfer in der Person eines Stendalers, nicht einen Bismarck, doch mit den Bismarcks verwandt, Dietrich aus der Familie der Porditz. Er trat als Mönch in das Kloster Lehnin ein und wurde vom Bischof von Brandenburg, der seine Fähigkeiten erkannte, zu seinem Dienst herangezogen. Da seine Begabung hauptsächlich auf dem Gebiet der Finanzen und der Diplomatie lag, wußten die Großen ihn zu schätzen. Kaiser Karl wurde auf ihn aufmerksam, übertrug ihm die oberste Finanzverwaltung seines Reichs, belehnte ihn mit einem Schloß in Böhmen, machte ihn zu seinem Kanzler und später zum Erzbischof von Magdeburg. Als solcher ernannte Dietrich den Nikolaus von Bismarck, vielleicht eine verwandte Natur in ihm erkennend, zu seinem Hauptmann im Erzstift; auch wurde er nach dem Tode des Erzbischofs Hofmeister des Markgrafen Otto. Dietrich von Porditz, unter dem Namen Kagelwit berühmt, war augenscheinlich nicht nur Meister des Geldes, sondern auch ein geistvoller Mann, dessen Umgang die Gebildeten suchten. Unter ihm wurde der Bau des Magdeburger Doms abgeschlossen. Auch Humor scheint er gehabt zu haben, und im Volk erzählte man sich Schwänke von ihm, so daß er Erfinder des Gerichts Schweinsohren mit Erbsen sei. Kaiser Karl IV. habe gelegentlich eines Besuchs verboten, daß um seinetwillen Tiere zur Mahlzeit getötet würden, worauf Kagelwit auf den Ausweg verfallen sei, dem Schwein die Ohren abschneiden zu lassen und damit die Erbsensuppe schmackhaft zu machen. Wenn es ihm darauf ankam, seinen Willen durchzusetzen, konnte er gewalttätig vorgehen; auf sein Drängen bequemte sich Stendal, den Söhnen des Kaisers zu huldigen.

Stendal war am Ende des 14. Jahrhunderts eine fast unabhängige Stadt. Sie war im Besitz des Blutbanns, des Münzrechts, des Judenrechts, des Rechts, mit anderen Städten Bündnisse zu schließen, sie war Mitglied der Hanse. Sie brauchte dem Markgrafen außerhalb ihrer Mauern keine Heeresfolge zu leisten und hatte das Recht, sich einen anderen Herrn zu suchen, wenn der Markgraf ihre Freiheiten kränken sollte. Das Gefühl einer solchen Macht prägte sich in großartigen Bauwerken aus, die wir heute bewundern. Die Kirchen bestanden schon lange, wurden aber erweitert und dem neuen Stil entsprechend umgebaut.

Zwischen Bäumen liegt abseits der mächtige Dom, dessen Eindruck nur die zu zierlichen Türme, ein Überbleibsel der früheren, kleineren Kirche, beeinträchtigen. Die Vollkommenheit des Chors umfängt den, der das Innere betritt, wie eine jenseitige Welt. Das Licht, das durch die sieben hohen Glasfenster einfällt, fließt über den rötlichen Backstein wie Götterblut, das der Himmel selbst zum Mysterium des Abendmahls austeilte. Außer den reichgeschnitzten Chorstühlen ist nicht viel Schmuck vorhanden, aber was da ist, ist schön. Eine wundervolle Beruhigung geht von dem reinen Zusammenklang der baulichen, durch nichts gestörten Verhältnisse aus. Eine charakteristische, kraft- und reizvolle Gruppe bildet die Marienkirche mit dem Rathause und dem davorstehenden Roland. Unter den reichgegliederten Giebeln des einen rechten Winkel bildenden Rathauses steigen sehr hoch und schlank die Türme der Kirche auf, deren anmutige Spitze ein feines Zwischentürmchen verbindet. Der Roland, ein ritterlicher Grobian, außergewöhnlich groß, grotesk feierlich, deutet mit steif erhobenem Schwert auf das Recht des Blutbanns und ist zugleich eine Warnung vor Frevel und ein Wahrzeichen städtischer Freiheit. Diese Auffassung ist in neuester Zeit angefochten worden, und man hat in dem Roland schlechtweg eine Figur sehen wollen, die bei den öffentlichen Spielen der Jugend, wie sie im Mittelalter üblich waren, als Ziel gedient hätte. Welches der Ursprung sein möge, im späteren Mittelalter wurden die Rolands als Zeichen der Gerichtsbarkeit angesehen, wozu auch ihre Stelle neben dem Rathause sie stempelt. Grade in diesen zuweilen edlen, oft wunderlichen Riesengestalten tritt uns die Art der Vorzeit, das Grauenvolle mit Humor zu verkleiden, fremdartig entgegen.

Zwei unerschütterliche Wächter stehen am Eingange zum alten Dorf Stendal und zum Schadewachten: das Ünglinzer und das Tangermünder Tor, dieses altertümlicher und einfacher, untersetzt und ausdrucksvoll, jenes reicher und eleganter, beide Prachtgestalten. Die Sage erzählt, daß der Baumeister des Tangermünder Tores den Erbauer des schöneren, seinen Gesellen, mit dem Hammer erschlagen habe, und prägt so in ihrer Art die Tragödie des alternden Künstlers, den Verzweiflung über die abnehmende Kraft und Eifersucht auf das aufblühende Genie des jungen Geschlechts zum Verbrecher machen.

An die ertragreiche Reife der Menschen wie der Städte schließen sich oft unmittelbar die ersten Anlässe und Merkmale bevorstehenden Untergangs. In der Zeit seiner glänzenden Bautätigkeit genoß zwar Stendal unter den ersten Hohenzollern manche Vorteile des straffen Regiments, erlitt aber auch selbst Eingriffe, die auf Veränderung der allgemeinen Lage deuteten. Die Burggrafen von Nürnberg, die Kaiser Sigismund mit der Mark belehnte, und denen es schwer wurde, sich des Frankenlandes zu entwöhnen und in der rauheren und roheren Mark heimisch zu werden, verfolgten von Anfang an, gleich fremden Eroberern, den Plan, sich einen einheitlichen Staat zu gründen, wie es auch dem Zuge der Zeit und dem Schwächerwerden der Einzelkräfte entsprach. Von den alten Geschlechtern Stendals waren inzwischen einige wieder zum alten Ansehen gekommen, hauptsächlich die Schadewachten, die Bismarck und Kastel, andere waren ausgestorben, und neue Namen waren aufgetaucht. Der Rat ergänzte sich wie in früherer Zeit wieder selbst, mußte sich aber der Zustimmung der Gildenmeister versichern. Wie sehr auch die Städte der Altmark auf ihre althergebrachte Selbständigkeit pochten, sie konnten gegen die Zielbewußtheit und die Machtmittel der Kurfürsten sich auf die Dauer nicht halten. Die übrigen Stände, der Adel der Neumark und der Uckermark, die Geistlichkeit waren gefügiger gewesen, und Albrecht Achilles bediente sich mit Glück des Mittels, Schiedsgerichte aus den ihm ergebenen Landständen zusammenzusetzen, welche bei vorkommenden Streitigkeiten zuungunsten der altmärkischen Städte entschieden. Unter Johann Cicero ließ sich die Bürgerschaft von Stendal zu einem Aufstande hinreißen, der der Stadt als dem schwächeren Teil zum Verderben wurde. Es handelte sich um die sogenannte Bierziese, eine Abgabe, die von den Ständen im allgemeinen bewilligt worden war, und zu der auch in Stendal der Rat sich herbeiließ, die aber die Bürger ablehnten, weil sie die ärmeren Leute hauptsächlich traf. Zwei Adlige, Nicolaus von Borstel und Hans von Gohre, wurden von der aufgeregten Menge ergriffen und hingerichtet, 48 Personen aus den angesehensten Familien verließen die Stadt, darunter wie vor hundert Jahren die Bismarck. Der Kurfürst, vermutlich nicht unzufrieden über diese Vorfälle, unterwarf zuerst Tangermünde und zog dann als strafender Richter in Stendal ein an der Spitze seines gezähmten Adels: v. Alvensleben, zu Putlitz, v. Bredow, v. Bartensleben, v. d. Schulenburg, v. Bülow. Drei aus der Gilde der Tuchmacher wurden hingerichtet; wichtiger war es dem Kurfürsten, daß die Stadt ihre sämtlichen Privilegien ausliefern, allen Bündnissen entsagen, auf das Münzrecht und auf das hohe und niedere Gericht verzichten mußte.

Dies war das Ende der Selbstherrlichkeit der altmärkischen Städte. Mit Berlin und Frankfurt a. d. Oder trat Stendal aus der Hanse aus. Allmählich begann Berlin, als Residenz, Stendal und Tangermünde zu überflügeln. Eine neue Zeit bereitete sich vor, in der die Macht von den rührigen, hochstrebenden Republiken auf die Fürsten und ihre rechtskundigen Kanzler überging. Noch über ein Jahrhundert indessen sollte vergehen, bis die bisherigen Inhaber des Reichtums und des schaffenden Lebens in langen Bürgerkriegen ganz ausgesogen und entseelt worden waren. Wie in fast allen Städten kam in Stendal die niedere Bürgerschaft der reformatorischen

Bewegung mit offenem Herzen entgegen und wie anderwärts läßt sich hier die Beobachtung machen, daß die Musik bedeutenden Anteil an der Verbreitung der neuen Lehre hatte. Wie die alten Kirchen verlassen wurden, regte sich in den Tiefen der Seele die Kraft, unsichtbare Dome zu bauen aus Tönen. Die eigenste und schönste Gabe, die die Deutschen der Menschheit zu geben bestimmt waren, tauchte melodisch aus dem Gemüt des Volkes hervor. Auch mit seinem Musikbedürfnis und seinem musikalischen Schaffen war Luther der schicksalhafte Vertreter seiner Germanen. Als der Mönch Lorenz Kuchenbäcker im Sommer des Jahres 1530 in der Franziskanerkirche von Stendal nach der neuen Lehre predigte, forderte er seine Zuhörer auf, die Lutherschen Gesänge anzustimmen. »Wer't kann, de heve an«, sagte er, »ik kan et nich.« Er mochte wissen, daß es nicht an Kundigen fehlte, und sich darauf freuen, die Lieder zu hören, deren Rhythmus und Weise die Kerzen erschütterte. Er täuschte sich nicht: Handwerksgesellen, die die weitverbreiteten von der Wanderschaft mitgebracht hatten, huben an zu singen und andere fielen bald ein. Seit diesem Tage wurden dem Verbote des Rats zum Trotz die Lieder bei jeder Predigt gesungen.

Kurfürst war damals Joachim I., ein streng katholischer, despotischer Mann, der vor keiner Gewalttat zurückschreckte, wenn es darauf ankam, den alten Glauben, den er als die Grundlage seiner Herrschaft ansah, zu stützen. Wenn es nach ihm gegangen wäre, hätte der Kaiser in Worms Luther das freie Geleit gebrochen; seine Frau, die dänische Prinzessin Elisabeth, die mit Luther persönlich bekannt und befreundet war und das Abendmahl in beiderlei Gestalt genommen hatte, wollte er einmauern lassen. Er hat 70 Adlige hinrichten und 38 Juden verbrennen lassen, weil sie, die letzteren, zwei Oblaten entweiht haben sollten. Dieser radikale Mann dachte mit dem Unfug in Stendal rasch aufzuräumen und schickte einige Räte hin, die die Sache untersuchten und das Singen Lutherischer Gesänge für die Zukunft verboten. Ein Teil des Volks, aufgeregt und angeführt durch Lorenz Kuchenbäcker, griff das Rathaus an, während andere Bürger das Leben des Rats und der kurfürstlichen Abgesandten mit den Waffen beschützten. Zur Strafe für diesen Aufruhr wurden sechs Schuldige enthauptet; aber Joachim I. folgte ihnen bald in den Tod, seinem Sohne den Platz räumend, der ein Anhänger der Reformation war. Acht Jahre nach jenem Aufstande predigte Justus Jonas in der Marienkirche, und ein anderer Freund Luthers, Dr. Conrad Cordatus, wurde Pfarrer im Dom und Superintendent aller Geistlichen in Stendal. Von ihm sagte Luther, wenn er, Luther, sollte verbrannt werden, würde Dr. Pommer wohl mit ihm bis ans Feuer gehen, Cordatus aber mit ihm ins Feuer. Er war zu Weißenkirchen in Österreich ob der Enns geboren, von bäuerlichen, hussitischen Eltern; von ihnen mochte er die Kraft der Überzeugung geerbt haben. Er studierte in Wien und Ferrara, wurde Pfarrer in Ofen, erlitt Verfolgung und Gefängnis, bis sein Leben voll Kampf und Mühe sich in Stendal rühmlich beschloß.

Politisch schon bedeutungslos geworden, wurde die einst reiche Stadt durch den Dreißigjährigen Krieg wirtschaftlich zugrunde gerichtet. Die kurfürstliche Regierung tat nichts, um die durch Freund und Feind gleicherweise Gequälten zu beschützen. Als sie in ihrer Not einen um Hilfe flehenden Brief an den Kurfürsten richteten, kam anstatt des Beistandes eine unwillige Antwort, weil in der Klage ein Vorwurf liege, als sei die Regierung untätig. Das gute Pommerland, hieß es, werde auch in den Grund hinein verderbt, aber mit so ungebührlichen Protestationen sei noch niemand aufgezogen. Stendal mußte also lernen, zu leiden ohne zu klagen, versuchte es aber doch noch mit einer Abordnung an Tilly, dessen Truppen damals die Stadt besetzt hatten. Der Alte empfing die Herren freundlich und erwog ihre Beschwerden mit dem Ernst, der Bedächtigkeit und Güte, die ihn vor vielen Feldherren seiner Zeit auszeichneten. Er hatte für die Klagen Verständnis und mit dem Elend der Bürgerschaft Mitleid, bedauerte, sie nicht ganz entlasten zu können, versprach aber soviel als möglich dazu zu tun und erließ entsprechende Befehle. Pappenheim, brutal und habgierig, suchte derartige Weisungen zu umgehen und bei der Umständlichkeit des damaligen Verkehrs war es seinem Vorgesetzten nicht möglich, immer selbst die Vollziehung seiner Befehle zu überwachen.

Als der Krieg sich ausgerast hatte, war Stendal eine tote Stadt. Im Winter des Jahres 1694 zeigte sich ein Wolf in den Straßen wie in einer Wildnis. Noch ein paar tausend verarmte

Einwohner hausten in den erhaltenen Häusern. Die Ruinen der Marienkapelle im Westen des Doms, die im Dreißigjährigen Krieg abgebrochen worden war, blieben hundert Jahre lang liegen.

In diesem herabgekommenen Gemeinwesen wurde im Jahre 1717 als Sohn eines armen Schusters Johann Joachim Winkelmann geboren, kein Herrscher in der Welt wie die Kagelwit und Bismarck, sondern im Reiche der Geister. Daß aus der einst blühenden Handelsstadt der Altmark zwischen herrlichen Gebilden mittelalterlicher Kunst und ärmlich beschränkter Umgebung ein Mann hervorging, der durch angeborene Sehnsucht nach Schönheit den Sinn für die griechische Kunst wiedererweckte, das gehört zu den Wundern der Entstehung des Genies.

Tangermünde

Es gibt ein indisches Märchen von Tschandra, einer Jungfrau, deren Haare feurig wurden, wenn sie in Zorn geriet. Als man verräterischerweise ihren Geliebten gemordet hatte, setzte sie mit den Flammen, die von ihrem Haupte wehten, die Stadt in Brand, wo ihr das geschehen war, und brannte sie zu Asche.

An Tschandras Rache mahnt die Geschichte von Grete Minde und dem großen Brand von Tangermünde im Jahre 1617; nur daß der wirkliche Vorgang häßlicher, grausiger und trostloser ist als das Märchen.

Die Familie von Minden gehörte im 16. Jahrhundert zu den angesehensten ratsfähigen Geschlechtern von Tangermünde. Hans von Minden war markgräflicher Oberaufseher über die Tangerforsten und bewohnte eins von den Freihäusern, die vor dem Schlosse standen, von seinen Enkeln schlug einer, Peter, aus der Art, verließ die Heimat, weil er im Streit einen Totschlag begangen hatte, ging in der Fremde unter die Soldaten und heiratete ein armes Mädchen, das ihm eine Tochter gebar. Nach seinem Tode begab sich die Witwe nach Tangermünde, um das Erbe ihres Mannes zu erheben, das bei den dortigen Gerichten niedergelegt war. Heinrich, ihr Schwager, ein Ratsherr, ging auf ihre Forderungen nicht ein, obwohl der Magistrat die Auszahlung befürwortete und zu vermitteln suchte; er begründete seine Ablehnung damit, daß sein Bruder bereits abgefunden sei und daß die Frau sich nicht als rechtmäßige Ehefrau Peters ausweisen könne. Die Frau ging als Bettlerin fort und schwur, sich an der Stadt zu rächen. Jahre darauf, nachdem auch sie gestorben war, kehrte ihre Tochter Grete nach Tangermünde zurück und fristete ihr Leben als Dienstmagd, immer noch hoffend, ihr Erbe zu erhalten, das ihr als Peters Tochter zustehe. Es scheint, daß ihr einige Male kleine Summen ausgezahlt wurden. Eines Tages lernte sie einen Soldaten, Anton Meilahn aus Gardelegen, kennen, einen jungen, kleinen, schlanken Menschen mit langem, blondem Haar, in den sie sich so sehr verliebte, daß sie einen Zauber gebrauchte, um ihn an sich zu fesseln. Die beiden verheirateten sich und bekamen ein Kind; an das Schicksal ihrer Mutter sich erinnernd, trug die Arme ihren Trauschein stets bei sich, um die Rechtmäßigkeit ihrer Ehe beweisen zu können. Indessen das Verderben zog in ganz anderer Weise herauf. Meilahn war ein unruhiges Blut, unlustig zu regelmäßiger Arbeit, roh und gewissenlos; nachdem sie das wenige verbraucht hatten, was sie besaßen, lungerte er herum, meistens getrennt von seiner Frau, um mit leichtsinnigen und verwilderten Kumpanen auf Straßenraub auszugehen. Grete Minde erhielt sich auf zigeunerhafte Art dadurch, daß sie heilkräftige Kräuter sammelte, Enzian, Bibergall, Veilchenwurzel, und als Arznei verkaufte, den Leuten die Zukunft aus den Händen weissagte, Wurzeln als Alräunchen und Galgenmännchen zustutzte und an Abergläubische absetzte. Vielleicht hatte sie diese dunklen Künste von ihrer Mutter gelernt, vielleicht hatten die Gedanken der Ausgestoßenen den Hang, den nächtlichen Wegen der Natur nachzugehen. Im Jahre 1617, um die Mitte des September lag Grete mit ihrem Kinde krank in Apenburg, als in Tangermünde an drei Orten zugleich Feuer ausbrach, das sich schnell über die ganze Stadt verbreitete. Unglücklicherweise versperrten die Flammen das Roßtor, das zur Elbe führt, und damit den Zugang zum Wasser; ohnmächtig sahen die entsetzten Bürger dem Verderben zu. Der Turm der Stephanskirche stürzte ein, im Innern verbrannten der Altar, die Orgel und die Grabdenkmäler, auch das Rathaus wurde ergriffen und viele darin aufbewahrte Urkunden vernichtet. Verschont blieb hauptsächlich die Neustadt; in der Altstadt und in der Vorstadt Hühnerdorf verbrannten 486 Wohnhäuser und 53 Scheunen voll Getreide. Wenn auch die Nachbarstadt Stendal mit Bier und Brot aushalf, so war das Elend der Abgebrannten doch groß und die Aufregung um so gespannter, als hie und da neue Brände auszubrechen drohten, so daß sich auf eine verbrecherische Absicht schließen ließ, Tangermünde gänzlich einzuäschern. Die Nachforschungen jedoch nach den etwaigen Tätern blieben ohne Ergebnis. Fünf Vierteljahre nach dem Brande, im Anfang des Jahres 1619, kam Grete Minde zusammen mit ihrem Mann wieder nach Tangermünde. Ihr Onkel, der Ratsherr Heinrich von Minden, war drei Jahre vorher gestorben; sie wandte sich an den Bürgermeister Kaspar Helmreich, der zwar ihre Forderung nicht gewährte, dagegen versprach, ihrem Mann eine Stelle als Stadtwart zu verschaffen. Meilahn, von Grete benachrichtigt, wollte sich auf dem Rathause melden, begegnete aber unterwegs einer Frau, die er früher einmal auf der Straße beraubt hatte. Erschreckt kehrte er um und verließ die Stadt, wurde aber von den reitenden Dienern, die der Rat ihm nachschickte, ergriffen und verhaftet. Auf der Folter bekannte er, daß er den großen Brand angelegt habe; als seine Mitschuldige nannte er Grete Minde, seine Frau. Seine Darstellung des Vorgefallenen erwies sich indessen als so sehr mit Lügen verwoben, daß der Schöppenstuhl von Brandenburg, der um sein Urteil angegangen wurde, zunächst die Folter gegen Grete nicht angewendet wissen wollte, sondern auf eingehende Beweiserhebung drang. Diese führte zu Ergebnissen, die für Grete günstig waren; denn es wurde festgestellt, daß sie zur Zeit des Brandes krank in Apenburg gelegen hatte, und daß sie, als sie zuerst davon erfuhr, traurig geworden war, weil das Mindensche Haus, das sie noch immer als ihr Erbe betrachtete und zu erhalten hoffte, nun verbrannt sei. Gegen sie zeugte nur die Anklage ihres Mannes, eines verlumpten Straßenräubers, und etwa das Unrecht, das ihr angetan worden war, und das sie, wie man meinte, hätte rächen wollen. Die Ratsfamilien von Tangermünde waren damals bitter untereinander verfeindet, und es gab solche, die mit einem scharfen Vorgehen gegen Grete nicht einverstanden waren; schließlich jedoch gaben diejenigen den Ausschlag, die sich an die immer wiederholte Anklage des Meilahn hielten und trotz mangelnder Beweise auf die Anwendung der Folter drangen. Das bedeutete das Todesurteil; denn es kam kaum jemals vor, daß einer auf die Dauer den Qualen der Tortur nicht erlegen wäre und nicht bekannt hätte, was man wollte. Vieles bleibt dunkel in der grauenvollen Tragödie. Haßte Meilahn seine Frau so sehr, daß er sie seinen unabwendbaren Tod mitleiden lassen wollte? Oder betrachtete er sie wirklich als diejenige, die den Gedanken, Tangermünde durch Feuer zu zerstören, in ihm angeregt hatte, sei es auch nur durch eine zufällige Äußerung oder nur dadurch, daß sie ihn an ihr Geschick gebunden hatte? Und was bewog die den Rat beherrschende Partei, eine Unglückliche zu vernichten, die nach einem gerechten Urteil mehr unschuldig als schuldig erschien? Es kann kaum anders gedeutet werden, als daß man sich der unbequemen Mahnerin entledigen wollte, und so wurde es auch in Tangermünde aufgefaßt. Die gegnerische Partei setzte eine Anfrage beim Kurfürsten durch, ob die Hinrichtung aufgeschoben werden solle; aber die Antwort lautete, es sei dazu keine Ursache. Am 22. März, gerade als es Frühling wurde, fand die grausame Hinrichtung der drei Verurteilten statt: Meilahns, Grete Mindes und eines Müllerknechts, der ebenso wie Grete stets seine Unschuld behauptete und auch allem Anschein nach unschuldig war. Was den Rat gegen ihn aufbrachte, war hauptsächlich, daß er Lieder dichtete und schrieb, immer zu Schelmenstücken aufgelegt war und in seiner jammervollen Lage sich noch über die Ratsbeamten lustig machte. In furchtbarem Gegensatz stehen seine wehmütig scherzenden Verse, seine Liebe zur Mutter, die Gutartigkeit seines leichtsinnigen Gemüts zu der schonungslosen Härte seiner Richter. Die drei wurden am ganzen Leibe mit glühenden Zangen gezwickt und von langsamem Feuer verbrannt, so daß sie erst am Abend des Tages den Geist aufgaben.

Noch vor hundert Jahren wurde am Jahrestage des Brandes zwischen 4 und 5 Uhr mit allen Glocken geläutet und am nächsten Sonntage eine auf das Ereignis bezügliche Predigt gehalten. Es war nicht die letzte Feuersbrunst, die Tangermünde heimsuchte; schon ein Jahr nach der Hinrichtung der vermeintlich Schuldigen brach wieder Feuer aus, dann in den Jahren 1676 und 1678 und noch einmal durch heftigen Wind besonders verheerend, am 12. April 1816. Damals läuteten die Sturmglocken zwei Tage lang, weil aus der Asche noch Flammen schlugen; erst am 20. Tage war das Feuer vollständig erloschen.

Bald nachdem das entsetzliche Strafgericht stattgefunden hatte, erhob sich ein Aufstand gegen den Rat, weil er, so hieß es, durch seine Ungerechtigkeit gegen Grete Minde den verderblichen Brand veranlaßt habe. Der Kurfürst begünstigte die aristokratische Behörde und wies die erhobene Anklage zurück. Eine Vertretung der Bürgerschaft im Rat wurde allerdings eingerichtet, die aber, wie das meistens in solchen Fällen war, nicht wirksam wurde. Sobald die Vertreter der wirtschaftlich Schwächeren zu einer Funktion in der Regierung werden, zieht diese sie an sich und gleicht sie sich an, sie von ihrem Ursprung trennend; nur durch unermüdliche Wachsamkeit und im Notfall erneute Revolutionen können sie sich vor dem Erdrücktwerden durch die Stärkeren bewahren. Noch das ganze Jahrhundert hindurch hielt sich die oligarchische Körperschaft in ihrer fast unabhängigen Stellung, bis sie im Jahre 1693 durch den Kurfürsten vernichtet wurde, natürlich ohne daß es dem niederen Volke zugute gekommen wäre.

Daß die Verfassung von Tangermünde so aristokratisch wurde und blieb, während die Bürgerschaft des nahen Stendal sich kraftvoll Beteiligung am Regiment zu erkämpfen wußte, könnte damit zusammenhängen, daß Tangermünde lange Zeit der beliebte Sitz der Landesherren war und die niederen Klassen sich deshalb mehr zu Unterwürfigkeit gewöhnten. Tangermündes Wichtigkeit als Elbzollstätte, als durch die Natur gesicherte Festung, als schöner Aussichtspunkt, ließ es den Herren der Mark als wertvollen Besitz erscheinen. Während in Stendal die Burg früh abgetragen wurde, blieb sie in Tangermünde Mittelpunkt des Ortes. Hier hielten sich zuweilen die askanischen Markgrafen auf, besonders gern der Minnesänger Otto mit dem Pfeil, der auf der Burg manches Mal seiner jungen Gemahlin Heilwig von Holstein beim Schachspiel gegenüber gesessen haben mag, wie das Bild sie darstellt. Der letzte der Askanier, Waldemar, feierte auf der Burg seine Verlobung mit der zwölfjährigen Agnes, deren Mutter eine Tochter Kaiser Albrechts war, und zwei Jahre später seine Vermählung. Nach seinem Tode wohnte sie mit ihrem zweiten Gatten, Otto dem Milden von Braunschweig, auf Tangermünde. Ganz besonders verwachsen aber ist die Geschichte der Burg mit Karl IV. aus dem Geschlecht der Luxemburger, diesem durchaus nicht heroischen und großdenkenden, aber klugen, umsichtigen, liebenswürdig-geselligen, modern anmutenden Kaiser. Er faßte eine Vorliebe für Tangermünde und suchte seinen Handel möglichst zu fördern; dort sprach er in glänzender Versammlung die Vereinigung der Mark Brandenburg mit Böhmen aus. Seine beiden Söhne Sigismund und Johann wuchsen in Tangermünde auf, Sigismund, ein schönes Prinzlein mit blonden Locken und liebenswürdigem Wesen, offenbar mehr der Mutter als dem Vater nachschlagend. Karl war klein und etwas verwachsen, breit von Gesicht, schwarzhaarig, vorn früh kahl. Als besondere Eigentümlichkeit wird angeführt, daß er den, mit dem er sprach, nicht ansah, sondern seine Augen unruhig umhergehen ließ, wie das im tiefsten Grunde unzuverlässige Menschen zu tun pflegen, die durchschaut zu werden fürchten. Seine vierte Frau, die blonde Elisabeth von Pommern, die Mutter seiner Söhne, die bei der Vermählung 18 Jahre alt war, konnte mit den Händen ein Hufeisen zerbrechen und gab zuweilen auf die Bitte ihres kaiserlichen Gemahls eine Probe ihrer Stärke; so soll sie es auf einem Turnier in Prag getan haben. Sigismund galt erwachsen als einer der schönsten Männer seiner Zeit, hatte dazu ein ebenso würdevolles wie humanes Wesen, war immer munterer Laune und scherzte gern. Humor hatte auch Karl, und allerlei Späße erzählt man sich von ihm. Was für eine kurzweilige Bewandtnis es mit seinem blinden Pferde hatte, weiß man nicht mehr, nur der Vers ist übriggeblieben: »De Kaiser Karolus de harr en Perd – Dat was ne fahle Stute – Up einem Oge da sach et nich recht – Det annere was reen ute – reen ute – reen ute«. – Er war Sammler von Reliquien, die wohl die Stelle moderner Kleinkunst vertraten. In der Schloßkapelle zu Tangermünde, die im Dreißigjährigen Krieg mit der Burg niedergebrannt wurde, bewahrte er das Herz des heiligen Georg in goldner Monstranz, einen Tropfen vom Blute Christi in einem mit roten Edelsteinen verzierten Kristall und ein gleichfalls köstlich gefaßtes Stückchen Gehirn Johannes des Täufers. Gern sah er abends von seinem Felsenschloß über die breite, ruhig fließende Elbe mit den lautlosen Kähnen ins Land, wo hie und da ein Kirchturm aus dem Nebel tauchte. Wegen der lieblichen Wiesen voll Blumen und Kräuter soll er oft nach Jerichow spazieren gefahren sein.

Zweiundzwanzig Jahre lang bewohnte der erste Hohenzoller, Friedrich I., Tangermünde. Seine Frau, die schöne Else, eine bayrische Prinzessin, deren Mutter eine Visconti von Mailand war, entfaltete in der Burg mit elf Kindern ein bewegtes Familienleben. Friedrich unterbrach zuweilen seinen Aufenthalt, einmal durch eine Wallfahrt nach Jerusalem. Er war ein ungewöhnlich gebildeter Mann, sprach lateinisch, französisch und italienisch, hatte geschichtliche Kenntnisse und stand in Briefwechsel mit Aeneas Sylvius und mit Gerson, dem berühmten Kanzler der Universität Paris. Der auf Tangermünde geborene Sohn dieses tatkräftigen und begabten Fürsten warf sich auf die Religion, hörte Messen in der Schloßkapelle, betete und sang fromme Lieder bei den Mahlzeiten, machte eine Reise nach Rom und heimste vom Papst die goldene Rose ein. Als er einmal bei Gelegenheit einer Fehde, denn ganz konnte er sich dem Zuge der Zeit doch nicht entziehen, ein Dorf abgebrannt hatte und der Propst bei den Augustinern, Johann Busch, zornig ausrief: »Ich wollte, daß der Teufel mit dem Kurfürsten zur Hölle führe, den Kopf unten, die Füße oben,« sagte er, als ihm diese Bemerkung hinterbracht wurde: »Der gute Vater ist doch zu hart gegen mich.« Er war offenbar an scharfe Behandlung durch die Geistlichen gewöhnt. Dieser Kurfürst stiftete den Schwanenorden, den Friedrich Wilhelm IV. im 19. Jahrhundert erneuerte, um ein vorgebliches Mittelalter wieder einzuführen. Die späteren Kurfürsten wohnten nicht mehr in Tangermünde, die Statthalter – es waren z. B. Kurt v. Lüderitz, Bruno v. Alvensleben, Achaz v. d. Schulenburg, Hempo v. d. Knesebeck – nur vorübergehend.

Namen patrizischer Geschlechter von Tangermünde waren von Kökte, Zabel, Röxe, Helmreich, Zernitz, Woldenhagen. In der ehemaligen Burgfreiheit, der jetzigen Burgstraße, gab es neun steuerfreie Häuser, sogenannte Freihäuser, von denen noch fünf stehen, die im Besitz kurfürstlicher Beamten waren. An einen von diesen, Florian Alborn, bewahren ein trauriges Andenken zwei Grabdenkmäler in der Stephanskirche: das eine erinnert an den Tod seiner drei Söhne, Florian, Christian und Michael, die im Jahre 1613 innerhalb eines Monats starben, das andere an seinen eigenen Tod, der acht Jahre später erfolgte. Im Jahre 1619 besuchte seine Frau die unglückliche Grete Minde im Kerker kurz vor ihrem martervollen Tode. Sie berichtete, daß die Arme gebeten habe, mit dem Schwert gerichtet zu werden; sonst habe sie nichts gesagt. Was veranlaßte die angesehene Frau, die gescheiterte Schwester aufzusuchen? Man möchte annehmen, daß der Verlust ihrer Söhne ihr Herz dem Mitgefühl für fremdes Elend zugänglich gemacht habe. Von Florian Alborn weiß man noch, daß er einen langen Streit mit dem Magistrat von Tangermünde führte, wem die Wiederherstellung des morsch gewordenen Galgens zustehe, dem Kurfürsten oder dem Rat. Mit Hilfe von Urkunden gelang es schließlich dem Rat, sein besseres Recht zu beweisen. Eine Tochter Alborns verheiratete sich nach seinem Tode mit dem damals berühmten Bogislaw Phil. von Chemnitz, der mit dem Kanzler Oxenstjerna zusammen während des Dreißigjährigen Krieges nach Tangermünde kam und unter dem Namen Hippolytus a Lapide ein aufsehenerregendes Buch gegen das Haus Habsburg schrieb.

Der Krieg, zu dem die Feuersbrunst von 1617 das schaurige Vorspiel war, richtete Tangermünde vollends zugrunde. Vierzehnmal nahmen es durchziehende Heere als Hauptquartier, kaiserliche und schwedische gleich verderbenbringend. Als erster kam Wallenstein. Er wohnte bei einem Brauer namens Gansauge, dem Stammvater einer ausgebreiteten, später geadelten Familie, der seine Kinder verstecken mußte, weil der nervöse Feldherr kein Geräusch, ganz besonders keine Kinderstimmen vertragen konnte. General Fuchs zerstörte das Paulinerkloster, dessen Reste vor hundert Jahren an einen Tangermünder Ackerbauer verkauft wurden, indem er die Balken aus dem Dach sägen ließ, um sie zum Bau einer Schiffsbrücke zu verwenden. Er fiel bald darauf in der Schlacht bei Lutter am Barenberge. Gustav Adolf legte, nachdem er sich mehrere Tage in Tangermünde aufgehalten hatte, die Schanze von Werben an, die als Angriffspunkt so verderblich für die Gegend wurde. Ihm folgten Tilly und Pappenheim, beide Proben ihres verschiedenen Charakters ablegend. Während Pappenheim den Rat hart anließ und, mit der Hand nach dem Galgen deutend, sagte, den hätten sie verdient, weil sie den Schwedenkönig eingelassen hätten, befreite Tilly die Personen, die Pappenheim hatte verhaften lassen, verhieß der Stadt seinen Schutz und hielt sein Versprechen, indem er den Abzug der Besatzung selbst überwachte, damit kein Soldat etwa Unfug verübe. Er kämpfte bei der Schanze von Werben mit den Schweden, kam dann nach Tangermünde zurück und ließ auf dem Anger ein prächtiges Zelt errichten, um dort Kriegsrat zu halten. Als ein Sturmwind das Zelt ergriff und in die Elbe schleuderte, wurde dieser Vorfall nach der weise der Zeit als Zauberstück der Finnen und Lappen angesehen, die im schwedischen Heere waren, und denen man geheimnisvolle Kräfte zuschrieb. Tilly verließ die Gegend mit trüben Ahnungen und starb bald darauf, am Lech verwundet, auf dem Rückzüge in Ingolstadt. Die kaiserlichen Heere, die nach dem Siege bei Nördlingen die Altmark überfluteten, fraßen das letzte. Gallas zog im Jahre 1638 aus der Gegend ab, weil durchaus keine Nahrung mehr aufzutreiben war. Bei der steinernen Brücke wurde einmal ein starker, fetter Mann von Soldaten überfallen, geschlachtet und verzehrt. Die zahlreichen Leichname, die umherlagen, wurden als Bretter über Wassergräben gelegt. Nach dem Abzüge der letzten kaiserlichen Regimenter unter dem Feldzeugmeister von Salis kamen die Schweden wieder und brannten das Schloß ab. Verzweifelte Bauern, die sich zusammengerottet hatten, um das Land zu verteidigen, wurden beim kühlen Brunnen, unweit der steinernen Brücke, niedergemacht. Trotz aller Not und allen Elends jedoch scheint der alte Spruch: »De Tangermünder hebben den mot«, seine Geltung behalten zu haben. Während der Freiheitskriege zogen 23 junge Männer von Tangermünde Schill, 25 Theodor Körner zu.

Ein Schriftsteller, der vor hundert Jahren Tangermündes Geschichte beschrieben hat, lobte den gesitteten Charakter seiner modernen Bewohner. Selten sehe man Trunksucht und pöbelhaftes Betragen, welche Laster vielmehr allgemein mit Verachtung genannt würden. Jedermann sei bemüht, seine Kinder zu frommen und geschickten Staatsbürgern zu erziehen, der Gebildete gehe jährlich einmal zum Tische des Herrn, benehme sich bei allen religiösen Zeremonien anständig, sei gegen Andersdenkende duldsam und setze seinen sittlichen Wert in einen moralischen Lebenswandel. »Wir verdanken diese wesentliche Verbesserung vorzüglich dem wohltätigen Einfluß der besser eingerichteten Schulen und den nur reine, vernünftige, christliche Moral atmenden Predigten, welche hier in einer langen Reihe von Jahren gehört wurden. Auch haben polizeiliche Mittel einen nicht geringen Anteil.«

Welche Verdienste diese geschickten Staatsbürger haben mögen, sie haben das alte Tangermünde nicht gebaut. Von Feuersflammen und Zivilisation verheert, steht es doch noch da, als gehörte es auf einen andern Stern. Die Lage der Stadt auf einem 60 Fuß hohen Felsen über der Elbe gibt ihr etwas Heroisches, das die Mauern, Türme und Tore, die sie schützen, wo die Natur es nicht tut, vollenden und steigern. Immer gleich schön, wie zur Zeit, als Kaiser Karl ihn genoß, ist der Blick ins Land vom Burgplatz aus, wo zwei Türme und ein uraltes Tor an die verschollene Herrlichkeit erinnern. Von weitem sieht man den charakteristischen Umriß der Stephanskirche, deren südlicher Turm nicht vollendet ist; die Glasgemälde, die sie einst schmückten, hat der Brand zerstört. Ein Glasfenster im Rathause zeigt das Tangermünder Wappen: den roten Adler mit weißen Rosen. Der Backsteinbau des Rathauses liegt inmitten der Stadt wie eine allerschönste Prinzessin in der Felsenburg eines Riesen. Mit seinen bunten Giebeln und arabeskenhaften Rosen scheint es aus einem Märchen von Tausendundeinernacht hierher versetzt zu sein, und man meint, es müßten verschleierte Frauen aus Damaskus und weise Kadis darin aus- und eingehen. Dies reizende Gebäude, das allen Schrecknissen der Brände, Kriege und Modernisierungen nicht unverändert, aber immer schön entronnen ist, wäre beinahe das Opfer eines wunderlichen Zufalls geworden. Ein wandernder Puppenspieler kam im Jahre 1646 nach Tangermünde, das nach dem Abzug aller Heere sich ein wenig zu erheben begann, und bat um Erlaubnis, das Jüngste Gericht vorzustellen. Sie wurde gewährt und die Aufführung fand am Allerheiligentage auf dem Rathause statt. Es war vier Uhr und schon brach die Dämmerung herein. Von den Raketen, die der Puppenspieler steigen ließ, um den Untergang der Welt, den man eben gräßlich erlebt hatte, bescheiden anzudeuten, drang eine durch die Ritze einer Tür zu einem Pulverfaß, das im Rathause aufbewahrt und vergessen worden war und entzündete es. Infolge der Explosion verbrannten viele Personen und ein Teil des Hauses.

Im Mittelalter war Tangermünde eine reiche Stadt sowohl durch den Elbzoll wie durch Gewerbe und Brauerei. Das Tangermünder Bier hieß Kuhschwanz, das von Stendal Taubentanz, das von Gardelegen Garlei und das von Salzwedel Soltmann. Auch Wein wurde sowohl bei Tangermünde wie bei Stendal gebaut, was sich daraus erklärt, daß man damals gesüßten Wein zu trinken pflegte. Im Dreißigjährigen Kriege verarmt, ging die einst umworbene Hauptstadt mehr und mehr zurück, um erst in neuester Zeit durch die allrettende Industrie einen Aufschwung zu nehmen. Es gibt jetzt eine chemische Fabrik, eine Eisengießerei, eine Dampfmühle, eine Ölfabrik und viele andere industrielle Anlagen, in respektvoller Entfernung nördlich von der tausendjährigen Kaiserstadt errichtet; da arbeiten die Betriebe und dampfen die Schlote, während sie, auf das Altenteil zurückgezogen, schlummert und träumt.

Stralsund

Meerstadt ist Stralsund, vom Meer erzeugt, dem Meere ähnlich. Auf das Meer ist sie bezogen in ihrer Erscheinung und in ihrer Geschichte. Ihre stillen grauen Straßen durchwandernd, hört man plötzlich seine Löwenstimme, sieht man seine Schlangenhaut blitzen. Hier wohnten Menschen voll Abenteuerlust und Behutsamkeit, prächtig, stolz, abgehärtet, furchtlos, grausam, trotzig, fromm. Es waren Niederdeutsche, die hier einwanderten, aus Flandern, Braunschweig, Westfalen, seit hundert Jahren etwa Christen; doch mag es sein, daß von den Altären der Slawengötter, die sie zerstörten, ein Hauch fremden Heidentums in ihre Seelen drang. Ein Wendenfürst war es, Jaromar I., Fürst von Rügen, der die westlichen Ansiedler rief, überzeugt, daß sie tüchtiger und kräftiger als die Slawen wären und der Kultivierung des Landes besser dienen würden. Am Strande, wo wendische Fischer sich niedergelassen hatten, um mittels Kähnen den Verkehr zwischen dem Festlande und Rügen zu besorgen, siedelten sich die Ankömmlinge an und verdrängten allmählich die alten Bewohner. Jaromars Nachfolger Wizlav erhob das neue Gemeinwesen zur Stadt, indem er ihm urkundlich diejenigen Gerechtigkeiten und Freiheiten verlieh, die vorher Rostock erhalten hatte. Der Name des wendischen Dorfes Stralow ging auf die deutsche Ansiedlung über; Strela, das heißt Strahl, Pfeil, hieß die später Dänholm genannte Insel, die wie ein Pfeil in das Meer hinein schießt, und der Pfeil wurde und blieb auch das Wahrzeichen der Stadt im Wappen. In einer Urkunde jedoch, durch welche im Jahre 1240 Herzog Wizlav I. von Rügen der Stadt einen Wald, die Feldmark des alten Dorfes und der Insel Strela schenkte, nannte er sie mit deutschem Namen »zum Stralesund«. Neun Jahre später hatte die Stadt die Feuerprobe zu bestehen, Überfall und Zerstörung durch die Lübecker unter ihrem Admiral Alexander von Soltwedel, welche den Stralsundern vorwarfen, sie hätten den Erbfeind der Küstenstädte, Dänemark, unterstützt. Erstaunlich schnell überwand der jugendliche Organismus den zugefügten Schaden, überwand auch die zuerst an Zahl überlegenen slawischen Bewohner des Landes, wobei ihnen die Gunst der Fürsten zustatten kam. Das war kein Kampf, den Schlachten entschieden, sondern ein allmähliges, trauriges, leidensvolles Zurückweichen der Schwächeren. Von der Stadt nicht geduldet, drängten sich die Wenden an die Mauer oder verzogen sich ins Land hinein, mit den Bauern wohl auch sich vermischend. Im Jahre 1404 starb das letzte wendisch sprechende Ehepaar in Jasmund auf Rügen.

Mit der Kraft der Kolonisten war das Glück im Bunde; 60 Jahre nach dem Bestehen der Stadt als solche hatte sie den Umfang erreicht, den sie jetzt noch hat. Um drei Kirchen herum gruppierte sie sich, von denen die älteste die Nikolaikirche am Markte der Altstadt ist, dem Heiligen der Fischer geweiht. Sie hat keine Vorgängerin, erhebt sich nicht über den Trümmern römischer Tempel oder über den Andachtsstätten heidnischer Germanen, ungeweiht rauchte die feuchte Erde in dem gewaltigen Kirchturm empor. Es war hier nicht wie in der Heimat, wo zwischen den Hütten und Feldern der Bauern und den Marktbuden der Krämer ein bescheidenes Heiligtum sich erhob, zuerst aus Holz, dann, nach einem Brande vielleicht, teilweise aus Stein, allmählich verschönert durch die Prachtliebe eines Bischofs und die Opferfreudigkeit der Gläubigen; hier galt es, eilig dem heimischen Gott ein würdiges Haus zu bauen. Die Stralsunder richteten sich auf der Insel ein wie auf einem Schiff, dessen Masten die Kirchtürme waren, überragend hoch, weit sichtbar in der Wildnis des Meeres. Da die Küste keinen Haustein lieferte, baute man mit Backsteinen, deren rötlich-violette Glutfarbe für den fehlenden Zierat aufkommt. Den schönsten Schmuck der Mauern bilden die breiten und hohen Fenster, gigantischen Harfen gleichend, die die Finger des Meersturms zu erwarten scheinen, um den heiligen Raum mit schauerlichen Akkorden zu erfüllen.

Die äußere Erscheinung der Nikolaikirche wird dadurch mitbestimmt, daß sie mit dem Rathaus und einigen Häusern zusammengewachsen ist und mit Dach und Türmen über sie hinausragend um so gewaltiger sich darstellt. So wächst der mittelalterliche große Mensch aus dem Schoß seines ihm nahgesellten Volkes, von ihm gestützt und zugleich es führend und beherrschend, desto mächtiger, weil es eins ist mit vielen Brüdern, und nicht weniger einzigartig.

Rechtwinklig zu den Türmen, die Querwand des Marktes bildend, der wie ein geschlossener Saal wirkt, zieht sich die Front des Rathauses hin, das schon gleichzeitig mit der Nikolaikirche entstanden ist. Über dem ersten Stockwerk, das von einem spitzbogigen Gewölbe getragen wird, erhebt sich eine hohe Bekrönung, die nur der Augenweide dient, ein Überschwang des Stolzes und der Lust, welcher für die regierende Aristokratie charakteristisch ist. Sechs hohe Ziergiebel, von sechs spitzen Türmchen getrennt und umgeben, steigen über dem eigentlichen Gebäude auf, gegliedert durch drei Reihen schmaler gotischer Fenster, von denen je zwei durch einen Rundbogen verbunden sind. Dies durchbrochene Diadem gibt nicht nur dem Rathause, sondern dem ganzen Platz einen phantastischen Reiz. Seine Unbeweglichkeit steht im Gegensatz zum Licht, das hindurchflimmert, seine Zwecklosigkeit an einer Stelle, wo man mehr Zweck erwartet, gibt ihm etwas Traumhaftes. Aus dem Gewölbe des Rathauses führt ein Durchgang zum Hauptportal der Nikolaikirche. Ihr Inneres wirkt weniger schwer, als das Äußere erwarten läßt, aber einheitlich mächtig. Es ist der übermenschliche, gerechte, allweise Gottvater, dessen Dasein wir hier spüren, in dessen Bezirk sich die Menschen zur ewigen Ruhe legten, die ihr Lebenlang mit den heillosen Elementen gekämpft hatten. Ein Gekreuzigter mit ernstem, nordischen Antlitz hing wohl einst am Triumphkreuz über dem Lettner; eine zarte Madonna beugt ihr Haupt unter der schweren Krone; geschnitzte Altäre voll dramatisch bewegter Figuren, eine feierliche Anna selbdritt, das sind die Wächter des toten Volkes, über deren Grabplatten die Lebenden, betend oder betrachtend, hinschreiten.

Die Jakobikirche, deren Wirkung von ihrem einen imposanten Turm ausgeht, schließt die innere Böttcherstraße ab. Breit im Viereck aufsteigend wie die Türme der Nikolaikirche, geht er mit dem letzten Stockwerk in ein achteckiges über, das zwei Türmchen flankieren, und das eine schnurrige Kupferkappe bedeckt. Ihr metallisches Grün flammt gegen den grauen Himmel und die rötlichen Ziegel. Den Mittelpunkt der Neustadt bildet die grandiose Marienkirche, der die Neuzeit ihre architektonische Umgebung, gleichsam den Mantel, der sie mit malerischem Faltenwurf umgab, abgerissen hat, so daß sie nun von allen Seiten zugänglich auf leerem Platze daliegt, während sie sonst dem Auge nie ganz faßbar war wie alles ganz Große. Die zierliche Apolloniakapelle neben dem Thor verdankt einer charakteristischen Begebenheit ihre Entstehung.

Das stralsundische Kirchenwesen stand unter der Leitung des Archidiakonen von Triebsees, der Stellvertreter des Bischofs von Schwerin war. Mit solchen Posten pflegte der Adel versorgt zu werden, der seine ritterlich-weltlichen Gewohnheiten deswegen nicht ablegte. Im Anfang des 15. Jahrhunderts hatte die Würde Kord Bonow inne, aus einer alten rügen-pommerischen Adelsfamilie, der am Hofe Herzog Wratislaws VIII. sehr gern gesehen war, am meisten von der Herzogin Agnes, einer geborenen Prinzessin von Sachsen-Lauenburg. Er war zugleich erster Geistlicher an St. Nikolaus und Kirchherr zum Sunde. Wegen einer Münzverschlechterung, die damals eingerissen war, geriet Kord Bonow mit der Stadt in Streit, und da er mit Worten und Drohungen nichts erreichte, überfiel er sie mit seinem adligen Anhang, etwa dreihundert Berittenen. Nach der Art, wie damals Fehden geführt wurden, fügten sie den Bürgern und Bauern allen erdenklichen Schaden zu, führten das Vieh fort, brannten, plünderten und mordeten. Das zur Wut gereizte Volk ergriff, um sich zu rächen, 16 Priester und schleppte sie zur Aburteilung vor den Rat; da dieser sich auf nichts einließ, übte die Menge selbst Gericht, zündete auf dem Markt ein Feuer an, las aus den gefangenen Priestern drei aus und stieß sie in die Flammen. Man nannte dies Ereignis den Pfaffenbrand am Sunde. Der Bischof von Schwerin verhängte Bann und Interdikt über Stralsund; allein der Papst nahm für die Stadt Partei und hob das Interdikt unter Exkommunikation des eigenmächtigen Bischofs auf. Zur Sühne mußte jedoch auf dem Platz, wo die Geistlichen verbrannt worden waren, eine Kapelle errichtet werden, und dies ist eben die Apolloniakapelle neben der Marienkirche.

Dem eigentlich Schuldigen, Kord Bonow, der frei ausging, war von ganz anderer Seite ein gewaltsames Ende bestimmt. Nach dem Tode des Herzogs führte seine Witwe die vormundschaftliche Regierung für ihre beiden unmündigen Söhne, wobei ihr ein Regentschaftsrat zur Seite stand. Mitglieder desselben waren außer Kord Bonow und anderen Geistlichen der Marschall des Landes Wolgast Degener Buggenhagen, Raven Barnekow, der Vogt zu Wolgast und zwei Herren des Rats von Stralsund; keiner von ihnen hatte soviel Einfluß wie Kord Bonow, der Geliebte der Herzogin. Sein willkürliches Regiment machte ihm Feinde, unter denen Buggenhagen der erbittertste war. Haßte er ihn vielleicht als Nebenbuhler in der Gunst der Herzogin? Oder wollte er ihre Ehre rächen? In dem Dorfe Groß-Kiesow bei Greifswald, sei es daß er ihn zufällig dort traf oder ihn dahin gelockt hatte, stieß er ihn nieder und entfloh nach Stralsund. Dort konnte ihn die Rache der Herzogin nicht erreichen; aber in unbegreiflicher Sorglosigkeit begab er sich selbst in Gefahr. Vielleicht gehörte er zu jenen Menschen, denen gesunde Kraft ein Gefühl unantastbarer Sicherheit gibt, vielleicht glaubte er das gewohnte Hofleben nicht länger entbehren zu können, vielleicht zog ihn heimliche Leidenschaft in die Nähe seiner fürstlichen Feindin; er gab dem inzwischen zur Regierung gekommenen Herzog Wratislaw IX. seinen Wunsch nach Versöhnung zu erkennen. Der junge Herzog erklärte sich bereit, soviel an ihm sei, das Vorgefallene zu verzeihen und versprach, auch bei seiner Mutter Fürbitte für den Marschall einzulegen; vor den Toren Stralsunds bei einer Mühle in der Triebsees-Vorstadt sollte eine Zusammenkunft stattfinden, wozu der Herzog dem Marschall freies Geleit zusicherte.

Der Herzog, der mit Gefolge erschien, lud den Marschall zur Tafel; da der sich setzen wollte, hörte er im Garten Schritte und Waffen klirren, stutzte und wollte, plötzlich Verdacht schöpfend, entfliehen. Das aber verhinderten die Begleiter des Herzogs, von denen einer dem Überraschten einen Hieb auf den Kopf versetzte; die Ankommenden brachten ihn vollends um. Ob der Herzog mit dem Morde einverstanden war, wurde nicht klar; an der Spitze der Verschworenen stand Henneke Behr von vornehmstem rügenschem Adel, auch zwei Zepelin waren dabei, ein von Wengelin, ein Bockholt, ein von dem Berge. Die Städte Stralsund und Greifswald, nicht der Herzog verfolgten die Mörder und fingen sie nach viel Kampf und Mühe; Behr wurde auf dem Schauplatz seiner Tat gerädert.

Alle Begebenheiten nahmen in Stralsund etwas heidnisch Wildes, Übermäßiges an. Ihre Geschichte war für Sänger, deren Balladen das Grollen der Brandung begleitete. Sie hatten weit weniger Klugheit und Besonnenheit als Lübeck und mehr ungebändigte Leidenschaft, dementsprechend hatten sie wohl einzelne Erfolge, aber nicht die regelmäßige Ernte einer folgerichtig zusammenhängenden Politik.

An Feinden fehlte es nicht: Da war Dänemark und später Schweden, dann die Landesherren, die Herzöge von Pommern, Erben der Fürsten von Rügen, und schließlich die Kurfürsten von Brandenburg, die sich als Erben der Herzöge von Pommern betrachteten. Solchen Mächten gegenüber hatte Stralsund keinen Schutz als das Bündnis mit anderen in ähnlicher Lage sich befindenden Städten. Im Jahre 1278 kam die Einigung zwischen fünf Städten, Lübeck, Wismar, Rostock, Stralsund und Greifswald zustande, aus dem die macht- und ruhmvolle Hanse hervorging. Etwa dreihundert Jahre lang vermochte diese Städteverbrüderung nicht nur dem Neid und der Herrschsucht der fürstlichen Nachbarn zu widerstehen, sondern ihren Einfluß über den ganzen Norden und den Glanz ihrer Freiheit, ihres Reichtums, ihrer Siege über das Abendland zu verbreiten.

Nachdem die Hanse im Jahre 1370 den mächtigen Dänenkönig Waldemar, den letzten Sprossen des alten dänischen Königsgeschlechts in neunjährigem Kriege besiegt hatte, wurde in Stralsund der Friede abgeschlossen, der die Übermacht der Hanse über Skandinavien feststellte. An der Friedensurkunde, die noch im Ratsarchiv zu Stralsund verwahrt ist, hängen 31 Siegel verbündeter Städte. Der dänische Reichsrat durfte danach keinen König ohne Einwilligung der Hanse wählen.

In dieser Zeit der Machtfülle war Bürgermeister von Stralsund Bertram Wulflam, dessen Haus mit dem zackigen Außengiebel noch jetzt, wenn auch durch Umbau entstellt, dem Rathause gegenübersteht. Er war der vollendetste Repräsentant jener Stadtkönige, die an der Spitze des Rats ihr Reich mit unumschränkter Gewalt beherrschten. Die Großkaufleute des Mittelalters in den bedeutenderen Stadtrepubliken waren oft weitblickende und welterfahrene Männer. Die Reisen, die sie zu diplomatischen Zwecken machten, waren gefährliche Wagnisse, dazu verantwortungsvoll, kostspielig und anstrengend, keine Vergnügungen, sondern Aufgaben. Die

Bürgermeister und Ratsherrn waren Anführer im Kriege, mußten also in den Waffen geübt sein. Ihre Interessen fielen so durchaus mit den Interessen der Stadt zusammen, daß darin eine Bürgschaft für die Gesamtheit zu liegen schien, es werde für aller Wohl aufs beste gesorgt. Allein die menschliche Natur ist so beschaffen, daß sie unverantwortliche Macht auf die Dauer nicht erträgt, sondern den Versuchungen erliegt, die sie mit sich bringt. Die Herren begannen ihre bevorzugte Stellung zu mißbrauchen, die Gemeinde nicht mehr zu befragen, ihre Wünsche nicht mehr zu berücksichtigen; gleichzeitig erstarkten die Handwerker, deren Arbeit die Blüte der Stadt befördern half, begannen sich zu fühlen und verlangten einen Ausdruck ihrer gesteigerten Kraft im Regiment. Anlaß dazu gaben gewöhnlich vermehrte Ausgaben, wie sie in Stralsund allein schon die kriegerische Politik mitbringen mußte.

Vertrat die Aristokratie Bertram Wulflam, so fand die Bürgerschaft einen ausgezeichneten Vertreter in Carsten Sarnow, der auch an Kriegsruhm mit jenem wetteifern konnte. Wie oft nach Kriegen gewitterte es nach dem letzten großen Seekriege noch fort; Kampf- und Raublustige machten auf eigene Faust das Meer unsicher und wurden von den Stralsundern als Seeräuber betrachtet. Dabei war der hohe dänische Adel und auch die rügensche Ritterschaft beteiligt. Waldemar I. von Dänemark hatte vor 200 Jahren die Insel Rügen unterworfen; seitdem verhielt sich ein Teil des dortigen Adels neutral, aber viele andere, zum Beispiel die Moltke, die Rittmann von der Lanken, die von der Osten, verschmähten es nicht, Dienst und einträgliche Ämter von Dänemark anzunehmen. Die Putbus stellten sich im allgemeinen gut zu Stralsund; auch war die gerüstete Seestadt so gefürchtet, daß, als Henning Putbus, der Günstling Waldemars IV. Atterdag, in Abwesenheit des Königs Reichsverweser wurde, sein Vater Barante Stralsund gegenüber jede Gemeinschaft mit seinem Sohne ableugnete. Bertram Wulflams Sohn, der stolze und übermütige Wulf Wulflam, zog vergeblich mit einer Flotte gegen die Seeräuber aus, um so größeren Beifall errang der Sieg, den Carsten Barnow über sie davontrug. Im Frühling des Jahres 1391 zog der junge Ratsherr im Triumph ein mit dem bizarren Gefolge von hundert rollenden Tonnen, aus denen die Köpfe der darin eingesperrten Piraten hervorstarrten. Man hatte diese Art, Gefangene zu verwahren, von den Seeräubern selbst gelernt. Liebling des Volkes und Träger seiner Ansprüche, trat Carsten Sarnow als Bürgermeister dem alten Wulflam entgegen; es handelte sich hauptsächlich darum, Einblick in die Führung der Finanzen zu gewinnen; aber der Patrizier betrachtete es als eine Erniedrigung, dem Volke Rechenschaft abzulegen, und bestand auf seiner Unverantwortlichkeit. Seine Unbeugsamkeit erbitterte die Menge; sie hätte sich an ihm vergriffen, wenn nicht Carsten Sarnow den fast Achtzigjährigen beschützt hätte. Bertram Wulflam starb in der Verbannung, aber seine Familie erzwang sich die Rückkehr und die Rache. Der tote Bürgermeister, so erzählt man, wurde auf seinen Stuhl im Rathause gesetzt, damit dem Leichnam die Ehre zurückgegeben würde. Carsten Sarnow hatte keine »Gefrunden« und stützte sich mehr auf die Gemeinde als auf die Ämter, wie hier die Zünfte genannt wurden; so konnte es kommen, daß er ein Opfer der Wulflamschen Partei wurde. Er wurde auf dem Markte enthauptet, nur zwei Jahre nachdem er auf derselben Stelle als Sieger umjubelt war. Die veränderte Verfassung, durch welche die Handwerker Anteil an der Regierung bekommen hatten, wurde aufgehoben, und das unumschränkte Regiment der Patrizier wiederhergestellt.

In Bertrams Sohne Wulf, auf den sein Einfluß und seine Stellung sich vererbten, waren die Eigenschaften des Vaters ins Schadenstiftende und Verbrecherische gesteigert. Auch sein Reichtum überstieg den des Alten und sein fürstlich verschwenderisches Aufsehen ging über das Herkömmliche hinaus. Bei seiner Hochzeit mit Katharine von Gildehusen war vom wulflamschen Hause aus ein Läufer von feinstem englischem Tuch quer über den Markt bis zur Nikolaikirche gelegt. Zu seinen Freunden gehörte Starke Suhm aus rügenschem Adelsgeschlecht, mit dem er sich aus unbekanntem Grunde entzweite. In seinem Auftrage wurde Starke Suhm, als er mit seinem Sohne Thorkel über die alte Fähre setzte, von Mitfahrenden ermordet. Dem Mitleid des Fährmanns soll der Sohn zu verdanken gehabt haben, daß er am Leben blieb. Wulf Wulflam verfiel der Blutrache, indem Thorkel Suhm ihn auf dem Kirchhof zu Bergen auf Rügen am 1. November 1409 ermordete. Die Stadt Stralsund führte deswegen eine Fehde mit dem ganzen Geschlecht der Suhm, bis im Jahre 1414 durch Vermittelung des Herzogs Wratislaw

VIII. ein Vergleich zustande kam, von dem aber Thorkel ausgeschlossen war. Die Suhm mußten zur Sühne die Hand des ermordeten Wulf mit 200 Rittern und Knappen und 200 Frauen und Jungfrauen nach St. Nikolai zu Grabe tragen. Mit dem Geschlecht der Wulflam ging es schnell bergab, das Stammhaus wurde schon ein Jahr nach seinem Tode durch den Vormund der Kinder verkauft, sein ältester Sohn aus erster Ehe starb durch Henkershand.

Noch einmal hatte Stralsund einen Bürgermeister wie Bertram Wulflam in der Person des Otto Voge aus alter Patrizierfamilie. Er wußte sich und Stralsund in langen, wechselvollen Kämpfen und Ränken mit den pommerschen Herzögen zu behaupten. Unter ihm wurde der rügensche Landvogt Landarzt Raven Barnekow beschuldigt, er habe die Stadt durch Verrat dem Herzog überliefern wollen, und obwohl er bis zuletzt seine Unschuld behauptete, von Pferden durch die Stadt geschleift und vor dem Tore gerädert.

Es kam die Zeit, wo vielfach veränderte Lebensbedingungen, der Übergang von der Natural- zur Geldwirtschaft, vermehrter Steuerdruck und wachsende Macht der Fürsten sich mit der protestantischen Bewegung verbanden, die in ihren Anfängen als der letzte große Aufschwung des germanischen Freiheitsgedankens anmutet. Die Stralsunder waren niemals sehr kirchlich gewesen, sie waren geborene Protestanten und betrachteten das Wesen und Unwesen der Geistlichkeit mit Unwillen. Mit der Annahme des Evangeliums ist der Name eines Mannes verknüpft, in dem sich mittelalterliche Kraftüberfülle mit der Nachdenklichkeit und dem nach innen gewendeten Blick des modernen Menschen verband. Franz Wessel, später Bürgermeister, begab sich mit zwölf Jahren, nachdem er sich die damals erreichbare Schulbildung angeeignet hatte, auf Reisen; so unbegreiflich schnell reifte die ganz aufs praktische gerichtete Zeit ihre Söhne. Einundzwanzigjährig erlebte er bei Gelegenheit einer Pilgerreise in Spanien die Krönung Philipps des Schönen, des Vaters Karls V. Der Stärke seines religiösen Triebs entsprach die Kraft und Sinnenfreude seines Körpers, den er in verschiedenen schweren Krankheiten, die ihn als Kind befielen, erprobt hatte. Er war Meister in allerlei verblüffenden Künsten: leerte volle Humpen in einem Zuge, zerbiß und verschluckte Glas, sprang aus einer leeren Tonne in eine andere und prunkte damit vor seinen Freunden bei Festen und Gelagen. Dazwischen unternahm er wieder Wallfahrten; aus ähnlichem Stoff gemacht sind manche Heilige, die sich aus leidenschaftlichem Genuß heraus plötzlich mit Leib und Seele dem Göttlichen ergaben. Bei Wessel war der Verlauf maßvoller, so daß der Jugendübermut sich legte und die Pflichten gegen Stadt und Familie seine Fähigkeit und seine Seele ganz in Anspruch nahmen. Mit der neuen Lehre nahm er es sehr ernst, durch das Studium der Bibel überzeugte er sich von ihrer Wahrheit.

Wie fast überall hielten sich die Geschlechter anfangs zurück, um so mehr als die Handwerker ihre alten Forderungen erneuerten. Im Verein mit den Neugläubigen drangen sie in den Rat und setzten es durch, daß ein Ausschuß von 48 Bürgern der Regierung angegliedert wurde, insbesondere zur Überwachung der Finanzen. Die Unzufriedenheit des alten Rats und seiner Anhänger mit der neuen Einrichtung führte beständig zu neuen Unruhen, bis endlich auf dem Markt ein blutiger Zusammenstoß drohte. In diesem gefährlichen Augenblick sprang Ludwig Fischer, ein Freund Wessels, auf eine von den Fischbänken indem er rief: »Wer bei dem Evangelium bleiben will, lebendig oder tot, der komme hierher auf diese Seite.« Entschlossenheit macht Entschlossene; die Mehrzahl erklärte sich für ihn, und der vollständige Sieg des Protestantismus war dadurch gesichert. Auf sozialem Gebiete jedoch gab es wie alle anderen Male eine Reaktion; der unglückliche Krieg Lübecks gegen Dänemark, an dem das Volk von Stralsund die Beteiligung erzwungen hatte, lieferte den Vorwand zur Wiederherstellung des alten Rats.

Franz Wessel empfing als Bürgermeister Herzog Philipp I. von Pommern, als er nach Stralsund kam, um die Huldigung entgegenzunehmen. Das sundische Gefolge trug rote Uniform mit schwarzem Samt verbrämt und die Buchstaben G. W. B. E. – Gottes Wort bleibt ewig – auf den Ärmeln. Die Kosten der Festlichkeit beliefen sich auf 3000 Gulden. Als Wessel als Taufpate des erstgeborenen herzoglichen Kindes den Besuch erwiderte, schenkte er wie ein König. Trotzdem ging es abwärts mit dem Edlen Sunde – so nannte man Stralsund – wie mit der Hanse. Es war ein bedenkliches Zeichen, daß sich Stralsund im Jahre 1563 an dem Kriege gegen Schweden nicht beteiligte, sondern vorzog, sich Vorteile zu verschaffen, indem es den alten Feind heimlich begünstigte. Die inneren Wirren zwischen Rat und Bürgerschaft hörten nicht auf; Herzog Philipp Julius wußte sie zu benutzen. Erbittert auf die reiche Stadt waren die hungrigen Herzöge von jeher gewesen; Philipp Julius spritzte seine Wut in Wort und Tat aus. Er fand einen überlegenen Gegner in dem letzten großen Staatsmann von Stralsund, Lambert Steinwich, einem geborenen Düsseldorfer, der mit etwa dreißig Jahren in den Dienst der Stadt getreten war. Als der Herzog stralsundische Güter überfiel und plünderte, veranlaßte Steinwich eine Klage wegen Landfriedensbruch beim Reichsgericht, die den gewünschten Erfolg hatte. Dadurch aufs äußerste gereizt, verband sich der Herzog mit den unzufriedenen Volksmassen, zog als Schiedsrichter in Stralsund ein, entsetzte den Bürgermeister, mehrere Ratsherren und den Syndikus, nachdem er sie Schelme, des Galgens wert, genannt hatte, ihrer Ämter und unterwarf die Stadt seiner Oberhoheit. Der von ihm eingesetzte neue Rat empfand diese bald als sehr lästig und vermißte Lambert Steinwich. Seinerseits erlaubte der Herzog dessen Wiederanstellung, weil er von ihm eine Besserung der Finanzlage erhoffte; es war ein Verhältnis, das an den Freiherrn von Stein erinnert, dessen Zurückberufung aus ähnlichen Gründen sowohl von seinen Freunden wie von Napoleon, seinem Feinde, betrieben wurde. Kaum wieder im Amte, wurde Steinwich zum Bürgermeister gewählt, gab aber seine Stelle als Syndikus nicht auf und übernahm noch dazu die des Syndikus der Hanse. Seine Arbeitskraft muß seiner Begabung gleich gewesen sein. Bald danach endete Herzog Philipp Julius schmählich; um seine Schulden loszuwerden, war er bereit, die Insel Rügen den Dänen zu verkaufen, als der Tod den Kinderlosen wegraffte. Sein Nachfolger, Bogislav XIV., hatte an Schuld oder Verdienst nur das, der letzte Herzog von Pommern zu sein; von allen Seiten drängten sich die Prätendenten an das Land am Meer, um es womöglich noch bei seinen Lebzeiten zu besetzen, Dänemark, Schweden, Brandenburg, Wallenstein im Namen des Kaisers. Wallenstein, damals Herzog von Mecklenburg und Admiral, meerbeherrschenden Träumen hingegeben, wollte die deutschen Nachbarländer und die skandinavischen in seiner Hand vereinen; im Besitz Stralsunds hätte er sich fast als Erbe der Hanse gefühlt. Die Umsicht und Tapferkeit Steinwichs rettete Stralsund vor der entsetzlichen Verwüstung, die Pommern durch die kaiserlichen Heere erlitt; indem sie Wallenstein widerstand, errang die untergehende Stadt sich die letzte Ruhmeskrone, in der sich alles Licht der Vergangenheit gesammelt hat. Ihre Unabhängigkeit zu bewahren war unmöglich; denn ohne Unterstützung wäre sie dem Wallensteinschen Heer nicht gewachsen gewesen, und der einzige selbstlose Freund, die Hanse, versagte; so wählte sie unter den sich zudrängenden gefährlichen Helfern Gustav Adolf von Schweden. Der großmütige König fiel und Stralsund blieb anderthalb Jahrhunderte schwedisch. Zur Zeit der französischen Fremdherrschaft trank der Edle Sund noch einmal das Blut eines deutschen Helden: Ferdinand von Schill, der sich der Stadt bemächtigt hatte, fiel im Straßenkampfe gegen die zurückkehrenden Franzosen. Lange blieb die Stelle in der Fährstraße, wo er starb, unbezeichnet; da Schill nicht auf Befehl des Königs, sondern aus eigenem Drange den Kampf gewagt hatte, getraute sich das deutsche Volk kaum ihn zu verehren, geschweige denn seiner Verehrung Ausdruck zu geben. Herrliche Denkmale jedoch alter, stolzerer Zeit umgeben den Schauplatz seines Todes: unfern ist das Knieper Tor, breit, klotzig, mit stumpfem Ziegeldach, das Johanniskloster, älter noch als die Stadtmauer, an die es angrenzt, ein Stück Vergangenheit am Wege, jetzt Armenhaus mit kleinen grünüberwachsenen Fachwerkhäusern, dem Kreuzgang und dem stillen Vorhof der schlichten Kirche. Einige Schritte weiter hinunter öffnet sich der blaue Glanz des Meeres; vielleicht vernahm der Sterbende die Stimme des freien Elements, das seine Seele empfing. Auf dem Friedhof St. Jürgen, dessen Name an das alte Kloster St. Jürgen am Strande erinnert, wo die Pestkranken verpflegt wurden, bis die Gebäude zur Zeit der Wallensteinschen Belagerung abgerissen werden mußten, auf diesem Friedhof ist der Rumpf Schills bestattet. Die Aufschrift des Grabsteins hat das lapidare Pathos, das die lateinische Sprache auszudrücken vermag.

Die neue Zeit hat Stralsund viel genommen, es aber nicht so entstellt wie viele andere Städte. In der Hauptsache ist das Stadtbild kaum verändert. Meer und Stürme umbrausen wie einst das Schiff mit den hohen roten Masten, die weithin leuchten, aber nicht wie einst schallt triumphierende Antwort vom Deck her ... das Heldenlied ist aus.

Wismar

Es wird Abend und das Boot nähert sich der Küste. Graue Wolken haben sich gesammelt und die Inseln hinter mir verschlungen, in der Nacht wird es regnen; die Bootsleute halten inne, lassen das Wasser von den Rudern tropfen und blicken gedankenlos auf die Stadt, die aus dem Meere steigt. Seltsames Bild, wie hingemalt von den Fingern eines Träumenden an den Horizont. Die allzuhohen Türme, die aneinandergedrängten Dächer haben nichts Körperliches, und der kühle Hauch, der von der Erscheinung ausgeht, kündet Geisternähe an. Ist das Vineta, von der die Chroniken dunkel berichten? Hat die schaurige Stunde geschlagen, in der, einmal vielleicht in hundert Jahren, das Begrabene und Versunkene auftaucht? Ja, aus dem Meere kommt diese Fabelstadt, eingehüllt in die Feuchte der unerforschten Tiefe, die das Glutrot ihrer Steine dämpft. Kein Lärm dringt aus den Gassen oder vom Hafen her, wo es sonst in Seestädten so ausgelassen zugeht; diese Häuser scheinen von lautlosen Tränen überströmt zu sein. Ein altes Tor mit hochgerecktem Stufengiebel winkt zum Eintritt; darf man ihm trauen? Was geschieht dem Lebendig-Sterblichen, der den Zauberkreis betritt? Es scheint plötzlich, als sei das Tor ein garstiger Kobold mit äffender Fratze. Rieselt und rauscht es nicht dahinter? Vernahm ich nicht ein grelles, klirrendes Geschrei und dazwischen süße Akkorde, wie wenn Meerweiber sich vergnügten? Sie locken die Irdischen in die tote Stadt und um Mitternacht müssen sie mit ihr hinunter, den gefräßigen Fischen zur Beute.

Erklärt sich die Schwermut, die über Wismar liegt, nur aus dem Verfall einer einst blühenden Stadt? Oder verbirgt sich ein Geheimnis ihrer Geschichte dahinter? Und wie kommt es, daß eine Stadt, die sich einmal so reich und mächtig darstellen konnte, so verkümmerte? Die Geschichte zeigt sie uns als von Anfang an im Besitz der mecklenburgischen Herren wendischen Ursprungs, die durch Kaiser Karl IV. in den erblichen Reichsfürstenstand erhoben wurden. Die deutschen Ansiedler, namentlich Friesen und Westfalen, die den Ort bevölkerten und rasch zur Blüte brachten, suchten sich der Landesherren nach Möglichkeit zu erwehren. Während Herzog Heinrich der Pilger im Heiligen Lande verschollen war, zog der Rat von Wismar nicht nur eine Mauer um die Stadt, sondern auch eine zwischen der Stadt und der Burg, wo die Herren residierten, sie von der Stadt gleichsam ausschließend. Als nun Herzog Heinrich nach mehr als zwanzigjähriger Gefangenschaft aus dem Morgenlande heimkehrte, war er darüber sehr ungehalten, und es entspann sich ein Streit, der durch Lübecks Vermittlung in der Weise beigelegt wurde, daß Wismar dem Herzog seine Burg abkaufte, ihm aber eine andere zwischen den Kirchen Marien und Georgen baute. Die Stadt bedang sich aus, daß die Burg nie befestigt werde, und daß Verbrecher kein Asyl dort finden, noch Bürger der städtischen Gerichtsbarkeit entzogen werden dürften. An Stelle der neuen gotischen Burg errichtete Herzog Johann Albrecht I. zur Feier seiner Hochzeit im Jahre 1555 einen Renaissance-Bau, den Fürstenhof. Der Herzog war ein Liebhaber der Baukunst und insbesondere der Renaissance; er bekümmerte sich eingehend um das neue Werk und ließ sogar ein Franziskanerkloster in Schwerin abtragen, um die Steine dazu zu benutzen. Den berühmten Leiter der größten Formziegelei in Lübeck, Statius von Düren, bewog er, seine Tätigkeit dem Schloßbau in Wismar zu widmen. Der Längsbau mit stattlichen Portalen, reich dekoriert mit Faunen, Girlanden, Fruchtkränzen, Cäsarenköpfen und einem den Trojanischen Krieg darstellenden Fries verrät mehr den deutschen Charakter der Erbauer als den des italienischen Musters. Durch neuere Wiederherstellung ist die Ursprünglichkeit des alten Baus mißverständlich ausgeglättet.

Gegen das Ende des 14. Jahrhunderts brachte Wismar wesentliche Regierungsrechte an sich, nämlich die Vogtei, das Gericht und die Münze; obwohl es sie nur pfandweise erwarb, hat es sie doch 500 Jahre, bis zum Ende des 19. Jahrhunderts behalten. Ebenso glückte die Ausschaltung der Geistlichkeit. Der Bischof von Ratzeburg, zu dessen Diözese Wismar gehörte, mußte auf das Patronatsrecht der Schulen verzichten, das ein Herzog ihm schenkte, nachdem dessen Mutter es bereits dem Rat von Wismar abgetreten hatte. Ferner erhob der Rat zum Gesetz, daß weder ein Bischof, noch eine geistliche Bruderschaft, noch irgendein Geistlicher eine Wohnung in der Stadt kaufen oder sonst erwerben dürfe, und die Klöster, die damals schon Höfe in Wismar besaßen, mußten sich verpflichten, keinen Herren, Ritter oder Verdächtigen zu beherbergen, und wenn sie verkauften, es nur an Bürger zu tun.

Im Jahre 1259 schlossen Lübeck, Rostock und Wismar das denkwürdige, gegen Seeräuber gerichtete Bündnis, das ein Ausgangspunkt der Hanse wurde. Innerhalb der Hanse gehörte Wismar zu den wendischen Städten, von denen es die schwächste war. Der Wohlstand der Bürger, der eine Zeitlang bedeutend war, beruhte auf der Schiffahrt, auf der Brauerei und der damit verbundenen Böttcherei, auf der Wollenweberei; auch Ackerbau wurde betrieben. Der Handel beschränkte sich hauptsächlich auf die Ausfuhr des Bieres und auf die Einfuhr von Heringen; soviel wie möglich blieben Erzeuger und Verbraucher in unmittelbarer Beziehung.

Der wirtschaftliche Niedergang um 1500 betraf alle Städte, Wismar aber besonders durchgreifend und unaufhaltsam. Die Brauerei, die, was die Häufigkeit des Brauens und den Verbrauch an Malz betraf, von der Obrigkeit abhing, wurde um die Mitte des 15. Jahrhunderts von 182 Bürgern betrieben, gegen Ende des 17. Jahrhunderts noch von 85, am Ende des 18. Jahrhunderts noch von acht Bürgern; jetzt ist sie ganz eingegangen. Ebenso ging die Wollenweberei zurück. Unter schwedischer Herrschaft litt Wismar sehr unter Kriegen, um endlich durch den Siebenjährigen Krieg völlig ausgesogen zu werden. Allmählich beginnt es wohl, seine Verarmung zu überwinden, aber nicht die Schwermut seiner Erscheinung.

Mehr als die Daten der Geschichte verraten uns Wismars Bauten über sein Schicksal. Gewaltig ragen die drei Hauptkirchen aus der Stadt empor, St. Marien und St. Georg in der Nähe des Marktes, St. Nikolaus am Hafen, dem Patron der Schiffer geweiht. Herausfordernd hingeworfen, wie um sich untereinander und alle Kirchen der Nachbarorte zu übertrumpfen, deutet ihr Übermaß um so mehr auf unbeherrschten Übermut, als Wismars Reichtum und Stellung so stolzen Plänen nicht entsprach. Sie erwecken den Gedanken an sagenhafte Städte, deren Bewohner frevelmütig ihre Straßen mit Gold deckten, bis der Zorn Gottes sie schlug und in Berg oder Meer versenkte. Turm und Chor der Ratskirche St. Marien beherrschen den Markt, obwohl sie etwas abseits davon liegt. Umgeben von der malerischen Gruppe der Pfarrei und anderen alten Bauten, tritt der gotische Backsteinbau dem Näherkommenden überraschend entgegen. Seine Einfachheit bei allem Zierat farbiger Glanzziegel, Bänder und Fialen macht, daß die architektonische Idee packend und interessant, wie das Skelett eines riesigen Urgeschöpfes hervortritt. Vom Markt aus muten die auf den Chor gestützten Strebepfeiler an wie die Beine einer versteinerten Riesenspinne. Wohltuend ist die sanftglühende Farbe des Backsteins im Innern, das dadurch, trotz der großen Verhältnisse, nicht kalt und leer wirkt. Der Umstand, daß, wie in allen Kirchen nordischer Seestädte, der Boden mit Grabplatten bedeckt ist, läßt uns ihre Bedeutung für die damaligen Menschen nachfühlen. Die Namen der Geschlechter, unter denen oft das Bild eines Schiffes eingegraben ist, haben für uns einen fernher rauschenden, seltsamen Klang; damals, so klein wie jene Städte waren, riefen sie Wohlbekannte: Brüder, Freunde, Feinde, Nachbarn ins Gedächtnis. Die Kirche war der Friedhof, die Stätte der ewigen Ruhe und der dereinstigen Auferstehung; an das Mysterium des unentrinnbaren Todes knüpfte sich die frohe Botschaft des unsterblichen Gottes und seiner Himmel voll ewigen Lebens. Sie war das Haus Gottes und das Haus aller, eines jeden Bürgers zweites Haus neben dem vergänglichen, das er nur flüchtig besaß, das, wo er bis zum Jüngsten Tage ruhen würde. Grabsteine und Epitaphien erfüllen die weite Halle, besonders die Zeit des Barock weiß eine Fülle von Symbolen, Engel, Posaunen, Lanzen, Trommeln, Blumen und Früchte, zu prächtig dekorativen Werken der Kleinkunst zu verschlingen. Zwei bedeutende Grabmäler aus verschiedenen Jahrhunderten bewahrt die Marienkirche: die Bronzefigur der Herzogin Sophie, die an Werke des Vischer erinnert, und die in Holz geschnittenen und bemalten Figuren des schwedischen Generals Wrangel und seiner Frau. Durch ein überreich verziertes, reizendes Barockportal, das die Grabkapelle abschließt, sieht man die auf hohem Unterbau zunächstliegende Gestalt des Mannes und sein Gesicht im Profil, scharfgeschnittene, imponierende Züge. Das Ganze übt die eigenartige Wirkung aus, die die zugleich naturalistische und stilisierte Kunst des Barock hervorbringt.

Die Georgskirche liegt der Marienkirche überraschend nah. Bei einer Erweiterung der Stadt nach Westen wurde das Hospital für die Aussätzigen, das in Wismar, wie in jeder mittelalterlichen Stadt, vor den Toren lag, in das Gebiet innerhalb der Mauern einbezogen und mußte weiter hinaus verlegt werden. Das alte wurde abgebrochen, und da man die geweihte Stelle nicht zu weltlichen Zwecken gebrauchen mochte, errichtete man darauf die Kirche für die neue Stadt. Die Leprosenhäuser waren fast immer dem heiligen Georg geweiht; so wählte man ihn auch zum Patron der neuen Kirche. Die, welche wir jetzt sehen, stammt aus dem 15. Jahrhundert; von der um hundert Jahre früher erbauten ist der Chor stehengeblieben, da die Mittel, das in ungeheuren Maßen angelegte Gebäude zu vollenden, der verarmenden Stadt ausgingen. Anstatt des Turmes, auf den ebenfalls verzichtet werden mußte, sitzt auf monumentalem Unterbau ein mit spitzer Kappe gedecktes Geschoß, das sich nur wenig über die Höhe des Daches erhebt. Der verhältnismäßig kleine Chor und das Fehlen des Turmes lassen den Rumpf des Kolosses desto gewaltiger hervortreten. Das Kircheninnere ist besonders schön bewegt und die Ausstattung reich. Die Wände weisen zum Teil Malerei auf: die beiden Titularheiligen St. Georg und St. Martin auf weißen Pferden, der eine den Drachen tötend, der andere seinen Mantel mit dem Bettler teilend. Über einem reichgeschnitzten Altar mit der Krönung Mariens schwebt hoch oben das von goldenen Flammen umzüngelte Triumphkreuz. An den Figuren begegnen einem oft Augen mit wunderlich kaltem, blankem Blick, wie die seelenlosen Meerwesen ihn haben mögen.

Die Nikolaikirche war bestimmt, die Marienkirche zugleich zu wiederholen und zu übertreffen. Ein Sturm im Jahre 1703 riß die hohe kupfergedeckte Spitze des Turmes ab, die im Sturz das Dach des Mittelschiffes zerschlug und Triumphkreuz, Lettner, Orgel und Chorgestühl zertrümmerte. Da keine Mittel vorhanden waren, das Zerstörte gleichwertig zu ersetzen, blieb das Innere seines edlen Schmuckes beraubt.

Sehr stimmungsvoll, mit niedriger bemalter Balkendecke ist der Saalbau der Hospitalkirche an der Lübischen Straße. Zwei Ordenskirchen, die der Franziskaner und die der Dominikaner, sind am Anfang und am Ende des 19. Jahrhunderts abgebrochen. Von den Backsteingiebeln der gotischen Zeit, wie sie auf alten Stadtbildern Wismars sich einer an den andern reihen, sind nur wenige übriggeblieben, breiter, schmuckfroher als die fachlich-kühlen Lübecks. Ein Kleinod, wie es wenige Städte aufweisen können, ist die Alte Schule, ein freistehender Langbau mit Giebeln an den Schmalseiten, der im Zierat bunter glasierter Backsteine prangt. Bewundernd sucht man sich vorzustellen, wie eine Stadt ausgesehen haben mag, in der alle Gebäude soviel anmutiger Pracht und solcher Monumentalität entsprachen.

Die beiden Punkte, wo man Wismar am besten in sich aufnimmt, sind der Hafen und der Markt. Wenn der Schleier der Dämmerung darüber fällt und das Grün des Kupferdachs der reizenden Wasserkunst kaum noch durch die silberne Luft schimmert, wenn der feste, kantige Turm der Marienkirche zum flachen Schatten wird, empfindet man die Öde des Platzes mit Grauen und glaubt ein Traumgesicht zu sehen, das in die Nacht zerfließen wird.

Lübeck

Im winzigen Städtchen Mölln gibt es ein kleines Museum voll allerlei Tandelkram, der dem beschaulichen Reisenden von einem alten treuherzigen Manne erklärt wird. Dieser uralte Löwe, sagte er, indem er ein Gießgefäß aus Messing in Form eines Löwen vorwies, wie sie früher in den Kirchen gebraucht wurden, trage nach der Überlieferung die Züge Heinrichs des Löwen, und er könne sich wohl vorstellen, setzte er hinzu, daß der mächtige Herzog so ausgesehen habe. Es war ein grandioses, etwas menschlich geratenes Löwengesicht. Ja, so sah er aus, es ist kein Zweifel, nicht so edelschön wie auf seinem Grabmal im Dome zu Braunschweig. Leidenschaftlich, herrschsüchtig, großmütig, wie ein Gewitter befruchtend und verderbend, so ist der Sachsenfürst über die niederdeutschen Lande hingezogen. Die tätigen und wohlwollenden Grafen von Schauenburg, von Herzog Lothar von Sachsen mit der Grafschaft Holstein belehnt, gründeten das alte und nach dessen Zerstörung das neue Lübeck in einer durch die umschließenden Flüsse Trave und Wakenitz gesicherten Lage. Die durch Adolf II. von Schauenburg gerufenen Ansiedler aus Flandern, Holland, Westfalen, Friesland brachten die neue Gründung trotz der gefährlichen Nähe feindlicher Wenden bald zur Blüte; gerade das aber erregte die zornige Eifersucht des damaligen Herzogs von Sachsen, Heinrichs des Löwen. Er fand durch diese schauenburgische Stadt seine ältere Stadt Bardewik, damals ein bedeutender Handelsplatz, beeinträchtigt, und da Graf Adolf sich weigerte, ihm die Hälfte der aus Lübeck erzielten Einkünfte abzugeben, entzog er ihr das Marktrecht. Zu diesem Schlage kam im Jahre 1157 eine vernichtende Feuersbrunst, was die hilflosen Lübecker bewog, an Herzog Heinrich mit der Bitte heranzutreten, er möge ihnen eine Stätte anweisen, wo Marktverkehr stattfinden dürfe. Er fand dies Ersuchen berechtigt und gründete weiter oben für die Bürger eine neue Stadt, die er Löwenstadt nannte, die aber, weil nur durch kleine Schiffe erreichbar, nicht gedieh. Da gab als der Klügere, wenn auch nicht Größere, Graf Adolf von Schauenburg nach und trat dem gewalttätigen Herzoge die Stätte des zerstörten Lübeck, Burg und Wohnplätze zwischen Trave und Wakenitz, ab. Eigentümer des Ortes geworden, betätigte Heinrich sich sofort als Förderer und Beschützer. Er erneuerte sein Leben, indem er ihm das Marktrecht gab, erteilte eine Verfassung, legte Münze und Zoll an, versetzte den Bischofssitz von Oldenburg nach Lübeck und gründete in Gemeinschaft mit dem von ihm ernannten Bischof Heinrich, der vorher Abt des Aegidienklosters in des Herzogs Stadt Braunschweig gewesen war, den Lübecker Dom. Ferner sorgte er dafür, daß Lübeck als Hafenstadt anerkannt wurde und in den bereits bestehenden Seeverkehr deutscher Kaufleute mit den nordischen Ländern eintrat, dessen Mittelpunkt damals die Stadt Wisby auf der Insel Gotland war. Den Goten von Wisby verlieh er das Recht der heimischen Kaufleute, verpflichtete sie aber zum Besuch seiner Stadt Lübeck.

Die Stadt Lübeck, der es nicht bestimmt war, Löwenstadt zu heißen, trägt keinen Zug des Herzogs, den sie von nun an als ihren Herrn und Gründer verehrte. Sie hat in ihrem Charakter nichts von seiner chaotischen Unberechenbarkeit, seiner Unbezähmbarkeit; es ist, als ob sie, so oft durch Feuer und Not geprüft, sich zur Bewußtheit und besonnenen Mäßigung entwickelt hätte. Es ist nicht zu verwundern, wenn Handeltreibende klug und umsichtig sind und die Grundlage ihres Wohlstandes, eben den Handel, zum Maßstab ihres Verhaltens nehmen; aber sie können durch Leidenschaft und Leichtsinn abgelenkt werden, was den Lübeckern schwerlich begegnete. Andererseits waren sie nicht nur Rechner und der Vorteil nicht ihr einziger Gesichtspunkt, sondern sie hielten stolz auf Recht und Ehre, und eben diese zwiefache Richtung ist für sie charakteristisch. Sie liebten es, ohne Tadel dazustehen und neigten dabei in ihrer Bewußtheit fast zum Korrekten; aber ihre Zurückhaltung und Selbstbeherrschung entsprang auch angeborener vornehmer Gesinnung. Dem Bürgermeister Heinrich Kastorp, der im Jahre 1488 starb, wird der gelegentliche Ausspruch zugeschrieben: »Lasset uns tagen! Die Kriegsfahne ist leicht ausgesteckt, aber schwer wieder einzuziehen!« Wenn sie aber den Krieg zu vermeiden suchten, und etwa auch zu diesem Zweck auf einen Vorteil verzichteten, sogar einen augenblicklichen Nachteil auf sich nahmen, so führten sie doch den Krieg, wenn sie ihn als notwendig erkannt hatten, entschlossen, kühn, großartig und siegreich. Als es sich um den Sundzoll handelte, den

Dänemark verlangte und die Lübecker nicht anerkannten, erklärte der Bürgermeister Bruskow: »Leven Herren, vii hebben upsoken laten alle unse breve, vii konen kein bewiisz finden, dat wii tollfrii siin im Sunde, sunder alleine, dat wii den nii hebben gegeven.«

Das Verhalten der Stadt gegen den durch Barbarossa geächteten Herzog Heinrich zeigt mehr als Korrektheit und auch mehr als Bewußtsein von Ehre und Pflicht aufrichtige Anhänglichkeit, daneben wohl auch den Wunsch, sich nach allen Seiten sicherzustellen. Sie verweigerte dem mächtigen Kaiser den Eintritt und bat, als er beharrte und drohte, um Erlaubnis, den Herzog, als ihren Herrn, der in Stade war, um seine Einwilligung fragen zu dürfen. Der Kaiser dachte groß genug, sie zu geben. Heinrich der Löwe, zur Strecke gebracht und sich verloren gebend, erkannte die Treue seiner Stadt an und gab sie frei, worauf Friedrich I. der nun königlichen Stadt das erste, hochgehaltene Privileg verlieh. Vergleicht man das Benehmen der Bewohner Lübecks mit dem derer von Bardewik, die den gefallenen Beschützer nicht nur nicht einließen, sondern verhöhnten, sieht man, wieviel Kultur, Geschmack, diplomatischer Verstand und Rechtssinn den Lübeckern eigen war. Charakteristisch ist es auch, daß sie die Gebietserweiterung, die das Privileg von 1188, ihre Grenze umschreibend, ihnen zugestand, nicht in Anspruch nahmen, vermutlich abwägend, ob gut nachbarliche Beziehungen oder Vermehrung des Besitzes größeren Vorteil gewähre. Noch verfolgte Lübeck eine schmiegsame, auf kühnes Handeln verzichtende Politik; zu wagen auf ungewissen Erfolg hin lag ihnen nicht. Sie ließen Heinrich den Löwen ein, der zurückkehrte, als der Kaiser ins Heilige Land gezogen war, fügten sich, als Heinrich den Grafen von Schauenburg, den der König zum Teilhaber bestimmt hatte, ausschloß, fügten sich aber auch, als der vom nahenden Tode endlich überwältigte alte Löwe nachgab und sich nach Braunschweig zurückzog, um zu sterben. Sie unterwarfen sich sogar der dänischen Herrschaft, die ein kriegerischer Fürst, Waldemar II., über das ans Meer grenzende nördliche Deutschland ausbreitete. Kaiser Friedrich II. trat förmlich das von Waldemar eroberte Gebiet ab unter Bestätigung des Papstes; Lübeck fand um so weniger Ursache, sich um des Deutschtums willen aufzuopfern, als der dänische König seine Lebensquelle, den Handel, begünstigte. Die Befreiung kam ganz unvorhergesehen von anderer Seite; Graf Heinrich von Schwerin nämlich, der, vom Heiligen Lande zurückkehrend, den größten Teil seines Landes in den Händen der Dänen fand, überfiel Waldemar auf einer Insel, wo er mit seinem Sohne jagte, und führte beide in Gefangenschaft. Darüber kam es zum Kriege und zu einem Treffen, in dem der Graf von Schwerin siegte; nun erhoben sich auch die Lübecker und leisteten sogleich bei der Belagerung von Ratzeburg Hilfe, vergaßen aber trotz freudiger Begeisterung nicht, sich urkundlich bestätigen zu lassen, daß die Hilfeleistung nicht etwa auf einer rechtlichen Verpflichtung beruhe, sondern freiwillig sei. Auch in der Entscheidungsschlacht bei Bornhövede kämpften die Lübecker mit, der Überlieferung nach unter ihrem Bürgermeister Alexander von Soltwedel, den die Sage sich auserwählte, um den Ruhm einer bedeutungsvollen, aber dunklen Zeit an seinen Namen wie an einen Stern zu knüpfen. Vor der Schlacht aber, im Jahre 1226, hatte die kaum befreite Stadt Gesandte zu Kaiser Friedrich II. nach Italien geschickt, um sich die wiedergewonnene Freiheit durch ihn bestätigen und befestigen zu lassen. »Se sochten wisen rat,« heißt es in der Chronik, »wo se weder quemen an den Kaiser, eren rechten heren.« Die Boten kamen zurück mit zwei Urkunden, von denen jede doppelt ausgefertigt war, und zwar so, daß jede einmal mit einem Wachssiegel, einmal mir einer goldenen Siegelkapsel, einer bulla aurea, versehen war; die erste Urkunde bestätigt das von Friedrich I. verliehene Privileg, die zweite erteilte das unschätzbar hohe Gut der Reichsfreiheit.

Die maßgebende Stelle lautet: Concedimus firmiter statuentes at predicta civitas Lubicensis libera semper sit, videlicet specialis civitas et locus Imperii et ad dominium Imperiale specialiter pertinens, nullo unquam tempore ab ipso speciali dominio separanda.

Der Freiheitsbrief des Hohenstaufenhauses wurde als Grundlage der städtischen Selbständigkeit im Tresor der Marienkirche verwahrt. Wie mächtig oder wie schwach das Reich gerade sein mochte, die Reichsfreiheit erwies sich immer als schirmender Wall. Fortan nannte sich Lübeck die kaiserlich freie und des römischen Reichs Stadt oder die freie und Hansestadt Lübeck und trug diesen Titel weniger wie einen Orden als wie einen Zauberring, der die guten Geister in den Dienst des Trägers zwingt. Kaiserbilder und Kaiseradler prägten die Münzen. Ergreifend offenbart sich den Menschen unserer Zeit die mittelalterliche Idee des Kaisertums in jener ehernen Kaiserfigur, welche an der einen Wange des Beischlags vor dem Rathause dargestellt ist. Schwermütig, gütig, das große Haupt erfüllt von undurchdringlichen, die Welt umkreisenden Gedanken, sitzt der Alte da, man weiß nicht, ob Kaiser oder Gottvater, wie ja auch nach der Meinung des Mittelalters, die göttliche Gerechtigkeit und Gnade durch den Kaiser der Christenheit sich mitteilen sollte. Der wilde Mann auf der gegenüberliegenden Wange verdeutlicht die rohe Kraft des Elements gegenüber der göttlich geordneten Welt.

Wenn die Stadt sich gern mit ihrer Würde schmückte und das ihr damit verliehene Recht wahrte, nahm sie es ebenso ernst mit den Leistungen, zu denen sie sie verpflichtete. Solange das Reich bestand, stellte Lübeck als Reichsstand entweder die jeweils vorgeschriebene Zahl von Kämpfern oder die entsprechende Geldlieferung; es bezahlte die jährliche Reichssteuer durch alle Jahrhunderte entweder in die kaiserliche Kasse oder an diejenigen Fürsten, denen geldbedürftige Kaiser sie verpfändet hatten, bis zum Jahre 1806, wo das Reich unterging. Die Tatsache, daß es dem Reich angehörte, nutzte Lübeck nicht nur aus, sondern es diente ihr auch durch repräsentatives, zuweilen Opfer erforderndes Handeln.

Seit den Tagen Barbarossas gingen zweihundert Jahre vorüber, bis wieder ein Kaiser in Lübeck einzog: es war Karl IV., der sich in Brandenburg eine Hausmacht gründen wollte und deshalb für die nordischen Länder Interessen hatte, zu denen er auch durch seine Gemahlin Elisabeth von Pommern in Beziehung stand. So wie der Kaiser das Haupt der Hanse auszuzeichnen dachte, beschloß auch die Stadt, ihren Herrn mit allem Gepränge zu empfangen, das sie, wenn es darauf ankam, zu entfalten wußte. Zwei wichtige Privilegien, die Karl in Berlin ausstellte, bereiteten ihm den Weg: sie verliehen dem Rat die volle Gerichtsbarkeit des Landfriedens, so daß er als Stellvertreter der Reichsgewalt etwaige Friedensbrecher zu Land und zur See auch auf fürstliches Gebiet verfolgen konnte. Am 20. Oktober des Jahres 1375 fand der Einzug statt. Nachdem Kaiser und Kaiserin in der Gertrudkapelle vor dem Burgtor ihre kaiserlichen Gewänder angelegt hatten, bewegte sich die Prozession durch die Stadt zum Dom. Dem Herzog von Braunschweig-Lüneburg, der das Reichsschwert vorantrug, folgte unter einem Baldachin der Kaiser auf einem Pferd, das von zwei Bürgermeistern geführt wurde. Das Pferd der Kaiserin, die neben dem Erzbischof von Köln ebenfalls unter einem Baldachin ritt, führten zwei Ratsherren. Der Rat unterstützte zwar die Politik des Kaisers nicht, weil sie ihm nicht paßte, ließ aber von dem denkwürdigen Einzuge ein Gemälde herstellen und auf das Rathaus bringen, das im 17. Jahrhundert noch vorhanden war. In dem Hause des Gerhard Darsow, wo der Kaiser abstieg, befand sich in neuerer Zeit ein Gasthaus Zum deutschen Kaiser.

Die Reichsunmittelbarkeit, die Lübeck über die anderen Seestädte erhob, trug dazu bei, ihm eine führende Stellung in der Hanse zu ermöglichen; mehr noch begründete diese der Charakter, der es auszeichnete. Es ist erstaunlich, wie eine bestimmte Art von Diplomatie und Politik sich in Lübeck ausbildete und bei allem Unterschied der Personen bis ins 16. Jahrhundert dieselbe blieb. Was die handeltreibenden Städte der nordwestlichen und nordöstlichen Küste bewog, die Leitung ihrer auswärtigen Angelegenheiten Lübeck zu übertragen, vielmehr sie anzunehmen, war vor allem die Einsicht, daß keine andere so dazu befähigt war. Den Willen zu herrschen hätten wohl auch andere gehabt, nicht aber die Fähigkeit, anzuführen, die Geschäfte besonnen zu erledigen, die Verantwortung für eine große Interessengruppe auf sich zu nehmen. Die Menschen beugen sich in der Regel einer überlegenen Arbeitskraft und Verantwortungskraft, die entlastet, um so lieber, wenn sie nicht mit gebieterischer Gebärde auftritt. Die Lübecker hatten zuviel kluge Selbstbeherrschung und legten zuviel Wert auf das Wesen der Dinge, um den Schein der Herrschaft zu beanspruchen. Einmal in ihren Anfängen fand ein merkwürdiges, alleinstehendes Ereignis statt, als Lübeck Stralsund überfiel und verheerte, angeblich weil es die Dänen unterstützte, wahrscheinlich aus Eifersucht auf die aufblühende Nebenbuhlerin. Ein derartig ungeregelter Ausbruch kam nicht wieder vor; die Lübecker begriffen den Vorteil der Vereinigung gleichartiger Kräfte und Interessen zu gemeinsamem Handeln. Sie verschmähten es, vom Auslande nur sie begünstigende Privilegien zu erhalten, setzten vielmehr durch, daß alle berücksichtigt wurden. Weil sich alle gut bei Lübecks tatkräftiger und kluger Leitung standen, darum ließen sie sie zu, stillschweigende Huldigung überlegener Tauglichkeit. Wenn die Hanse auch nur durch die Mitwirkung vieler sich bilden und erhalten konnte, so hat doch Lübeck, das anerkannte Haupt, ihr das Antlitz gegeben. Wenn wir an die Hanse denken, sehen wir wesentlich Lübecks Gesicht. Das hatte auch seinen greifbaren Grund darin, daß viele Hansestädte lübisches Recht hatten, das Recht also, das sich in Lübeck entwickelt hatte und dort aufgezeichnet worden war. Lübeck selbst übernahm das Recht der westfälischen Stadt Soest. Von jeher stand Lübeck im Rufe, streng zu sein und das Recht für hoch und nieder gleichzumessen.

In allen gemeinsam von der Hanse geführten Kriegen waren lübische Bürgermeister oder Ratsherren Anführer, wie auch Lübeck die meisten Schiffe stellte; eine ungeheure Verantwortung. Im Jahre 1362 erlitt die hansische Flotte im Kriege mit Dänemark nach anfänglichen Erfolgen eine Niederlage, die der Bürgermeister von Lübeck, Johann Wittenberg, verschuldet haben sollte. Der Sage nach bot König Waldemar IV. der feindlichen Flotte, die, nachdem sie Bornholm erobert hatte, vor Kopenhagen lag, einen Waffenstillstand an und lud die Hauptleute zu einer Festlichkeit aufs Schloß. Johann Wittenberg, als Admiral besonders ausgezeichnet, habe die Königin zum Tanz aufgefordert, sie aber erwidert, es zieme sich nicht für sie, mit dem Anführer ihrer Feinde zu tanzen, außer wenn er ihr ein besonderes Zeichen seiner Freundschaft gebe. Auf eine Frage, was für ein Zeichen das sein solle, habe sie gesagt: »Bornholm.« Von ihrem Reiz hingerissen, habe er ihr das Gewünschte zugesagt und die ganze Nacht mit ihr getanzt. Die hansischen Herren hätten, das Paar beobachtend, untereinander geflüstert: »Dar danßt Bornholm hen.« Wittenberg wurde in Stralsund verhört und schuldig befunden; doch waren die Herren von der Hanse behutsam genug, die Entscheidung Lübeck anheimzustellen. Lübeck erwiderte die feine Geste mit der Enthauptung seines Bürgermeisters »wegen des zu Stralsund gefaßten Beschlusses«, wie es hieß, »und wegen anderer Sachen, die noch besonders gegen ihn vorliegen«. Aus den eingezogenen Gütern des Hingerichteten, so erzählt wieder die Sage, habe der Rat einen großen silbernen Becher anfertigen und darauf die Worte eingraben lassen: Dar danßt Bornholm hen; bei den jährlich zweimal stattfindenden Ratsfesten habe der Bürgermeister daraus seinen Hippokras trinken müssen. Diese derbe Mischung von Spaß und Grausamkeit ist indessen nicht eigentlich lübische Art. Hundert Jahre später kam es in einem Seekriege gegen Dänemark noch einmal vor, daß ein Lübecker Bürgermeister, es war Tidemann Steen, eine folgenschwere Niederlage verschuldete; er wurde mit Gefängnis bestraft, das nach mehreren Jahren in lebenslänglichen Hausarrest gemildert wurde.

Die Justiz des Mittelalters war rasch und hart und war es in den Städten besonders gegen alles, was geeignet war, die herrschende Stellung des Rats zu untergraben oder gar zu stürzen. Das war berechtigt, solange die Regierung so umsichtig, so unbedenklich Kraft und Leben einsetzend, das Gemeinwesen durch die von allen Seiten drohenden Gefahren steuerte und sich dabei mit der Bürgerschaft im Einvernehmen wußte, wie das jahrhundertelang der Fall war. Lübecks Ratsherren und Bürgermeister waren zugleich Feldherren zu Wasser und zu Lande, Verwalter, Diplomaten und Gesandte; viele von ihnen waren dauernd auf Reisen an verschiedene Höfe oder zu verbündeten Städten, um Verwicklungen zu lösen, um Kriegen vorzubeugen oder andere wichtige Aufgaben auszuführen. Solche Reisen hatten wenig mit Vergnügen zu tun, sie waren ebenso beschwerlich wie gefährlich, Kriegszügen durch feindliches Land vergleichbar, und wenn der Abgeordnete für Erfolge belohnt wurde, trug er auch persönlich die Verantwortung für etwaiges Mißglücken.

An Feinden fehlte es keiner Stadt: Lübeck hatte viele und sehr mächtige, besonders an den skandinavischen Reichen. Als stärkster Nachbar stand Dänemark immerwährend drohend auf der Schwelle und siegte in dem vielhundertjährigen Ringen mehrmals. Alle die angrenzenden Länder waren für die Seestädte des Reichs Absatzgebiete, und es kam nicht nur darauf an, sich ihrer zu erwehren, sondern Handelsbeziehungen mit ihnen zu erlangen und in Frieden mit ihnen zu bleiben. Lübeck, an der Spitze der Hanse, erreichte das, die Waffe in der Hand, Roggen, Schniggen und Schuten im Hafen, Waren im Speicher und das überredende Wort auf den

Lippen. Lange Zeit beherrschte der hansische Kaufmann die Märkte von Dänemark, Schweden, Norwegen, England, Rußland. Innerhalb des Reiches mußte Lübeck vor den Herzögen von Mecklenburg, vor den Herzögen von Pommern, den Grafen von Schwerin und von Holstein, vor den brandenburgischen, den sächsischen und den braunschweigischen Fürsten auf der Hut sein. Wenn diese den Städten vom Kaiser als Schirmherr gesetzt wurden, war die Gefahr besondere groß, weil die sich als Hirten einschlichen, oft plötzlich den Wolf hervorkehrten. Dazu kam die dauernde Belästigung durch die holsteinischen Ritter, die mit Hilfe der Fürsten bekämpft werden konnten, während gegen die Fürsten manche Tohopesate mit befreundeten Städten geschlossen wurde. Deren Eifersucht oder Trägheit oder Willkür wirksam zu begegnen, dazu gehörte eine Klugheit und Festigkeit, wie sie keiner Stadt wie Lübeck eigen war. Das Fließende der Lebensformen ist für das Mittelalter überall charakteristisch; doch staunt man immer wieder, daß es möglich war, über siebzig Glieder der Hanse Jahrhunderte hindurch in einer Verbindung und einmütiger Tätigkeit zu erhalten ohne geschworenen Vertrag, ohne Gesetzeszwang, nur durch Freundschaft, welche auf gleichen Lebensbedingungen und gemeinsamer Erinnerung an gemeinsamen Kampf und Ruhm beruht. Die Beziehungen zu so vielen verschiedenen Ländern, von denen mehrere stets geneigt waren, vom friedlichen Handelsverkehr zu mörderischer Feindseligkeit überzuspringen, die Überwachung der verschiedenen Niederlassungen, die Vertretung der Interessen aller, die Aufrechterhaltung zugestandener Vorrechte, der Schutz gebührender Ehre, das brachte eine ungeheure Last von Geschäften mit sich und erforderte stets gespannte Wachsamkeit. Die lübischen Ratsherren und Bürgermeister, die Kastorp, Nybur, Perseval, Warendorp, Pleskow, durften ihre Würde, wie die Kaiser des Mittelalters die Krone, mit dem Bewußtsein tragen, daß sie nicht weniger drückte, als sie leuchtete.

In der Zeit der Handwerkeraufstände gab es auch in Lübeck eine Verschwörung, bei der hauptsächlich die Knochenhauer beteiligt waren, und an deren Spitze ein aus Westfalen eingewanderter verschuldeter Kaufmann, Hinrich Paternostermaker, stand; sie waren im Einverständnis mit den holsteinischen Rittern, die die Gelegenheit zu einem Überfall gern benutzt hätten. Nach rechtzeitiger Entdeckung der Verschwörung fanden 11 Hinrichtungen und 19 Verbannungen statt, was aber das Entstehen neuer Unruhen in späterer Zeit nicht verhinderte. Es waren hauptsächlich vermehrte Steuern, was die Ämter veranlaßte, Zutritt der Handwerker zu den Verwaltungsbehörden zu verlangen, was auch gewährt wurde; fest aber blieb der Rat gegen die Aufnahme von Handwerkern in den Rat, wodurch er seine Stellung in der Hanse aufs Spiel gesetzt hätte. Es gehörte nämlich zu den wenigen Grundsätzen, die die Hansestädte aufgestellt hatten, daß Handwerker nicht in den Rat aufgenommen werden dürften, und es war üblich, daß die Hanse diejenigen Städte, wo dieser Grundsatz durchbrochen worden war, vom Verkehr ausschloß, wodurch sie früher oder später zur Wiederherstellung der alten Verhältnisse gezwungen wurden. Als die Handwerker in Lübeck ihren Willen durchgesetzt hatten, wanderten die vier Bürgermeister, Heinrich Westhof, Jordan Pleskow, Goswin Klingenberg und Marquard von Dame, nach verschiedenen Richtungen aus und alter und neuer Rat bestürmten den Kaiser um Bestätigung ihres Rechtes. Das Ende war die Rückberufung des alten Rats, nachdem drei Hinrichtungen vollzogen waren. Auf dem nächsten, sehr besuchten Hansetage zu Lübeck wurde ein Beschluß gefaßt, der die Wiederholung solcher Aufstände unmöglich machen sollte. Im allgemeinen machten die erweiterten Räte die Erfahrung, daß sie, wenn sie die angesehene Stellung ihrer Stadt nach außen aufrechterhalten wollten, Geld brauchten und Steuern auflegen mußten, wodurch sie ihre Sicherheit und das unbedingte Vertrauen der Bürgerschaft verloren, die, wenn sie schon Vorteil von dem Wechsel nicht hatte, das patrizsche Regiment zurückwünschte.

Das verhängnisvolle sechzehnte Jahrhundert zeigte Lübeck vor dem Sinken noch einmal in vollem Mittagsglanze. Im Bunde mit dem schwedischen Reichsrat, an dessen Spitze Sten Sture stand, begann es den Krieg gegen Dänemark. Kaiser Maximilian, hochsinnig für die alte Reichsgewalt eintretend, nahm sich seiner nie säumigen Stadt an und forderte die deutschen Fürsten und Seestädte auf, Dänemark keine Hilfe zu leisten; als Landesherr der Niederlande untersagte er den Holländern die Fahrt durch den Sund. Die getreuen wendischen Städte Wismar, Rostock, Stralsund und Lüneburg unterstützten ihre Führerin mit einer Anzahl von Kriegsschiffen. Unter den lübischen Patriziern tat sich besonders der Kaufmann Cord König hervor, der mit selbstausgerüsteten Kaperschiffen 40 dänische Handelsschiffe wegnahm. Da das große dänische Admiralsschiff, der Engel, von der lübischen Maria wohl zum Weichen gebracht, aber nicht erobert wurde, erboten sich 16 Bürger, in kurzer Frist ein noch größeres Schiff bauen zu lassen, und hielten Wort. Das neue Schiff wurde zu Ehren des schwedischen Reichsvorstehers Gubernator genannt. In der Seeschlacht bei Bornholm wurde die überlegene nordische Flotte in die Flucht geschlagen und im Anschluß an die holländische Flotte bei der Halbinsel Hela zerstört. Froh des glänzenden Erfolges ging die vornehme Lübecker Politik den Frieden zu Malmö ein, der die Sieger zur Zahlung von 30 000 rheinischen Gulden verpflichtete, um den friedlichen Handelsverkehr wieder aufzunehmen. Schon im folgenden Jahre aber kam in Dänemark wieder einmal ein ehrgeiziger Fürst zur Regierung, der sein Reich zu einer Macht im Norden machen wollte, indem er alle Widerstände und Hemmungen überwände; im Inneren den unbotmäßigen Adel mit Hilfe der Bürger und die den dänischen Handel niederdrückende Hanse, draußen die aufständischen Schweden. Der bald ausbrechende Krieg führte zu dem Wunsch nach Verhandlungen, die in Schweden stattfinden sollten; der Reichsrat stellte dem König, es war Christian II., zu seiner Sicherheit mehrere Geiseln, unter denen sich ein junger Mann aus edlem schwedischen Geschlecht, Gustav Wasa, befand. Christian II., der Schwager Kaiser Karls V., ein Mann, der wohl große Entwürfe planen konnte, aber ohne große Gesinnung war, verkündete in plötzlicher, treuloser Wendung die Fortführung des Krieges, die Geiseln als Gefangene auf einem Schiff mit sich fortführend. Es war im Herbst des Jahres 1519, als in Lübeck ein schwedischer Bauer auftauchte und Zuflucht suchte; es war Gustav Wasa, dem es geglückt war, verkleidet zu entfliehen. Er fand freundliche Aufnahme; jener Cord König, der so großartig in den letzten Krieg eingegriffen hatte, lud den edlen Flüchtling in sein Haus ein. Die lübische Regierung hätte sich jetzt den König von Dänemark, der die Auslieferung des Wasa verlangte, verpflichten können; aber wenn sie überhaupt gezweifelt hatte, so währte es nicht lange.

Seine feindliche Absicht gegen die Hanse hatte der König schon bewiesen, indem er verschiedene Nationen durch Verleihung von Handelsvorrechten heranzuziehen versucht hatte; der Konflikt mußte jetzt oder später zum Ausbruch kommen. Wohl mag man auch annehmen, daß die Persönlichkeit des jungen schwedischen Edelmanns als eine Bürgschaft des Glücks auf die Ratsherren wirkte, die behutsam abwogen und rechneten, aber denn doch Gefühl für das Große hatten. Als nach dem Tode des schwedischen Reichsvorstehers Sten Sture der Adel dem Dänenkönig die Hauptstadt ausgeliefert hatte, erregte das Stockholmer Blutbad Abscheu gegen Christian II. und Rachedurst. An der Spitze schwedischer Bauern siegte Gustav Wasa, der die Rückkehr in seine Heimat gewagt hatte, über das dänische Heer, legte sich vor Stockholm und bat die lübischen Freunde um Hilfe. Sie waren darauf vorbereitet und dazu gewillt. Inzwischen hatte sich Christian II. zu seinem Schwager Karl V. begeben, um die für ihn gefährliche Hilfeleistung abzuwenden. Er soll damals den Kaiser gebeten haben, ihm das Städtlein Lübeck abzutreten, damit er einen Absteigeplatz an der Küste habe, und der Kaiser soll gleich dazu bereit gewesen sein; da habe ein Bürgermeister von Köln den Kaiser darüber aufgeklärt, daß Lübeck eine mächtige Stadt des Reichs und das Haupt der Hanse wäre. Der spanische Kaiser, seinem Großvater Maximilian unähnlich, ließ sich durch seinen Schwager bereden und verbot den Lübeckern das Bündnis mit seinen alten Freunden, den Dithmarschen, die Beziehungen zu Schweden, die Feindseligkeiten gegen Dänemark. Es gelang jedoch dem Bürgermeister Nikolaus Brömser und dem Ratsherrn Lambert Wittinghof, die der Rat alsbald nach Brüssel absandte, den jungen Monarchen zu belehren, so daß er das unbedachte Verbot zurücknahm. Dem Reichsregiment in Nürnberg, das dringend zum Frieden mahnte und mit der Acht drohte, gab Lübeck eine stolze Antwort, in der es zu bedenken gab, wie Basel und andere Städte vom Reich abgekommen wären.

Es waren im ganzen 34 Schiffe, zu denen später noch 11 von Danzig gestellte hinzukamen, die, geführt von den Lübecker Ratsherren Joachim Gercke und Hermann Falcke, Schweden zu Hilfe heranrückten. Außerdem leistete Lübeck den Schweden dadurch einen großen Dienst, daß es den Beitritt Herzog Friedrichs von Schleswig-Holstein in das Kriegsbündnis vermittelte. Am guten Ausgang seiner Sache verzweifelnd, verließ Christian II., wie einst Waldemar II., sein Reich, und Gustav Wasa, vorher zum Reichsvorsteher, nun zum König gewählt, zog in Stockholm ein. Die abziehende dänische Besatzung übergab die Stadtschlüssel den lübischen Ratsherren, Bernd Bomhower und Hermann Ploennies, den Anführern der Schiffe, die bei der Belagerung mitgewirkt und den dänischen Entsatzversuch abgeschlagen hatten. Sie überreichten die Schlüssel dem einst in Lübeck geschützten Flüchtling Gustav Wasa, in Wahrheit ihrem König. Ein großer, ergreifender Augenblick; die Sonne des Ruhms, die der hochgemuten Stadt oft leuchtete, stand über ihrem Scheitel.

Schon aber verfärbte sich der Himmel und verkündete unterirdisches Grollen das Erdbeben, das das Römische Reich zerreißen sollte. In Lübeck forderte die Bürgerschaft die Einführung der neuen Lehre, das Patriziat wollte, treu der alten Politik, vor allem das gute Einvernehmen mit dem Kaiser erhalten. Endlich mußte doch der Rat der Bürgerschaft, an deren Spitze Jürgen Wullenwever, ein geborener Hamburger, trat, Zugeständnisse machen, und die beiden Bürgermeister, Nikolaus Brömser und Hermann Ploennies, aus dem letzten Kriege bekannte Namen, verließen die Stadt, deren neue Richtung nach innen und nach außen sie mißbilligten. Jürgen Wullenwever wurde Bürgermeister und beherrschte das Gemeinwesen. Der leitende Gedanke seiner Politik, Holland zu bekämpfen, das mit Glück die Hanse zu verdrängen begann, die überraschende Wendung, daß er den gefangenen Christian II. befreite, um ihn im Kampfe auszuspielen, das alles war groß und kühn, um eine Note verwegener, als die Lübecker vorzugehen pflegten, wie auch seine Vorliebe für eindrucksvoll prächtiges Auftreten von ihrem zurückhaltenden Wesen abwich. Daß das großangelegte Unternehmen mißglückte, lag, abgesehen von der allgemeinen Lage, an der mangelnden Unterstützung, vielleicht auch an der Schwächung Lübecks durch den inneren Zwiespalt und das Fehlen des altgewohnten Regiments. Hermann Ploennies starb in seiner Vaterstadt Münster, während Nikolaus Brömser, inzwischen vom Kaiser in Brüssel zum Ritter geschlagen, von Wismar ehrenvoll zurückgeholt wurde. Wullenwever trat freiwillig von seinem Amte zurück und wurde nicht angegriffen; aber auf den Lübecker Patriziern ist der Verdacht haften geblieben, daß sie bei seiner Gefangennahme durch den Erzbischof von Bremen, dessen Gebiet er unvorsichtigerweise betrat, die Hand im Spiele hatten. Der Bruder des Erzbischofs, der vor keiner Gewalttat zurückschreckende Heinrich von Braunschweig, bemächtigte sich der Person des verhaßten Protestanten und Demokraten, machte ihm den Prozeß und ließ ihn grausam hinrichten, wobei die Lübecker mitwirkten, anstatt gegen die grobe Rechtsverletzung zu protestieren. Daß man dem Manne, der Lübecks Größe gewollt hatte, Diebstahl, Verrat, Begünstigung der Wiedertäufer vorwarf, bleibt ein Flecken auf der Ehre der herrschenden Geschlechter.

Unedel nicht nur, sondern auch unklug, also nicht mehr auf der Höhe ihrer früheren Politik, verhielten sich die Lübecker auch Gustav Wasa gegenüber, indem sie die Dankbarkeit, die er ihnen schuldete und auch nicht verleugnete, ungebührlich ausnutzten. Die Handelsprivilegien, die sie ihn zugunsten der Hanse unterzeichnen ließen, konnte er nicht aufrechterhalten, ohne sein eigenes Volk zu benachteiligen, und so zerfiel die Verbindung durch ein System der Erpressung, das wie ein fremdartiges Zeichen des Verfalls an der sonst so gemessenen Stadt berührt. Die alten Bundesgenossen, die Dithmarschen, preisgebend, verbündete man sich nun mit dem Erbfeind Dänemark. Der letzte Seekrieg, den Lübeck in den Jahren 1563-70 geführt hat, ging an der Seite Dänemarks gegen Schweden.

Welche Fehler aber auch begangen sein mögen, die hochherzige Kraft der Patrizier wie der Bürger offenbarte sich in diesem Kriege nicht weniger als früher. Die Bürger taten sich nach Straßen zusammen, um Geschütze gießen zu lassen. Auf einem standen die Verse: »Lübeck, du eerenrike stad – Dine börger der breden strat – Kobarg end klene borchstraten – Hebben di dit geten laten – Tho weren dines viendes overmod – Bi di seten wi god unde blot.« Bedeutende Erfolge entsprachen der Kampfbereitschaft. Das lübische Admiralsschiff, der Engel, eroberte das schwedische Admiralsschiff Mageloes, das danach verbrannte; die hundert Geretteten, unter denen der schwedische Admiral Jakob Bagge war, wurden gefangen nach Lübeck gebracht.

Als durch ein Ungeschick beim Verladen des Pulvers auch der Engel verbrannte, wurde sogleich ein neues Admiralsschiff gebaut und Morian genannt. Nach einem heftigen, unentschiedenen Gefecht bei Gotland begruben die Dänen ihren im Gefecht durch eine Kugel getöteten Vize-Admiral in Wisby. Ein Sturm, der sich unterdessen erhob, zerstörte mehrere im Hafen liegende Schiffe; unter den lübischen war der Morian, der mit dem Anführer der Flotte, dem Bürgermeister Bartholomäus Tinnappel, unterging. In der Marienkirche zu Wisby, S. Maria Teutonicorum, der einzigen von den achtzehn mittelalterlichen Kirchen Wisbys, die noch heute erhalten und im Gebrauch ist, wurde er feierlich begraben. Den vorteilhaften Handelsvertrag, den der Frieden brachte, konnte Lübeck nicht behaupten; aber es hatte das rauschende Schlachtfeld, das seine Flotte oft zu Kampf und Sieg getragen, nicht ohne Opfer und ruhmvoll verlassen.

Es ist kein Wunder, wenn die Darstellung kriegerischer Entschlossenheit in der Lübecker Kunst unvergleichlichen Ausdruck gefunden hat. Während des ganzen Mittelalters waren der Erzengel Michael als Patron des Reichs und der heilige Georg als Patron der Ritterschaft häufiger Gegenstand der Kunst, und mancher würdigen Auffassung begegnen wir; nirgends jedoch ist der Akt des entscheidenden Schwertschlags so hinreißend dargestellt wie in Lübeck. Der heilige Michael von Benedikt Dreyer auf der Lettnerbrüstung der Marienkirche, der Sankt Jürgen von Henning von der Heide, jetzt ein Schatz des Annen-Museums, der Sankt Jürgen von Bernt Notke in der Hauptkirche von Stockholm, von dem Lübeck neuerdings bei Gelegenheit der Feier seines tausendjährigen Bestehens als Reichsstadt eine Nachbildung geschenkt erhielt, die in der Katharinenkirche ausgestellt wurde, alle diese Figuren entzücken durch die gesammelte Kraft der Bewegung, die trotz der Sicherheit des überirdischen Kämpfers mit äußerster Anstrengung vollzogen wird, die Phantastik des reptilischen Unholds, die Rüstung und den flatternden Mantel, der den Ritter wie die Essenz einer ungeheuren Schlacht umwogt. Diese Werke, wie auch der heilige Johannes in der Marienkirche, dessen seelenvolle Schönheit sich unvergeßlich einprägt, sind aus Holz geschnitzt; es ist dasjenige Material, in dem sich die Eigentümlichkeit deutscher Künstlerschaft am überzeugendsten ausgeprägt hat. Die farbige Wärme, das Kantige und Zarte des Holzes stimmten besonders gut zum Ausdruck alles dessen, was den mittelalterlichen Menschen bis zum 16. Jahrhundert erfüllte, zu Inbrunst und Herzlichkeit sowie zu Zorn und Rache, zu den von Arbeit und Trauer durchfurchten Greisengesichtern, zu dem Geflatter und Geknister der Mäntel, Flügel und Schärpen, die die Altarwände zuweilen wie ein dorniges Dickicht erscheinen lassen.

In der Architektur ging Lübeck schon früh zum Steinbau über und errichtete die Giebelhäuser, die uns eine nicht nur mächtige, sondern vornehme und kultivierte Stadt vor Augen führen. Wenig alte Städte haben sich so gut in das Moderne einfügen lassen wie Lübeck, einesteils zum Vorteil der vollendeten Erscheinung, anderseits aber ist dadurch vom Neuen etwas von seiner Phantasielosigkeit und Schablone auf das Alte übertragen und macht die Stadt stellenweise kälter, als sie einst war. Die Traulichkeit des alten Lübeck weht vielleicht nirgends so mächtig wie im Heiligen-Geist-Spital, wo am Sonntagmorgen die alten Männer mit den verwitterten Seemannsgesichtern in schwarzen Kleidern, bedächtig flüsternd, zwischen den Säulen und Bogen sitzen, sanft gewiegt, ohne es zu wissen, von dem schönen Raum, dessen Wände in verblaßter Malerei die Herrlichkeit der gekrönten Heiligen im Himmel erzählen.

Wie die bildende Kunst gepflegt wurde, so war auch das Interesse für Literatur und Wissenschaft verbreitet. Die Fastnachtsspiele, die aufgeführt wurden, hatten allegorische und sagenhafte Stoffe zum Gegenstand, wie Paris von Troja, das goldene Vließ, Kriemhild und König Karl. Schon früh sorgten die Ratsherren dafür, daß Chroniken verfaßt wurden. Eine solche begann im 13. Jahrhundert der Stadtschreiber Albert von Bardewik, der auch die wichtigsten Urkunden zusammenstellte. In der Reformationszeit waren es die protestantischen Geistlichen, die Chroniken in niederdeutscher Sprache verfaßten. Ein Bürgermeister des 15. Jahrhunderts setzte in seinem Testament Stipendien für 6 Studenten aus, die in Leipzig, Erfurt, Rostock und Köln studieren würden. Besonders Erfurt war stark von Lübeckern besucht. In bemerkenswerter Weise wurde die Musik gepflegt, indem der Bürgermeister Heinrich Kastorp und seine Freunde im Jahre 1462 eine Sängerkapelle stifteten, die aus 4 Priestern und 8 Sängern bestand.

Eine Kapelle der Marienkirche wurde den Sängern zu bestimmten Stunden eingeräumt; denn es versteht sich von selbst, daß die musikalischen Aufführungen im Zusammenhang mit der Kirche waren. Auch die Abendmusiken, die der berühmte Organist Dietrich Buxtehude im 17. Jahrhundert in Lübeck veranstaltete, fanden zuerst in der Marienkirche statt, bis sie zu einer Art von weltlichen Konzerten wurden.

Lübeck ist niemals so verarmt und herabgekommen wie viele andere einst blühende Städte: es hatte zwei Talismane, das Meer und die Urkunden der Freiheit, die es im Tresor verwahrte. Nichtsdestoweniger litt es auch unter dem allgemeinen Niedergange. Viele Hansestädte kamen unter fürstliche Herrschaft, ohne daß die freigebliebenen es hindern konnten. Als der Kurfürst von Brandenburg Berlin unterwarf, beklagte der Lübecker Chronist, daß die Hansestadt eigen geworden war, »dor se vor vryg ware unde wol mochte hebben vryg gebleven«.

Abgesehen von dem Auseinanderfallen der Hanse schadeten den Seestädten die veränderten Handelsbeziehungen, die die Entdeckung Amerikas herbeiführte. Die Länder, deren Markt die deutsche Hanse beherrscht hatte, erstarkten zu unternehmenden Handelsstaaten, besonders Holland und England, die ihre Lage darauf hinwies. Hamburg, für die neuen Verhältnisse günstiger gelegen als Lübeck, entfaltete sich selbständig, von der Hanse losgelöst. Überall machte sich das Schwinden des Gemeingeistes fühlbar.

In der zweiten Hälfte des 17. Jahrhunderts ereignete es sich, daß Handwerker und Brauer über gewisse patrizische Gutsherren Klage führten, die auf ihren Gütern durch ihre Gutsangehörigen brauen und weben ließen, und zwar nicht nur zu eigenem Bedarf, sondern sie hielten Schenken und vertrieben unter der Hand Ware nach der Stadt, was gegen das Zunftrecht war. Da die Behörden die berechtigten Klagen der Handwerker unbeachtet ließen, zogen sie erbittert aufs Land und zerstörten die Gerätschaften, die zur Herstellung der sie beeinträchtigenden Dinge dienten. Die geschädigten Gutsherren, darunter der Bürgermeister Gotthard v. Höveln, dachten niedrig genug, sich dem König von Dänemark als Untertanen anzubieten, womit sie sich zugleich Steuerfreiheit verdienten; denn der König von Dänemark bediente sich des rechtlichen Vorwandes, die betreffenden Güter hätten zu Holstein gehört, und die dortigen adligen Güter hätten das Recht der Steuerfreiheit. Das waren nicht mehr die königlichen Republikaner von einst, die sich dem alten Feinde Dänemark verkauften, weil sie sich einen verbotenen Vorteil nicht nehmen lassen wollten. Die Patrizier, die nicht mehr die früheren Gefahren wagten, nicht mehr die frühere Verantwortung trugen und doch die erste und herrschende Klasse sein wollten, wurden zu einer hemmenden Belastung für ihr Land. Auch waren es die alten Namen nicht mehr, die Jahrhunderte hindurch Freund und Feind mit Ehrfurcht genannt hatte, die Namen der Stolzen, die klug bescheiden ablehnten, als Kaiser Karl IV. sie schmeichelnd »Ihr Herren von Lübeck« anredete.

Lüneburg

Wenn man von Hamburg nach Lüneburg fährt, sieht man kurz vor dem Ziel aus Feldern und Bäumen vorschauend ein freundliches Dorf mit einer großen, eigentümlich zusammengebuckelten Kirche, deren Türme nicht höher als ihr Dach sind: das ist Bardewik. Einst war es eine reiche, ansehnliche, von Heinrich dem Löwen beschirmte Handelsstadt, die der zürnende Fürst später, weil sie ihn, als er, vom Kaiser geächtet, Aufnahme suchte, nicht nur die Tore verschlossen, sondern verhöhnt hatte, bis auf den Grund zerstörte. Nur die Kirchen, darunter der Dom, blieben übrig, über dessen eines Portal Heinrich einen hölzernen Löwen setzte mit der Unterschrift Leonis Vestigium, des Löwen Spur.

Der Untergang Bardewiks wurde das Glück Lüneburgs, auf welches die Vorteile des älteren Marktes übergingen. Die Ilmenau nämlich, an welcher beide Städte liegen, war eher schiffbar als die Elbe und Bardewik war dadurch zu einem Knotenpunkt geworden, von dem aus die Waren teils zu Wasser, teils zu Lande nach allen Richtungen transportiert wurden. Was Lüneburg vor Bardewik voraus hatte, war eine zweite Gabe der Natur außer dem Flusse: eine Salzquelle, die überall früh zuerst die Aufmerksamkeit der Tiere, dann die eines jungen, in der Wildnis jeden Vorteil benutzenden Volkes auf sich zu ziehen pflegte. Schon zur Zeit Karls des Großen gab es einen Ort Lüne, und Hermann Billung, der Slawenbesieger, stiftete das Kloster St. Michael auf dem Kalkberge, an dessen Fuße die Salzquelle entspringt. In der Michaelskirche wurden die welfischen Herzoge bestattet, darunter zwei Söhne Heinrichs des Löwen. Beim Tode seines ältesten Sohnes Heinrich, der in Lüneburg infolge eines Sturzes vom Pferde jung starb, schenkte der Vater den Benediktinern des Klosters die Abtsmühle zum Seeltrost. Das Grab Wilhelms, des Älteren, des jüngsten in der Verbannung in England geborenen Sohnes Heinrichs des Löwen, mußte einer Stiftung zufolge jährlich am Todestage mit Kerzen und Blumen geschmückt werden, was bis zum Jahre 1532 ausgeführt wurde. Auch die nach der Zerstörung des Jahres 1371 unterhalb des Kalkberges neu auferbaute Michaelskirche wurde Begräbnisstätte der Fürsten. Von den Grabmälern der alten Kirche ist nur das Ottos des Strengen und seiner Gemahlin Mechtildis von der Pfalz übriggeblieben.

Nach der Zerstörung von Bardewik nun ließen sich viele von den dortigen Bewohnern im benachbarten Lüneburg nieder und vermehrten nicht nur die Volkszahl, sondern gaben auch dem Ort, der sich bisher noch nicht recht entfaltet hatte, einen neuen Antrieb. Es füllte sich damals der Raum zwischen dem alten Modesdorp, der Siedelung, deren Mittelpunkt die Johanniskirche war, und der Altstadt unter dem Kalkberge durch eine neue Anlage mit einem Markt, wo später das Rathaus entstand. Heinrich der Löwe, zu dessen Eigengut Lüneburg gehörte, wachte so eifersüchtig über dem Gedeihen seiner Stadt, daß er die neuentdeckte Salzquelle zu Oldesloe bei Lübeck verschütten ließ, um Lüneburg vor dem Wettbewerb zu schützen.

Der unschätzbare Born, aus dem so viele ihre Nahrung zogen, entwickelte sich zu einer Anlage, die fast ein Ort für sich war. Um den Sod herum lagen eng zusammengedrängt 54 Siedhäuser oder Kotten, und zwar so tief unter der Erde, daß nur die Dächer hervorragten. Sie hatten Namen alten Klanges, z. B. Eying und Berding, die auf längst verschwundene Geschlechter hinweisen und die mit den Namen langobardischer Fürsten verwandt sein sollen.

Von dem Großen Sod unterschied man den Gottessod, in welchem das wilde, nämlich das süße Wasser zusammenlief. In der frühesten Zeit wurde das Wasser mit großen Eimern, seit der Mitte des 16. Jahrhunderts mit Druckpumpen und hundert Jahre später mit Saugpumpen gehoben. In Bewegung gesetzt wurden die Pumpen durch die sogenannten Sodeskumpanen, erst seit 1782 durch ein Gestänge, das ein Wasserrad der Ratsmühle trieb. Das Sammelbecken für die ausgeschöpfte Sole hieß Küntje; daneben gab es noch eine Kanzel, wo der Sodmeister bei Übernahme seines Amtes eine Anrede an die Sodeskumpanen über ihre Pflichten hielt. Der ganze Kreis von Baulichkeiten war von einer Mauer umschlossen, die vier Tore und mehrere Türme hatte. Das geschah wohl, um die kostbare Anlage zu schützen; aber man erkennt daran auch die Vorliebe des Mittelalters für geschlossene Bildungen. Als man für Luft, Licht und Weiträumigkeit schwärmte, am Ende des 18. Jahrhunderts, wurde die Schutzmauer mit den Türmen niedergelegt. Zwischen einem der Tore und der Salzbrüderstraße lag der altheilige Gerichtsplatz Up den Stenen.

Die Salzquellen gehörten ursprünglich den welfischen Herzögen, allmählich aber gingen die Einkünfte daraus durch Schenkung oder Kauf an andere über, und zwar zumeist an Geistliche, die auf diese Weise ihr Geld anlegten. Geistliche Besitzer von Salzanteilen waren z. B. die Äbte der Klöster Hersfeld, Walkenried, Amelunxborn, Dobberan, Loccum, Riddagshausen, die Pröpste der Domkapitel von Verden, Braunschweig, Hamburg, Bardewik; man nannte sie insgesamt die Sülzprälaten. Da diese entfernt und zerstreut wohnenden Herren den Betrieb nicht selbst führen konnten, verpachteten sie die Besiedung der Sülze an Lüneburger Herren, die zum Entgelt dafür, daß sie für alles zum Betrieb Notwendige sorgten, die Hälfte des Ertrages bekamen und außerdem noch das, was über den durchschnittlichen jährlichen Betrag, der gemäß der Zahl der Kotten und Pfannen berechnet und festgestellt war, produziert wurde. Da der Überschuß gewöhnlich mehr als das Doppelte betrug, machten die Pächter ein gutes Geschäft. Sie, die Sülzherren, bildeten das Patriziat Lüneburgs, aus welchem der sich selbst ergänzende Rat hervorging.

Wie überall wurde das Regiment in der Weise geführt, daß das Patriziat allein die Geschäfte besorgte, was schon dadurch geboten war, daß in den ersten Jahrhunderten die Regierenden keine Entschädigung erhielten, also wohlhabend sein mußten. Sie waren in Lüneburg vernünftig genug einzusehen, daß Einmütigkeit und Zufriedenheit die sicherste Grundlage des Gedeihens der Stadt bildete, und nützten wenigstens in der älteren Zeit ihre vorteilhafte Stellung nicht allzusehr für sich aus und befragten auch bei wichtigen Gelegenheiten die Bürgerschaft, insbesondere die Innungen, um ihre Meinung. Dementsprechend war die amtliche Bezeichnung des Stadtkörpers: »De rad unde de menheit« oder »Use rad ud use borgere«. Zu den vornehmsten Geschlechtern gehörten die Viskule, Abbenborg, Garlop, vom Sande, van der Salten, Thode, Floreke, Springintgut, Semmelbecker, van der Molen. Ackerbau wurde in Lüneburg wenig betrieben; der Wohlstand beruhte auf dem Salz und denjenigen Gewerben, die mit dessen Gewinnung oder Betrieb in Verbindung standen, wie z. B. die Herstellung der Tonnen, die Herbeischaffung des Holzes, dem Transport durch Schiffer und Fuhrleute. Gehandelt wurde außer mit Salz mit Heringen. Seit dem Jahre 1273 bestand der Brauch des sogenannten Köpefahrens: der neugewählte Sülzmeister mußte ein mit Steinen gefülltes Faß, durch das eine Achse gesteckt war, zu Pferde in scharfem Trabe durch die Stadt ziehen; es sollten dadurch Kraft und Kühnheit des Mannes erprobt werden, wie ja damals von den Geschlechtern wie auch von den Handwerkern Wehrhaftigkeit und Kampfbereitschaft erwartet wurden. Durch die Teilnahme reitender Trompeter und der älteren, gleichfalls berittenen Sülzmeister wurde dem Vorgang ein festlich-fröhlicher Charakter gegeben.

Das Verhältnis zu den Landesherren, den braunschweigischen Herzögen, war lange Zeit sehr gut. Sie folgten dem Beispiel Heinrichs des Löwen, indem sie das Aufblühen der Stadt begünstigten, die ihnen dafür, wenn es die Umstände erforderten, mit Geld beistand. Gleichzeitig wuchsen aber auch Wohlstand und Selbstgefühl der Bürger, und sie suchten sich planmäßig von der welfischen Herrschaft freizumachen, die, nachdem die Herzöge ihnen auch die Gerichtsbarkeit verpfändet hatten, nur noch dem Namen nach bestand. Die Steuern, die sie zahlten, waren freiwillige, daher Bede, also Bitte genannt. Urkundlich erwähnte Herzog Wilhelm im Jahre 1366 die »sunderlike vrundschop unde woldad«, die der Rat von Lüneburg ihm durch Geldhilfe getan hätte. Auch Kriegshilfe bei Fehden des Herzogs leisteten die Lüneburger nur freiwillig: »alle de hulpe de se us doen in desen stucken, de doen se us umme vrundschop unde nidt umme recht nogh dor woenheyd.« Dies freundschaftliche Verhältnis wurde zerstört durch Herzog Magnus Torquatus, der mit Hilfe der Ritterschaft sich die Stadt zu unterwerfen trachtete. Klug benutzten die Lüneburger den Umstand, daß gerade damals Kaiser Karl IV. die Herzöge von Sachsen-Wittenberg, die Erbansprüche vorbrachten, mit der Herrschaft Lüneburg belehnte, indem sie sich diesen anschlossen und dadurch zugleich Magnus loswurden und sich eine Reihe von Privilegien von seiten der neuen Landesherrschaft erwarben. In die Zeit der

Kämpfe mit Magnus Torquatus fällt ein Ereignis, welches im Gedächtnis der Lüneburger als heroisch-tragischer Augenblick ihrer Geschichte lange fortlebte.

Es war im Jahre 1371 ein Waffenstillstand geschlossen worden, der die Lüneburger dazu ermutigte, nach langer Zeit zum ersten Male die Bewachung der Mauern einzustellen, um sich satt zu schlafen. Da, es war die Nacht des 21. Oktober, zog eine Schar von Rittern und Knappen im Dienst des Herzogs auf verschiedenen Wegen über die Heide vor Lüneburg, angeführt von dem edlen Herrn Heinrich von Homburg und dem Ritter Sievert von Saldern. Schweigsam, von dem leise durch das dürre Kraut pfeifenden Herbstwinde begleitet, näherten sie sich den Mauern, von denen die dicken Türme in die Nacht starrten wie drohende Finger. Schwarz und totenstill lag die Stadt unter den eiligen Wolken; schliefen die Wächter? oder griffen sie vielleicht schon zum Schwert, wenn sie das dumpfe Trotten und Klirren der Mörderschritte hörten? Sie überstiegen, sieben- bis achthundert an Zahl, die Mauern und töteten, was ihnen erschreckt und verwirrt entgegentrat. Zwei Bürgermeister stellten sich sofort an die Spitze der aufgestörten, entsetzt herbeieilenden Bürger und fielen: Heinrich Viskule und Heinrich van der Molen; denn es war eine Zeit, wo die Häupter des Volkes noch ihre Person einsetzten und mit eigenem Blute zahlten. Die Stadt schien verloren, als, nach der Überlieferung, ein kluger Mann, Ulrich von Weißenburg, sie durch List und Opfer rettete. Er bat die Feinde vom Kampfe abzustehen, bis er die Bürgerschaft zur Unterwerfung überredet haben würde, wodurch er Zeit zu gewinnen und die verscheuchten Lüneburger zu sammeln hoffte. Anstatt zur Unterwerfung überredete er sie zu kräftigem Widerstande und teilte zurückkehrend den Herzoglichen mit, daß die Bürgerschaft auf Fortführung des Kampfes bestehe. »Dann stirb zuerst!« sollen ihm die Überlisteten zugerufen haben, indem sie ihn töteten. Mit solchem Ungestüm warfen sich nun die Bürger, von ihren Frauen unterstützt, auf die Ritter, daß sie die Flucht ergriffen; Sievert von Saldern und 54 Ritter und Knappen fielen, der Bannerherr von Homburg wurde mit vielen anderen gefangen. Von einem tapferen Bäcker wird erzählt, daß er 22 Feinde erschlagen habe, bis er selbst den Streichen der Gegner erlegen sei. An dem Giebel eines Hauses in der Großen Bäckerstraße befindet sich noch das angebliche Bild dieses Recken. Zum Gedächtnis des Bürgermeisters Heinrich Viskule wurde an der Straße Auf dem Meere, da, wo er gefallen war, ein Kruzifix errichtet, das man später in die Nikolaikirche versetzte. Lange noch wurde dieser teuer erkaufte Sieg am Jahrestag in allen Kirchen Lüneburgs gefeiert.

Durch die furchtbare Schlacht bei Winsen an der Aller, wo die Stadt Braunschweig den Herzögen beistand, kam Lüneburg wieder an das braunschweigische Haus, ohne aber seine alten Freiheiten zu verlieren. Noch war der Stern der Städte im Steigen, die Zeit der Fürsten noch nicht reif; der Herzog mußte im Jahre 1392 mit seinen Ständen ein Landfriedensbündnis eingehen, Satebrief genannt, welches den Ständen im Falle, daß der Herzog die Sate verletzte, das Recht bewaffneten Widerstandes zusicherte. Die Lüneburger erklärten, jeder Fürst sei seinen Untertanen soviel Treue schuldig wie sie ihm, und ihre Vorfahren hätten mit eigenem Gelde die Stadt erbaut, sie gehöre also ihnen, nicht ihm. Das Bewußtsein ihrer Tüchtigkeit, ihrer Arbeitskraft, ihres Zusammenhaltens und Gelingens erfüllte sie mit dem Glauben an ihr Recht und ihre Zukunft. Der Anschluß an den großen und mächtigen Bund der Hanse steigerte ihre Macht und ihr Ansehen. Innerhalb der Hanse gehörte Lüneburg zu den wendischen Städten und trat gewöhnlich mit Lübeck, Hamburg, Wismar, Rostock und Stralsund gemeinsam auf. Welche Stellung Lüneburg einnahm, kann man aus der Tatsache schließen, daß in einem Kampfe Lübeck 30, Hamburg 20 und Lüneburg 10 Mann stellte. Das Lüneburger Salz war den Seestädten unentbehrlich und dementsprechend wurde die Stadt geschätzt. Wer Lübeck durch das Holstentor betreten will, sieht noch jetzt an der Trave entlang die altersgrauen, massiven Gebäude, die als Niederlage der Lüneburger Salzsendungen dienten. Nicht selten fanden Versammlungen der Hanse in Lüneburg statt, so eine im Jahre 1412, auf welcher Abgeordnete des Königs von Dänemark, des deutschen Kaufmanns in Brügge und in Bergen und des friesischen Seeräuberhäuptlings Keno ten Broke erschienen.

Je deutlicher sich das Bestreben der Fürsten kundgab, die selbständigen Einzelglieder des Reiches von einem Mittelpunkt, ihnen selbst und ihrer Residenz abhängig zu machen, desto energischer und planmäßiger setzten sich die städtischen Republiken zur Wehr. In der Mitte des 15. Jahrhunderts ging Lüneburg mit 35 Städten ein Bündnis auf 6 Jahre ein, das zuerst mit 40, dann mit 64, zuletzt mit 50 Städten erneuert wurde. Man nannte eine solche Verbindung eine Tohopesate, weil sie zuhauf geschlossen war. Sie sahen ausdrücklich den Angriff von Fürsten und Herren vor und verpflichteten die Teilnehmer zu gegenseitiger Unterstützung in solchen Fällen.

Eine ernstliche Erschütterung der lüneburgischen Eintracht und Macht bewirkte der sogenannte Prälatenkrieg. Mißerfolge in der äußeren Politik und Geldmangel sind es gewöhnlich, die den in einem Gemeinwesen Zurückgesetzten und Unzufriedenen den Mut geben, sich hervorzuwagen. Die Rolle, die Lüneburg namentlich in der Hanse spielte, vielleicht auch zunehmende Verschwendung der regierenden Kreise hatte eine solche Schuldenlast aufgehäuft, daß sie abzutragen geboten schien. Der Rat wendete sich in seiner Verlegenheit an die Sülzprälaten, die an einer guten wirtschaftlichen Lage der Stadt interessiert waren und auch früher schon geholfen hatten. Sie waren auch jetzt nicht abgeneigt, etwas Außergewöhnliches zu leisten, aber ihre Bereitwilligkeit wurde hintertrieben durch eine dem Rat übelgesinnte Person, Dietrich Schaper, den Propst des alten Klosters Lüne. Im raschen Ärger über den unvorhergesehenen Widerstand veranlaßte der Rat die Absetzung des Propstes, der nun es seinerseits dahin brachte, daß der Papst, der wegen der geistlichen Aktienbesitzer in diesem Streit die höchste Instanz war, Lüneburg in den Bann tat. Der Rat erwiderte den Schlag dadurch, daß er das Sülzgut der Prälaten einzog, worauf nicht nur der Papst den Bann erneuerte, sondern der Kaiser noch die Acht dazuwarf. Die Mittel waren noch wirkungsvoll genug, um auf Handel und Wandel zu drücken und dadurch die Bürgerschaft kleinmütig zu machen; in die Enge getrieben, dankte der Rat ab, nachdem die Bürger versprochen hatten, Gut und Leben der bisherigen Regenten nicht anzutasten. Die Untersuchung des Finanzwesens hatte den Bruch des Versprechens im Gefolge; denn man war mit der Rechnungsablage, die gegen das Herkommen erzwungen wurde, nicht zufrieden und gründete darauf ein strenges Vorgehen. Mehrere Ratsmänner mußten Geld und Waffen abliefern, andere wurden in die für Gefangene niederen Standes bestimmten Türme geworfen. Bürgermeister Springintgut, der sich dem Verfahren widersetzte, kam in den Turm am Grahlwall, erkrankte dort und starb. Der Sturz des Bürgermeisters soll weniger durch die Handwerker als durch einen persönlichen Feind aus dem Patriziat, Johann van der Molen, herbeigeführt worden sein; aber in ihrem Verlauf stützte sich die Bewegung auf die durch die ganze verfahrene Angelegenheit gereizte und benachteiligte Bürgerschaft und nahm eine demokratische Färbung an. Da nun aber der neue Rat die verzweifelte Lage, in die er hineingeraten war, nicht bessern konnte, zuletzt sich sogar hilfesuchend an die welfischen Fürsten wendete, wurde man seiner überdrüssig und rief den alten Rat zurück. Ein kaiserlicher Spruch verhängte Geldbußen und Verbannungen über die Aufrührer und der Tod des Bürgermeisters Springintgut wurde durch Enthauptung zweier Führer der Umwälzung gerächt. Mehrere Jahre vergingen noch, bevor die Sülzprälaten, namentlich durch Lübecks Vermittlung, dazu vermocht wurden, dem Rat zur Schuldentilgung die Hälfte ihrer Salineneinkünfte auf 10 Jahre abzutreten, woraus eine dauernde Abgabe wurde; ein Entschluß, der, rechtzeitig gefaßt, den ganzen Jammer verhütet hätte.

Aus diesem Sturm ging das Patriziat gekräftigt hervor und schloß sich mehr als früher von der übrigen Bürgerschaft ab. Auch kirchlich war man unabhängig geworden; denn der Rat setzte es durch, daß das alte Archidiakonat von St. Johannes, das die geistliche Gerichtsbarkeit ausübte, und das vom Bischof von Verden abhing, beseitigt wurde und die betreffenden Befugnisse auf den Pfarrer der Johanniskirche übertragen wurden. Der Handel kostete den Magistrat 1000 Dukaten, die an Rom, und 2000 Mark Silber, die an Verden gezahlt wurden. Um so fester hielt er sich im Beginn der Reformation zur Kirche, jede Änderung, jede Umwälzung fürchtend, die zu einem Eingreifen der Herzöge hätte Anlaß geben können. Aber der Bewegung war kein Einhalt zu gebieten, sie ergriff die Bürgerschaft unwiderstehlich, und selbst der Abt des Michaelisklosters, Baldwin von Mahrenholz, mußte mit ansehen, daß, bald nachdem er eine große Messe an der goldenen Tafel zelebriert hatte, der Prior mit mehreren Mönchen in der Kirche das Abendmahl auf lutherische Weise feierte, und starb, im Innersten von diesem Anblick erschüttert, nach wenigen Tagen.

Die goldene Tafel war ein Altar, dessen Herkunft auf Heinrich den Löwen, der ihn aus Palästina mitgebracht habe, auf Karl den Großen, auf Hermann Billung, auf Kaiser Otto II. zurückgeführt worden ist, der ihn aus arabischer Beute habe anfertigen lassen. Seine Rückwand bildete eine große, in Goldblech getriebene figürliche Darstellung der heiligen Geschichte und war überreich mit Rubinen und Smaragden bedeckt. Dazu gehörten einige mit Reliquien und Kostbarkeiten gefüllte Fächer, worunter sich ein silbernes Fläschchen mit Milch der heiligen Jungfrau, der Beutel Judae mir den Silberlingen und ein Nadelkissen der Maria befand, ferner prächtige Kreuze, edelsteinbesetzte Bücher und Monstranzen. Im Jahre 1698 wurde diese Kostbarkeit durch eine Diebesbande gestohlen. Führer der Bande war ein kluger, begabter Mann, Nikolaus List, Sohn eines sächsischen Tagelöhners. Er hatte im Dienste des Kurfürsten von Brandenburg die Schlacht bei Fehrbellin mitgemacht und in Ungarn gegen die Türken gekämpft; heimgekehrt ließ er sich als Gastwirt nieder, studierte nebenbei den Parazelsus und kurierte Kranke, weshalb er der Doktor genannt wurde. Spitzbuben, die in seiner Wirtschaft verkehrten, verleiteten ihn zur Teilnahme an einem großen Diebstahl, der gut gelang, worauf er den Plan faßte, es in diesem Geschäft zu möglichst großer Vollkommenheit zu bringen. Er lernte vorzüglich gute Wachsabdrücke von Schlössern und Schlüsseln zu machen und schwang sich durch diese Kunst und ein gewiegtes Auftreten zum Haupte einer geübten Gaunergesellschaft auf. Er pflegte als Herr Heinrich Rudolf von der Mosel mit Allongeperücke, Samtmantel und Reitstiefeln aufzutreten, ohne daß er jemals Verdacht erregt hätte; seine verkleideten Spießgesellen bildeten seine Dienerschaft. Nachdem sie in der Katharinenkirche in Braunschweig einen schwierigen Diebstahl glücklich ausgeführt harren, begaben sie sich, um die goldene Tafel zu rauben, nach Lüneburg, wo einer von der Bande, ein Hamburger Schiffer, beheimatet war. Zwar glückte das Unternehmen; aber es gelang auch ziemlich rasch, der durch ihre Erfolge sichergewordenen Diebe habhaft zu werden, worauf sie teils gerädert, teils geköpft und gehängt wurden.

Der Riß zwischen den Regierenden und der Bürgerschaft, die einst eine starke Einheit gebildet hatten, schloß sich nicht mehr. Was schon einmal zum Unheil geführt hatte, daß einer aus den Geschlechtern sich an die Spitze der Unzufriedenen stellte, wiederholte sich im 17. Jahrhundert einmal durch Franz Töbing, ein anderes Mal durch einen aus der Buchdruckerfamilie Stern. Die Gegner des Rats pflegten mit den Herzögen gemeinsame Sache zu machen; diese beiden, die unteren Volksklassen und das Fürstentum lösten miteinander das patrizische Regiment auf. Hat einmal der Abstieg begonnen, drängt alles in die abschüssige Richtung. Verschiedene äußere Umstände verdarben den Wohlstand. Im Jahre 1569 wurde die Elbschiffahrt dem Handel freigegeben, wodurch die Ilmenau entwertet wurde; neue Salinen traten in Wettbewerb mit dem Lüneburger Salz, die Hanse sank durch den Aufschwung der Holländer, der Verkehr ging durch andere Straßen. Während sich die Einkünfte verringerten, mußte man von den Herzögen, deren zentralistische Neigung stetig zunahm, die Erneuerung der alten Freiheiten teuer erkaufen. Herzog Georg benutzte die Verwirrung und Verarmung des Dreißigjährigen Krieges, um im Bunde mit der Bürgerschaft die Patrizier aus dem lange so rühmlich geführten Regiment zu verdrängen. Die alten Familien jedoch erlebten den Untergang der Republik nicht: die stolzen und ehrliebenden Geschlechter, die sich zwischen Fürst und Gemeinheit zu behaupten gewußt hatten, neigten sich, da sie eben ihre Blüte und die Blüte der Stadt erreicht hatten, dem Ende zu. Im 16. Jahrhundert starben die Garlop, die van der Molen, die Schellepeper, die Schneverdinge und Viskule aus, im 17. die Düsterhop, Schomaker und endlich die v. Tzerstede, die Stöterogge, die v. Töbing und v. Laffert. Das Schwinden der persönlichen Kraft, die ein Staatswesen aufgebaut und lange erhalten hatte, bedeutete hier wie anderswo das Schwinden einer Epoche.

Die äußere Erscheinung der Stadt überdauerte das innere Leben bis in die Mitte des 18. Jahrhunderts. Nach dem Siebenjährigen Kriege, der das Ungenügende der alten Befestigung dargetan hatte, wurde sie niedergelegt. Zuerst wurde das Altenbrücker Tor abgerissen, durch welches die armen Sünder entweder auf den Köppelberg, wo mit dem Schwert gerichtet wurde, oder auf den Galgenberg, wo der steinerne Galgen stand, geführt wurden. Dann fiel das Lüner Tor, die

Löwenkuhle, das Bardewiker Tor, die starke Papenmütze; der Grahlturm, wo der Bürgermeister Springintgut gefangen gelegen hatte, war schon im Dreißigjährigen Kriege abgetragen. Im 19. Jahrhundert verschwanden die Marienkirche, die Lambertikirche und das 1506 gestiftete Haus der Barmherzigkeit im Grahl. Und doch hat die trotzige, phantastische Stadt in der Heide viel von ihrer fremdartigen Schönheit bewahrt. Ihrer Mauern beraubt, gleicht sie einem Ritter, der den Harnisch ablegen mußte, aber dessen Haltung und dessen Gang man immer anmerkt, daß er gerüstet war und daß metallisches Klirren seine Schritte begleitete. Die Häuser mit den gestuften Backsteingiebeln stehen da wie versteinerte Schilde, die unerschütterlich ein anvertrautes Leben hüten, das längst verronnen ist. Zugleich aber hat die Stadt etwas niedersächsisch Behagliches, Träumerisches und verrät sich als Teil der Heide, wo unter der Sonne violettes Kraut Würze aushaucht. Der Turm der Johanniskirche, die den Sand beschirmt und beherrscht, erinnert an jene hohen Wachholder draußen, die seit unvordenklichen Zeiten mit dem Sturme kämpfen. Ihr Gewölbe, das hochgereckte Backsteinpfeiler tragen, füllt eine ruhmwürdige, durch ein barockes Gehäuse verkleidete Orgel, an der ein Lehrer Bachs, Georg Hahn, Organist war, mit gewitterndem Wohllaut. Am Sande, einer großartigen Anlage, halb Straße, halb Platz, stehen eins ans andere gereiht, prächtige Giebelhäuser, die der flutenden Zeit getrotzt haben, mit ausgedehnten Hintergebäuden und Stallungen; denn dort war, als der Speditionshandel blühte, der Sitz der Herbergierer. Dort befindet sich auch die im Jahre 1614 gegründete, durch ihre Bibelausgaben berühmte Sternsche Buchdruckerei, von allen Buchdruckereien Deutschlands, die im Besitz derselben Familie geblieben sind, die älteste. An der Grenze des Johanniskirchhofs und des Sandes lag einst ein kleines Haus, wo man den zum Tode Verurteilten auf ihrem letzten Gange einen Labetrunk reichte. Unweit der Kirche steht, auserlesen im Schmuck verschieden geformter Fenster, das Kalandshaus, für eine vornehme, geistlich-weltliche Bruderschaft erbaut. Die Papenstraße, die an das verschollene Kloster Heiligental erinnert, führt zur alten Gottestreu Zum roten Hahn, einem malerischen Beieinander traulicher kleiner Häuser mit roten Ziegeldächern, die zur Aufnahme armer Leute gestiftet waren. Unter dem breitfüßigen Abtswasserkunstturm hindurch betritt man ein Zauberland: da steht dem Kaufhause mit der vornehmen Barockfront und dem Zwiebeltürmchen gegenüber der im Jahre 1346 erbaute, vielfach restaurierte Kran, ein wunderlicher Alraun mit langer, grünpatinierter Nase, auf einer Seite von grauen Weiden umhangen, die tief in das vorüberfließende Wasser der Ilmenau tauchen. Dort am Wasser sind auch die Häuser, die das Geschlecht der Viskule bewohnte, welches Jahrhunderte hindurch die stolze Geschichte Lüneburgs leitete.

Den Mittelpunkt Lüneburgs bildet das Rathaus, ein Haus der Häuser, dem Bedürfnis der Zeiten gemäß entstanden. Das 18. Jahrhundert entfernte die Spitzen der fünf schlanken gotischen Türme, die die Hauptfront gliedern, und ersetzte sie durch einen barocken Aufbau mit zierlicher Laterne. Der gediegenen Würde des 15. Jahrhunderts begegnen wir in der Gerichtslaube mit prächtig und sinnvoll bemalter Decke, mit schönen farbigen Glasfenstern und gotischen Wandschränken, in denen einst das Ratssilber verwahrt wurde: Pokale, Becher, Kannen und Schüsseln aus vergoldetem Silber, von Lüneburger Goldschmieden verfertigt und von patrizischen Familien gestiftet, ein Schatz von bedeutendem Wert, der nach einer Verordnung des Rates nicht veräußert werden durfte, wenn nicht höchste Not es erforderte. Im Dreißigjährigen Kriege trat dieser Fall ein, und es wurde ein Teil der Kostbarkeiten für 4863 Taler verkauft. Den übriggebliebenen größeren Teil erwarb der preußische Staat im Jahre 1873 um 220 000 Taler für das Berliner Kunstgewerbemuseum. Die galvanoplastischen Nachbildungen, ein böser Ersatz, sind im Festsaal des Rathauses ausgestellt.

Dieser herrliche, um 1500 gebaute Riesensaal wäre einer mächtigen Reichsstadt würdig. Die Eingangstür, die an ein Scheunentor erinnert, ist nach innen mit einem großen doppelköpfigen Reichsadler bemalt, dessen Körper über und über mit den Wappen der Reichsstände bedeckt ist. An den Wänden befinden sich über der Täfelung die Bilder der lüneburgisch-welfischen Fürsten mit ihren Frauen, von der reichbemalten Balkendecke hängen Geweihleuchter mit holzgeschnitzten Heiligenfiguren herab. Aus dem 16. Jahrhundert stammt die große Ratsstube, die ganz und gar geschmückt ist durch wundervolle Holzschnitzereien des Meisters Albert von

Soest. Sämtliche Räume des Rathauses verkörpern den großen Sinn und das sichere Selbstgefühl einer rühmlich regierenden Aristokratie und gleichwohl treuherzige Gemütlichkeit.

Den zum Teil erneuerten Brunnen vor dem Rathause krönt eine kleine Bronzefigur der Diana
aus dem 16. Jahrhundert; sie ist als Mondgöttin mit der Mondsichel dargestellt, daran erinnernd, daß der Name Lüneburg in früherer Zeit als Burg des Mondes gedeutet wurde, und daß
man annahm, auf dem Kalkberge sei einst die Luna verehrt worden.

Hildesheim

Die Bischöfe, die im frühen Mittelalter in den neugegründeten geistlichen Sprengeln des Römischen Reiches deutscher Nation regierten, waren nicht, was ein Bischof von heute ist. Eine Art von Konquistadoren zogen sie aus mit Kreuz und Schwert, um zu bekehren, zu beschützen und zu beherrschen, mehr oder weniger kriegerisch, mehr oder weniger milde und gewissenhaft, immer darauf bedacht, den Umfang ihres Bistums zu erhalten oder zu erweitern und es zu bereichern. War doch auch der Christengott jener Zeit nicht der unsrige, der einen oberlehrerhaften Zug hat: seine Haare loderten im Sturm, und von seinem Dichtermunde gingen unergründliche Zauberworte aus. Er sprach zu seinem Volke: weil du jung bist, habe ich dich lieb! ging ihm voran in die Schlacht, verzieh ihm seine Wildheit, seine Rachsucht, seine Blutschuld und zog es an sein Herz, wenn es reuig zu seinen Füßen lag. Es geschahen Untaten, auch von Geistlichen begangen, denen keine Strafe folgte, und deren Täter keine Missetäter waren. Leben und Tod standen in anderer Schätzung als heute, gingen mehr ineinander über und ebenso Sünde und Heiligkeit; wo Dämonen sind, sind auch Götter.

Einst verlor ein Begleiter Ludwigs des Frommen auf der Jagd ein kostbares Reliquiengefäß des Königs. Im Walde danach suchend, fand er es so in einem Rosenbusch verstrickt, daß es ihm nicht gelang, es loszumachen. Der fromme König gründete an der durch ein Wunder geweihten Stelle eine Kapelle und erhob sie zum Mittelpunkt eines Sprengels, der vorher Elze gewesen war. Die Grenzen des Bistums bildeten die Diözesen von Mainz, Paderborn, Minden, Verden und Halberstadt. Als ihren eigentlichen Gründer jedoch verehrt Hildesheim, Kirche wie Stadt, den dreizehnten Bischof, den heiligen Bernward, einen genialen Mann, der als Verwalter des Bistums, als Kriegsmann, als Künstler, als Gelehrter hervorragte. Er war ein Sachse von edler Geburt und von Vermögen, im Jahre 960 geboren, wurde in der Hildesheimer Domschule unterrichtet und kam an den Hof der kaiserlichen Witwe Theophano als Lehrer und Erzieher Otto III., ihres Sohnes. Ihm verdankte der junge Kaiser seine Gelehrsamkeit, wegen welcher die Zeitgenossen ihn das Wunder der Welt nannten, an ihm hing er mit dankbarer Liebe. Als Bischof von Hildesheim entfaltete Bernward alle seine Kräfte: er bekämpfte die Normannen und Slawen, die damals Sachsen verwüsteten, er verteilte Almosen, gründete Burgen, stiftete Klöster, er umgab den Dom und das angrenzende Gebiet mit Mauern, er erwirkte seinem Reiche Privilegien von den Kaisern, er verwertete seine Kenntnisse in der Medizin, er verschönerte seine Kirche durch Kunstwerke, die er teils aus Italien mitbrachte, teils herstellen ließ, teils selbst verfertigte. Unter den Reliquien, die er bei seinem Aufenthalte in Italien zum Geschenk erhielt, war ein Stückchen Holz vom Kreuze des Erlösers. Um dies unschätzbare Heiligtum an einer würdigen Stätte niederlegen zu können, baute er eine Kirche, die er dem Erzengel Michael weihte, daneben ein Kloster, welches vor seinem Tode unter so ungeheurem Zudrang eingeweiht wurde, daß einer der Gäste, der Bischof von Aldenburg, dabei erdrückt wurde. Die Krypta der Michaelskirche erwählte er sich selbst zur Grabstätte.

Als Zeugen von Bernwards Kunstliebe und Kunstfertigkeit sind übriggeblieben die berühmten Erztüren und die eherne Christussäule im Dom, beide von ihm für die Michaelskirche bestimmt, aber von seinen Nachfolgern in den Dom übertragen. Beide mögen auf römische Vorbilder zurückgehen, die Christussäule sicher auf die Trajanssäule. Mit eigener Hand hat Bernward nur das Kreuz verfertigt, das aus der Michaelskirche in die Magdalenenkirche gekommen ist. Das mit Goldblech überzogene hölzerne Kreuz ist auf der Vorderseite ganz und gar mit Bergkristallen, Edel- und Halbedelsteinen, Perlen und Gemmen besetzt, durch den mittelsten Kristall sieht man das Stückchen vom heiligen Kreuz, das dem Bischof Anlaß zur Gründung der Michaelskirche gab. Auch ein Evangelienbuch des Heiligen ist vorhanden; er war selbst Meister im Schönschreiben und ließ Schüler in dieser Kunst ausbilden, die sich später der Herstellung von Büchern widmen konnten.

Der weltberühmte Radleuchter im Dom soll auf Bernward zurückgehen, wenn er auch von Hezilo vollendet wurde. Von den dreien dieser Art, die es in Deutschland gibt, ist er der größte; der zweitgrößte befindet sich in Komburg bei Schwäbisch-Hall, der kleinste in Aachen. Noch ein anderer, von Bernward für die Michaelskirche gestiftet, ist in der Reformationszeit zugrunde gegangen. Der große, feuervergoldete Kupferreifen stellt das himmlische Jerusalem dar, wie es die Offenbarung Johannis schildert, mit Türmen, Toren und Zinnen, kunstvoll gearbeitet und ehemals mit silbernen Figuren von Engeln, Aposteln und Propheten geschmückt.

Bernwards Nachfolger Godehard war bayrischer Abkunft und wurde im Kloster Niederaltaich unterrichtet. Als er die Legenden von Eremiten und Anachoreten kennenlernte, wirkte das auf ihn wie etwa Robinsons Geschichte auf Knaben unserer Zeit; er verließ mit einem Mitschüler heimlich das Kloster, um sich dem Einsiedlerleben zu widmen. Es wurde den beiden Flücht-lingen nicht schwer, eine abgelegene Gegend aufzufinden, wo sie ihr Wald- und Höhlenleben betrieben, bis die geängstigten Eltern sie auffanden und in das Kloster zurückbrachten. Einen Hang zum mönchischen Leben behielt er, wurde selbst Mönch und hat sich häufig bemüht, strenge Zucht in den Klöstern herzustellen. Heinrich II., der ihn schon als Herzog von Bayern begünstigt hatte, machte ihn zum Bischof von Hildesheim. Als solcher gründete Godehard in seinem Sprengel Kirchen und Klöster in Menge und bereicherte die schon bestehenden; dane-ben war er klassisch gebildet, las Horaz und Cicero und beschäftigte sich auch mit Malerei. Aus den uns überlieferten Tatsachen schließend einen Blick in dieses Bischofs Seele zu tun, ist nicht leicht. Als er auf den Tod erkrankte und sich zu Bett legen mußte, veranlaßte er einen jungen Diener, der ein tüchtiger Maler war, und der sehr an ihm hing, ein soeben von ihm abgelegtes Kleidungsstück anzuziehen, und weissagte ihm dann, daß er krank werden und sterben werde, was auch geschah, so daß der Jüngling gleichzeitig mit ihm selbst begraben wurde. Liebte Go-dehard ihn so sehr, daß er im Tode mit ihm vereint sein wollte? Wollte er wie ein heidnischer Häuptling von einem Sklaven ins Jenseits geleitet werden? Wollte er etwa gar über die Übertrag-barkeit von Krankheiten experimentieren? Oder schlug er das Leben auf dieser blutigen Erde gering an und begnadete seinen Liebling mit frühem Tode? Die Äbtissin von Gandersheim, die, früher mit ihm im Streit, nun aber ausgesöhnt ihn auf seinem Sterbebette besuchte, entsetzte er durch die Abschiedsworte, sie würden sich am Marienfeste wieder treffen. Sie soll im folgen-den Jahre am Tage vor Mariä Reinigung gestorben sein. Vielleicht besaß er wirklich die Gabe, die vom Tode Bezeichneten zu wittern. Dieser sonderbare Heilige wurde eher kanonisiert als Bernward, und seine Verehrung verbreitete sich schnell. Godehard und nicht Bernward ist in das Siegel der Stadt Hildesheim aufgenommen; Bernward indessen soll der Heilige sein, der im Wappen der Goldschmiedezunft mit einem Hämmerlein einen Kelch bearbeitet.

Bischof Hezilo, der die Kunst nicht weniger liebte als seine Vorgänger, stritt bei Gelegenheit einer kirchlichen Feier im Dome von Goslar mit dem Abt von Fulda um das Recht, neben dem Erzbischof von Mainz zu sitzen. In Gegenwart des jungen Königs Heinrich IV. bekämpften sich die Gefolgsleute beider Kirchenfürsten mit den Waffen, und während das Blut floß und Verwundete und Tote fielen, ermahnte Hezilo die Seinen, sich nicht etwa durch die Heiligkeit des Ortes vom Kampfe abschrecken zu lassen, vielmehr den Ablaß zu nützen, den er ihnen kraft seines Amtes erteile. Als Heinrich IV. den Papst Gregor verurteilte und absetzte, unter-schrieb Hezilo das Dokument, sicherte sich aber dem Papst gegenüber dadurch, daß er durch Zeichen seine Unterschrift wieder zurücknahm. Heilig gesprochen wurde Hezilo nicht, nur wegen seiner Schlauheit und als Erbauer des Domes hoch gepriesen. Alle diese Vertreter einer Kultur, in der sich erhabener Schwung, nordische Wildheit, römische Gewiegtheit, kirchliche Herrschsucht, kindliche Gläubigkeit, der großherzige Drang eines jungen, zukunftreichen Vol-kes mischten, haben in Hildesheim bewundernswerte Zeugnisse ihres Daseins hinterlassen. Da ist zunächst der Dom, einst die Mitte der ummauerten Domfreiheit, den die wechselnde Zeit manches Schmuckes beraubte, so leider des eigenartigen stumpfen Turmes der Westfront, der mit den beiden kürzeren Seitentürmen so mächtig und malerisch wirkte. Den Eintretenden, der einen dem Äußeren entsprechenden Innenraum erwartet, erschreckt der leere Pomp des barocken Stucküberzuges, der der alten Basilika im 18. Jahrhundert aufgezwungen wurde; aber die Erztüren des heiligen Bernward schließen das Paradies gegen den Chor ab, die Christussäu-le und das Taufbecken stehen als ernste Fremdlinge in der theatralischen Umgebung, und im Friedhof rankt an der Apsis die wilde Rose hinauf, deren die Sage gedenkt. In der Außenwand des Chores befindet sich der Grabstein des Presbyters Bruno, auf dem die einfache Geschichte eines frommen Menschen in drei Reliefbildern ergreifend dargestellt ist. Unten bestatten arme Leute dankbar den Leichnam dessen, der ihnen wohlgetan hat; darüber tragen zwei Engel seine Seele zu Christus empor, der sie oben segnend erwartet. Der schöne Vierungsturm, den der geniale Dompropst Benno errichtet hatte, ist nicht mehr vorhanden, aber auch der neue schimmert golden und erinnert an den herrlichen Sieg, den im 14. Jahrhundert Bischof Gerhard über drei kriegsmächtige Herren, Herzog Magnus von Braunschweig, Erzbischof Dietrich von Magdeburg und Bischof Albert von Halberstadt davontrug.

Gerhard, ein edler Herr von Berge, häßlich und unansehnlich, aber fromm und furchtlos, hatte nur seine Dienstmannen und Bauern und die Bürger der Stadt Hildesheim auf seiner Seite, vor allem aber vertraute er auf den Beistand der Patronin von Hildesheim, der Jungfrau Maria. Bevor er auszog, gelobte er ihr ein goldenes Dach für den Fall seines Sieges, sonst müsse sie, sagte er, mit einem Strohdach vorliebnehmen. Überdies steckte er Reliquien in seinen Ärmel und rief seiner kleinen Schar zu, als er sie erschrocken glaubte angesichts der dreifachen Überzahl des Feindes: »Leve Kerel, truret nich, hie hebbe ek dusend Mann in miner Mawen!« Auch der Abt von Sankt Michael kämpfte tapfer, von Kopf bis zu den Füßen gerüstet, das Skapulier auf dem Helm, das lang hinter ihm her flatterte, und der Bischof wies auf ihn als auf ein Beispiel: »Je Männer, wat staet je da so, seiht mal, wy de Mönik dort fechtet.« Der Sieg der Bürger und Bauern über die Ritter war vollständig: auf seiten der Verbündeten fielen Waldemar von Anhalt, Graf Volrad von Querfurt, Johann von Hadmersleben, Johann von Saldern, Heinrich von Grybe und andere, und gefangen wurden unter anderen zwei der Häupter: der Bischof von Halberstadt und der Herzog von Braunschweig, dazu Meinhard von Schierstedt, Nikolaus von Bismarck, zwei von Wantzleben, zwei von Alvensleben, Busso von Asseburg, der Graf von Wernigerode. Seines Gelübdes eingedenk, ließ der Bischof, weil es die Jungfrau so wohl um ihn verdient hatte, das Dach des östlichen Domturmes vergolden, dankbar noch eine kleine Glocke hinzufügend, die er Maria nannte.

Von der Michaelskirche stürzte ein Teil im 17. Jahrhundert ein und ist erst in neuer Zeit wieder errichtet worden, trotz dieser Schädigung hat die Kirche ihren ursprünglichen Charakter besser bewahrt als der Dom. Der alte Teil des Innenraumes macht sich sofort als heiliger Bezirk geltend. Die Säulen und Pfeiler tragen die unvergleichliche gemalte Decke wie erhabene Gedanken ehrfürchtig das unlösbare Mysterium des Himmels; fühlbar weht ein Göttliches aus dem Zusammenklang der Bauglieder. Ein überaus reizendes Gebilde ist die nördliche Schranke des Westchors, bestehend aus drei übereinanderliegenden Säulengalerien, von denen die unterste und kleinste mit einer Reihe von Engelsfiguren auf den Rundbögen verziert ist. Es ist eine Arbeit in Stuck, in der Art, wie sich eine in der Liebfrauenkirche von Halberstadt findet. Die ausgestreckten Flügel der lieblich bewegten Engel berühren sich fast mit den Spitzen, so daß die zarten Gestalten zu einem einzigen Akkord fröhlicher Anbetung gesellt werden. Der Schwung der überirdischen Wesen scheint die zierlichen Arkaden mir der Kraft zu durchströmen, deren sie bedürfen, um die doppelte und höhere Säulenstellung zu tragen, mit der sie sonst überlastet wären. Die Krypta, mit dem Kreuzgang den Katholiken zugeteilt, während die Kirche evangelisch ist, birgt den Sarkophag Bernwards, den er selbst gearbeitet haben soll. Er ist aus Sandstein und reich mit symbolischen Darstellungen geschmückt; den Deckel umrandet in lateinischer Sprache das Bibelwort: »Ich weiß, daß mein Erlöser lebt, und daß ich am jüngsten Tage aus der Erde auferstehen werde.«

Sehr reich im Umriß ist die Godehardskirche im Süden der Stadt mit drei Türmen und zwei Chören und der Fortsetzung der Seitenschiffe um die östliche Apsis herum, welchem Umgang noch einmal drei kleine Apsiden angegliedert sind. Von den drei großen romanischen Kirchen ist der Dom mit seinen gotischen Ansätzen die malerischste, die Michaelskirche die gewaltigste, die Godehardskirche die reifste und reichste. Allen dreien hat Unverstand und Ungeschmack der Zeit viel geraubt; die beiden letztgenannten wären ohne Bedenken niedergelegt worden, wenn nicht ein einziger Mann, Senator Dr. Hermann Roemer, aus Liebe zu seiner Vaterstadt und ihren Altertümern sich für ihre Erhaltung eingesetzt hatte.

Die Stadt, in deren Schoß diese ehrwürdigen Gebäude gebettet sind, hat einen ganz anderen Charakter. Neben und unterhalb der Domfreiheit und ihrem in römisch-kirchlichen, wenn auch oft durchbrochenen Formen sich abspielenden Leben erwuchs in der Stille das deutsche Volk. Hier erinnert nichts mehr an Italien und Rom. Die Vorliebe für die vertikale Linie führt die Mauern, Pfosten, Tore und Fenster höher und höher, das Unendliche stürmend, während die romanische Kirche das geformte Symbol an die Erde bindet. Schon daß des Volkes liebstes Material das Holz war, bedingt einen tiefgreifenden Unterschied: lebendiges, wohlriechendes, braunes Holz, in dem die schweifende germanische Phantasie sich mit dem Schnitzmesser ergehen konnte. Das in seiner Regellosigkeit anziehende Rathaus ist zum Teil Steinbau, und grade die Vermischung macht es reizvoll. Der älteste Teil war ursprünglich ein Turm der alten Stadtbefestigung, Lilie genannt, der wichtige Mittelbau stammt aus dem Ende des 16. Jahrhunderts und am Ende des 19. fand ein schonender Umbau statt. Scheinbar ist das Rathaus Mittelpunkt des Marktes, aber beherrschen tut ihn das herrliche Knochenhauer-Amthaus. In acht Stockwerken, von denen fünf vorkragen und zwei im beschieferten höchsten Giebelfelde verborgen sind, türmt sich der Bau auf, dicht ineinanderverschränkt, ernst und sicher wie eine Fuge. Die ganze gegliederte Schauseite ist ein einziger Bilderbogen, angefüllt mit dem kurzweiligen Figurenspiel, das den Sinn des späten Mittelalters erfüllte. Da sieht man Palmetten, Fächer und Laubgewinde, musizierende und schwerttragende Engel, Nymphen und Drachen und wunderlich glotzende Masken, eine ergötzliche und entzückende Bilderwelt; über dem monumentalen Rundbogentore im Erdgeschoß steht: Anno dei vyffhundert twintigh unde negen. Schräg gegenüber dem Amthause steht das Tempelhaus, neben der Choralei, einem eindrucksvollen romanischen Gebäude, der einzige Steinbau Hildesheims. Es hat seinen Namen davon, daß es auf dem Platz des jüdischen Tempels erbaut worden ist. Die Juden, die im allgemeinen Kammerknechte des Kaisers waren, gehörten in Hildesheim dem Bischof, der im Jahre 1426, um sich Geld zu verschaffen »de ganze samening der joden to Hildensen«, das heißt den Judenschutz, an eine Bürgerin namens Remenschneider verpfändete, von der ihn der Rat erwarb. Man weiß nicht warum, aber im Jahre 1457 zog die gesamte Judenschaft plötzlich aus Hildesheim ab, worauf die Ratsfamilie von Harlessem an der Stelle der abgerissenen Synagoge das sogenannte Tempelhaus errichtete. Seine ritterliche Art ist unwiederholt in der bürgerlichen Stadt Hildesheim. Das sechs Stockwerke hohe Haus hat einen rechtwinkligen Giebel, den vier in Lilien auslaufende Fialen krönen, und dessen Schwere durch zierliche Ecktürme und Fensterpaare aufgehoben wird. Trotz ihrer Schönheit zerstückeln diese beiden und das dreigiebelige Wedekindhaus den Platz nicht, da sich die anderen, bescheideneren Häuser würdig anschließen. Den von ebenso vorzüglichen und interessanten Bauten begrenzten Platz um die Andreaskirche, die gotische Pfarrkirche der Altstadt, haben ein paar Neubauten häßlich zugerichtet.

Es gibt dreihundert alte Fachwerkhäuser in Hildesheim; wenig deutsche Städte haben aus Feuersbrünsten und französischer und moderner Zerstörungswut einen so großen Teil ihres überlieferten Reichtums gerettet. Wie gemütlich, treuherzig, ehrlich, malerisch wirken diese Häuser! Eine überschwängliche Phantasie hat sie spielend geschaffen, von denen keines dem anderen gleicht, und von denen jedes durch irgendeinen Einfall besonders charakterisiert ist. Der umgestülpte Fingerhut, dessen Stockwerke auf allen Seiten vorkragen, steht wie ein Pilz auf einem Fuße da, das Altdeutsche Haus in der Osterstraße fällt durch zwei ineinandergreifende Giebel auf, das Rolandshospital durch einen über vier Stockwerke gebauten Erker, ein anderes ist auf Pfeiler gestützt. Mütterlich wollen diese Häuser nicht nur beherbergen und beschützen und wärmen, sondern auch erzählen und belehren. Sie führen uns Vorgänge aus dem Alten und Neuen Testament vor, die Elemente, die Jahreszeiten, kämpfende Tiere, die fünf Sinne, die Musen mit Harfe, Geige und Flöte; auch den sogenannten neun guten Helden begegnen wir, nämlich Hektor, Alexander und Caesar als drei heidnischen, David, Gideon und Judas Makkabäus als drei biblischen, Artus, Karl dem Großen und Gottfried von Bouillon als drei christlichen. Dazwischen hin ziehen sich mannigfaltig anmutige Ornamente, die Namen der Erbauer, des Mannes und der Frau, und Sprüche der Lebensweisheit: es ist keine Stelle, der nicht menschlicher Atem Seele eingeblasen hätte. Die neuerdings wieder eingeführte Bemalung der Häuser hebt die Konstruktion glücklich hervor und vergegenwärtigt die Lust des mittelalterlichen Menschen am Schauen und sein Gefühl für die Magie der Farbe.

Zum ersten Male erscheint die Stadt Hildesheim in der Geschichte, als die Kämpfe für und gegen Heinrich IV. in Sachsen wüteten. Es gelang damals dem Grafen Ekbert von Thüringen, der Hildesheim belagerte, sich des Bischofs zu bemächtigen und ihm das Versprechen abzudingen, er wolle die Stadt übergeben. Obwohl er Geiseln aus der Bürgerschaft stellen mußte, ging die Stadt doch nicht über, auch dann nicht, als der Markgraf die Geiseln im Angesicht der Stadt enthaupten ließ; sie harrte aus, bis der Kaiser sie entsetzte. Diese Standhaftigkeit haben die Bürger Hildesheims bei manchen Anlässen gezeigt bis zur Hartnäckigkeit, zum Starrsinn, zur Größe. Durchaus nicht immer standen sie auf seiten der Bischöfe, mit denen vielmehr sie in ihrem Trachten nach Selbständigkeit oft feindlich zusammenstießen; aber sie leisteten ihm auch Hilfe in der Not. Die Lage des Bischofs wurde dadurch erschwert, daß die Domherren sich unter einem Propst mehr und mehr zu einer Korporation zusammenschlossen, die ihre eigenen, oft dem Bischof entgegengesetzten Interessen verfolgte. So bildeten sich für jede Kraft Gegenkräfte aus, die dafür sorgten, daß nirgends durch allzu großes Übergewicht einer einzigen Erstarren, Erlahmen oder Ersticken eintrat.

Der berühmteste unter den Hildesheimer Dompröpsten war Rainald, Graf von Dassel, der spätere Erzbischof von Köln und Reichserzkanzler, zart und blond von Erscheinung, heiter und geistvoll. Der Mann, der groß als Staatsmann und Feldherr war, schenkte seine Gunst einem liederlichen Dichter, dessen lateinische, wundervoll melodische Verse noch heute entzücken. Wie schön, daß der mächtige Kirchenfürst ein vagabundierendes Genie zu würdigen wußte und neben sich litt, ohne daß es seiner Würde Abbruch getan hätte. Die Freiheit, die nur der Renaissance zugeschrieben wird, war auch dem Mittelalter eigentümlich.

»Bei dem allmächtigen Gott, man hört nie etwas Schlechtes von Hildesheim,« rief einst ein Bürgermeister von Magdeburg in einer Sitzung aus, als grade der Bericht von einer Hildesheimer Waffentat eintraf. Es waren wirklich brave Leute, die Hildesheimer, bedächtig ratend, kräftig und ausdauernd in der Tat, und auch eine gewisse ruhige Gutmütigkeit zeichnete sie aus, die die Ausbrüche der Roheit ein wenig mäßigte. Einmal begingen sie allerdings eine Greueltat. Neben der Altstadt hatten sich am Ende des 12. Jahrhunderts gewerbstüchtige Flamländer angesiedelt und unter der Hoheit des Bischofs die Dammstadt begründet, deren Flor den Neid der Hildesheimer erregte. In der Weihnachtszeit des Jahres 1332, während die meisten Dammstädter feierlich gestimmt in der Kirche beteten, drangen die Hildesheimer in den Nachbarort ein, erschlugen Priester, Laien, Mann, Weib und Kind und brannten die blühende Stadt zu Schutt und Asche. Ihre inneren Kämpfe jedoch verliefen gemütlicher als anderswo und wurden dadurch weniger verhängnisvoll für die äußere Politik. Anfänglich war das Regiment bei der Gesamtheit der Bürger, allmählich aber sonderte sich ein von den Geschlechtern besetzter Rat aus, und es fanden zuweilen aufrührerische Bewegungen von seiten der Handwerker statt, die namentlich eine Kontrolle der Finanzen verlangten. Waren die Wünsche befriedigt worden, so wiederholten sich die Unruhen doch, sei es, daß die erlangten Vergünstigungen nicht innegehalten wurden, sei es, daß die zugelassenen Handwerker, sowie sie ratsfähig waren, sich in Patrizier verwandelten, und die Interessen der Handwerker wieder unvertreten blieben. Nach langem Experimentieren wurde eine Verfassung herausgearbeitet, die ein ziemliches Gleichgewicht herstellte, und die sich bis zum Übergang der Stadt an Preußen erhielt. Man unterschied in Hildesheim drei Arten handwerklicher Verbindungen: Ämter, Zünfte und Gilden. Der Ämter gab es vier: Gerber, Schuster, Knochenhauer und Bäcker, und diese hatten am meisten Ansehen und Einfluß.

Ihre ersten Schritte zur Selbständigkeit tat die bischöfliche Stadt unvermerkt: eines Tages steht sie da mit einem Rat, mit weitgehender Selbstverwaltung, mit allerhand Rechten. Zwar wurde das bischöfliche Gericht als höchstes anerkannt, »dar he mit sinem vanenlene von deme hilgen Romeschen rike to lene hefft«; aber das Urteil, das die städtischen Schöffen fanden, konnte der bischöfliche Vogt nicht beeinflussen.

Schon im Jahre 1281 versprach der Bischof, die Rechte der Stadt zu schützen und sich bei entstehenden Streitigkeiten einem Schiedsspruch von zwölf Ratsmannen zu unterwerfen. Je reicher die Stadt und je ärmer der Bischof wurde, desto mehr Privilegien erwirkte sie, desto bereitwilliger drückte er bei ihren Übergriffen ein Auge zu. Es kam vor, daß die Stadt als Patron den Bischof vertrat und sich beim Papst für ihn verwendete. Als nach dem Sturze der Hohenstaufen der Reichsschutz so gut wie ganz aufhörte, suchten die Städte überall sich selbst zu schützen, indem sie sich verbündeten. Zuerst verbündete sich Hildesheim mit Braunschweig und Goslar, und nicht unwürdig stand Hildesheim, obwohl nur eine bischöfliche Landstadt, zwischen der mächtigen Hansestadt und der freiheitgewohnten Reichsstadt. Auch Hildesheim trat der Hanse bei und bekundete schon dadurch und durch ihre anderen Bündnisse weitgehende Unabhängigkeit, die allgemein anerkannt wurde. Wenn Kaiser Friedrich III. um die Mitte des 15. Jahrhunderts die Stadt zur Beschickung eines Reichstages aufforderte, so mochte sie von dem Gefühl gehoben werden, als sei sie dem höchsten Ziel, der Reichsunmittelbarkeit, nah. Die kaiserliche Forderung eilender Hilfe gegen den Herzog von Burgund wurde begründet »bei der Pflicht, damit ihr Uns und dem heiligen Reiche verbunden seid und bei Verlust aller Lehen, Gnaden, Freiheiten, Privilegien und Gerechtigkeiten, so ihr von Uns und dem heiligen Reiche habt«. Es schien nur noch eines glücklichen Augenblicks und eines kühnen Zugreifens zu bedürfen, daß der tiefhängende Kranz ergriffen werden könnte.

Mehrmals hatten die befreundeten Städte Gelegenheit, sich Hilfe in höchster Not zu leisten. Bischof Barthold von Verden, ein Mann streitbarer Natur, wollte das verkümmerte Bistum wieder hochbringen und legte deshalb eine Steuer auf das Hildesheimer Bier, woraus, da der Rat sich das nicht gefallen lassen wollte, ein Krieg, die sogenannte Bierfehde, entstand. Nachdem die Stadt dem Bischof, der ihr die Straßen sperrte, »Huld und Eid« abgesagt hatte, schritt er mit überlegener Macht zur Belagerung. Bald gingen die Nahrungsmittel aus und die Bürgerschaft sah sich trotz ihres Mutes verloren: da erblickte man von Braunschweig her einen unabsehbar langen Zug von Wagen, die Lebensmittel und Waffen herbeiführten. Ein Hilfsheer erstritt den Eintritt in die Stadt, für die dieser Augenblick einen glücklichen Wendepunkt bedeutete; beim Friedensschluß war von der Biersteuer nicht mehr die Rede.

Ein paar Jahre später hatte Hildesheim Gelegenheit, der Stadt Braunschweig, der die Welfenherzöge nachstellten, den gleichen Dienst zu erwidern. Zufuhr von Lebensmitteln und Entsatz wurde notwendig, außer Hildesheim schickten auch Hannover, Göttingen und Einbeck Hilfstruppen; die Hildesheimer führte ihr Bürgermeister Henning Brandis. Mit den Braunschweigern zusammen, die den Freunden entgegenkamen, verfügten die Städte über 7000 Mann. Das welfische Heer hielt trotz seiner Überzahl der städtischen Artillerie nicht stand, und nach erfochtenem Siege konnten die Wagen mit der kostbaren Ladung in die belagerte Stadt geführt werden. Auch mit Geld unterstützten die Bundesgenossen Braunschweig, indem sie den mit den Welfenherzögen verbündeten Erzbischof von Magdeburg dahin brachten, auf ihre Seite überzugehen und sogar Braunschweig zu speisen.

Während die Stadt Hildesheim aufstieg, Freiheit und Ruhm gewann, ging es mit dem Bistum abwärts. Die Domherren, die des Bischofs Stütze hätten sein sollen, bildeten sich zu einer Adelskorporation aus, die ihm oft feindlich entgegentrat. Die Schenkungen, die in den ersten Jahrhunderten das Bistum bereichert hatten, so daß ein ansehnliches Gebiet entstanden war, hörten allmählich ganz auf; anstatt dessen verpfändeten die Bischöfe ihre Besitzungen, um nur Geld zu bekommen. Dieser Umstand veranlaßte im 16. Jahrhundert die sogenannte Stiftsfehde, welche den endgültigen Sturz der bischöflichen Macht herbeiführte.

Bischof Johann von Sachsen-Lauenburg dachte das Bistum dadurch zu heben, daß er die Güter, die er dem Stiftischen Adel, den Saldern, Cramme, Oberg, Steinberg, Schwickeldt, verpfändet hatte, wieder einlöste, was die Inhaber, die sich bereits als Besitzer fühlten, sich nicht gefallen lassen wollten. Die welfischen Herzöge, denen ein Wiedererstarken des Bistums unlieb gewesen wäre, unterstützten die adligen Pfandinhaber, und so stellte sich die Stadt Hildesheim natürlicherweise auf die Seite des Bischofs; seit Heinrich dem Löwen hatten die Welfenfürsten danach getrachtet, sowohl das reiche Bistum zu zertrümmern, wie später die reiche Stadt sich zu unterwerfen. Auf der Soltauer Heide brachten der Bischof und seine Verbündeten dem Feinde eine furchtbare Niederlage bei: zwei Herzöge von Braunschweig, 130 Adlige wurden gefangen,

3500 Mann waren getötet und gewaltige Beute, auch an Artillerie, fiel in die Hände der Sieger. Als der Bischof mit seinen Verbündeten durch das Ostertor in Hildesheim einzog, um dem Tedeum in der Kirche beizuwohnen, auch er in voller Rüstung wie die weltlichen Fürsten, konnte er hoffen, seine Gegner gänzlich vernichtet zu haben.

Nun zeigte sich aber, wie wunderbar alle Kräfte ineinander verflochten sind, und daß auch die glänzendsten Siege und die erfolgreichsten Anstrengungen nicht immer die Kriege entscheiden; denn maßgebend wurde die Wahl Karls V. zum Kaiser, der befreundet mit Heinrich dem Jüngeren von Braunschweig-Wolfenbüttel war, dem Gegner des Bischofs von Hildesheim, der auf der Soltauer Heide besiegt worden war. Der Kaiser befahl dem Bischof, die Gefangenen ihm auszuliefern und die Entscheidung seiner Angelegenheit in seine, des Kaisers Hand zu legen, und da Johann sich weigerte, tat er ihn und seinen Anhang in des Reiches Acht und Aberacht. Trotz der unerschütterten Anhänglichkeit und Tapferkeit der Hildesheimer Bürger konnte der Bischof der Menge der Achtsvollstrecker, die nun, durch kaiserlichen Befehl gestärkt, mit verdoppeltem Nachdruck über ihn herfielen, auf die Dauer nicht widerstehen und mußte die Friedensbedingungen annehmen, die das Stift dreier Viertel seines Gebietes beraubten. Als einzige Genugtuung mochte der Bischof es gelten lassen, daß auch die Stiftsjunker um den Erfolg betrogen wurden; denn sie verloren ihre Pfandgüter entschädigungslos an die Welfen.

Die Stadt Hildesheim hatte ihren alten Ruhm nicht eingebüßt; ausgezeichnet hatte sich vor allem Hans Wildefüer als unbesiegbarer Verteidiger zweier gefährdeter Vesten. Er ergriff nunmehr als Bürgermeister die Zügel des Gemeinwesens und suchte die Schäden des unglücklichen Krieges auszugleichen. Dem herabgekommenen Klerus stand er als Herr gegenüber, als wäre er an die Stelle des Bischofs getreten, und forderte, daß er sich an den Lasten der Stadt ebenso wie die Bürger beteilige. Ein Kloster nach dem andern, selbst Sankt Michael und Sankt Godehard, bequemte sich zu zahlen; die einstige bischöfliche Macht war auf die Stadt übergegangen. In der Hoffnung, eine Durchsicht und Verbesserung des beschwerlichen Friedens zu erlangen, reiste Wildefüer nach Spanien und dann nach Augsburg, um persönlich beim Kaiser vorstellig zu werden, der an dem mannhaften Bürgermeister, wie es scheint, Wohlgefallen hatte und ihn und die Stadt, die er vertrat, mit Ehren überhäufte. Er verbesserte das städtische Wappen, indem er ihm einen halben Adler und ein Jungfraubild hinzufügte; man nimmt an, daß damit die Frau Veye gemeint sei, eine sagenhafte Figur, in deren Namen seit alters Festspiele in Hildesheim gefeiert wurden, und die auch einen Giebel des Rathauses krönt. Spielte der halbe Adler auf die Reichsunmittelbarkeit an, so schien die kaiserliche Anrede »Unser und des Reichs liebe Getreue« vollends das Ziel nahezurücken. In Innsbruck erteilte Karl V. dem Bürgermeister Wildefüer den Ritterschlag, auf dem Reichstage zu Augsburg 1530 bestätigte er das vom Kaiser Sigismund erteilte Privileg de non evocondo sowie überhaupt alle der Stadt Hildesheim Rechte, Freiheiten und alte löbliche Gewohnheiten. Tatsächliche Erleichterungen wurden jedoch nicht erreicht, da der Kaiser die Anhänglichkeit der Welfen, namentlich Herzog Heinrichs des Jüngeren, nicht aufs Spiel setzen wollte.

Infolge der schlechten Finanzlage wurde die Unzufriedenheit in den unteren Schichten, auf die sie hauptsächlich drückte, immer größer; sie vermischte sich mit den reformatorischen Neigungen, die seit dem Auftreten Luthers auch in Hildesheim eingedrungen waren.

Wildefüer mit dem Rat trat der neuen Lehre fest entgegen; es war in seinen Augen eine jener grundlosen Auftreibereien, mit denen gärende Köpfe Unruhe und Unfrieden säen, züngelnde Flämmchen, die frech um sich greifen, wenn man sie nicht sofort mit den Füßen austritt. Es wurde denn auch verboten, von dem »Martinischen Handel zu singen und zu sagen« und zu besserem Nachdruck Geistlichen der Tod durch Ersäufen, Laien der Tod durch Verbrennen angedroht. Wildefüer, dessen Herrschersinn jede von unten heraufdrängende Neuerung haßte, hielt am alten Glauben fest, eben weil es der alte war; das hinderte ihn nicht, den Klerus widerrechtlich zu besteuern mit der Begründung, daß er zur Zeit seiner Befreiung von allen Lasten »wenig und arm« gewesen, nun aber weltlicher sei als die Laien. Wie viele katholische Fürsten war er dem Klerus gegenüber Protestant; aber dem Volk gegenüber blieb er katholisch, überzeugt, daß eigenmächtiges Denken, abgesehen davon, daß er es für überflüssig hielt, auch zu eigenmächtigem Handeln führe. Die Stellung, die er dem Luthertum gegenüber einnahm, führte ihn zur Befreundung mit dem erzkatholischen Herzog Heinrich von Braunschweig-Wolfenbüttel, dem bittersten Feinde von Bischof und Stadt Hildesheim in der Stiftsfehde. Der Wunsch, sich die Freundschaft des Kaisers zu erhalten, war dabei wohl für beide maßgebend.

Auf unsichtbaren Flügeln jedoch, ungreifbar dem Büttel, flog der neue Glaube über die Grenze und nistete sich in die Herzen des Volkes ein; es waren die evangelischen Lieder und Gesänge, die auf einmal in aller Munde und nicht mehr auszutilgen waren. Wildefüer erließ neue Verbote; aber Luthers Lieder verstummten nicht und ertönten eines Tages sogar mitten im Dom. Als in Goslar und Braunschweig Umwälzungen erfolgten, die der Reformation zum Siege verhalfen, wurden auch die Freunde des Evangeliums in Hildesheim kühner; Wildefüer drohte nicht mehr mit Ersäufen und Verbrennen, sondern mit Geldbuße. Landgraf Philipps von Hessen höfliche Bitte, einen Prädikanten schicken zu dürfen, lehnte man nicht ab; er wurde allerdings ausgewiesen, als sein Versuch in St. Andreas zu predigen einen Tumult veranlaßte. Andererseits gelang es nicht, Wildefüer bei einer Untersuchung der Finanzwirtschaft des Rats einen Makel anzuhängen: er blieb unangetastet an der Spitze der neu zusammengesetzten Regierung und erließ abermals Verbote gegen die deutschen Psalmen. Nicht weniger standhaft als er trotzte das Volk fort mit Singen und Sagen. Inzwischen schwoll die große Revolution an, die benachbarten Staaten drängten, selbst Heinz von Wolfenbüttel, Hildesheims Verbündeter, wurde durch das schmalkaldische Heer, das Philipp von Hessen anführte, besiegt und vertrieben; aber Bürgermeister und Rat von Hildesheim blieben unerschütterlich. Frauen waren es, die den Entschluß faßten, zu dem die Männer sich nicht aufraffen konnten: eine Anzahl, unter denen die Ehefrau des Ewert Platen genannt wird, begaben sich in Philipps Lager vor Wolfenbüttel und baten ihn, das Evangelium nach Hildesheim zu bringen. Der Landgraf erwiderte vornehm, es liege ihm fern, die Wittenbergische Lehre aufdringen zu wollen; wenn es den Hildesheimern mit ihrem Wunsche ernst sei, möchten sie Männer zu ihm schicken. Das gab den Anlaß, daß schmalkaldische Abgeordnete zu einer Besprechung in Hildesheim erschienen.

Damals war Wildefüer schon ein halbes Jahr tot. Solange er lebte, blieb er Herr von Hildesheim und sicherte trotz aller Unzufriedenheit, die unten wühlte, die äußere Ruhe. Nur in der allerletzten Zeit wurde man an dem Bündnis mit Herzog Heinrich irre, das er geschlossen hatte. Vielleicht erbitterte ihn der Widerstand, den er im Rate fand, vielleicht auch fühlte er das unabwendbare Näherschreiten einer neuen Zeit: nach einem Wortwechsel kam er krank nach Hause und starb ein halbes Jahr später. Der Tod des alten Ritters war dem Einsturz von Mauern vergleichbar, über deren Trümmer eine bisher ferngehaltene Macht hereinbricht.

So wirklich war die Reformation in ihrer Grundidee eine Erneuerung des Urchristentums, daß hier wie in fast allen anderen Städten die Schwächeren im Volk, die Armen, die Frauen ihre Träger waren. Die der Liebe und des Mitleids bedürfen, verstehen das Wort der Liebe und geben Liebe; die die Welt nicht genießen können, erkennen den Himmel. Mit der Liebe aber und allen tiefsten aus ihr quellenden Regungen ist die Musik verwandt, darum entfaltete sich das Wort Gottes zugleich mit der Musik. Erwuchs sie doch aus dem Schoße des Protestantismus als die größte Offenbarung des deutschen Geistes, die die Welt durchdrang.

Die Höhe des Mittelalters war durch die städtische Kultur charakterisiert. Ihre materielle Grundlage war der Reichtum, den Kaufleute und Handwerker erarbeitet hatten; aber der Reichtum wurde auch die Ursache ihres Sturzes, nicht nur deshalb, weil Reichtum die Körper verweichlicht und die Seelen verhärtet, sondern auch des Neides wegen, den er erregt. Wie die Städte selbst die Juden als ihre Gläubiger verbrannten, so ähnlich trachtete der hohe und niedere Adel nach den Schätzen der Städte. Der Dreißigjährige Krieg war ein großer Raub- und Beutezug, der die einst so stolzen, mächtigen Städtestaaten ausgesogen, verschuldet, entkräftet zurückließ. Außerordentlich groß muß ihr Reichtum gewesen sein, das kann man aus den Summen schließen, die Feind und Freund ihnen auspreßten, und deren Verlust einige doch überstanden.

Beim Ausbruch des Dreißigjährigen Krieges war die Bürgerschaft nicht mehr so kriegstüchtig wie einst; so war es gleichzeitig in allen Städten, vielleicht eine Folge des wachsenden Wohlstandes, vielleicht nur des Alterns. Die Notwendigkeit führte zwar dazu, daß die Regierung die alten Verordnungen zum Zweck der Bewachung und Verteidigung neu einschärfte; aber das konnte dem Volke die ehemalige Kampflust und Rüstigkeit nicht wiedergeben. Das entsetzliche Schicksal Magdeburgs lähmte, anstatt den Trotz zu verstärken; die Stadt ergab sich Pappenheim unter der Bedingung, daß gegen Zahlung von 150 000 Talern Religion und Privilegien nicht angetastet würden. Der ebenso fromme wie grausame Pappenheim begab sich sofort in die Michaelskirche, nicht ohne sich hernach zu entschuldigen, weil sie den Protestanten vorbehalten war. Sein Schicksal rief ihn bald darauf nach Thüringen in die Schlacht, wo er fiel. Die folgenden Kommandeure hielten sich nicht mehr an den Vertrag: die Bürger mußten Gold, Silber und Waffen abliefern, dem Bischof wurde ein Gebiet nach dem anderen abgetreten, eine Kirche, ein Kloster nach dem anderen eingeräumt. Durch unmenschliche Quälereien sollten die Bürger zum Katholizismus gezwungen werden; aber nur vier erlagen: zwei kleine Handwerker, ein angesehener Bürger und ein Ratsmitglied. Es wurde so gehaust, daß im Rat vorgeschlagen wurde, sie möchten sich allesamt das Leben nehmen, und daß die Bürger einmal, als bei Todesstrafe verboten wurde, sich auf der Straße zu versammeln, alle auf die Straße gingen und baten, man möge das Urteil vollstrecken und sie zusammenhauen. In allen Leiden blieb die Stadt so unbeugsam evangelisch wie früher katholisch.

Herzog Georg von Lüneburg, der endlich als Befreier einrückte, brachte zwar die Religionsfreiheit, betrachtete aber übrigens die Stadt als ihm untertänig und berücksichtigte nicht einmal die Privilegien, die selbst die Bischöfe respektiert hatten. Im Jahre 1640 fand in der Domschenke das berüchtigte Gastmahl statt, von dessen Teilnehmern mehrere kurz darauf starben: Herzog Georg von Lüneburg, Feldmarschall Banér, Prinz Christian von Hessen, der französische Marschall Guébriant, Graf Otto von Schaumburg, so daß das Gerücht entstand, ein katholischer Geistlicher habe ihnen Gift in den Wein gemischt. Beim Westfälischen Frieden traten zwei Bewerber um Stift und Stadt Hildesheim auf, neben dem alten Feinde, dem welfischen Hannover, jetzt auch Preußen; aber der Bürgermeister Dr. Mellinger, der sich auf eigene Kosten in Osnabrück aufhielt, erkämpfte mit diplomatischem Geschick und imponierender Festigkeit seiner Stadt die Unabhängigkeit, die sie sowie das Stift noch 150 Jahre erhalten konnten. Wenn Leben Wachsen und Schaffen ist, so war diese Frist kein Leben mehr. Wie sehr die Stadt herabgekommen war, die man als reich und mächtig beneidet hatte, und die so unerschrocken für ihre Selbständigkeit gekämpft hatte, beweist der Umstand, daß, als die Schweden vorschlugen, es solle Hildesheim mit Erfurt und Osnabrück die Reichsstandschaft verliehen werden, sie selbst die Ehre abgelehnt haben soll, weil sie sich den Anforderungen, die das mit sich bringen würde, nicht gewachsen fühle.

Wer durch die Hildesheimer Straßen wandert, dem fällt es auf, daß von 1630 an bis zum Ende des Jahrhunderts nicht gebaut wurde, und daß die wenigen im Barock errichteten Häuser ärmlich sind. Die große Zeit war mit dem Dreißigjährigen Kriege vorüber. Die Häßlichkeit der Neuzeit beschränkt sich glücklicherweise hauptsächlich auf die Bahnhofsgegend, wenn auch das moderne Leben, dessen äußere Bewegung zunimmt im Maße, wie es an innerer verliert, auch aus dem Kern der Stadt nicht ganz ausgeschaltet werden kann. Es schraubt und rasselt schnöde durch die altertümlich gekrümmten Straßen und vorüber an den alten Kirchen, die abseits auf den Kirchhöfen liegen, Grabmäler über toten Göttern.

Goslar

Unter den Kaisern des Heiligen Römischen Reiches deutscher Nation ist Heinrich III. derjenige, der die Idee des mittelalterlichen Kaisertums am bewußtesten und folgerichtigsten zum Ausdruck gebracht hat. Uralter, aus dem Orient stammender Anschauung zufolge soll durch den Kaiser auf Erden die Gottheit vertreten werden; wie der Himmel Gott, so umwallt der Hermelin die Schultern des Kaisers und der Reichsapfel ruht in seiner Hand wie die Welt in Gottes Händen. Wie aus dem Herzen Gottes quillt aus seinem Herzen die Macht und das Recht, und die des Rechtes Ungerechtigkeit ausgleichende Gnade. Hohen Mutes übernahm Heinrich III. die schwere Aufgabe, dem Abendlande Einigkeit und Frieden zu geben, und verließ sich dabei hauptsächlich auf die unmittelbare Gewalt seiner Persönlichkeit. Keiner hat so wie er verstanden, zu versöhnen und doch zu herrschen, selbst der Kirche gegenüber demütig und doch der Gebieter zu sein. Dieses großen Kaisers Gedächtnis wahrt monumental die Stadt Goslar am Harz, die er, soweit das bei der damals üblichen Art der Wanderregierung möglich war, zu seiner Residenz machte. Schon bestanden eine Pfalz und mehrere Kirchen in Goslar; denn Heinrich II. und Konrad II. hatten mehrmals dort verweilt und Synoden und Reichsversammlungen dort abgehalten, vielleicht um einen beherrschenden Mittelpunkt in das noch ungezähmte Sachsenland zu legen. Heinrichs III. Mutter, die kluge und schöne Gisela, ließ durch den Bischof Godehard von Hildesheim und seinen künstlerischen Propst Benno von Schwaben, den nachherigen Bischof von Osnabrück, neben der Pfalz die Liebfrauenkirche erbauen, die später in Verfall und Vergessenheit geriet, bis in neuester Zeit ihre Grundmauern aufgedeckt wurden. Auch der Dom, den Aposteln Simeon und Juda geweiht, war schon begründet; aber seine endgültige Form ließ ihm Heinrich III. durch denselben Benno geben. Heinrichs Frau Agnes gründete auf dem Kalkberge vor der Stadt das Peterskloster mit der wundervollen Peterskirche, der Sage nach um den Tod eines Dieners zu sühnen, den sie ungerechterweise des Diebstahls verdächtigt hatte. Auch von diesen Prachtgebäuden sind nur noch die Grundmauern übrig. Der Glanz, den Heinrich III. über Goslar ausgegossen hatte, erlosch bald nach seinem frühen Tode; er starb auf seiner Burg Bodfeld erst 46 Jahre alt. Auf seinen Wunsch wurde sein Herz im Dom von Goslar beigesetzt; die von dem gerade anwesenden Papst Nikolaus II. geweihte Leiche kam nach Speier.

Bis zum Interregnum hielten sich alle Kaiser vorübergehend in Goslar auf; hier verhängte Friedrich Barbarossa die Acht über Heinrich den Löwen. Die Habsburger, seßhaft gewordene Kaiser, darauf bedacht, sich ein eigenes Reich zu gründen, kamen nicht mehr nach dem nordischen Rom, wie Goslar genannt wurde, und aus der Kaiserstadt wurde eine Reichsstadt. Sie bereisten noch eine Zeitlang die Pfalz, das Denkmal kaiserlicher Macht, und ließen sie dann verfallen; die Dynastie Hohenzollern, die an das alte Kaisertum anzuknüpfen liebte, seine wesentliche Verschiedenheit von dem neugegründeten verkennend, stellte den ehrwürdigen Bau nach der Auffassung von 1870 her.

Steht man vor dem Domvorbau, dem einzigen Überrest der kaiserlichen Basilika mit dem Dach aus Kupfer und den silbernen Glocken, so ist man geneigt, die Rettung des Palastes zu beklagen. Wie ergreifend trauert die Ruine zwischen den Bäumen, die sie umdunkeln. In ihrem abgestuften Giebel stehen groß und ernst zwischen zwei Kaisern die Heiligen Simon, Judas und Mathias, darüber zwischen Engeln die Jungfrau Maria; schwache Spuren von Bemalung verstärken den Eindruck verwitterter Lebendigkeit. Es spricht nicht nur Menschenwerk zu uns, sondern die Dämonie der Elemente, in die es sich auflöst, die Schwermut der Vergänglichkeit. Was im Innern der Kapelle an altem Gerät und Kunstwerk sich trümmerhaft aus dem Dunkel hervorbildet, wirkt magisch; von den Scherben bunter Glasfenster glühen sich Bilder, eine Verkündigung, eine Geburt Christi, unauslöschlich ins Gedächtnis. Wäre vom Palast nichts mehr übrig als die schöne alte Ulrichskapelle und vielleicht ein paar halbvermauert schöngeschwungene Bogenfenster, so würde man träumen von den schicksalsvollen Gestalten, die hier aus- und eingingen, von dem unglücklichen Heinrich IV., der hier geboren wurde und der hier, so erzählt die Sage, sein Schwert und Schild, noch heiß vom Blitz, der hineingefahren war, mit eigener Hand schmiedete, um es aus 62 Schlachten gerettet, unverminderten Glanzes mit ins Grab zu nehmen. Der allzu neue Bau von heute läßt solche Bilder nicht aufkommen; die modernen Reiterfiguren Barbarossas und Kaiser Wilhelms I., anspruchsvoll und leer, stören empfindlich. Einst muß der Platz Kaiser und Reich würdig repräsentiert haben. Der weltberühmte Palast, von dem man annimmt, daß er das Vorbild für Heinrichs des Löwen Burg Dankwarderode in Braunschweig und Friedrich Barbarossas Pfalz in Gelnhausen war, die Liebfrauenkirche, mit ihr verbunden der Dom mit seinen beiden achteckigen Türmen und der Vierungskuppel, dahinter der erzreiche, verhängnisvolle Rammelsberg: es war eine Bühne, weltgeschichtlicher Szenen würdig. Merkwürdige Betrachtungen erweckt es, daß während des Dreißigjährigen Krieges die Jesuiten, die Goslar zu einem Mittelpunkt katholischer Wissenschaft bestimmten, das Kaiserhaus als Universität benutzen wollten, und daß der nördliche Flügel bereits Jesuitenflügel genannt wurde. Der Rat verhielt sich nicht ablehnend gegen den Plan, von dem er sich ein Aufblühen der verarmten Stadt versprach, aber die Bürgerschaft wollte nichts davon wissen und war froh, daß man durch die Ankunft der Schweden »dero blutdürstigen, unglückbewandten Jesuiten ohne Nachtheil einmahl dieses Orts wieder loß wurde.«

Der Stadt kam es zugute, daß die Schatten der großen Kaiser nicht mehr auf sie fielen; allein schon erregten die Schätze des Rammelsberges die Begier einer anderen mächtigen Dynastie, die Jahrhunderte hindurch wie ein Wolf zum Überfall bereit auf ihrer Schwelle gelagert hat. Man sagt, daß Heinrich der Löwe, als sein Vetter und Kaiser Friedrich Barbarossa vor seinem unglücklichen Kampf in Italien ihn um Hilfe beschwor, sich als Preis die Reichsvogtei über Goslar ausbedungen und nicht erhalten habe. Es würde den Wert der Beute kennzeichnen, wenn zwei mächtige Fürsten um ihretwillen ihr Glück aufs Spiel setzten. Goslar blieb staufisch und erfuhr darum zweimal Überfall und Zerstörung durch die Welfen. Ottos IV. Feldherr, Gunzelin von Wolfenbüttel, belagerte Goslar jahrelang, bis es ihm gelang, wie es heißt durch Verrat der Äbtissin von Neuwerk, einzudringen. Nach dreitägiger Plünderung wurden damals so viel geraubte Schätze nach Braunschweig geführt, daß die Fuhrleute durch acht Tage damit beschäftigt waren. Nach Ottos Tode hielt Kaiser Friedrich II. einen Reichstag in Goslar ab und verlieh der Stadt, die um ihrer standhaften Treue willen soviel erlitten hatte, das erste Stadtrecht.

Indessen, wie so oft die Fürsten sich auf Kosten der Geringeren versöhnen, geschah es nach einigen Jahren, daß Friedrich II. den Enkel Heinrichs des Löwen, Otto das Kind, mit der Vogtei über Goslar belehnte und ihm gewisse Rechte am Bergwerk verlieh, wodurch die Welfen einen Zipfel in die Hand bekamen, den sie festhielten, um gelegentlich das Ganze an sich zu ziehen. Die beiden nächsten Jahrhunderte hindurch kam das große Ziel für die welfische Familie noch nicht in Betracht, und Goslar konnte seine Blüte entfalten. Das Recht am Bergwerk ging zunächst als Pfandbrief an die reichen adligen Herren, dann an die Korporation der Montanen und Silvanen, die Berg- und Waldherren, und endlich an die Stadt über, die inzwischen auch die Vogtei erworben hatte. Außer dem Silber und Kupfer des Rammelsberges besaß Goslar noch eine andere Quelle des Reichtums, nämlich Wälder und Schieferbrüche. Durch allmählichen Erwerb erstreckten sich die Goslarer Forsten im 16. Jahrhundert bis an den Brocken und bis Osterode. Die Mittel, um die Anteile am Bergwerk und Forst zu erwerben, die in den Händen adliger Familien, der v. d. Dyke, v. d. Gowische, v. Goslaria waren, bekam die Stadt von den Gewandschneidern und Kopluden, deren Gildehaus unter dem Namen Kaiserworth oder kurzweg Worth als letztes der den Markt umsäumenden Gildehäuser übriggeblieben ist.

Die Zeit des Interregnums wurde für Goslar wie für alle anderen Städte eine Zeit des Aufstiegs; es wurde Mitglied der Hanse, verbündete sich mit Hildesheim und Braunschweig und gewann die Reichsunmittelbarkeit. Ludwig der Bayer verlieh dem Rat das Heerschildrecht, wonach er als Ganzes sowie jeder einzelne Ratsherr erledigte Reichslehen erwerben konnte. Von dem geldbedürftigen Kaiser Wenzel erkaufte die Stadt die letzten reichsvogteilichen Rechte; der letzte um 1415 angeführte Reichsvogt hieß Sievert von Rollingke.

Kaiser Maximilian beabsichtigte einmal nach einer von Karl IV. eingeführten üblen Gepflogenheit Goslar an Kursachsen zu verpfänden, mußte aber gegenüber der auf ihrem Recht beharrenden Stadt darauf verzichten. Die Goslarer verweigerten die Huldigung und mahnten den Kaiser ernstlich an ihre Privilegien. Sie wurden namentlich durch Herzog Heinrich den Älteren von Braunschweig-Wolfenbüttel unterstützt und entgingen wirklich der Gefahr, wenn auch nicht der Zahlung einer bedeutenden Geldsumme.

Um die Mitte des 14. Jahrhunderts geriet das Bergwesen durch eine Pest in Verfall und wurde so unergiebig, daß die Herzöge von Braunschweig es vorzogen, ihre Anteile um 800 Mark Fein-Silber an die Familie v. d. Gowische zu verkaufen mit Vorbehalt des Wiederkaufs. Diese aber, die bei dem Zustande des Bergwerks ebensowenig Interesse daran hatten, verkauften die Anteile weiter an den Rat; noch ist die Urkunde der Genehmigung dieses Übergangs durch die Herzöge vorhanden. Zunächst hatte der Rat keinen Vorteil davon, da der Rammelsberg einen Riß bekam und die Gruben ertranken. Des Wassers Herr zu werden war damals eine Kunst, die nur wenige verstanden, und es wurden viele vergebliche Versuche gemacht, bis endlich der kundige Meister Klaus von Gotha das Bergwerk wieder zu Sumpfe brachte. Planmäßig suchte nun der Rat alle Anteile am Rammelsberg, die noch in anderen Händen waren, wie z. B. der Bischof von Verden und die Städte Lüneburg, Hildesheim, Göttingen, Einbeck welche besaßen, an sich zu bringen und hatte das auch im Jahre 1511 erreicht. Nach den seit längerer Zeit erlassenen Berggesetzen stand ein Kollegium von Ratsherren an der Spitze des Bergwerks, das seine Sitzungen im Paradies des Doms abhielt, und das verschiedene Beamte anstellte, vor allen Dingen den Bergmeister und den Bergrichter. Die Anteile oder Kuxe konnte man in Miete, als Lehen und als Eigentum haben und wurde durch ihren Besitz zum Gewerke.

Reichtum erweckt Habgier. Den raublustigen Feinden verkündeten die erweiterten und verstärkten Mauern und Warttürme an der Grenze des Gebiets die Macht und Unantastbarkeit der Reichsstadt. Die Mauer war durch 182 Türme befestigt. Die zyklopischen Werke waren geschmückt und geweiht mit Bildnissen von Kaisern und dem Adler, den Kaiser Ludwig der Stadt als Wappen verliehen hatte. Durch Kunst und Geschichte herrlich und denkwürdig, alte reichsunmittelbare Stifter umschließend, von anderen umkränzt, die Souveränität in schönen öffentlichen Gebäuden, den Bürgerwohlstand in reichen, zierlichen, gemütlichen Häusern darstellend, durch Schutz- und Trutzbündnisse gesichert, stand das nordische Rom ansehnlich da, als sich fast unmerklich die ersten Anzeichen nahender Erschütterung meldeten.

Die braunschweigischen Herzöge Heinrich der Ältere und Erich der Ältere erklärten, daß sie den Rammelsberger Zehnten, den ihre Vorfahren denen v. d. Gowische wiederkäuflich verkauft hatten, wieder einlösen wollten, was einen unleidlichen Verlust für Goslar bedeutet hätte. Die Stadt übertrug den Fall einem Schiedsgericht, das zugunsten Goslars entschied, wodurch denn die Gefahr noch für einmal abgewendet wurde. Allein in Herzog Heinrich dem Jüngeren, der seinem Vater in der Regierung folgte, erstand der Stadt ein Feind, dem sie erliegen sollte. Heinrich der Jüngere, der Nachwelt hauptsächlich bekannt durch den leidenschaftlichen Angriff Luthers in seiner Schrift Wider Hans Worst, war einer jener Fürsten, die unbedenklich um die Folgen, von einem elementaren Drange getrieben, ihre ganze Kraft der Schaffung eines einheitlichen Territorialstaates widmeten. Er tat, was ihn gelüstete, und ihn gelüstete es nach Herrschaft, Kampf und aller Art Genuß. Die Offenheit, mit der er verfuhr, eine beinahe kindliche Gewissenlosigkeit, eine gewisse heidnisch-nordische Gutmütigkeit in der Wildheit, nehmen trotz allem für den gewaltigen Störenfried ein. Religiöse Probleme interessierten ihn nicht; da er sich vom Kaiser mehr Gewinn versprach als von den evangelischen Ständen, hielt er entschlossen zu jenem. Er erlaubte sich ein übermütiges Abenteuer, indem er seine Geliebte Eva von Trott, um sie ungestört besitzen zu können, für tot ausgab und ihr ein feierliches kirchliches Begräbnis veranstaltete, dem seine eigene Frau beiwohnte. Die Geliebte hatte ihm schon vorher mehrere Kinder geboren und fuhr damit auf der Staufenburg fort, wohin er sie entführte.

Goslar erneuerte mit dem unheimlichen Nachbar den aus früherer Zeit datierenden Schutzvertrag, worin er versprach, die Stadt mit ihren Berg- und Hüttenwerken und ihren Forsten, so wie sie von den Kaisern damit begnadigt sei, unbehindert zu lassen und zu beschützen. Dessen ungeachtet zeigte er einige Jahre später nicht nur die Absicht an, den rammelsbergischen Zehnten einzulösen, sondern er behauptete, unter der kaiserlichen Verleihung desselben wären alle Rechte und Gerechtigkeiten, das Ober- und Niedergericht über den Rammelsberg, das Verkaufsrecht aller Metalle begriffen, ja, es stehe der Stadt Goslar außerhalb ihrer Mauern gar kein Recht zu, und alle ihre Forsten wären pfandweise Braunschweig überlassen. Der Rat von Goslar zeigte sich anfangs entgegenkommend, ließ die Einlösung des Zehnten, wiewohl ungern, geschehen und verzichtete auch auf einen Teil seiner Forsten: wegen der ungerechten Forderungen wandte er sich an den Kaiser. Karl V. ernannte eine Untersuchungskommission, die nie zusammenkam, und Heinrich setzte sich ohne weiteres in den Besitz aller Hüttenwerke, schlug die Wappen ab, verjagte die Bergleute und setzte einen eigenen Bergrichter ein, an den alles gewonnene Blei und Silber abgeführt werden sollte. Trotzdem sich das Reichsregiment sowie verschiedene Fürsten und Städte einmischten, besetzte und befestigte er das eine halbe Stunde von Goslar entfernte Kloster Riechenberg und störte von dort aus durch Ausfälle den Verkehr. Gegenausfälle der Goslarer verbitterten die Stimmung und brachten diese schließlich zu einer Tat, die wir Heutigen sehr beklagen. Sie zerstörten nämlich, damit der Feind nicht dort begünstigt werde und sich dort festsetze, die vor den Mauern liegenden Kirchen und Klöster, darunter die Klöster St. Georg und St. Peter und die Johanniskirche in dem uralten Bergedorf am Rammelsberge. Damals, es war im Jahre 1527, hatten die unteren Volksklassen, nicht der Rat, schon protestantische Neigungen, und das mag die Wut der um ihre Existenz kämpfenden Bürger angefacht haben. Was konnte es sie kümmern, wenn das Feuer, das die Reichtümer der alten Stifter verzehrte, die faulen Chorherren und nun sogar dem gefährlichen Feinde zugute kamen, zugleich edle Kunstgebilde vernichtete? Nichts ist von der stolzen Basilika der Kaiserin Agnes, von der Klosterkirche Heinrichs V., die dem Münster zu Aachen nachgebildet war, übriggeblieben. Neuerdings sind die Grundmauern der Johanniskirche durch einen in der Vergangenheit seiner Vaterstadt bewanderten Goslarer, der einen Zufall klug zu deuten wußte, wieder aufgefunden. Wenn man jenseits der Stadt den kahlen, windüberwehten Rücken des Rammelsberges hinansteigt, sieht man den Grundriß der Basilika wie mit dem Riesenfinger der Geschichte in die grasbewachsene Erde gezeichnet.

Ob der Gewaltakt der Bürgerschaft dem gewalttätigen Herzog imponierte oder ob seine Gedanken sich bereits mit dem Zuge nach Italien beschäftigten, den der Kaiser geboten hatte: er ließ sich auf einen Vergleich ein und enthielt sich der Feindseligkeiten bis zur Entscheidung des Reichskammergerichts. Der Gerechtigkeit entsprechend fiel diese für Goslar günstig aus, so daß Heinrich nicht nur, unbeschadet seiner Rechte, alles in den früheren Stand setzen, sondern auch die Gerichtskosten tragen und Ersatz des Schadens leisten sollte, was er zwar nicht tat. Sowie er von Italien zurückgekehrt war, nahm er seinen Plan wieder auf. Zum Reichstage von Augsburg, wo der Streit beigelegt werden sollte, ordnete Goslar den allgemein geehrten Dr. v. Dellinghausen ab; Heinrich ließ ihn aufheben und in Schöningen in einem Gefängnis verwahren, wo er bald darauf starb. Die öffentliche Meinung schrieb seinen Tod dem Gift des Herzogs zu. Ein Parteigänger des Braunschweigers, Georg Ziegenmeyer, sagte der Stadt Fehde an, hob einen Goslarer Ratsherrn auf, von dem nie wieder etwas gehört wurde, überfiel und zerstörte die Schmelzhütten und suchte die ganze Gegend so heim, daß der Rat sich endlich herbeiließ, den Räuber mit Geld abzufinden.

Der Umstand, daß Herzog Heinrich trotz der gerechten Entscheidungen des Reichskammergerichts am Kaiser immer wieder einen Rückhalt fand, trieb den Rat von Goslar, der sich anfänglich eben aus Rücksicht auf den Kaiser zurückgehalten hatte, mehr und mehr auf die Seite der Protestanten. Er trat, längst dazu gedrängt, dem Schmalkaldener Bunde bei, der ihn auch mit Rat und Tat unterstützte und den unbändigen Fürsten gefangennahm; allein der Sieg des Kaisers bei Mühlberg gab ihm die Freiheit wieder, die er sofort benutzte, um Goslar zu drangsalieren. Nicht achtend alle Vermittelungsversuche und Befehle des Kaisers, dessen Verzeihung sich der Rat mit 40 000 Gulden erkauft hatte, legte er sich vor Goslar und begann es zu beschießen. Der entmutigte Rat, vom Kaiser im Stich gelassen, schloß den unglücklichen Vertrag von Riechenberg ab, durch welchen der Herzog die Hoheit über die Bergwerke und Forsten erhielt und tatsächlich Herr des Rammelsberges wurde. Nicht genug damit mußte der Rat den Feind zum Erbschutzherrn annehmen und sich eidlich verpflichten, aller Rechtsmittel zu entsagen, durch welche er sich etwa der Erfüllung des Vertrages entziehen könnte.

Ein Jahr nachdem er auf solche Weise seinem Willen Genüge getan hatte, verlor Herzog Heinrich in der Schlacht bei Sievershausen, wo er auf seiten des protestantischen Kurfürsten von Sachsen kämpfte, seine beiden Söhne Philipp und Karl Viktor. War auch sein Kriegsmut dadurch nicht gebrochen, so doch sein Sinn erweicht. Er störte seinen andersgearteten Sohn Julius nicht in seinem lutherischen Glauben, und als in seiner Gegenwart das evangelische Kirchenlied: »Es woll uns Gott genädig sein« gesungen wurde und jemand darüber Klage führte, sagte er: »Soll uns etwa der Teufel gnädig sein?« Auf einer Reise durch den Harz begriffen, entgegnete er einem Begleiter, der annahm, er wolle Goslar vermeiden: »Ich mag meine Feinde noch wohl sehen; ich will bei der Stadt vorbeireiten.« Goslar, gleichfalls versöhnlich, grüßte den greisen Wolf, wie man ihn wohl nannte, durch eine vom Kirchturm wehende Fahne.

Die Prozesse mit dem Hause Braunschweig-Wolfenbüttel hörten indes nicht auf, Herzog Julius, obwohl schwächeren Temperaments als sein Vater, hielt doch an dem Erworbenen fest und mutete Goslar zu, sich der Reichsunmittelbarkeit zu begeben und ihm untertänig zu werden. Eine Entscheidung Kaiser Maximilians II. zugunsten Goslars bewirkte nichts; die Herzöge blieben im Besitz des einst goslarischen Gebietes und Goslar fuhr fort, auf günstige Umstände zur Wiederersetzung desselben zu hoffen. Noch einmal trat ein Bürgermeister auf, der in seiner Person die alte reichsstädtische Kraft und die alten Ansprüche der Stadt vertrat, nicht ihr Sohn, sondern ein Fremdling. Die Familie Cramer stammt aus dem Bergischen Lande am Niederrhein, wo sie durch Tuchhandel reich geworden war. Rupprecht zog, es ist unbekannt aus welchem Grunde, nach Goslar und wurde dort in die vornehmste Gilde, die der Gewandschneider, aufgenommen. Nach einer Ratsstelle trachtete er nicht, einzig auf Geschäft und Erwerb bedacht; das Bergwerk erregte seine Aufmerksamkeit, und er gründete eine Vitriolfaktorei, die ihm so viel eintrug, daß er nicht nur für den reichsten Christenmenschen galt, sondern sich selbst so nannte. Von den drei Söhnen dieses Mannes fühlte Henning neben dem Erwerbstrieb auch den Drang, eine Rolle zu spielen und sich politisch zu betätigen. Er wurde Bürgermeister und ergriff das Amt mit dem Schwung einer starken Natur und eines hochfahrenden Sinnes. Uneigennützig war er nicht: der Krieg, der 30 Jahre währen sollte, vernichtete seine Einnahmequellen und bewirkte, daß er gleichsam eins mit der Stadt wurde, für ihre und seine Interessen zusammen kämpfend. Um sich zu bereichern, scheute er verwerfliche Mittel nicht, wie er denn mit seinen Brüdern aus der herrschenden Münzverwirrung Gewinn zog; kurz, er war kein edler, aber ein unternehmender Mann, der, in den Strudel einer wilden Zeit geworfen, nicht ohne großartiges Wagen nach Gewinn und Sieg trachtete.

Merkwürdig hatte sich die Parteiung verschoben: so wie vor 100 Jahren die katholische Haltung Heinrichs des Jüngeren Goslar in den Schmalkaldischen Bund trieb, so klammerte sich jetzt, wo seine Nachfolger auf protestantischer Seite standen, die alte Reichsstadt an ihre Verbundenheit mit dem Kaiser. Des tollen Christian Versuch, in Goslar Einlaß zu bekommen, wurde abgeschlagen, dagegen unterhielt Cramer freundliche Beziehungen mit Tilly und Wallenstein. In seinem Hauptquartier zu Aschersleben empfing Wallenstein goslarische Abgeordnete und trank beim Essen auf das Wohl der Stadt, und man bemerkte mit Befriedigung, daß es die einzige Gesundheit war, die an dem Tage ausgebracht wurde. Auch mit Versicherungen kargte er nicht, Goslar solle, wenn es treu zum Kaiser hielte, alle seine verlorenen Privilegien und Güter wieder erhalten; denn darauf kam es Cramer an, daß der beschwerliche Riechenberger Vertrag, den Heinrich der Jüngere erpreßt hatte, aufgehoben werde.

Der Verkehr mit den Kaiserlichen, der nicht verborgen bleiben konnte, erregte den Zorn der Evangelischen und namentlich der Herzöge von Braunschweig, die wohl wußten, welchem Zweck diese Politik diente. Dem Bürgermeister Cramer, als dem Träger derselben, wurden von Braunschweiger Seite gegen ihn ausgestoßene »grobe, unerweisliche und unverantwortliche Injurien« hinterbracht, die er entrüstet zurückwies, die Umtriebe mit dem Kaiser leugnend. Bei Gelegenheit des ersten Höhepunktes kaiserlicher Erfolge traf die Belohnung ein: der Bürgermeister wurde als Cramer von Clausbruch in den Adelsstand erhoben und bekam außerdem die Anwartschaft auf große Reichslehen, die er erstrebte. Wie er es aufnahm, daß nur seine Person, nicht die Stadt, die er vertrat, ausgezeichnet wurde, ist nicht bekannt.

Bei der ernstlichen Leidenschaft, mit der damals das religiöse Bekenntnis erfaßt wurde, ist es begreiflich, daß ein evangelischer Reichsstand, der hinterrücks zur katholischen Partei hielt, von den Glaubensgenossen als Verräter angesehen wurde. So hatte der unselige Streit um den Rammelsberger Schatz Treu und Glauben vernichtet; der Wunsch nach Vergeltung und Wiedergewinnung des Verlorenen löschte jede andere Rücksicht gerade in den herrschenden Kreisen aus. So weit trieben sie es, daß sie sich nicht scheuten, zur Eroberung Magdeburgs mitzuwirken, indem sie Pappenheim Schaufeln, Spaten, Pulver und anderes Kriegsmaterial lieferten. Der Sturz der alten, festen Stadt, einer Hochburg des neuen Glaubens, wurde von allen Protestanten und namentlich von den Städten tief empfunden. Cramer wird nichts bereut haben, vielmehr bereicherte er sich, wie auch andere Bürger Goslars taten, an der Magdeburger Beute. Gustav Adolfs Ankunft, des Rächers, brachte über Goslar eine Zeit des Schreckens. Bedeutete jede Besetzung, von welcher Seite sie auch erfolgte, das Verderben der betroffenen Stadt, so war das um so mehr hier der Fall, wo Mißtrauen vorhanden war und eine Strafe verhängt werden sollte. Gustav Adolf zwar, bei dem die Stadt über erlittene Quälereien klagte, fand »seine königliche Reputation interessiert« und trug seinem Vertreter in jenen Gegenden, Ludwig von Anhalt, auf, die Schuldigen zu bestrafen, »damit die Stadt ihrer Beschwerde enthoben und keine uns disreputierliche Gedanken und Reden fallen, sondern jedermann bekanntbleiben möge, daß wir an solchen Exorbitantien keinen Gefallen haben.« Nicht ganz vertraut mit der Privatpolitik der vielen kleinen deutschen Fürsten oder gleichgültig dagegen, scheint der König dem Anhalter die Stadt Goslar als erblichen Besitz versprochen zu haben; als aber Friedrich Ulrich von Braunschweig »zwar gelinde doch verbose« beim König darüber vorstellig wurde, war nicht mehr davon die Rede.

Die Besorgnis Henning Cramers, er könnte seinem fürstlichen Feinde in die Hände fallen und das Opfer seiner Rache werden, war wohl nicht unbegründet; er entschloß sich zur Flucht nach Lübeck, wohin sein Bruder ihm die in Goslar zurückgelassene Frau brachte. Als er in Karlsbad, wo er seine erschütterte Gesundheit pflegte, den Tod seines Gegners, des Herzogs von Braunschweig, vernahm, reiste er mit dem regierenden Bürgermeister von Goslar nach Wien, um den Kaiser an seine Versprechungen, die Wiedereinsetzung der Stadt in ihre Rechte betreffend, zu mahnen. Der Versuch war ebenso vergeblich wie zwei spätere, die er noch unternahm; denn inzwischen hatte der Kaiser mit dem Hause Braunschweig Frieden geschlossen, dem zuliebe Goslar preisgegeben wurde. So bitter enttäuscht, machte Cramer seinerseits Friede mit Schweden. Er hatte verspielt, sowohl für sich wie für die Stadt, und als er im Jahre 1646 starb, weil, nach amtlichem Zeugnis, er sich versehentlich beim Erproben einer Pistole eine Kugel durch den Kopf geschossen hatte, nahm man an, er habe seinem gescheiterten Leben selbst ein Ziel gesetzt. Er hinterließ keine Kinder; ein anderer Zweig der Familie nahm die Tradition auf und setzte sie fort.

Noch im Anfang des 19. Jahrhunderts, nachdem Goslar preußisch geworden war, suchte Preußen die alten Rechte Goslars am Bergwerk gegen Braunschweig geltend zu machen.

Trotz kläglicher Verarmung und verheerender Feuersbrünste im 18. Jahrhundert stellt sich die Stadt noch heute imponierend dar. Der graublaue Schimmer des Schiefers, der die Dächer bekleidet, gibt ihr ein Aussehen ernster Würde, das die übriggebliebenen, fest in der Erde wurzelnden, umfangreichen Türme noch steigern. Beim Zwinger und Achtermann – der letztere trägt den Namen eines Goslarer Ratsgeschlechtes – ist die Höhe geringer als der Durchmesser. Man würde meinen, sagenhafte Geschlechter von Hünen oder Kobolde des Gebirges hätten diese Bollwerke aufgetürmt, wenn nicht Bilder von Kaisern und Wappenadler auf den sinnvollen Menschen deuteten. Im Zwinger arbeiteten die großen Geschütze, etwa der »wilde Mann« oder der »Engel Gabriel« oder die gewaltige Ruhmestasche, in die 24 Zentner Kupfer gegossen waren. Mit dunklen Zinnen umfängt die Stadt im weiteren Kreise die Mauer der Berge, unter denen der Berg des Verhängnisses, kahl und zerrissen, mit breit beherrschender Linie hervortritt.

Im Innern der Stadt unterscheiden wir die verschiedenen Gebiete, aus denen sie sich zusammensetzte: die Pfalz mit dem Domstift und dem Markt, die alte Frankenstadt, wo sich die Bergleute niederließen, die um die Jakobikirche gesammelte Handwerkerstadt und die ländliche

Stadt, die die Stephanikirche zum Mittelpunkt hatte. Das Rathaus ist um die Mitte des 15. Jahrhunderts an Stelle eines älteren, von Kaiser Lothar herstammenden erbaut worden. Das Erdgeschoß besteht nach dem Markte zu aus einer Laube auf schweren Pfeilern; hier spielte sich der Marktverkehr und das Gericht ab. Neben dem alten Haupteingang der Worth gegenüber, der durch Kaiserbild und Adler bezeichnet ist, befindet sich eine überdachte, mit einer kunstvollen Brüstung verzierte Treppe, die zu der Diele des oberen Geschosses hinaufführt. Dieser kleine Vorbau verleiht dem ernsthaften Gebäude das überraschend individuelle Gepräge, dessen ein Bauwerk von den mittleren Zeiten selten ermangelt. Von der flachen Decke der behaglich dämmernden Diele hängen vier alte Kronleuchter herab, deren einer mit dem treuherzigen Spruch verziert ist: »O Goslar du bist togedan – Dem hillegen romesken rike – Sunder middel un wae – Nicht maestu darvan wike.« Würdig bereitet dieser wohltuende Raum vor auf den sogenannten Huldigungssaal, der die beschauliche Stimmung ins Ehrfürchtige steigert. Hier wurden im Jahre 1858 die wunderbar geheimnisvollen Wandmalereien aufgedeckt, die man dem Michael Wohlgemut zuschrieb, und deren Ursprung man jetzt noch in Nürnberg vermutet. Das gedämpfte Feuer in der Farbigkeit der Bilder, die Hoheit der dargestellten Gestalten, Kaiser, Sibyllen und Propheten, umgibt den Raum mit Zauberschranken, der einst das Herz reichen Lebens war und jetzt der Erinnerung geweiht ist. Da gibt es Urkunden und Münzen, da ist ein bronzenes Reliquiar, das als Schwurhand diente, worauf die Ratsherren ihren Eid ablegten, da ist die köstliche Bergkanne aus vergoldetem Silber, ein Kunstwerk zum Beschauen und Sinnen, das mit Sinnbildern und Wahrzeichen, am lieblichsten durch die musizierenden Halbfiguren geschmückt ist, die die Mitte des Bechers umkränzen. Dies ausgezeichnete Stück ist mit zwei kleineren Bechern das einzige, was vom Silbergeschirr des Rates übriggeblieben ist.

Von den stolzen Gildehäusern, die das Rathaus feierlich umgaben, wie die Kurfürsten den Kaiser, hat die große Feuersbrunst von 1780 sechs niedergelegt. Übriggeblieben ist das Amtshaus der Gewandschneider, d. h. der Großkaufleute, welche den Gewandschnitt hatten, das durch die Wollweber hergestellte Tuch verkauften. Diese vornehmste Gilde ermöglichte es dem Rat, mit ihrem Reichtum den Pfandbrief am Rammelsberg und die Reichsvogtei an sich zu bringen; auch als die Handwerker und die unzünftige Bürgerschaft in den Rat eindrangen, was sich in Goslar ohne große Erschütterungen vollzog, behielten die reichen, erfahrenen und gewandten Kaufleute doch vorwiegenden Einfluß. Das Gewandschneidergildehaus, mit seinen Lauben dem Rathaus im baulichen Charakter verwandt, wird jetzt Kaiserworth oder kurzweg Worth, d. h. Grundstück, genannt; man hat in neuerer Zeit an die Stelle der Heiligen, die das Stockwerk über den Lauben zierten, Kaiserbilder gesetzt.

Trotz der beiden Brände des 18. Jahrhunderts, die einmal 168, das zweitemal 294 Häuser vernichteten, sind noch ganze Straßen und viele einzelne Prachtbauten übriggeblieben, darunter das sogenannte Brusttuch, das Magister Johannes Thiling erbaute, das Bäckergildehaus, die Walkmühle, das Hospital zum kleinen heiligen Kreuz, ein Haus wie aus einem Märchen. In Goslar fehlen die Vorkragungen, die in den Hildesheimer Bauten so rhythmisch-eindrucksvoll wirken, dafür fallen hier die ungeheuren beschieferten Dächer als anziehende Besonderheit auf, mit absonderlichen Biegungen und Ausbuchtungen, Riesenhüte, unter denen sich die kleinen Hauspersonen verkriechen. Bald mahnt den Wanderer romantische Phantastik an die Berg- und Waldstadt, bald eine große Linie an die Kaiser, die sie gründeten, bald ein traulich-holder Winkel an die eingeschränkte Welt frommer Bürger. Durch hohe rauschende Wipfel sieht man die grauen Mauern der romanischen, später gotisierten Jakobikirche, sieht man außen am Turm seine Glocke läuten; die erste, wo später das Evangelium gepredigt wurde, ist später der katholischen Gemeinde übergeben worden. Dörflich sieht es aus an der rieselnden Gose und Abzucht – ein Name, der aus dem lateinischen Aquaedukt entstanden ist –, wo die Häuser sich in bunter Mannigfaltigkeit zusammendrängen und feste kleine Brücken über das Wasser langen. Dem Rathaus gegenüber steht der Brunnen mit dem altertümlich putzigen Adler, an dessen weites Becken um Mitternacht drei Schläge getan den Teufel herbeiriefen. Andere sagen, es sei wegen seines metallischen Schalls als Sturmglocke benutzt worden und die Knappen hätten im tiefsten Berge den ehernen Hilferuf vernommen. Fast verschwindet das Neue in der starken Atmosphäre, die von den alten Mauern, den edlen und wunderlichen Formen ausgeht; mit der Natur im Bunde, die von allen Seiten einströmt, überwinden sie die Häßlichkeit und Aufdringlichkeit der Zivilisation.

So gut man es vermochte hielt man auch in der verelendeten Stadt an der überkommenen Ehre fest. Im Jahre 1705 fand eine Kaiserhuldigung statt, die freilich nicht Joseph I. in Person, sondern der ihn vertretende Reichsgraf zu Schwarzburg und Hohenstein, Herr zu Arnstadt, Sondershausen, Lohra und Klettenburg entgegennahm. Er wurde an der Grenze durch ein städtisches Kavalleriekorps und den Stadtsyndikus, am Breiten Tore durch den Bürgermeister empfangen; dort wurden ihm auch auf einem Samtkissen die Schlüssel überreicht. Zu Fuß und barhäuptig geleitete ihn dann der Rat in sein Logis. Am folgenden Tage zog man von der Marktkirche, wo Gottesdienst und Tedeum war, in das Rathaus zur Huldigung durch Bürgermeister und Rat, Geistlichkeit und Gilden; die Bürgerschaft legte auf dem Markte den Eid der Treue ab. Glockengeläut und Kanonendonner verherrlichten die Thronbesteigung des vorletzten Habsburgers, dem ein früher Tod bestimmt war. Vielleicht empfanden die Ratsherren, während ein Novemberwind welke Blätter über ihre Blätter hinblies, die traurige Leere in diesem Schaugepränge.

Das Jahrhundert, das diese Festlichkeit eingeleitet hatte, brachte zwei zerstörende Feuersbrünste und zunehmende Verarmung. Im Jahre 1802 entfernte die Regierung Preußens, dem Goslar zufiel, den heiliggehaltenen Reichsadler vom Rathause; unter Hannover wurde der verfallene Dom Heinrichs III. auf Abbruch verkauft. Die kostbare Einrichtung war vorher versteigert worden, der Kaiserstuhl für 27 Taler.

Letzter regierender Bürgermeister von Goslar war Joh. Gev. Siemens, geboren im Jahre 1748 als elftes von vierzehn Kindern in dem 1693 errichteten Stammhause an der Berg- und Schreiberstraße, einem herrschaftlichen Fachwerkbau. Würdig hat der energisch tätige, gemeinnützig denkende Mann die Reihe der Stadtregenten Goslars beschlossen. Er überlebte den Untergang der Selbständigkeit seiner Heimat nur um wenige Jahre.

Die drei berühmten Familien, die aus Goslar stammen, Cramer v. Clausbruch, Bethmann und Siemens stehen unter dem Zeichen des Rammelsberges wie auch unter dem Kaiser- und Stadtadler, der so vielen Mauern Goslars eingeprägt ist; auf Erwerb gegründet, haben sie ihn mit dem großartigen Gemeinsinn der mittelalterlichen Städte verwaltet.

Quedlinburg

Man pflegt den Norden Deutschlands als poetisch und künstlerisch unergiebig der Mitte und dem Süden gegenüberzustellen, wo allerdings das Schöne heimischer ist; um so mehr darf der Norden stolz auf denjenigen sein, der die Blütezeit unserer klassischen Dichtung eröffnet hat, auf Klopstock, geboren im alten Sachsenlande, in der Harzstadt Quedlinburg. In den kleinlichen Jammer einer Zeit, wo Deutschland nicht nur arm an Gütern, sondern auch an Liebe war, blies reinigend der Drommetenton seiner großen Gedanken und himmelstürmenden Rhythmen, rief seine metallische Stimme ergreifend den Namen Vaterland. Wenn er sich mit der Absicht trug, seinem Volk ein Heldengedicht zu schaffen, dessen Mittelpunkt Heinrich I. sein sollte, der größte deutsche König seit Karl dem Großen, der das verwüstete Reich neu ordnete und den Grund zu einer neuen Freiheit, der der Städte, legte, so ist dabei der Einfluß seiner Vaterstadt nicht gering anzuschlagen; ist doch Quedlinburg einer von den altsächsischen Orten, die sich rühmen, daß dort Herzog Heinrich dem Finkenfange nachgegangen sei, als ihm die Königskrone angetragen wurde, die er annahm, weil es deutschen Reiches Wille war. Mag das aber auch Quedlinburg bestritten werden, so verehrt es doch mit Recht Heinrich I. als seinen eigentlichen Begründer, und wie vernachlässigt der Ort zu Klopstocks Jugendzeit gewesen sein mag, so kann doch und vielleicht gerade in dem Zustande des Verfalls die alte Gruftkapelle mit dem Staube des Helden zündend auf die Phantasie des Knaben gewirkt haben.

Man nimmt an, daß der Edelhof Quitilinga, eine Ansiedelung vornehmer Thüringer an der Bode unterhalb des Schloßfelsens, schon lange bestanden habe, als Karl der Große dort eine Burg befestigte und neben Halberstadt zu einem Vorort des Harzgaus bestimmte. Im alten Sachsenlande ist das Andenken des großen Frankenkaisers nicht so wie im Westen und Süden als Heiligtum und Wahrzeichen festgehalten; denn er hatte ja die Freiheit und den gemeinsamen Besitz der Wälder und Fluren aufgehoben und den wilden, stolzen Stamm zwangsweise in ein Netz staatlicher Verwaltung gepreßt. Gleichzeitig sorgte er für die Einführung des Christentums, das die altheidnischen Naturgötter mit grausamer Gewalt der menschgewordenen Liebe unterstellte, eine tragische Notwendigkeit, die sich aus dem unlöslichen Widerspruch des menschlichen Geistes ergibt und für die sich die Beispiele in allen Jahrhunderten wiederholen. An der Grausamkeit jedoch hatten die vom Kloster Hersfeld abgesandten Benediktinermönche keinen Teil, die im Harz Kirchen gründeten, pflanzten und bauten und zu segenspendenden Lehrern des Jägervolkes wurden. Als ehrwürdige Spur ihres Wirkens hat sich in Quedlinburg die St. Wipertskirche erhalten, die in späterer Zeit mit einer Klosterkirche überbaut und dadurch zur Krypta wurde. Die aus dem 12. Jahrhundert stammende Kirche ist vor hundert Jahren verkauft worden und dient jetzt als Scheune, die Krypta wird noch aufgesucht als eins der ältesten Beispiele romanischer Baukunst in sächsischen Landen; sie weist den Wechsel zwischen Säule und Pfeiler auf, der für diese Gegend charakteristisch ist. Ein ähnliches Schicksal wie das alte Missionskirchlein der Hersfelder Kirche hatte die später von König Heinrich I. auf dem Sandsteinfelsen neben der Burg gegründete und zu seiner Grabstelle bestimmte Kapelle. Sie ist erst zum Chor einer neuen Kirche und später, als das Gebäude im Jahre 1070 durch Feuer zerstört war, in teilweise erneuertem Zustande zur Krypta einer neuerbauten Kirche geworden. Im Halbdunkel der unterirdischen Apsis steht der schlichte Steinsarg, in dem die Gebeine der Gattin Heinrichs, Mathilde, bestattet sind; der hölzerne Sarg, in dem der große König ruhte, ist mit ihm in Staub zerfallen. Nichts Körperliches ist übriggeblieben von den Stammeltern einer genialen, den größten Teil des kultivierten Abendlandes beherrschenden Dynastie; aber man sieht die schmalen Stufen, die die Witwe viele Jahre lang täglich hinabstieg, um am Sarge des geliebten Toten zu beten.

Nicht ohne Schatten war das Familienleben des Königspaares gewesen, das die lange Trauer und der Charakter Mathildens ehrwürdig gemacht hat. Heinrich hatte in der Jugend eine Witwe geheiratet, die nach dem Tode des Mannes sich in ein Kloster zurückgezogen hatte. Trotz entschiedener Weigerung mußte Heinrich dem Papste, der die Ehe deshalb für ungültig erklärte, endlich nachgeben und das Band lösen. Das beklagenswerteste Opfer dieser päpstlichen Strenge war Thankmar, der aus der Ehe hervorgegangene Sohn, der sich als Erstgeborener zur Nachfolge berechtigt fühlte und im Kampfe mit seinem glücklicheren Halbbruder Otto, dem ältesten Sohn der Mathilde, zugrunde ging. Man weiß nicht, welche Spuren der erste Liebesbund in Heinrichs Gemüt zurückließ, ob er die Entrissene vergaß, ob er die Aufgedrungene widerwillig annahm, ob er sie allmählich schätzen und vielleicht sogar lieben lernte; sie jedenfalls scheint in der Ehe, in der sie Mutter zweier hervorragender Söhne und auch bedeutender Töchter wurde, wenn nicht schattenloses Glück, so doch Frieden gefunden zu haben. Sie lebte in der Erinnerung fort als die edle, ganz dem Andenken ihres verstorbenen Mannes und in der Tätigkeit für das Wohl ihrer Kinder, sowie für das Wohl der Armen lebenden Matrone, ein Vorbild ehrbarer, frommer Frauen, Heinrich dagegen, als der junge Mann im kurzen Lockenhaar, wie das Siegel ihn darstellt, der sorglos den Vögeln nachstellt, nicht ahnend, welche Würde man ihm zugedacht hat, der dann aber, als König, die Zügel fest ergreift, sein Volk bewehrt, sein Land befestigt und die barbarischen Horden über die Grenze jagt. Der Finkenherd in Quedlinburg, ein kleiner, von altertümlichen Häusern umgrenzter Platz, dicht unterhalb des Schloßfelsens, kann die Anhänglichkeit des Königs an die Stätte, die er sich zur ewigen Ruhe erwählte, siegreich für sich anführen. Ein unanfechtbares Denkmal ist die mit seinem Siegel versehene Urkunde, vom Jahre 922 datiert, in der der Name Quedlinburg zum erstenmal, wenn auch noch nicht als Stadt, erscheint.

Die Entwicklung der Stadt, von der damals erst Keime in zerstreut liegenden Höfen vorhanden waren, wurde durch die Grabkapelle des Finklers bestimmt, insofern sein Sohn Otto kurz nach des Vaters Tode dessen Plan ausführte, ein Jungfrauenkloster zu begründen, das die Aufgabe haben sollte, die der Familie heilige Stätte zu pflegen und zugleich eine Versorgung für die Töchter fürstlicher und hochadliger Familien zu sein. Nicht als Kloster war die Stiftung gedacht, sondern als weltliches Reichsstift, das keinen anderen Herrn als Kaiser und Papst über sich hatte. Die darin eintretenden Frauen durften Vermögen besitzen und sich verheiraten, die Äbtissin hatte den Rang einer Reichsfürstin. Die erste Äbtissin war die Tochter aus Ottos I. Ehe mit der italienischen Adelheid, nach der Großmutter Mathilde genannt. Sie wurde zwölfjährig von ihrem Vater in Gegenwart der Großmutter, der Mutter und des Bruders, des künftigen Kaisers, ferner vieler Erzbischöfe und Bischöfe eingesetzt und mit dem Stabe belehnt. Vielleicht war die hohe Begabung, die der jüngeren Mathilde von den Zeitgenossen zugeschrieben wurde, dem Zusammenfluß sächsischen und italienischen Blutes zu danken; oft geht ja auch die Geisteskraft eines genialen Vaters mehr auf die Töchter als auf die Söhne über. Als Mathildens Neffe, Otto III., sie während seines Aufenthaltes in Italien zu seiner Vertreterin in der Reichsregierung ernannte, nahm sie sich derselben mit Nachdruck, Verstand und Erfolg an. Daß sie sich nicht vermählte, läßt auf Stolz und unabhängigen Sinn und auf Hingabe an die übernommene schwierige Aufgabe der Verwaltung des Stifts und des Reichs schließen. Sie starb mit 45 Jahren. Von ihr ging der Plan aus, die alte Heinrichskirche durch eine größere und prächtigere zu überbauen, der nach ihrem Tode ausgeführt wurde. Ihr folgten als Äbtissinnen eine Tochter Ottos II., Adelheid, und zwei Töchter Heinrichs III., Beatrix I. und Adelheid II. Jahre hindurch wurde das Stift, dessen Leiterinnen dem Herzen der Kaiser so nahestanden, von diesen reich beschenkt und mit Rechten begnadigt, die auch den unter der Burg liegenden Ansiedlungen zugute kamen.

Die Hohenstaufen hatten für die sächsischen Lande nicht mehr dasselbe Interesse wie die sächsischen und fränkischen Kaiser, wenn sich auch Barbarossa sechsmal in Quedlinburg aufhielt. Im Jahre 1181 erschien der besiegte Heinrich der Löwe vor einem hier abgehaltenen Fürstengericht, entfernte sich aber wieder nach einem heftigen Streit mit Bernhard, dem Sohn Albrechts des Bären. Der Überlieferung nach soll in der Krypta, die die derzeitige Äbtissin farbig ausmalen ließ, in einer der noch erhaltenen biblischen Gestalten das Abbild des mächtigen Hohenstaufen erhalten sein.

Während Könige und Kaiser die mit dem schroffen Felsen verwachsene Burg und Kirche pflegten und stärkten, keimte in geschichtslosem Dunkel die Stadt Quedlinburg. Das Geschick der Siedlungen, die schon vor Karls des Großen Zeit bestanden, beschränkte sich auf Glück und Unglück bäuerlicher Familien; erst die häufige Anwesenheit der Fürsten, die mit ihrem Gefolge verpflegt werden mußten, zog Kaufleute und Handwerker an und ließ ein vielfältiges Leben erstehen. Das Markt-, Münz- und Zollrecht, das Otto III. seiner Tante für das Stift gewährte, hob das Gemeinwesen und mit zunehmendem Wohlstand wuchs das Selbstvertrauen und die Tatkraft der Bürger. Sie regelten den Lauf der wilden Bode und legten das sumpfige, oft überschwemmte Gelände trocken, wodurch sie eine Straße in den Harz und Platz zum Anbau von Häusern gewannen. Aus den umliegenden Dörfern strömten Bewohner in das ehemalige Sumpfgebiet und erbauten dort auf Pfählen eine Kirche, die sie dem heiligen Nikolaus, dem Patron der Fischer, weihten, denn einst hatten dort Fischerhütten gestanden und ein Rathaus, das erst im Jahre 1890 abgebrochen worden ist. In der Altstadt waren schon früher ein Rathaus und Marktbuden entstanden. Die Neustadt war abhängig vom Stift, bis um 1300 eine Äbtissin ihre Rechte an den Grafen von Regenstein verkaufte, der seinerseits den Magistrat der Altstadt mit der Vogtei über den Nachbarort belehnte. So kam die Vereinigung von Altstadt und Neustadt zustande, die ihren Ausdruck in einem Gesamtrat fand, während zwei Bürgermeister das Doppelgebilde vertraten. Noch am Anfang des 19. Jahrhunderts führte die Regierung den offiziellen Titel: Bürgermeister und Rat beider Städte Quedlinburg. Das Wappen der Stadt war ein offenes Tor zwischen zwei Türmen, worin ein Hund sitzt.

Man muß sich wundern, daß die Altstädter, im Besitz der Vogtei über die Neustadt, sich mit ihr vereinigten, als ob sie von gleichem Range wäre. Vielleicht geschah es aus Weisheit, da sie sich so gegenüber gemeinsamen Gegnern verstärkten, während sie sonst vielleicht ihre Kraft in der Niederhaltung eines verwandten Gemeinwesens hätten verausgaben müssen; die Ursache könnte aber auch der gemütliche, nicht zur Herrschsucht neigende, vielleicht sogar etwas bequeme Charakter der Quedlinburger gewesen sein. Dafür spricht, daß es hier keine Kämpfe zwischen Patriziern und Handwerkern gegeben hat.

Doch hatte auch Quedlinburg eine heroische Zeit, die sich vom Anfang des 14. bis zum Ende des 15. Jahrhunderts, also etwa 150 Jahre, erstreckt hat. Es war die Zeit, in welcher die Kaiser namentlich auf den Norden keinen bedeutenden Einfluß mehr ausübten, und in welcher die einzelnen Glieder des Reichs erstarkten und um sich griffen; unter diesen aber waren die Städte damals die lebensvollsten und kultiviertesten. Schloß und Stift hatten sehr an Macht eingebüßt, einmal dadurch, daß die Äbtissinnen einen großen Teil der Stiftsgüter hatten verkaufen müssen, besonders aber weil nach dem Aussterben der Salier die Kaiser die Schutzherrschaft über das Stift nicht mehr selbst und im Einverständnis mit den fürstlichen Damen ausübten. Sie kam im 13. Jahrhundert an die Grafen von Regenstein, die im Harz sehr begütert und für Quedlinburg gefährliche Nachbarn waren. Wie wenn sie einen Sturmbock an die Mauern heranschöben, erbauten sie zwischen dem Schloß und der alten Wipertskirche eine Wasserburg, genannt Gunstettenburg, eine Drohung, die sich sowohl gegen das Stift wie gegen die Stadt richtete. Außer diesen Blankenburger Grafen waren es noch die Bischöfe von Halberstadt, die Grafen von Hohenstein und die von Falkenstein, die sich auszudehnen und zu bereichern trachteten. Um sich gegen die Raublust dieser Herren zu sichern, suchte auch Quedlinburg, wie es im ganzen Reich üblich war, den Anschluß an andere Städte, die nahe genug lagen, daß sie einander in der Gefahr beispringen konnten. Im Jahre 1326 wurde in der Altstadt das Bündnis zwischen den Städten Halberstadt, Quedlinburg und Aschersleben beschworen, das solange dauerte wie die Selbständigkeit Quedlinburgs. Abweichend von dem üblichen Brauch, daß die hilfesuchende Stadt die Kosten der Hilfe zu tragen hatte, verpflichteten sich hier die Befreundeten, auf eigene »koste vnd aventure«, soviel sie vermochten, für einander auszustehen. Neben diesem Bündnis her gingen noch andere mit Goslar, Hildesheim, Magdeburg, Halle und auch mit Fürsten und Herren, die aber alle nur auf einige Jahre geschlossen wurden. Den stolzesten Klang hatte der Beitritt Quedlinburgs zur Hanse, der im Jahre 1426 stattfand; aber er hat der damals schon sinkenden Stadt keinen Nutzen mehr gebracht.

Da die Äbtissinnen hinter dem Schirmherrn zurückgetreten waren, sah Quedlinburg diesen als das größte Hindernis an, das der erwünschten Reichsfreiheit im Wege stehe, und trat deshalb in Beziehung zu dem Bischof von Halberstadt, Albrecht II., als zu einem Gegner des Grafen von Regenstein. Albrecht II., an Namen, Tapferkeit und Unternehmungslust dem Regensteiner gleich, scheint ein feiner Diplomat gewesen zu sein, denn es gelang ihm, den Quedlinburgern zu verbergen, daß er ihrer Freiheit ebenso nachstellte wie sein Feind; sie nahmen ihn als Schirmherrn an, und als solcher zerstörte er die Gunstettenburg, die ihnen ein Ärgernis war. Als der Halberstädter und der Regensteiner später wegen einer Erbschaftsangelegenheit wieder aneinandergerieten, kam die Stadt Quedlinburg dem Bischof, wie sie verpflichtet war, zu Hilfe und hatte das Glück, einen Hauptschlag zu führen. Erbittert darüber, daß die Quedlinburger es mit seinem Feinde hielten, besetzte und befestigte der Graf das Wipertskloster und rückte somit in gefährliche Nähe der Altstadt. Die Bürger beschlossen einen Ausfall, drängten die Regensteiner zurück, verlegten dem fliehenden Grafen den Weg und nahmen ihn, dessen Pferd im Sumpfe stecken blieb, gefangen. Auf dem Rathause wird den Besuchern noch ein großer, aus starken Brettern gezimmerter Kasten gezeigt, in dem der Graf 20 Monate lang gefangengehalten sein soll. Er ist geräumiger und luftiger als manches Verließ und mancher Käfig, worin man damals wohl besiegte Feinde einsperrte, und die Tatsache ist nicht unglaublich, wenn man sich auch wundern mag, daß der Graf nicht schon eher nachgab, um sich wieder wie üblich bewegen zu können. Er war nach der Überlieferung, und wie auch seine Sporen und Waffen bezeugen, die auf dem Rathause verwahrt werden, ein großer, starker Herr, ein Gegner, den überwunden zu haben die Städter stolz sein durften. Am Hohen Baum zu Quedlinburg, wo seit alters Verhandlungen abgehalten wurden, fand neun Monate nach der Gefangennahme des Grafen eine Sühne und Abmachung zwischen den Beteiligten statt, in der Weise, daß der Regensteiner Schutzherr des Stiftes blieb, aber das Schutzbündnis zwischen dem Bischof von Halberstadt und der Stadt Quedlinburg fortbestand.

Albrecht von Regenstein hat merkwürdigerweise keinen Versuch gemacht, seine schmähliche Niederlage und Behandlung an den Quedlinburgern zu rächen. Er war ein Mann ohne Glück; sein Gegner, der Bischof von Halberstadt, wurde über seine Ansprüche hinweg Graf im Harzgau und entging sogar ohne Mühe dem Fürstenbunde, der sich gegen ihn bildete und dessen Führer Albrecht von Regenstein war. Bei einem Ausritt des Grafen im Jahre 1348 überfiel ihn ein Anhänger des Bischofs und tötete ihn. Den Anstifter traf allgemeine Entrüstung, aber keine Strafe.

Die Nachfolger des kriegerischen Albrecht von Halberstadt waren so gelinde und gleichgültige Herren, daß sie die Schutzvogtei über Quedlinburg dem Magistrat verpfändeten. Nachdem dieser ein Jahr später auch das Münzrecht erworben hatte, war ein starker Schritt auf die Reichsfreiheit zu getan, obwohl die Landesherrschaft noch beim Stift war. Was die Quedlinburger im Sinne hatten, zeigte die Veränderung an, die sie mit dem Stadtwappen vornahmen: an die Stelle der Doppeltürme und des Hundes im offenen Tor trat der schwarze Reichsadler auf goldenem Grunde. Die alten Reichsfarben, Schwarz und Gold, trugen fortan auch die Fahnen und Siegelsteine, kurz alle die öffentlichen Abzeichen des städtischen Regiments. Aus der Zeit soll auch der steinerne Roland stammen, der dazumal, was er auch ursprünglich mag bedeutet haben, als Wahrzeichen städtischer Freiheit galt. Um dieselbe Zeit aber knüpften sich auch schon die Fäden zum Niedergange der Stadt. Angesichts des Aufschwungs ihrer Untertanen hielten die Stiftsdamen es für notwendig, an Behauptung und Wiedererwerb ihrer früheren Macht zu denken, und sie wählten deshalb im Jahre 1458 eine Tochter des Kurfürsten Friedrichs des Sanftmütigen von Sachsen, Hedwig, zur Äbtissin. Der Kurfürst, der auch Meißen und Thüringen in seiner Hand vereinigte, gehörte zu einer jener mächtig gewordenen fürstlichen Dynastien, die mit neuen Mitteln und Organisationen die alte Kaiserherrlichkeit zu zerstören drohten. Auf seinen Rat kündigte die Äbtissin dem Bischof von Halberstadt die Schutzherrschaft über die Stadt Quedlinburg auf, die er mit Genehmigung des Stifts dem Magistrat der Stadt verpfändet hatte, wobei ihre Absicht war, sie ihren Brüdern Ernst und Albert aufzutragen. Daß der Bischof sich weigerte, auf sein Recht zu verzichten, gab den Quedlinburgern den Mut, in ihrer bisherigen Politik fortzufahren: sie wollten ein Gesetz durchbringen, wonach die Bürger ihr Getreide nur in städtischen, nicht auch in stiftischen Mühlen mahlen lassen durften, und wollten ferner das Recht der Äbtissin, die Handwerker-Innungen zu bestätigen, abschaffen. Jetzt, dachten sie, sei der Augenblick gekommen, wo sich zeigen müsse, wer der Mächtigere sei; und es zeigte sich, daß die Stadt es nicht war. Die Äbtissin ergriff die Gelegenheit, die Hilfe ihrer Brüder anzurufen, die sofort eine starke Söldnerschar gegen die Stadt abschickten; deren Bundesfreunde aber versagten: die Hanse rührte sich nicht, Aschersleben lag selbst in Fehde, einzig die Stadt Halberstadt entsendete dem alten Bundesbriefe treu, ein Häuflein Bewaffneter, von denen vierzehn in dem sich entspinnenden Kampfe ihr Leben ließen. Nachdem der Stadthauptmann, Asmus von Schwichelt, gefallen war, entschlossen sich die Quedlinburger zur Übergabe der Stadt und unterzeichneten eine Unterwerfungsurkunde, gemäß welcher die kostbaren, in langer Zeit unter Kämpfen erworbenen Rechte dahinfielen, vor allen Dingen das Bündnisrecht und das Recht, Befestigungen anzulegen; die alten Freiheitsbriefe der Kaiser mußten ausgeliefert werden. Mit bitterem Grimm im Herzen werden die Ratsherrn zugesehen haben, wie die neuen Herren den Roland zertrümmerten; denn das Mittelalter liebte es, Symbole zu errichten und zu zerstören, überhaupt dem Geschehen einen sinnlich greifbaren Ausdruck zu geben. Erst im Jahre 1869, nach beinahe 400 Jahren, ist das inzwischen bedeutungslos gewordene Steinbild wieder zusammengesetzt und neu aufgerichtet worden. Es steht an der linken Ecke des würdigen Rathauses, das im Anfang des 17. Jahrhunderts durch ein prunkvolles Portal verschönert wurde.

Insofern gestaltete sich Quedlinburgs Geschick verhältnismäßig günstig, als die sächsische Regierung die Schutzvogtei über die Stadt, nämlich Gerichtsbarkeit und Verwaltung, dem Magistrat verpachtete. Schlechter ging es der Siegerin. Ihre Brüder, Ernst und Albert, ließen es der Schwester bald fühlen, daß sie für sich und nicht für sie gearbeitet hatten, rücksichtsloser noch war ihr Neffe, Georg der Bärtige. Die Schutzherrschaft wurde als Herrschaft ausgeübt, ohne daß Hedwig etwas dagegen auszurichten vermocht hätte. Die Überlieferung, vielleicht dem Rachegefühl der gedemütigten Bürgerschaft entsprungen, will, die Äbtissin habe sich einmal in ihrer Bedrängnis als Magd verkleidet, in das Haus des Bürgermeisters Ambrosius Grashoff geflüchtet. Indessen, trotz allem, was etwa Tröstliches oder Genugtuendes geschah, war Quedlinburg eine Territorialstadt, waren Ratsherren und Bürger Untertanen geworden. Dies Verhältnis wurde noch nachdrücklicher betont, als August der Starke im Jahre 1697 die Schutzherrschaft über Quedlinburg um 240 000 Taler an den Kurfürsten von Brandenburg verkaufte. Die Stadt, die sowenig wie die Äbtissin dabei gefragt worden war, wurde durch ein preußisches Grenadierregiment, an dessen Spitze Leopold von Dessau stand, überfallen und besetzt, ohne daß nennenswerter Widerstand geleistet worden wäre. Längst war der Stolz der Bürgerschaft erloschen. Bald fügte man sich in die neuen Verhältnisse, ja in den Zwistigkeiten zwischen den Hohenzollern und dem Stift nahmen die Quedlinburger die Partei des neuen Schutzherrn.

Den Reisenden, der sich Quedlinburg nähert, empfangen die farbigen Felder seiner Blumenzüchtereien wie festlich ausgebreitete Teppiche in gelben, braunen, violetten und purpurnen, in allen erdenklichen Schattierungen. Im Hintergrunde steigt der Felsen auf, der Kirche und Schloß hoch über die Niederung erhebt. Hier an der Stätte der Gründungen der ersten sächsischen Könige haften die ältesten Erinnerungen. Die Stadt, die darunter liegt, ist sehr reich an hübschen, teilweise reich verzierten Fachwerkbauten und besitzt außerdem eine seltene Merkwürdigkeit, nämlich ein zweistöckiges Langständerhaus von der Art, wie man vor dem 15. Jahrhundert baute. Diese Häuser waren noch nicht in selbständige Stockwerke abgeteilt, sondern ruhten auf langen Ständern, konnten keine Vorkragungen haben und waren überhaupt ganz schmucklos. Die Straße, an der das älteste Haus Quedlinburgs liegt, hat den altertümlichen Namen Wordgasse. In seiner klotzigen Schlichtheit und Unwohnlichkeit hat es etwas von einer winzigen Lehmfestung. Über den halb bäuerlichen Charakter, den die Stadt auch zur Zeit ihrer Blüte hatte, ist sie nicht hinausgewachsen. Als im 16. Jahrhundert die Städte im allgemeinen ihrem Wohlstand und ihrem Selbstgefühl in herrschaftlicheren Wohnbauten Ausdruck gaben, war Quedlinburg schon unterdrückt, hätte wohl aber auch als freies Gemeinwesen, da es nicht handeltreibend war, keinen höheren wirtschaftlichen Aufschwung nehmen können.

Halberstadt

Unsichtbar und ewig im veränderlich Sichtbaren schafft die unermeßliche Gottheit; in wechselnden Formen beten die Völker sie an, alle ahnen sie und opfern ihr, sei es um zu bitten oder um zu danken. Der Rauch vom Altar, das andächtige Wort, die gute Tat, alles soll ein Band sein, das unser flüchtiges Menschendasein an das unsterbliche Herz der Welt knüpft. Um die Stätte, wo einmal gebetet und geopfert, wo der Name des Namenlosen von gläubigem Volke beschwörend genannt wurde, weht fort und fort ein Hauch der mystischen Umarmung des allmächtigen Vaters und seiner bedürftigen Geschöpfe; sie bleibt geweiht oder gemieden, schauerlich umgeistert, ungeheuer inmitten des alltäglichen Treibens. Die ersten kirchlichen Kirchen in Deutschland entstanden häufig da, wo auf Anhöhen, den Wolken näher, heidnischer Kult geübt worden war, sei es von Römern oder von Germanen. So war es auch in Halberstadt: auf einem großen, vor dem Dom liegenden Steine sollen einst den alten Göttern Opfer dargebracht worden sein. Der Platz, auf dem jetzt die beiden Kirchen, der Dom und die Liebfrauenkirche, einander gegenüberliegen, von Felsen und Fluß auf allen Seiten begrenzt, ist selbst schon ein dem Himmel nähergerückter Altar.

Ein edler Friese, Hildegrim, soll als Knabe in seiner Heimat von der Persönlichkeit des Bonifazius so ergriffen worden sein, daß er sich mit Leib und Seele in den Dienst des neuen Glaubens stellte; ihn machte Karl der Große zum ersten Bischof des Bistums Halberstadt. Der von ihm gegründete Dom wurde unter seinem Neffen fertiggestellt und im Jahre 859 geweiht. Aus Holz gebaut, stürzte er hundert Jahre später ein, vielen Andächtigen, die gerade versammelt waren, zum Verderben; der zweite brannte ab, der dritte ging bei der Zerstörung Halberstadts durch Heinrich den Löwen in Flammen auf. Der vierte, zu eilig aus den Trümmern wieder aufgebaut, wurde als roh und ungenügend wieder abgerissen, worauf im Jahre 1220 der Bau des fünften, des jetzigen, begonnen wurde. Erst im Jahre 1516 konnte er als vollendet geweiht werden. Woran die Zeit baut, das pflegt am meisten vom Geheimnis der Schönheit durchdrungen zu sein. Viele Kirchen mögen prächtiger, merkwürdiger, kunstreicher sein als der Halberstädter Dom; dieser scheint mir von allen der edelste zu sein. Ist es die Schlankheit der Pfeiler, die schöne Biegung der Gewölbe, das Maß der hohen Fenster und wie das alles rein zusammenklingt; den Eintretenden entrückt ein Bewußtsein des Göttlichen, wie die Erscheinung des Vollkommenen es erzeugt. Der frohe Lärm spielender Kinder, der vom Platze draußen hereindringt, scheint so unendlich fern zu sein, wie es seligen Geistern das Wirrsal irdischer Sorgen sein mag. Von Mauern und Pfeilern wirkt die stumme Gegenwart der Heiligen: Sankt Stephan, der Patron der Kirche, die Steine im Arm, Sankt Georg mit dem Drachen zu Füßen, der heilige Mauritius mit dem charakteristischen Kopf des Mohren, die heilige Katharina mit dem Rade, sie alle durch den Adel ihrer Züge und ihrer Haltung in eine fast schmerzliche Einsamkeit gehoben. Die edle und darum leidende Menschlichkeit steigert sich zu höchster Glorie in dem Triumphkreuz über dem Lettner, wo der Gekreuzigte schwebend thront, neben ihm die im Schmerz erstarrten Frauen und zwei Engel mit seltsam altertümlichen Flügelpaaren. Der Gedanke, daß das Schöne auf Erden unerkannt zertreten und daß die Liebe ans Kreuz geschlagen wird, flutet in tragischen Akkorden durch den hoheitsvollen Raum, von den Fenstern des Chors, in deren Reihe nur ein neues stört, strömt farbiges Licht in das Heiligtum. Dies violette Braun, dies schwärzliche Grün, dies Rot sagenhaften Karfunkels findet sich nirgends in der Natur; es sind überirdische Farben, in denen alle Leiden und Leidenschaften, alle Inbrunst und Sehnsucht und aller Todesschmerz der menschlichen Seele gefangen, verschmolzen und verklärt sind und von der irdischen eine Welt abscheiden, wo die Gerechten leuchten und die Tränen der Dulder getrocknet werden.

Die dem Dom gegenüberliegende Liebfrauenkirche ist um das Jahr 1000 gegründet; manche ziehen die schlichte Größe des romanischen Stiles, in dem sie erbaut ist, dem gotischen Dome vor. Prachtvoll übersichtlich stellt sich die Form der Schiffe, von vier starken Türmen im Osten und Westen bestimmt, dem Auge dar. Einen unvergleichlichen Schmuck des Innern bilden die Chorschranken; hier entfalten sich die Anmut und die Würde, die dem im Klassischen wurzelnden Stile eigen ist. Auf der Mauer, in Stuck gearbeitet, erheben sich geschmückte, durch

Bogen verbundene Pfeiler, darunter sitzen Apostel und Propheten, auf der einen Seite Christus, auf der anderen Maria umgebend. Die männlichen Gestalten, eingehüllt in reiche Falten werfende Gewänder, sind von ernster Schönheit; der Maria, deren blonden Liebreiz man fühlt, hängen als ungewöhnlicher Schmuck lange Zöpfe über die Schultern. Geschmackvolles Ornament, zierliche Säulen und leichte Galerien ziehen einen harmonischen Rahmen um die Bilder. Im Kreuzgang, der den Stiftsgarten umschließt, stehen die Grabsteine, die von alten Begräbnisplätzen weggenommen sind. Darunter befinden sich mehrere mit den Bildnissen schwedischer Offiziere, die aus der Zeit des Dreißigjährigen Krieges stammen. Einer fällt auf: er trägt das lockige Haar und den Spitzbart seiner Zeit, sein Schnurrbart ist ungewöhnlich stark und ein Helm mit vollem Federbusch lehnt zu Füßen des Gerüsteten. Sich über die Schulter wendend, sieht er uns an; den großen Blick seiner Augen vergißt man nicht.

Der ganze Platz, wo die beiden Kirchen samt der bischöflichen Burg standen, war einst von einer Mauer umgeben, von der noch einige Teile im Lichten und im Düstern Graben, zwei Straßen unterhalb des Burgplatzes, sichtbar sind, so gewaltig, daß man nicht begreift, wie solches Gefüge zerstört werden konnte. Mehrere befestigte Treppen führten aus den tieferliegenden Ansiedelungen zu den Kirchen und der Burg empor.

In der langen Reihe von Bischöfen, die von der Zeit Karls des Großen bis zum Ende des Dreißigjährigen Krieges regierten, sind viel kriegerische und herrschsüchtige gewesen, wie ja im allgemeinen die Kirchenfürsten stolzer und unbeugsamer als die weltlichen waren. Bischof Siegmund verlangte vom Herzog Heinrich von Sachsen, dem späteren König, daß er seine Ehe mit der Gräfin Hatheburg löse, die schon einmal verheiratet gewesen war und sich nach dem Tode ihres ersten Mannes in ein Kloster zurückgezogen hatte. Als Heinrich sich weigerte, tat ihn der Bischof in den Bann, und wenn er diesen auch auf Befehl König Konrads I. zurücknehmen mußte, blieb er doch Sieger: die Ehe wurde gelöst und Hatheburg kehrte ins Kloster zurück. Ebenso erfolgreich war Siegmunds Nachfolger Bernhard in einem Streit mit Otto dem Großen. Dieser wollte von dem damals sehr großen Bistum Halberstadt einen Teil im Norden für das neuzugründende Erzbistum Magdeburg abtrennen, das Mittelpunkt für die vom Markgrafen Gero überwundenen Wenden werden sollte, im Süden einen kleineren Teil zur Gründung des Bistums Merseburg, entsprechend seinem Gelöbnis in der Ungarnschlacht auf dem Lechfelde. In diese Verkleinerung einzuwilligen weigerte sich Bischof Bernhard so entschieden, daß der mächtige Kaiser nachgab, wie sehr ihm auch die beiden Neugründungen am Herzen lagen, und sie erst durchführte, als nach dem Tode Bernhards der ihm ergebene Hildeward Bischof geworden war. Hildeward ist der Erbauer des zweiten Domes, der in Gegenwart Kaiser Ottos III., der Kaiserin und vieler Erzbischöfe, Bischöfe und Äbte geweiht wurde. Auch erhielt er, vielleicht als Gegengabe für sein Entgegenkommen, den Zoll, das Münz- und Marktrecht und den Blut- und Heerbann, so daß der Bischof von nun an die wesentlichen Rechte eines weltlichen Fürsten in seiner Hand vereinigte. Auf Burkard I., einen bayrischen Grafen, den Erbauer der Burg, folgte der volkstümliche Buko von Halberstadt, Burkard II., gleichfalls ein geborener Bayer aus der Familie der Grafen von Waldenburg.

Welches niederdeutsche Kind kennt nicht den Reim:

>>Buko von Halberstadt
Bring doch unserm Kinneken wat!<<
>>Wat schall ek em bringen?<<
>>Rode scho mit Ringen,
Rode scho mit gold beslan,
Di soll unser Kinneken han.<<

Heißblütige und rauflustige Männer sind nicht selten gutherzig und namentlich im Umgange mit Kindern zartfühlend; so mag man es wohl glauben, daß der wilde und rachsüchtige Kriegsmann die Kinder liebte und der Kinder Liebling war.

Die ersten Jahre des Friedens wurden durch einen siegreichen Zug gegen die Wenden unterbrochen. Burkard soll auf einem weißen Roß, das im Tempel eines wendischen Gottes, diesem geweiht, verpflegt wurde, und das er erbeutete, nach beendigtem Kriege seinen Einzug in Halberstadt gehalten haben. Nachdem der Dom Hildewards abgebrannt war, erbaute er einen neuen, der zu Pfingsten 1071 in Anwesenheit Heinrichs IV. eingeweiht wurde. Bald hernach brach der Aufstand gegen den Kaiser los, in welchem der Bischof die Partei der Sachsen nahm. Ob er an jenem Pfingsttage schon Groll gegen den hohen Gast verbarg? Ob der hochfahrende Jüngling durch ein unüberlegtes Wort Burkards Selbstgefühl verletzt hatte? Es scheint, daß Heinrich durch seine Persönlichkeit und sein Benehmen überall Zuneigung verscherzte, anstatt zu erwerben; erst sein Unglück und sein Kampf gegen den Papst hat ihn dem Volke wert gemacht. Die erste Niederlage gelang es dem Kaiser wettzumachen; mit anderen sächsischen Großen mußte auch Burkard sich unterwerfen. Auf der Reise nach Ungarn, wo er gefangen gesetzt werden sollte, entfloh er und zog wieder in sein Bistum ein, nach der erlittenen Demütigung um so mehr mit Haß erfüllt. Unbesänftigt durch die Schmach von Kanossa lud er mehrere sächsische Große nach Goslar ein, um den Krieg gegen Heinrich zu beschließen. Bei dieser Gelegenheit geriet sein Gefolge mit den Bürgern Goslars in Streit, und als er sich drohend am Fenster seiner Herberge zeigte, traf ihn ein Pfeil am Halse. Das gab das Zeichen zum allgemeinen Aufruhr; die Bürger drangen gewaltsam ein und ein Schmied durchbohrte des greisen Bischofs Brust mit seinem Spieß. Unterdessen hatten die Bischöflichen die Stadt in Brand gesteckt, und in der Verwirrung von Flammen, Rauch- und Kriegsgetümmel entflohen Getreue mit dem Todwunden. Er starb im Kloster Ilsenburg, das im Anfang des Jahrhunderts gegründet und von ihm erneuert war, und wurde dort begraben.

Bischof Ulrich konnte hassen wie Burkard, doch war der Gegenstand seiner Leidenschaft nicht der Kaiser, sondern Heinrich der Löwe, der, im Norden mächtig, dem Bistum einige Lehen absprach, während die Hohenstaufen mehr auf den Süden des Reiches einwirkten. Nachdem die Gegner sich in kleineren Fehden Festen verbrannt und Leute getötet hatten, besiegte Ulrich bei der Feste Langenstein den Herzog in einer Schlacht. Diesem glücklichen Streich ließ er den Bannstrahl folgen, den Heinrich doppelt fürchtete, weil Barbarossa gegen ihn heranrückte; er begab sich nach Halberstadt, warf sich dem Bischof zu Füßen und erlangte gegen eine auferlegte Buße Verzeihung, in die beider Herzen nicht einstimmten. Vom Kaiser geächtet und seiner Lehen beraubt warf sich der verzweifelte Löwe auf seinen nächsten Feind, den Halberstädter Bischof. Es kam zur Schlacht bei Halberstadt, wo die Bischöflichen weichen mußten; ihnen nach drangen die Leute des Herzogs in die Stadt ein und zündeten sie unter dem Plündern an. Von den strohgedeckten Holzhäusern sprang das Feuer auf die Kirche über; der Dom brannte und stürzte ein, und auch die Burg ergriff die Brunst. Man riß Bischof Ulrich mit Gewalt aus den Flammen und brachte ihn vor seinen siegreichen Feind. Es heißt, der Anblick des alten Mannes, der die Reliquien des heiligen Stephan in den zitternden Händen hielt, habe den Herzog ergriffen, und er habe sich schweigend abgewendet; die Wissenschaft zweifelt, ob Heinrich bei der Zerstörung Halberstadts überhaupt anwesend war.

Unter so tatkräftigen und auf ihre Rechte eifersüchtigen Herren hatte die Stadt es nicht leicht, sich zur Selbständigkeit durchzuringen und hat auch nie eine vollständige erreicht. Sie entstand, so klein sie war, aus mehreren noch kleineren Gemeinwesen: der älteren Altstadt, der jüngeren Altstadt, der Neustadt und der Vogtei, die bis zum Ende des 14. Jahrhunderts unter einem bischöflichen Vogt stand. An der Spitze der vereinigten Alt- und Neustädte stand ein städtischer Rat. Mittelpunkt des städtischen Lebens war der Markt, die Marktkirche und das Rathaus, das ursprünglich von Holz war wie der Roland, der dazugehörte. Die Kirche schmückt ein Bild des heiligen Martin und die ungleichen Türme, die durch einen schönen durchbrochenen Giebel und oben durch einen hölzernen Gang verbunden sind, geben ihr ein charakteristisches Aussehen. Von den Mauern, Toren und Türmen, die die Stadt einst befestigten, ist nur der runde Wassertorturm übriggeblieben.

Wie sich die Bürger allmählich durch Handel bereicherten, benutzten sie Geldverlegenheiten der Bischöfe, um ihnen mehrere wichtige Rechte abzukaufen, so daß sie sich einer gewissen Unabhängigkeit erfreuen und der Hanse beitreten konnten. Bürgermeister, Schöffen und Ratsmänner, die die Regierung bildeten, wurden aus dem Patriziat gewählt, das sich aus reichen Grundbesitzern und Kaufleuten zusammensetzte. Innungsmeister und Bauermeister, letztere die Vorsteher der Nachbarschaften, in welche die Stadt eingeteilt war, gehörten einem weiteren Rate an, der gelegentlich befragt wurde; mehr und mehr aber gewöhnte sich der Rat das Regiment despotisch zu führen, ohne sich um das Selbstverwaltungsrecht der Gesamtbürgerschaft zu kümmern.

Eine niedergehaltene Kraft, die sich durchsetzen will, wird immer die Gelegenheit benutzen und benutzen müssen, wo die herrschende Macht durch eine Niederlage geschwächt ist. So kam es auch in Halberstadt zu dem einzigen Versuch, den die Handwerker machten, in die Regierung einzudringen, als diese durch den sogenannten Pfaffenkrieg erschüttert war. Der Rat hatte sich nämlich in einen Streit mit der Geistlichkeit eingelassen, der der Papst mit dem Interdikt, das er über die Stadt verhängte, zu Hilfe kam. Einige in diesem Zustand verlebte Jahre brachen den Widerstand des Rats, so daß er sich zu einem unvorteilhaften Frieden verstand, durch den er nicht nur Rechte verlor, sondern auch in Schulden geriet. Dieser Augenblick des Fehlschlags in der äußeren Politik schien einem Feinde der regierenden Geschlechter zur Empörung geeignet. Mathias von Hadeber, der lange Matz genannt, hatte schon einmal einen Angriff auf das Regiment gemacht, wobei ihn die Schmiede unterstützten, und als derselbe mißlungen war, hatte sich der Ausgewiesene, offenbar ein energischer und hartnäckiger Mann, an das westfälische Femgericht gewandt, das wirklich eine Einigung zustande brachte, infolge welcher er nach Halberstadt zurückkehrte. Nun gab eine außergewöhnliche Steuer den Anlaß zu einer neuen Erhebung, bei der diesmal die Schuhmacher besonders mitwirkten. Die nicht gerade unbillige Forderung des langen Matz, die Steuer solle hauptsächlich von den Patriziern getragen werden, wurde von ihnen abgelehnt. Während sie auf dem Rathause versammelt waren, um einen Schlag gegen die Aufständischen vorzubereiten, brachen diese los, bemächtigten sich des Bürgermeisters Volkmar Lobeck und dreier Ratsherren und warfen sie ins Gefängnis. Dem Bischof, der am anderen Morgen, durch Flüchtlinge verständigt, aus Gröningen, wo er residierte, herbeieilte, versperrten die nunmehrigen Gewalthaber das Tor. Sie beeilten sich, den Umschwung zu Ende zu führen, und ließen noch am Abend desselben Tages dem Bürgermeister und den drei Ratsherren vor dem hölzernen Roland am alten Rathause durch den Henker den Kopf ab schlagen. Die Güter der so tumultuarisch Gerichteten wurden mit Beschlag belegt und ihre Angehörigen aus der Stadt gewiesen. Die Sieger setzten einen neuen Rat ein, dem außer den Innungs- und Bauermeistern 46 gewählte Bürger zur Seite standen; Bürgermeister wurde zuerst ein Freund des langen Matz, dann er selbst. Wenn die neuen Herren, anstatt die verheißene Demokratisierung durchzuführen, selbstherrlich und wohl auch tyrannisch regierten, so taten sie es unter der in solchen Fällen immer bestehenden Notwendigkeit, die auf Wiederherstellung des Alten und Rache bedachten Verdrängten abzuschrecken und zurückzuhalten. Man muß sich wundern, daß sie zwei Jahre lang am Regiment bleiben konnten. In dieser Zeit erwirkte der Bischof die Hilfe der Hanse, die bei ihren Gliedern grundsätzlich die Aristokratie unterstützte und ein Heer schickte, das von der Stadt Braunschweig und Halberstadts beiden Bundesstädten Quedlinburg und Aschersleben gestellt wurde. Da die Bürgerschaft nicht Lust hatte, sich der Belagerung auszusetzen, entfloh der lange Matz mit seinem Sohn aus der Stadt, wurde aber erkannt, festgenommen und dem Bischof übergeben. Er zeigte eine gewisse Milde, indem er sie nebst zwei anderen Führern der Bewegung nicht dem Urteil gemäß rädern, sondern enthaupten und begraben ließ. Über die Stadt wurden allerlei Strafen verhängt: vor allen Dingen mußten die Leichen der bei Beginn der Revolution getöteten Herren, die vor der Martinikirche eingescharrt worden waren, ausgegraben und feierlich in der Kirche beigesetzt werden. Die geistliche Oberherrschaft benutzte die Gelegenheit, um sich ihre Vorrechte bestätigen und sich eine bedeutende Summe Geld bezahlen zu lassen. Es versteht sich von selbst, daß die Regierung im aristokratischen Sinne wiederhergestellt wurde.

Wieviel Selbständigkeit die Stadt bei aller Abhängigkeit vom Landesherrn doch hatte, zeigte sich zur Zeit der Reformation. Bischof war damals ein mächtiger Mann, Albrecht von Brandenburg, zugleich Erzbischof von Magdeburg und später auch von Mainz, dessen Äußeres wir an den Bildern von Dürer und Kranach, dessen unsicheren Charakter wir aus der Reichsgeschichte kennen. Da der Propst des Johannisklosters und der Bürgermeister Heinrich Schreiber die neue Lehre ergriffen, konnte es geschehen, daß etwa im Jahre 1521 zwei ehemalige Mönche in der Martinikirche evangelisch predigten. Zwar griff der Bischof ein, vertrieb die beiden Prediger, verhaftete den Bürgermeister und verurteilte ihn zum Tode; aber dank Albrechts Geldfreudigkeit konnte der unerschrockene Mann losgekauft und nach beinahe 20 Jahren auch die Duldung der Protestanten durch 500 000 Gulden erworben werden. Der Dom jedoch wurde erst im Jahre 1591 evangelisch, als der Bischof Heinrich Julius, Herzog von Braunschweig-Lüneburg, sich öffentlich zur Reformation bekannte und die Messe abschaffte. Die Verfassung des Fürst-Bistums wurde dadurch nicht angetastet, die adligen Domherren, die zum Teil katholisch waren, wählten nach wie vor den Bischof und das Stift blieb bis zum Westfälischen Frieden, wo es an Brandenburg fiel, ein unmittelbarer Reichsstand.

Der letzte evangelische Bischof von Halberstadt, Christian von Braunschweig, schließt sich seltsam gleich und ungleich an die ungestüm kriegerischen der Frühzeit, ein Abenteurer des Dreißigjährigen Krieges. Mit 17 Jahren, kurz vor dem Ausbruch des Krieges, zog er in Halberstadt ein, am Breiten Wege von der Bürgerschaft, am Düstern Tor von den Stiftsherren, auf dem Domplatz von der Geistlichkeit empfangen. Angetan mit Bischofsmantel und Mitra betrat er den Dom, den der große Schall des Tedeums erfüllte. Nach einigen Jahren kehrte er an der Spitze eines Söldnerheeres wieder, das ihm Stift und Stadt erhalten sollte. Auch vor Jahrhunderten nahmen die Bischöfe wie die andern Fürsten Partei in kleinen provinzialen Fehden und für oder gegen den Kaiser; aber damals rührte sich ein jugendwildes Volk in stolzen Einzelkräften, die zusammen ein mächtiges Reich bildeten; nun glichen sie Brandstiftern und Banditen, die aus den Trümmern und der Asche des eingestürzten Gebäudes Kostbarkeiten hervorwühlen und sich gegenseitig entreißen. Auch vor Jahrhunderten trug das platte Land und trugen oft die Städte die Rosten des Krieges, aber es gab damals ein rüstiges Volk, das sich wehren konnte, während nun die längst entwaffneten Bauern und die der Waffen entwöhnten Bürger das Schwert der Söldner als ohnmächtiges Opfer über sich hin sausen ließen.

Wer in der Braunschweiger Galerie das schöne Bildnis des tollen Christian von Moreelse betrachtet, wird sich eigenartig angezogen fühlen. Das Scharlachrot des Federbuschs und der Schärpe schlägt wie eine Flamme über die schwarze Eisenrüstung und läßt das junge Gesicht sehr blaß erscheinen, dem die leisen Züge beginnender Entartung eines alten Geschlechts und ausgeprägte Persönlichkeit Reiz verleihen. Was von ihm erzählt wird, zeugt von Phantasie, Verwegenheit und einem wilden Humor, der ohne eine gewisse geistige Überlegenheit nicht denkbar ist. Daß er als Ritter der schönen Böhmenkönigin auftrat, daß er, nachdem er sich einen zerschossenen Arm hatte abnehmen lassen, auf Münzen einen drohenden Arm mit der Umschrift setzen ließ: der andere ist noch da; daß er die silbernen Apostel im Dom von Paderborn einschmelzen und in Geld umwandeln ließ, weil der Herr den Aposteln geboten habe, in alle Welt hinauszugehen; daß er sich in den furchtbaren Krieg wie in ein Spiel stürzte, alles das ließ ihn den Zeitgenossen als den Unbegreiflichen, den Tollen erscheinen. Nachdem Tilly in Westfalen sein Heer vernichtet hatte, legte er die Regierung des Bistums nieder, damit der Gegner nicht Anlaß nehmen sollte, es feindlich zu behandeln, und starb bald darauf in den Armen seiner Mutter. Seine Fürsorge schützte Stift und Stadt nicht vor den Schrecknissen des Krieges. Stellt man zusammen, was Halberstadt im Laufe der Kriegsjahre geleistet und gelitten hat, so erstaunt man über die Ergiebigkeit eines so kleinen, bereits geschwächten Körpers.

Nachdem schon an Christian von der Bürgerschaft Gold- und Silbergerät und Schmucksachen, vom Domkapitel 150 000 Taler hatten abgegeben werden müssen, folgte die Brandschatzung Wallensteins, der mitsamt seinen Offizieren und seinem Heer gut verpflegt werden mußte. Tilly konnte trotz seines Wohlwollens die Plünderung, die Pappenheim verhängt hatte, nicht abwenden, dann kamen Schweden als gefährliche Retter, dann wechselten Kaiserliche und Schweden. Alle preßten die Stadt aus bis aufs Blut, und es ist kein Wunder, daß am Ende des Krieges die Häuser leer standen und verfielen und von 2400 waffenfähigen Bürgern nur noch 200 vorhanden waren. Ungeheuerliches hatte Halberstadt erlebt: den tollen Christian mit seinen gefährlichen Launen, den düstern, unzugänglichen Wallenstein, die Ankunft einer Menge verlassener kleiner Kinder nach dem Falle Magdeburgs, die trotz alles Elends von den mitleidigen Bürgern aufgenommen wurden, den Durchzug des zum ersten Male geschlagenen Schlachtenmeisters Tilly, der, erschüttert und verwirrt durch die neue Kriegskunst des nordischen Helden, doch noch die Plünderung hintertrieb, die Pappenheim wollte, die Schweden, die als Sieger wie später als Flüchtlinge verwüsteten wie die anderen, den geheimnisvollen Tod des kühnen Banér, den kaiserlichen Oberst Heister, den sie Meister im grausamen Aussaugen nannten, und schließlich den lahmen Torstenson und den prachtliebenden Königsmark.

Trotz des Druckes hielt die Stadt am evangelischen Glauben und an der Ausübung ihres Gottesdienstes beharrlich fest; am Ende des Krieges brachte die verarmte Gemeinde es sogar dazu, an Stelle der abgebrannten Johanniskirche eine neue zu bauen, deren sparsame Schlichtheit noch heute an die Not und an den Glaubenseifer jener Zeit erinnert. Ein altertümliches Tor an der Schmiedestraße führt zu der abseits liegenden niedrigen Kirche. Neben ihr steht ein wunderlich barockes Gebilde, der Glockenturm. Auf steinernem Untergeschoß erhebt sich die hölzerne Laube, deren Dach ein spitzes Türmchen krönt. Den Unterbau unterbricht auf einer Seite eine Treppe, auf der anderen ein spitzbogiges Tor, sonst schmückt ihn nur ein Grabstein und ein Wappen. Die Kirche umgibt ein alter, wuchernder Friedhof mit anmutigen Grabmälern aus der Biedermeierzeit. Von der Stadt dringt kaum ein Laut herüber; eine Frau breitet Wäsche aus, ein Kind spielt am Glockenturm und sieht erstaunt den seltenen Gast zwischen den versunkenen Steinen.

Außer den Kirchen ist in Halberstadt wie in den meisten Städten fast nichts von dem, was das Auge als schön und gefällig auf sich zieht, sehr alt. Die hübschen Fachwerkhäuser stammen aus dem Ende des 16. und aus dem 17. Jahrhundert. Viele hat der Dreißigjährige und später der Siebenjährige Krieg zerstört, das schönste von den übriggebliebenen, der Schuhhof, das Innungsgebäude der Schuhmacher, brannte im Jahre 1903 ab, allgemein betrauert und nicht verschmerzt. Die großen fratzenhaften Gesichter an den Balkenköpfen, die hie und da auffallen, scheinen Halberstadt eigentümlich zu sein. An dem Rathaus ist vom 14. bis ins 17. Jahrhundert gebaut worden, es hat den Charakter reicher und solider Renaissance. Bischof Heinrich Julius baute dem Rathaus gegenüber die stattliche Kommisse und am Domplatz die gemütlich-prächtige Dompropstei. Von den Kurien, die die Domherren bewohnten, denn diese blieben als evangelisches Stift bestehen, sind nur noch wenige vorhanden; immerhin ist die schöne Vornehmheit des einst gewaltigen Platzes nur durch ein Kriegerdenkmal, und auch durch dies nicht unerträglich gestört. Diese barocken Kurien jedoch stammen schon aus der Zeit, wo Halberstadt eine brandenburgische Territorialstadt geworden war.

Nach den Schrecken des Dreißigjährigen Krieges waren es die Bürger vermutlich zufrieden, einem protestantischen Staat einverleibt zu werden; ehrgeizige Gelüste hatten sie wohl ohnehin nicht mehr, sondern sehnten sich nach Sicherheit und Ruhe. Das Museum bewahrt noch den rotsamtenen Sessel, auf dem der Kurfürst saß, während ihm Adel und Bauerngemeinden in der Kommisse huldigten. Er zertrümmerte den steinernen Roland nicht, wie es die sächsischen Fürsten im Jahre 1477 mit dem von Quedlinburg gemacht hatten; denn er wurde schon nicht mehr ernst genommen. Der steinerne Ritter mit dem geschulterten Schwert und dem Schild, das den Kaiseradler trägt, mit dem löwenhaften Haupt und dem geheimnisvollen, erstarrten Lächeln ist nur noch eine Sehenswürdigkeit für Reisende und ein willkommenes Problem für die Geschichtswissenschaft.

Hameln

Wer kennt nicht die geheimnisvolle, traurige Sage vom Rattenfänger von Hameln? Der im buntscheckigen Kleide eines Tages vor dem hohen Rate der Stadt erschien und sich erbot, gegen einen ziemlichen Lohn die Mäuse, die zur Landplage geworden waren, zu entfernen; der von Haus zu Haus durch alle Straßen ging und auf einer Pfeife spielte, worauf aus Kellern, Türen und Fenstern das Mäusevolk gelaufen kam und folgte aus dem Tor hinaus und in den Fluß hinein, der es verschlang. Wie dann die tückischen Ratsherren ihn um den ausbedungenen Lohn betrogen, und wie er an einem fröhlichen Sonntag vormittag, als alle Erwachsenen in der Kirche waren, wiedererschien und mit seiner Flöte nicht Ratten und Mäuse, sondern diesmal die Kinder bezauberte, große und kleine, daß sie ihm nach zum Ostertor hinaus die Stadt verließen und im Koppenberg verschwanden. Nie sahen die verzweifelten Eltern sie wieder; aber nach langer Zeit tauchten in Siebenbürgen fremdsprechende Kinder auf, die dortblieben und von denen die Deutschen in Siebenbürgen abstammen; das wären, meint man, die verführten Kinder von Hameln gewesen.

Im siebzehnten Jahrhundert gab es am Koppen, dort, wo die Kinder im Berge verschwunden sein sollen, noch zwei steinerne Kreuze, stark verwittert, an denen nichts mehr als ein paar eingegrabene Rosen zu sehen waren, und von denen man annahm, daß sie zum Gedächtnis der Kinder errichtet worden wären. Schon damals kamen zuweilen Reisende und schlugen sich als Erinnerungszeichen an die wunderbare Begebenheit Stücke von den Kreuzen ab. Verschiedene Inschriften in der Stadt verzeichnen das Ereignis und das Darum, wann es vorfiel. An der Mauer des Rattenfängerhauses, die auf die Bungellosenstraße geht, steht folgendes: Anno 1284 Am Dage Johanni et Pauli War der 26. Juni Durch einen Piper mit allerley Farbe bekledet Gewesen XXX Kinder verledet – Binnen Hameln geboren – To Calvarie bi den Koppen verlorn. Eine ähnliche Inschrift befindet sich am Hochzeitshause, eine dritte auf einem Stein, der am Neuen Tore stand und jetzt in der Krypta des Münsters aufbewahrt wird. Der Name der Bungellosenstraße soll darauf hindeuten, daß in dieser Straße, auf welcher die Kinder zum Ostertor aus der Stadt hinausliefen, zum Zeichen der Trauer keine Bongel, das heißt Trommel, mehr gerührt werden durfte. Trotz ausdrücklicher Angaben zweifelten die Gebildeten schon im 18. Jahrhundert an der Tatsächlichkeit des Ereignisses und suchten und fanden darin einen historischen Kern, mit dem es sich folgendermaßen verhält:

Hameln hat, wie noch heute auf dem Plan leicht zu erkennen ist, zwei Mittelpunkte; der eine ist die Bonifaziuskirche, das Münster, der andere die Marktkirche mit dem Rathaus, um die herum die aus mehreren uralten Dörfern zusammengewachsene Stadt sich gruppiert. Der Name des großen Bekehrers und Missionars Bonifazius, den die Stiftskirche trägt, läßt auf seine Anwesenheit in dieser Gegend schließen; gewiß ist, daß in der zweiten Hälfte des achten Jahrhunderts Mönche vom Kloster Fulda die Kirche gründeten, die rasch erblühte, und von der die Bekehrung der heidnischen Sachsen dieser Gegend ausging. Das Kloster Fulda als Besitzer von Grund und Boden wurde dann auch als Grundherr anerkannt vom Stift sowie von der Stadt, die sich allmählich aus den Hörigen des Stifts, den Kämmerlingen und Litonen und den freien Bauern des Dorfes Hameln und verschiedener anderer Dörfer, den Erben und Erefexen, zu einer Einheit entwickelte. Mit der Zeit stellte sich aber heraus, daß Fulda zu entfernt von Hameln war, um seine Hoheitsrechte wahrnehmen zu können, und es verkaufte dieselben im Jahre 1259 an das nähergelegene Bistum Minden ohne Vorwissen der Stadt und der Grafen von Everstein, welche die Vogtei über Hameln besaßen. Beide, Hameln und die Eversteiner, ein damals reich begütertes Rittergeschlecht, waren mit dem Wechsel nicht einverstanden und sagten dem Bischof Wittekind von Minden, einem Grafen von Hoya, Fehde an, die jedoch unglücklich für sie ausging. Es kam zu einer Schlacht bei Sedemünden, einem jetzt verschwundenen Ort, an den nur noch die Sedemünder Papiermühle erinnert, in der der Bischof siegte und die Jungmannschaft aus Hameln teils getötet, teils in die Gefangenschaft geführt wurde. In der Nikolaikirche wurden jährlich am Tage der Schlacht Seelenmessen für die Gefallenen gelesen.

Man meint nun, daß, als infolge der Reformation die Seelenmessen nicht mehr gehalten worden wären und dadurch die Erinnerung an die vor Jahrhunderten geschlagene Schlacht sich verloren hatte, die sagenhafte Umwandlung des alten Verlustes und der alten Trauer vor sich gegangen sei, wofür spricht, daß die Inschriften aus der Mitte des 16. Jahrhunderts stammen. Daß aber nun die Sage sich grade so ausbildete, hänge damit zusammen, meint man, daß das Bild des Todes, der als Seelenführer die Abgeschiedenen in das dunkle Land hinüberleitet, im Vorstellungskreise der arischen Völker heimisch sei, wie denn ähnliche Sagen in verschiedenen Gegenden wiederkehren. Den seltsam bestimmten Zug vom Wiederauftauchen der entführten Kinder in Siebenbürgen erklärt man sich so, daß die Wiederbegegnung der Bürgerschaft mit den zurückkehrenden Gefangenen beim Siebenberge, einem Vorberge des Süntel, stattgefunden habe, was sich nach dem Schwinden genauer Erinnerungen in dem ähnlichklingenden Namen widerspiegele.

Diese Erklärung der Sage ist einleuchtender als eine andere, nach welcher die Kämpfe der Zünfte gegen den Rat darin anklingen. Andere führen sie auf die merkwürdigen Anfälle von Tanzwut zurück, die zu einer gewissen Zeit im Mittelalter viele junge Menschen befiel und aus der Heimat lockte; ebensogut könnte man an die Kreuzzüge oder an eine wirklich stattgehabte Entführung denken.

Glückliche Zeit, in welcher die Phantasie, noch nicht erdrückt durch die Masse emsig registrierter Tatsachen, Sagen bildete und glaubte. Denn die wirklichen Tatsachen allein sind Blätter, die rasch verwelken, Fleisch, das verwest. Wie trocken wäre die Geschichte, wenn nicht Herzen darin klopften und Träume sie durchglühten, wie dürr das Leben, wenn nicht zuweilen ein Schein aus dem Geisterreich hineinleuchtete. Gut, daß es Gassen und Giebel in Hameln gibt, unter denen hin schlendernd, wenn der Sommermittag brütet, man den süßen Ton des Zauberers aus der Ferne mag flöten hören, der die Kette der Sitte, der Arbeit und des Gewissens löst und hinauslockt in Abenteuer und Tod. Uns allerdings erscheint schon das Leben innerhalb der Mauern wie es einst war als ein steter Kampf und ein tolles Wagnis. Das Abendland des Mittelalters stand unter einem apokalyptischen Himmel, Göttern und Dämonen nah, gierig fegten Pest und Krieg, rasten Feuer und Wasser durch die Länder. Dennoch erhoben sich Dome und Türme und kunstreiche Dächer in den Städten, wogten draußen bestellte Acker und summten alte Linden über dem Kreuz am Wege.

Hameln war eine reiche Stadt, das schließt man nicht nur aus vielen herrlichen Gebäuden, sondern auch aus den Verordnungen, die der Rat dann und wann, offenbar vergeblich, gegen den zunehmenden Luxus der Bürger erließ. Daß diejenigen, die den gesamten Rat vladenoreter, das heißt Kuchenfresser, schimpfen, streng bestraft wurden, zeigt uns besonders die Ratspersonen als Leute, die sich etwas erlauben konnten und beneidet wurden. Wenn die Dienstboten sich ausbedangen, daß sie nicht öfter als zweimal in der Woche Lachs zu essen bekämen, so beweist das, wie ergiebig der Lachsfang in Hameln war. Später, als in Bremen ein Wehr errichtet und der Lachs dadurch abgefangen wurde, änderte sich das, und der Gaumen der Angestellten wurde nicht mehr durch das Übermaß an Leckerbissen angewidert. Eine andere Quelle des Reichtums war die Bierbrauerei und der damit verbundene Hopfenbau; wenn es auch nicht so berühmt war wie das Einbecker, scheint doch das Hamelenser Bier geschätzt gewesen zu sein. Große Bedeutung hatten für Hameln die Mühlen: im Stadtwappen ist ein Mühleisen, darüber auf dem Helm die Bonifaziuskirche abgebildet, wodurch sinnvoll das Symbol des Erwerbs in den Mittelpunkt gerückt ist, über dem das Ideal sich krönend erhebt. Einst waren Wind- und Wassermühlen Zierden der Landschaft, Werke des erfinderischen Menschengeistes, deren trauliche Gestalt die Naturgeister lockte, sich ihnen hilfreich zu gesellen. Die 1886 erbaute Handelsmühle auf dem Werder ist leider ebenso häßlich wie groß; dennoch ist es schön, von der Brücke aus die breite Weser aus blauer Ferne heranströmen, das Münster mit seinen Türmen grüßen und ihren unerschöpflichen Erguß jenseits im Dunste verschwinden zu sehen. Das Pochen und Zittern der Mühle mischt sich mit dem Brausen des Wehrs zu einem donnernden Marsch, dem Lebensliede der Stadt, das noch ungestüm tönt, nachdem der Rhythmus ihrer Herzen längst zu einem regelmäßigen Uhrenticken geworden ist. Das Wehr wurde angelegt, damit das gestaute

Wasser sich in den Wallgraben, der die Stadt umgab, ergösse. Durch die Schleuse wurde das berüchtigte Hameler Loch überwunden, eine Stromschnelle, welche die Schiffer zwang, ihre Ware umzuladen und zu diesem Zweck einen Aufenthalt in der Stadt zu nehmen; das Loch wurde deswegen von der Einwohnerschaft Hamelns sehr geschätzt.

Die Erwerbsmöglichkeit, die die Natur ihnen beschied, machte vielleicht die Bürger von Hameln etwas sicher und bequem. Von den Braunschweiger Fürsten, die sie als Schutz- und Oberherren angenommen hatten, um der aufgedrungenen Herrschaft der Bischöfe von Minden zu entgehen, wurden sie nicht behelligt, solange dieselben auf Ritterart, ohne planmäßig an eine Zusammenfassung ihrer Macht zu denken, dahinlebten. Die Söhne reicher Welfen teilten ihren Besitz wieder und wieder, wodurch sie, wie durch ihre Händel untereinander, ihre Kraft zum Vorteil der Städte schwächten. Indessen scheint es auch, als wären die Braunschweiger Herzöge und die Bürger von Hameln von gleicher Art gewesen und hätten sich infolgedessen gut verstanden. Das zeigte sich bei der Reformation. Es mag sein, daß die oberdeutsche Sprache Luthers ihr den Eingang erschwerte; allein davon abgesehen war es auch das beschauliche Temperament der Hamelenser, welches das Neue an sich herankommen ließ und ohne Überschwänglichkeit sich dafür interessierte. So war auch Herzog Erich I. von Kalenberg, ein tapferer, fröhlicher, herzlicher Mann, der, obwohl unerschütterlicher Anhänger des Kaisers und Katholik, so viel Sympathie für den kühnen Luther zu Worms fühlte, daß er ihm nach dem ersten Verhör eine Kanne Einbecker Bier reichen ließ, die Luther mit den Worten empfing: »So möge denn Gott der Herr einst Herzog Erich in seinem Sterbestündlein erquicken, wie Seine fürstliche Gnaden mich heute erquicken.« Bald danach starb dem Herzog seine erste Gemahlin, und er fühlte sich mit 55 Jahren frisch genug, ein um 40 Jahre jüngeres Mädchen, die brandenburgische Prinzessin Elisabeth, zur Frau zu nehmen. Diese war, anders als er, leidenschaftlich für das Evangelium entbrannt, willens für ihre Überzeugung einzustehen und sie zu verbreiten. Er mag ein väterliches Wohlgefallen an ihrer jugendlichen Tatkraft und Tüchtigkeit gehabt haben und ließ sie gewähren, ohne sich überreden zu lassen. Unter ihrer Führerschaft ging es in Hameln mit der neuen Lehre voran, so daß im Jahre 1540 der Magister Moller aus Hannover in der Bonifaziuskirche evangelisch und gewaltig predigen konnte über das Gleichnis von den klugen und den törichten Jungfrauen.

Wie großen Eindruck er auch machte, dachte man doch noch nicht an ein systematisches Verfahren, sondern ließ die katholischen Bräuche bestehen, soweit sie kein Ärgernis bereiteten, und Herzog Erich ließ seine Frau walten und starb in Frieden.

Seinem Sohne war die doppelte Erziehung nicht gut bekommen. Während sein Vater, einst Freund und Waffengefährte des großherzigen Maximilian, dem er in einer Schlacht das Leben gerettet hatte, ihm Anhängigkeit an den Kaiser und Lust an tapferen Rittertaten einzuflößen suchte, bearbeitete ihn die ernstgesinnte Mutter mit Psalmen und Katechismen ohne anderes Ergebnis, als ihm das protestantische Bekenntnis zu verleiden. Sowie er mündig war, trat er offen als Anhänger des Kaisers und der Kirche auf, verjagte die Prädikanten und trieb es so, daß Elisabeth, die sich inzwischen mit einem Grafen von Henneberg verheiratet hatte, ihrem Mann in seine Heimat folgte. Er hätte dem Fortgang des Protestantismus ernstlich schaden können, wenn er nicht ein fahriger Mensch gewesen wäre, dem es wichtiger war, mit Frauen zu reisen und Aufwand zu treiben. Auf einem Landtage zu Hameln beschuldigte er seine Frau, Sidonie von Sachsen, sie habe versucht, ihn durch Zaubermittel zu vergiften, worauf sie, um einem Hexenprozeß zu entgehen, in ihre Heimat entfloh und bald im Kloster Weißenfels starb. Während er zuerst mit einer Geliebten, dann mit einer zweiten Frau auf Reisen war, ließ er seine Mutter mit ihrem geistlichen Berater Anton Corvinus, mit ihrem Leibarzt und dem Kanzler die Regierung in ihrem tüchtigen Sinne führen und redete den vier großen Städten, Hannover, Hameln, Northeim und Göttingen, nicht in ihre Angelegenheiten, wenn sie nur seine Schulden bezahlten, wozu sich besonders Hameln nach anfänglichem Weigern fähig und bereit erwies.

Die Herzöge von Braun schweig-Wolfenbüttel, an welche Kalenberg nach dem kinderlosen Tode Erichs II. fiel, gehörten schon der modernen, staatenbildenden Art an. Der Kanzler des Herzogs Heinrich Julius sprach von unveräußerlichen Hoheitsrechten und griff so in die alten

Rechte ein, daß die Stände klagten, er wolle sie zum Fußschemel machen. Der Dreißigjährige Krieg brach aus, in welchem der grandiose Bau des mittelalterlichen Reichs einstürzte, Heiligtümer und Menschen begrabend. Hameln gehörte zu den Städten, die leidlich davonkamen; es ist nie erstürmt worden, hat aber verschiedentlich kapituliert. In Hameln geschah es, daß König Christian IV. von Dänemark, welcher als Beschützer der protestantischen Interessen bereitwillig eingelassen war, als er am späten Abend zu Pferde die Befestigung besichtigte, von der Brustwehr in den Graben stürzte und drei Tage lang zu allgemeiner Bestürzung wie tot dalag. Nachdem er sich eben erholt hatte, verließ er vor dem herannahenden Tilly eilig mit seinen Soldaten die Stadt. Der Rat ließ, ungewiß, wie er sich verhalten sollte, die Bürgerschaft abstimmen, die sich für ehrenvolle Übergabe entschied. Tilly, der das Herzogtum Kalenberg für sich zu erwerben hoffte, behandelte die Stadt, abgesehen von großen Zahlungen, die sie aufbringen mußte, nicht hart; doch gab es Bürger, welche die katholische Besatzung nur mit Widerwillen erduldeten und einen Überfall verabredeten. Die Verschwörung kam ans Licht; mit Mühe setzte der Rat durch, daß die Aburteilung der Schuldigen ihm selbst unter dem Beisitz einer Militär-Kommission und nach Einholung eines Gutachtens einer protestantischen Juristenfakultät überlassen wurde. Einige Handwerker wurden gerädert und geköpft, während die Anführer, zu denen Dr. med. Joh. Friedrich Nordmann gehörte, der einmal Syndikus und dreimal Bürgermeister in Hameln gewesen war, frei ausgingen. Zwar beanstandete der Rat dies als eine Abnormität und bat, Reichen und Armen gleiches Recht zu geben, scheint sich aber, abgesehen von dieser Randbemerkung, nicht für die Gerechtigkeit eingesetzt zu haben.

In einem Zimmer des erst vor einem Jahrzehnt vollendeten Hochzeithauses hielt Tilly mit Pappenheim und einigen anderen Herren den Kriegsrat ab, welcher die Eroberung Magdeburgs, weil die Stadt von sonderlicher Importanz sei, beschloß. Es erhob sich im Augenblick dieser verhängnisvollen Entscheidung ein Wirbelsturm, der die Ziegel von den Dächern warf und das Rad der Pulvermühle in so heftige Bewegung versetzte, daß mit starkem Knall eine Explosion erfolgte. Der fromme Tilly, der die damit verbundene Erschütterung für ein Erdbeben hielt, kniete gleich zum Gebet nieder, welchem Beispiel zu folgen die anderen Herren sich beeiferten. Es wurde als böses Vorzeichen betrachtet, daß um dieselbe Stunde in dem 25 Meilen entfernten Magdeburg mehrere Kirchtürme vom Sturm umgeworfen wurden.

Herzog Georg von Braunschweig-Lüneburg im Bündnis mit dem hessischen General Melander befreite Hameln durch den Sieg bei Hessisch-Oldendorf von der kaiserlichen Besatzung, der ehrenvoller Abzug gewährt wurde. Mit klingendem Spiel und fliegenden Fahnen zogen sie aus, und der Kommandant von Schellhammer bedankte sich bei Herzog Georg für die erwiesene Courtoisie und entschuldigte sich, daß er als rechtschaffener Kavalier sich solange habe widersetzen müssen. Die Dankpredigt, die der Feldprediger Heinrich Tilemann in der Münsterkirche hielt, wurde nachher unter einem Titel gedruckt, der folgendermaßen anfing: Taberna monetaria hamelensis repurgata; Reinigung der geistlich hamelschen Münze und Münsters, d. i. Erklärung des geistlichen Groschens, wie er anfänglich von Gott gemünzt, aus dessen Schatzkammer, verloren, gesucht, wiedergefunden, in eine neue Form gegossen und bei den Evangelischen das rechte und vorige, bei den Papistischen ein fremdes und falsches Bildnis gewinne, an der Parabel vom verlorenen Groschen genommen usw. Auch sonst zeigte sich der Lüneburger Herzog nicht nur als Erretter; denn er trug die schönen Glasfenster aus dem Hochzeitshause fort, um sein Kalenberger Schloß damit zu schmücken, und konnte trotz aller Beschwerden des Rats nicht zur Rückgabe bewogen werden. Nur so viel setzte man beim Kaiser durch, daß er 149 Taler Ersatz zahlen mußte.

Die Zeit der Freiheit und des Glanzes war für Hameln vorüber. Die herzoglichen und kurfürstlichen Herren bestimmten es zur Landesfestung und bauten die alte Befestigung entsprechend den neuen Erfordernissen um, wozu die vier großen Städte beitragen mußten. Hameln erhielt eine Besatzung, deren Kommandant der eigentliche Gebieter der Stadt wurde. Nicht mehr wie sonst eilten die Bürger beim ersten Zeichen nahender Gefahr auf die Wälle, nicht mehr der Rat untersuchte die Beschaffenheit der Mauern und setzte sie instand, wenn sie verfielen; die Wehrhaftigkeit der Städte schwand zugleich mit ihrer politischen Selbständigkeit.

Politisches Interesse brauchte die Bürgerschaft nicht mehr, sie durfte es nicht mehr haben, und so ist kein Wunder, daß sie auch die politische Begabung verlor. Im Jahre 1688 wurde das Scheibenschießen, worin sich seit unvordenklicher Zeit die Bürger zu üben pflegten, verboten, weil es zu Versäumnissen und Ausschweifungen Anlaß gebe. Auf allen Gebieten zeigte sich engherzige Bevormundung, die kläglich absticht, gegen das breite, unbekümmerte, festliche Dasein von einst, das doch straffer Ordnung nicht entbehrte. Im Jahre 1721 fand die letzte Hochzeit im Hochzeitshause statt, die von Ludwig Widmann und Anna Ilse Weber, Joh. Heinrich Kniephans Witwe, gefeiert wurde. Der Magistrat war der Ansicht, die bei dieser Gelegenheit gemachten Ausgaben würden besser zur ersten Einrichtung des betreffenden Paares verwendet.

Das Hochzeitshaus mit seinen reichverzierten Renaissance-Giebeln steht als Denkmal des Höhepunktes der Blütezeit Hamelns da. Es umfaßte im Erdgeschoß die Apotheke und die Weinstube, gegenüber im Hause Zum alten Schaden war die Waage. Im letztgenannten Hause befand sich die Schmeckestube der sechs Bierherren, die ein bemerkenswertes Holzgestell mit fünf Fächern enthielt. Auf dem mittleren Fach war der Kaiser dargestellt mit der Beischrift: Ich will haben Tribut; rechts von ihm zuerst ein Bettler, dann ein Soldat mit den Beischriften: Ich hab nichts zu geben und Wir geben nicht. Links vom Kaiser kam ein Priester, der sagte: Die Geistlichen sind frei, und die Reihe beschloß ein Bauer mit dem Dreschflegel und dem Wort: Ich muß geben, da ihr alle von lebt.

Es gibt verschiedene Hauser und Häusergruppen in Hameln, zu denen man immer wieder bewundernd zurückkehrt; vor allem das Hochzeitshaus, verbunden mit dem barocken Rathaus durch die malerischen Bogen des alten Bäckerscharren, gekrönt durch die schlanke grüne Spitze der Nikolaikirche, die dahinter aufragt. Die ausgeprägten Formen verschiedener Zeiten klingen in vollem Akkord zusammen wie die Farben: das Grau der alten Mauern, das schimmernde Grün der bekupferten Kirchturmspitze und das Rot der Dächer. Stille Weltabgeschiedenheit ist der Charakter des lindenbeschatteten Platzes hinter der Stadtkirche; in ruhevoller Größe lagert das alte Bonifaziusmünster am Ufer des Stroms. In verschiedenen Straßen finden sich eine Anzahl alter Häuser, die die wohltuende Gemütlichkeit und gediegene Wohlhabenheit des niedersächsischen Bauernhauses umgibt, einige mit Schnitzerei verziert, andere mit Bibelworten oder Sprüchen volkstümlicher Weisheit. Wenn man liest, wie viele sich von ihnen auf den Neid der Nachbarn oder der Vorübergehenden beziehen, die dem Erbauer ein Heim mißgönnen oder aus allgemeinem Übelwollen daran nörgeln, so wird einem recht deutlich, auch wenn man annimmt, daß eine Art abergläubischer Furcht vor der schadenbringenden Kraft des Neides im allgemeinen mitspielte, wie sich die Bewohner einer mittelalterlichen Stadt aneinander reiben mußten. Auch die größten dieser Städte waren im Vergleich zu unseren sehr klein und dazu noch zusammengewachsen aus mehreren Quartieren, vorher selbständigen Städten mit eigenen Kirchen, eigenem Rathaus und besonderem Zusammenhang der Bewohner. Nimmt man dazu noch die Überwachung der Bürgerschaft durch den Rat, so ergibt sich eine familienhaft enge Verflechtung mit all dem Haß, der Rache und Eifersucht, die eine solche mit sich bringt, und die vielen von uns jetzt unerträglich scheinen mag. Neben den Nachteilen hatte dieser Zustand aber auch die Vorteile der Familie: das Zusammenhalten in der Not durch dick und dünn, das Verbundensein zur Hilfeleistung, den unfehlbaren Rückhalt, die Gemeinsamkeit in Sitte und Denken und Fühlen. Seitdem haben wir uns auf allen Gebieten der leibhaftigen Berührung entwöhnt; unsere Nachbarn kennen wir kaum von Ansehen, Erfindungen, Werkzeuge, Maschinen haben sich zwischen Mensch und Mensch geschoben und seine Sinnlichkeit geschwächt. Damals beruhte der Verkehr auf mündlicher Mitteilung, der Kampf auf körperlicher Tapferkeit von Mann gegen Mann, der Genuß der Kunst auf der Anschauung des Kunstwerks an der Stelle und dem Zweck gemäß, für die es geschaffen war, die Auseinandersetzung mit Freund und Feind auf persönlicher Begegnung. Die holde Intimität, die den Reisenden in kleinen Städten so freundlich anspricht, würde ihn vielleicht unerträglich beengen, wenn er sie bewohnte; man müßte die Bedingungen des einstigen Lebens wieder herstellen können, um sie richtig auf sich wirken zu lassen.

Es ist charakteristisch für die Zähigkeit, mit der sich alle Rechtstitel in den Stürmen der Zeit erhalten, daß das Stift Fulda durch die Jahrhunderte hindurch fortfuhr, sich als Inhaber der Lehensrechte über die Stadt Hameln zu betrachten, obwohl sie ihm seit der Schlacht bei Sedemünden tatsächlich ganz entzogen war. Als nämlich Hameln in die Gewalt des Herzogs Albrecht von Braunschweig geriet, wurden die lehensherrlichen Rechte des Stiftes und die vom Stift empfangenen Privilegien, Legate und Dominien vorbehalten und auch in der Folge niemals aufgehoben oder abgelöst. Im Jahre 1836 beantragte die Stadt Hameln die Allodifikation der Lehenswerte, konnte sich aber mit den Rechtsnachfolgern des 1803 säkularisierten Stiftes über die Höhe der Ablösungssumme nicht einigen; es waren der Prinz von Oranien und der Kurfürst von Hessen. So waren im 19. Jahrhundert noch die Lehensbeziehungen wirksam, die vor mehr als 1000 Jahren sich zwischen frommen und unternehmenden Klosterbrüdern und einem Häuflein heidnischer Sachsen am waldigen Ufer der Weser gebildet hatten.

Enger i/W.

Mitten in einem unscheinbaren/abseits gelegenen Städtchen, das in eine hügelige Landschaft von bescheidener Anmut eingebettet liegt, erhebt sich eine mächtige romanische Kirche. Altertümlich sieht ein Glockenturm daneben, und die Einheitlichkeit im Stil zeigt an, daß nicht fortwachsendes Leben des Gemeinwesens nach jeweiligem Geschmack und Bedürfnis das Gotteshaus verändert hat. Einsam unter weitem Himmel liegt das Denkmal da, das die Gebeine eines sagenhaften Helden, Wittekinds, des Sachsenherzogs, umschließt. Im Süden und Westen Deutschlands knüpfen die alten Ortschaften ihr Dasein gern an den geheiligten Flamen Karls des Großen; in Westfalen außerdem an den Wittekinds, seines stolzen, endlich versöhnten Gegners. Im Gedächtnis seines Volkes, das noch lange nach der gewaltsamen Unterwerfung und Bekehrung dem Glauben der Väter anhing, mag sich sein Bild hauptsächlich als das des angestammten Führers, des unbeugsamen Kämpfers und Verteidigers der alten Götter erhalten haben. Er und das weiße Sachsenroß waren die Symbole germanischer Freiheit: waldumrauschter, einsamer Höfe, im Winde sausender Eichen, flüsternder Quellen, und es ist sinnvoll, daß sein Andenken im allgemeinen mehr mit Wald, Strom und Heide als mit Domen und Burgen verbunden ist. Erst allmählich, wie der neue Glaube eingewurzelt war, feierte man ihn mehr als den bekehrten Christen, wo man ihn nicht vergaß.

Auch das alte Enger hat die Natur wieder an sich gezogen; es hat sich, wer weiß warum, nicht zur betriebsamen Stadt entwickelt, obwohl die Anlage dazu gegeben war. Nachdem Wittekind die Taufe über sich hatte ergehen lassen, dem siegreichen Gott der Franken sich beugend, und seine Besitzungen ihm infolgedessen zurückgegeben worden waren, ließ er sich in Enger nieder. Warum er es seinem Heimatsort Wildeshausen vorzog, ist nicht bekannt; vielleicht daß er das neue Leben in neuer Umgebung beginnen wollte. Enger wird als Angaria urkundlich zuerst zur Zeit Karls des Großen genannt; aber in der Sage hat es ältere Spuren hinterlassen. Leute von Enger sollen unter Armin dem Befreier gefochten haben, und Leute von Enger sollen mit den Angelsachsen nach England übergesetzt sein. In der Nähe von Enger, da, wo jetzt der Hingesthof ist, soll Hengist, einer der Anführer des denkwürdigen Zuges, die Scharen, die ihn begleiten wollten, versammelt haben.

Vermutlich gab es in Enger, als Wittekind sich dort niederließ, nur einzelne Höfe, kaum eine Burg; Wittekind gründete, seinen neuen Glauben betätigend, im Jahre 789 eine kleine Kirche oder Kapelle mit einer Wohnung für die ihr zugeordneten Priester, Hatte er den Glauben gewechselt, blieb er doch seinen Ahnen treu; er ließ ihre in Wildeshausen bestatteten Gebeine ausgraben, nach Enger bringen und dort in Urnen in einem Grabe beisetzen, das er als Ruhestätte für sich selbst hatte herstellen lassen. In den Urnen fanden sich, als sie 1870 geöffnet wurden, verbrannte Knochen. Wie er es gewollt hatte, bettete man den toten Sachsenherzog neben seine Väter; später aber, als man anfing, ihn als Heiligen zu verehren, wurden seine Gebeine erhoben und in die Stiftskirche versetzt, wo sie sich noch in einem Seitenaltärchen befinden. Als Kaiser Karl IV. sich in Bielefeld aufhielt, erfuhr er dort, daß nicht weit entfernt sich das Grab Wittekinds befinde. Der Sammler von Reliquien hatte so viel Interesse für Heilige und wohl auch für die Altertümer seines Reichs, daß er Enger aufsuchte und befahl, es solle ein würdiges Grabmal für den Helden errichtet werden. Das Grabmal befindet sich im Chor der Stiftskirche; auf einer reichverzierten Tumba liegt der jugendliche König mit Krone und langem Mantel, der mit Edelsteinen verziert war. Merkwürdig ist es, daß die rechte emporgehobene Hand des Bildes den gekrümmten Mittelfinger zeigt, an dem man, wie erzählt wird, den Herzog erkannte; sonst ist an keine Ähnlichkeit zu denken.

Als ein stummer Gefährte Wittekinds stand lange noch in Enger eine Eiche, neben der er einen Wartturm zur Rundschau errichtet haben soll. Ihre Stelle vertrat später eine Buche von besonderer Schönheit; sie verzweigte sich dicht über der Erde in sieben mächtigen Schäften, und ihre Krone, heißt es, sei so dicht und stark gewesen, daß man darauf habe stehen können. Zwei von den Schäften wurden in den zwanziger Jahren des 19. Jahrhunderts durch Blitz und Feuer zerstört, nachher verschwanden auch die anderen. Das Andenken Wittekinds jedoch hat sich in dem weltfernen Winkel, an dem noch nicht lange eine kleine Lokalbahn vorüberführt, überraschend erhalten. Das Gefolge des Herzogs bildete eine Anzahl von Familien, welche die Sattelmeier genannt wurden, und die vielleicht schon in der Gegend von Enger ansässig waren, bevor er sich dort niederließ. Sie begleiteten Wittekind zu Pferde, mußten je einen berittenen Mann zum Kriege stellen und waren sonst zu verschiedenen Diensten verpflichtet, wie denn einer den Marstall unter sich hatte. Zwölf solcher Sattelmeierfamilien gibt es noch jetzt, und zwar wohnen fünf in unmittelbarer Nähe von Enger, die übrigen in der Umgegend. Die fünf im Kirchspiel Enger heißen Nordmeier, Ebmeier, Meier Johann, Barmeier und Ringsmeier. Sie genießen noch jetzt besondere Rechte, die in altüblicher feierlicher Form vollzogen werden. Wenn sie sterben, wird am Tage vor ihrem Begräbnis in der Königsstunde, von 12 bis 1 Uhr, geläutet, und ihre Leichen werden auf einem mit sechs Pferden bespannten Erntewagen, dem ein gesatteltes Pferd folgt, in die Kirche, von dort erst auf den Friedhof geführt.

Wittekinds Frau Gewa, eine dänische Prinzessin, war der Sage nach vor seiner Bekehrung als Heidin gestorben. Sein Sohn Wigbert kehrte nach Wildeshausen zurück, später jedoch lebte die Familie wieder in Enger, vermutlich ihrem Stande gemäß auf einer Burg. Ein Enkel seines Urenkels, Graf Thidericus, vermählte sich mit einer Frau aus edlem Geschlecht, Reinhilde, deren Vater ein Friese, deren Mutter eine Dänin war. Diesem nordischen Paar entstammte ein wundervolles Kind, eine Tochter namens Mathilde, die Wittekinds, des Überwundenen Geschlecht, zu spätem Siege führen sollte. Sie wurde die Frau Heinrichs I. und Mutter Ottos des Großen, der die Herrschaft der Sachsen über das Reich befestigte und verherrlichte. Sie selbst glänzte durch Liebe, Güte und Opferwilligkeit, Tugenden, die sie schon den Zeitgenossen als Heilige erscheinen ließen. Ähnlich wie man von der edlen Frau von Stein erzählt, einer Vorfahrin des großen Freiherrn, daß sie von ihrem Schloß hinabstieg und sich in der unbekannten Menge verlor, um dem Schicksal zu opfern, das sie und ihre Kinder allzu reich begnadet hatte, fühlte sich Königin Mathilde gedrängt, den Überfluß an Glück, den sie empfangen, mit vollen Händen anderen auszuteilen. Da ihre Söhne mit ihrer verschwenderischen Wohltätigkeit nicht einverstanden waren, zog sie sich in ihre Heimat Enger in das dortige Stift zurück und blieb auch dort, nachdem durch Vermittlung der jungen Königin Edith eine Versöhnung mit Otto zustande gekommen war. Der Kaiser begabte das dem heil. Dionysius geweihte Stift mit vielen Gütern und schenkte es nach dem Tode seiner Mutter auf Veranlassung des damaligen Papstes dem Mauritiusstift in Magdeburg, das er später zum Erzbistum erhob.

Durch Heinrich den Löwen, zu dessen Allodialbesitz Enger gehörte, kamen Burg und Stadt an den Grafen Bernhard III. von der Lippe, einen seiner Vasallen. Dessen Nachkomme Simon III. wurde in einer großen Fehde mit den verbündeten Bischöfen von Osnabrück, Paderborn und Minden und dem Grafen von Ravensberg besiegt und so lange von seinen Gegnern gefangen gehalten, bis er zugab, daß seine Burg geschleift werde und versprach, sie nicht wieder aufzubauen. Auch die Mauer mit den sieben Toren, die Enger umgab, wurde damals, es war im Jahre 1305, abgebrochen, so daß der vormals starke blühende Ort zu offener Stadt wurde. Als Enger kanalisiert wurde, stieß man auf den Burggraben und fand darin Steine, die augenscheinlich von der niedergelegten Burg herrührten.

Mit diesen Ereignissen begann der Rückgang der Stadt Enger und nahm so zu, daß ein Jahrhundert später die Stiftsherren in dem verödeten Ort nicht bleiben mochten und beim Papst durchsetzten, daß ihr Stift nach dem nahen Herford verlegt und an die dortige Johanniskirche angeschlossen wurde. Als die Abgabepflichtigen erklärten, daß sie nur am Grabe des Herzogs zahlen würden, ließen die Stiftsherren die Gruft öffnen und die Gebeine nach Herford bringen, wohin sie auch den Kirchenschatz mitgenommen hatten. Nachdem im Anfang des 19. Jahrhunderts das Stift säkularisiert war, erstattete König Friedrich Wilhelm III. von Preußen der alten Begräbnisstätte die Gebeine des Herzogs zurück. Die Sattelmeier holten die teure Reliquie ab und führten sie unter Glockengeläut in die Heimat.

Münster

Die Sachsen nahmen endlich, weniger dem Zwange sich fügend, als weil sie sich mit dem neuen Glauben befreundeten, das Christentum an, das sie nicht hinderte, kriegerisch, furchtlos, stolz, trotzig und freiheitsliebend den Menschen gegenüber zu sein. Besonders die Westfalen bewahrten ihren Charakter. Hier gab es, als im Reich das Land fast ganz versklavt war, noch freie Bauern, die sich der Würde ihres Standes bewußt waren und ihre alten Rechte hüteten. Hier ist eigensinnig leidenschaftliches Festhalten am alten Glauben; aber von hier gingen auch zu jeder Zeit Vorkämpfer neu zu erobernder Freiheit aus, unbeugsame und gelassene.

Von allen Städten Westfalens ist Münster die vornehmste, ja in ganz Deutschland gibt es keine, die ihr darin gleichkommt. Den Panzer der Mauern und Türme hat sie abgeworfen; nur zwei Zeugen mittelalterlicher Wehrhaftigkeit sind noch vorhanden: der Buddenturm, ein Gespenst alter Zeit inmitten neuerer Straßen, und der Zwinger, ein prachtvoller zyklopischer Rundbau, den ein Wappen, ein paar Fenster und eine Treppe beleben, und dem ein bequemes Ziegeldach eine Wendung ins Gemütliche gibt. Das häusliche Gewand jedoch, das die Stadt jetzt trägt, hat noch etwas von einer Rüstung: es ist streng im Schnitt und die Juwelen, die es schmücken, drängen sich dem Blick nicht auf. Die Häuser sind im allgemeinen schlicht, aber auch die ärmlichen sind nicht schäbig oder ordinär und auch die reichen sind zurückhaltend. Da, wo das Ganze zum Ausdruck kommen soll, wird Pracht entfaltet, aber die Noblesse der Linie kühlt sie. Hat der Giebel des Rathauses etwas Flammendes, so hat er auch das Unnahbare dieses Elements; der Farbenton des Backsteins, der vielfach zur Verwendung kommt, ist eine burgunderdunkle Glut, ein Feuer, das Stolz gedämpft hat. Wo irgend Überschwang erscheint, wirkt er nicht als Sichgehenlassen, sondern als eine Schönheitsfülle, zu der Adel und Reichtum verpflichten. Münster ist eine Stadt, in deren Wappen man die Worte schreiben möchte, die im Gildensaale des Krämeramtshauses über dem Kamine stehen: Ehr is dwang nog – Ehre ist Zwang genug. Der Freie, und das ist nach der damaligen Auffassung der Edle, erträgt keinen Zwang; aber er zwingt sich selbst.

Wäre es möglich, daß dieser Wahlspruch beständig wirkte, würden die Ordnungen des Lebens nicht durchbrochen werden; aber überall, auch in den Beherrschten, sind unterirdische Kräfte verborgen, die darauf warten, ihre Fesseln titanisch zu brechen, Nicht nur die oft fehlerhaften, verwerflichen Einrichtungen der Welt werden bald mit Recht, bald widerrechtlich umgeworfen, auch der harmonische Kosmos, der uns trägt, ist wilden, zerstörenden Kräften abgerungen und immer durch sie bedroht. Jähe Ausbrüche solcher Art, wo sich ideale Feindseligkeit gegen schlechte weltliche Ordnungen mit der Feindseligkeit gegen ordnende Vernunft überhaupt verbindet, erscheinen da am grellsten, wo beharrende Gesinnung und gemessenes Wesen landesüblich ist; zugleich sind sie da am leichtesten zu erklären.

Der alte Name für die Stätte am Münster war Mimigerneford, das heißt Furt am Hügel des Mime. Die Furt bezieht sich auf das Flüßchen Aa, dessen alter Name Ahwa Wasser bedeutet, und Mime hieß wahrscheinlich der Gott, der auf der Anhöhe angebetet wurde. Die erste Besiedelung der Gegend bestand aus vier großen Höfen, die Karl der Große bei der Gründung des Bistums dem Bischof schenkte. Sie hatten freien Bauern gehört, die in den Sachsenkriegen gefallen oder vertrieben sein mochten. Im elften Jahrhundert verschwand der altgermanische Name Mimigerneford vor dem Namen Münster, der ursprünglich nur für das Monasterium galt, sei es nun, daß die erste klösterliche Niederlassung des heiligen Ludger oder das Kloster Überwasser, jenseits der Aa, damit gemeint war.

Nach dem Tode Karls des Großen bildeten sich die großen Herzogtümer auf der Grundlage der Stämme, und das Bistum Münster wurde Glied des sächsischen, trotz persönlicher Anhänglichkeit der Bischöfe an die jeweiligen Kaiser wenig hineingezogen in die allgemeinen Angelegenheiten des Reichs. Das änderte sich, als infolge des Sturzes Heinrichs des Löwen das Herzogtum Sachsen zerschlagen wurde und, da es dem Erzbischof nicht gelang, sich in Besitz des Ganzen zu bringen, eine Anzahl einzelner Gewalten entstanden, von denen jede aus der großen Beute soviel wie möglich an sich riß. Die Bischöfe von Münster wurden selbständige

Landesherren und breiteten sich nach Kräften aus, wobei sie auch innerhalb des Gewonnenen auf Widerstand stießen. Ging auch die Gerichtsgewalt des Herzogs zum Teil auf sie über, so blieben doch immer einige Freigerichte, die ursprünglich nur vom König, dann vom Herzog von Sachsen abhingen, der sie erblich zu belehnen pflegte. Der Umstand, daß die freien Gerichte vor Unterwerfung auf der Hut sein mußten, bewirkte, daß sie sich in das Dunkel des Geheimnisses zurückzogen und schließlich zu einem Geheimbunde wurden, der den Namen Feme führte. Im Anschluß an den Erzbischof von Köln als obersten Stuhlherrn erhielt die Feme kaiserliche Bestätigung und trat mit dem Anspruch auf, für die Freien im ganzen Reich zuständig zu sein. So erhielt sich auf alt sächsischem Boden das alte germanische Recht in dunkle Bräuche vermummt, von Edelleuten und Freien getragen, halb heilig, halb verbrecherisch, so wie überwundene Götter zu schreckenden Dämonen werden. Auch die Stadt Münster war Inhaberin einer Freigrafschaft, was um so wichtiger war, als zur Zeit der Landfriedensbündnisse hauptsächlich den Freigrafen und Freischöffen die Ausübung der Landfriedensgerichte zugewiesen war.

Das Weichbild Münster, das um den alten ummauerten Domhügel herum erwachsen war, erhielt grade um die Zeit, als die neuen Verhältnisse sich ausbildeten, Mauern und Stadtrecht. Ihr Recht nahmen sie von dem älteren Soest. Es begann ein rascher Aufstieg durch Handel und im Anschluß an die Hanse. Nach dem fernen Osten hatten Bürger von Münster früh Beziehungen; in Riga hieß das Versammlungshaus der Kaufmannsgilde »Die Stube von Münster«. Zum Schutz der Märkte und der reisenden Kaufleute verbündete sich Münster zuerst mit dem nahen Osnabrück, dann auch mit Soest, Dortmund, Lippstadt, den bedeutendsten westfälischen Handelsstädten. Aus den Handelsbündnissen wurden solche zu Schutz und Trutz; ein mit dem Domkapitel zu gegenseitiger Aufrechterhaltung ihrer Rechte geschlossenes wendete sich sogar gegen den Bischof, von dem sich das Kapitel ziemlich unabhängig gemacht hatte. In dem großen Landfriedensbunde von 1298, an dessen Spitze der Erzbischof von Köln stand, waren auch die drei Städte Münster, Soest und Dortmund vertreten. Zu dem den Vorsitz führenden Friedensgericht entsendete Münster seine Bürger Heinrich Rike und Bernhard Kerkering als Abgeordnete. Bischof Ludwig II., ein Landgraf von Hessen, verbrauchte zu kriegerischen Unternehmungen so viel Geld, daß er sich genötigt sah, einem Bürger von Münster, Bernhard von Cleyhorst, die weltliche Gerichtsbarkeit auf beiden Seiten der Aa zu verpfänden.

Das Regiment der Stadt lag im 13. und 14. Jahrhundert unbeschränkt in den Händen einiger Familien, sogenannter Erbmänner, die sich adliger Abkunft rühmten und wohl größtenteils im Dienst des Bischofs heraufgekommen waren. Es waren die Grael, die Nysing, Rike, Kerkernitz, Schenking, Cleyhorst, Bischopink, Droste, Aldebrandink, Schevenink, Deckenbroch, Tilbeck, von Wyk und andere, die als Bürgermeister und Schöffen immer wieder begegnen. Das Domkapitel, das im Jahre 1392 beschlossen hatte, nur Leute von mindestens ritterbürtigem Stande aufzunehmen, lehnte im 16. Jahrhundert einen Schenking ab, was die Erbmännerfamilien zu dem Versuch bewog, ihre Ritterbürtigkeit zu beweisen. Nach langen Verhandlungen, die erst vor dem päpstlichen Gerichtshof von Rom, dann vor dem Reichskammergericht in Speyer geführt wurden, erklärte Kaiser Leopold I. die Erbmänner für rittermäßig und mit dem Landadel gleichberechtigt, welches Urteil nochmals angefochten und 1709 nochmals bestätigt wurde. Diese Unsicherheit erklärt sich daraus, daß der Adel sich erst im späteren Mittelalter als Stand abschloß, als die Handwerker eine Macht wurden. In Münster waren die in Gilden zusammengeschlossenen Handwerker von demselben freiheitstolzen und unbeugsamen Geiste beseelt wie der Adel. In der Mitte des 15. Jahrhunderts erlangten die Gilden das Recht, die Beschlüsse des Rats zu genehmigen; damals ließ sich ein Graf von Hoya, der seinen Bruder auf den Bischofsitz bringen wollte, in die Schmiedezunft aufnehmen, weil er durch den Beistand der Gilden eher zum Ziele zu kommen hoffte.

Die zweite Hälfte des 15. Jahrhunderts, wo die Individualitäten, welche Münster bildeten, der Bischof, das Domkapitel, die Erbmänner oder der Stadtadel und die Gilden, gleich kräftig sich entfalteten, war für die Stadt die Zeit der Blüte. Mehrere auf Universitäten gebildete Männer hatten die neuen, humanistischen Ideen aufgenommen und machten Münster zu einem Mittelpunkt des geistigen Lebens. Ihr Führer war Rudolf von Langen, der in Italien studiert hatte, und dessen lateinische Dichtungen in einer Buchdruckerei erschienen, die der Buchdrucker Johann Limburg aus Trier in Münster errichtete. Alexander Hegius und Anton Liber aus Soest waren in der Wissenschaft bekannte Namen. Ein Freund Huttens und eine ihm verwandte Natur war Hermann von dem Busche, der mit jenem zusammen an den Dunkelmännerbriefen gearbeitet hat. Sie fanden zum Glück Verständnis bei dem Bischof Konrad von Rietberg, so daß eine Neugründung der alten Domschule im humanistischen Sinne von ihm nicht gehindert wurde. Die Schule, an der die griechische Sprache gelehrt wurde, genoß solchen Ruf in Deutschland, daß sich zeitweise 4000 Studenten in Münster sollen aufgehalten haben. Ebenso wie die Wissenschaft wurden die bildenden Künste gepflegt. Die herrlichen Giebelhäuser am Prinzipalmarkt tragen das Gepräge gesicherten Wohlstandes und begründeten Selbstbewußtseins. Die reiche Ausstattung der Gotteshäuser, des weihevoll dämmrigen Doms, der glänzenden Lambertikirche, haben die Wiedertäufer entfernt. Eine Anzahl neuerdings ausgegrabener Sandsteinfiguren, die ihnen als Fundament von Bastionen dienen mußten, befinden sich jetzt im Museum; nicht ohne Grauen geht man an den roten, heimatlosen, verstümmelten Gestalten vorüber. Drei Glasgemälde von besonderer Schönheit bilden die größte Zierde des Dominnern: die Kreuzigung, die Abnahme vom Kreuz, die Grablegung und Kreuztragung. Das Braun des Mantels Christi auf der Kreuztragung und das tiefe Rot des andern, der auf dem Kreuzigungsbilde unter dem Kreuze liegt, durchdringen die tragischen Darstellungen mit überirdischer Glut. Sie sind gezeichnet von einem Gliede der Malerfamilie to Ring, die im 16. Jahrhundert arbeitete und deren Werke in Auffassung und Farbengebung durch ernste, vornehme Haltung charakterisiert sind.

In dies Gebäude einer Kultur, die vorzüglich das Schöne pflegte, schlugen plötzlich aus einer Tiefe, von deren Dasein die Glücklichen der Welt für gewöhnlich nichts spüren, Flammen. Unterhalb der Ordnung, die ein Volk sich gegeben hat, die ein Geschlecht dem andern überliefert und die von Siegern und ihren Erben getragen wird, hausen im Dunkel die, welche unterlagen, sei es durch Schwäche oder durch Torheit oder durch Krankheit und Schicksal. Sie nehmen nicht teil an dem Glanze, der Üppigkeit, den edlen oder schlechten, nützlichen oder überflüssigen Bestrebungen der Oberwelt, sie brüten wirre, schwärmerische, tiefe Gedanken aus, die am Lichte wunderlich wie Gedanken von Narren erscheinen. Was kümmern sie die kunstvollen Gemälde, die droben mit Gold aufgewogen werden, die Gesetze der hebräischen Sprache, die griechischen und römischen Versmaße? Sie wollen einfache Dinge: Brot, Licht, Gesundheit, Gerechtigkeit. Sie hassen die Welt, die sie ausstößt und mit Füßen tritt; sie wollen sie zerstören und eine gute, reine, göttliche aufbauen, so wie sie in der Glücksferne sie sich geträumt haben. Ihnen kommen Gute und Gerechte mit offener Hand entgegen, ihnen gesellen sich diejenigen, die von der Grausamkeit, der Hohlheit, der Unzulänglichkeit, der Verderbtheit in der herrschenden Welt angeekelt sind und diejenigen, die den Boden unter sich wanken fühlen und hoffen bei einem allgemeinen Erdbeben, wo sich alles verschiebt, wieder hinaufzukommen und festen Platz zu gewinnen.

Einer Gesellschaft, deren obere Schichten im allgemeinen entweder sinnlichen Genuß oder ästhetischen Genuß für das höchste Gut hielten, rief Luther mit dem vollen Klang des Glaubens und der Entrüstung das Wort Gottes zu, warf er ein Buch hin wie ein Schwert, die Bibel. Wie überall nahmen auch in Münster einige Geistliche die lutherische Lehre an; aber es gelang den Gegnern ihre Vertreibung durchzusetzen, und auch ein Überfall des Volkes auf verschiedene Klöster, die durch den Betrieb von Gewerbe, der nur den städtischen Gilden zustand, die Eifersucht der Handwerker gereizt hatten, blieb unter der Vermittlung des Erzbischofs von Köln ohne Folgen. Indessen war der neue Glaube einmal unter der Bürgerschaft verbreitet; als ein Bürger namens Anton Kruse deswegen vor ein bischöfliches Gericht gezogen wurde, befreite ihn ein Volksauflauf. An der Spitze desselben stand ein den besseren Kreisen angehöriger Mann, der Tuchhändler Bernhard Knipperdolling, dessen Haus mit gotischem Giebel am Markte noch steht. Seine Vermögensverhältnisse waren in Unordnung geraten, vielleicht infolge einer gewissen Untüchtigkeit und Zerfahrenheit, die ihn zu beharrlicher Arbeit untauglich machten. Er war dreist, furchtlos und witzig und liebte es, sich von unruhig bewegten Lebens-

wogen tragen zu lassen. Seine Verspottung des regierenden Bischofs Friedrich von Wied, der
dazu viel Anlaß gab, fand freudigen Beifall im Volke, das überhaupt den Geistlichen, die in
Münster so zahlreich waren und sich so viele Blößen gaben, von jeher abgeneigt war. Bischof
und Stadtrat hielten zur Aufrechterhaltung der Ordnung noch zusammen: Anton Kruse wurde
vom Rat aus der Stadt gewiesen, Knipperdolling vom Bischof in Haft genommen, aber einige
Jahre später wieder entlassen. Die Lutherye, wie man die neue Lehre nannte, nahm trotzdem
zu. Im Jahre 1529 wurde an der Mauritzkirche ein Mann von verhängnisvoller Wirksamkeit
angestellt, Bernd Rothmann, der Sohn eines Schmiedes aus Stadtlohn, klug, energisch, von
hinreißender Beredsamkeit. Er verstand es, die Massen zu führen, wohin er wollte; dadurch
entstand vielleicht das Gerücht, er habe im Elternhause die Zauberei erlernt. In feineres Ge-
dankengeflecht verlor er sich nicht, für die Widersprüche des Lebens hatte er keinen Sinn, er
ging mitten durch bis aufs Äußerste und wurde darum so gut vom Volke verstanden. In Wittenberg wurde er mit Luther und Melanchthon bekannt; wie verschieden er von beiden war,
fiel damals, wo er noch wesentlich aufnehmend war, nicht auf. Inzwischen war der Bischof von
Wied gestorben, und der neue, Franz von Waldeck, ein problematischer Charakter, verlangte
nachdrücklich Abstellung der Neuerungen vom Rat. Im Einverständnis mit Knipperdolling trat
eine Versammlung der Gilden im Schuhaus am alten Fischmarkt zusammen, dem Hause der
Gesamtgilden, wo Heinrich Modersohn, der Gildenmeister der Metzger, und Heinrich Rede-
ker von der Pelzergilde den Beschluß tatkräftigen Widerstandes durchsetzten. Die Haltung des
Rats war stets durch das städtische Streben, sich vom Bischof möglichst unabhängig zu machen, bestimmt; sonst hätte er dem Drängen der Handwerker fester gegenübergestanden. Er
entschloß sich nun, die bisherigen Geistlichen an allen Kirchen abzusetzen und evangelische zu
berufen, Rothmann an die Lambertikirche, ferner den Münsterer Johann Glaudorp und den aus
Kleve verwiesenen Brixius ton Norden. Nachdem die »Lutherye« in Münster eingerichtet war,
verließen der Klerus und verschiedene Erbmännerfamilien die Stadt und nahmen in dem nahen
Telgte Aufenthalt. Ein gelungener städtischer Überfall auf den Sitz der Emigranten führte zu
einem Vergleich, in dem der Bischof der Stadt Religions- und Gewissensfreiheit zugestand und
beide Teile versprachen einander weder in Worten noch in Taten anzufeinden. Das war jedoch
mehr, als Rothmann halten konnte; er wurde in seinen Ansichten und Zielen immer radikaler,
sogar wiedertäuferischen Ideen sich zuneigend, die in Deutschland umgingen und namentlich
im nahen Holland verbreitet waren. Der Gedanke, daß nur Erwachsene darüber entscheiden
können, ob sie Christen sein wollen, leuchtet dem Verstand ein und findet deshalb Anhänger;
er verkennt, daß die Kindertaufe ein Band der Gesamtheit ist, durch welches jedes neue Glied
der christlichen Gesellschaft ohne weiteres angeschlossen wird, während die Wiedertaufe das
Bestehen von den Entscheidungen der einzelnen abhängig macht und darum in Frage stellt.
Erschüttern und auflösen wollten ja aber auch viele diese Gesellschaft, diese Weltanschauung,
deren Mängel ersichtlich waren, und an deren guten Willen zu besseren sie nicht glaubten.
Die erbarmungslose Verfolgung, die die Wiedertäufer überall erlitten, weil man das Auflösende
ihrer Lehre spürte, schärfte die Erbitterung; nach einem Asyl suchend, wo sie nicht ersäuft oder
verbrannt würden, fiel ihnen Münster auf als ein Ort, wo das Evangelium rein gelehrt würde.
Von Holland, das mancherlei Einfluß auf Münster ausgeübt hat, sendete das Haupt der niederländischen Wiedertäufergemeinde, der Bäcker Johann Matthysson, Vertraute nach Münster, die
die Gelegenheit auskundschaften und den Boden bereiten sollten. Matthysson gehörte zu den
fanatischen, unklaren, erregbaren und erregenden, in Starrsinn und Verbohrtheit an Wahnsinn
hinstreifenden Menschen, deren viele in der Dunkelheit verborgen sind, und die außergewöhnliche Vorfälle hervorlocken. Der brausende Geist der Bibel, die er auswendig wußte, hatte ihn
berauscht; er fühlte sich als der Prophet, der berufen ist, die beleidigte Gerechtigkeit Gottes zu
rächen. Was in Münster durch Rothmann schon entzündet war, fiel ihm zu, nicht nur niederes
Volk, sondern auch Patrizier, darunter der eine der Bürgermeister Hermann Tylbeck. Besonders
Frauen ergriffen die neue Lehre mit Leidenschaft und traten unbedingt für sie ein. Unter den
Abgesandten des holländischen Propheten war ein durch allerlei Gaben auffallender dreiund-
zwanzigjähriger junger Mann, Jan Bockelssohn, der uneheliche Sohn einer münsterschen Magd,

Aleke, und des holländischen Schulten Bockel Geritsohn. Nach dem Tode beider Eltern wurde er von den Verwandten des Vaters aufgezogen, die ihn, vermutlich wegen seiner unehelichen Geburt auf einen höheren Beruf verzichtend, Schneider werden ließen. Ihm genügte das nicht; er erinnert an den im 19.Iahrhundert lebenden Schneider Weitling, den Sohn eines deutschen Mädchens aus dem Volke und eines französischen Offiziers, schriftstellerisch begabt und von anziehender Persönlichkeit, der wie Jan Bockelssohn kommunistische Ideen lehrte und vertrat. Jan Bockelssohn, bekannt unter dem Namen Jan von Leyden, muß nicht ohne Mittel gewesen sein, denn er reiste in Frankreich, England, Deutschland, Portugal, erwarb sich Kenntnisse und trat unter anderem als Schauspieler auf. Vermutlich war ihm die Kunst angeboren öffentlich aufzutreten und sich wirkungsvoll darzustellen. Seine Schönheit empfahl ihn den Menschen und besonders den Frauen; er war elegant gewachsen und das Bild, das der Maler Aldegrever von Soest im Auftrage des Bischofs von ihm herstellte, bevor er in den Kerker geworfen wurde, zeigt ein nicht nur schönes, sondern auch kluges Gesicht mit festem, kühlem Blick der Augen und einem reizvoll sinnlichen Munde, auf dem ein Zug von Überlegenheit und Verachtung liegt. Anfänglich blieb er im Hintergründe; Matthysson der Prophet und neben ihm Rothmann und Knipperdolling bemächtigten sich der Leitung der Stadt. Der Energie ihres Angriffs wußte der Rat keine gleichwertigen Mittel entgegenzusetzen; die Bewegung war wie ein Feuer, das, nicht sofort erstickt, um sich greift und unversehens so stark ist, daß man es nicht mehr löschen kann. Das Domkapitel, der Bischof, die Mehrzahl des Rats, viele Familien verließen die Stadt, dagegen zogen Wiedertäufer von Osnabrück, Soest, Wesel zu. Vor dem Rathause taufte Pfarrer Rothmann die zuströmenden Menschen, auch den Bürgermeister Tylbeck und zwei Angehörige der Erbmännerfamilie Krechting. Es galt nun das Gottesreich zu gründen, dessen Nähe gelehrt und geglaubt wurde, das Reich der Gerechtigkeit, in dem die Güter gleichmäßig an alle verteilt sind. Um jeden Widerstand auszuschalten, wollte der Prophet den Tod über alle verhängen, die sich nicht zum Zweck der Wiedertaufe beim Bürgermeister anmeldeten. Knipperdolling, der von weicherer Art war, rettete das Leben der Betroffenen, die anstatt dessen mitten im Winter, Ende Februar im Jahre 1534 bei schneidender Kälte aus der Stadt getrieben wurden. Ein Knabe befand sich unter ihnen, der später die Geschichte dieser grausigen und fabelhaften Ereignisse geschrieben hat.

Es gelang dem Bischof ein Heer zur Bekämpfung der abgefallenen Stadt zusammenzubringen; denn nichts vereinigt Menschen aller Art so sehr zu gemeinsamem Haß, wie das Wort Gütergemeinschaft. Es zeigte sich aber nun, welche Kraft die Begeisterung für eine Idee in den Menschen erzeugen kann. Die Einwohnerschaft von Münster wurde zum Zweck der Verteidigung organisiert: Schmuck und Kostbarkeiten wurden abgegeben und von dazu angestellten Beamten verwaltet, Lebensmittel möglichst sparsam verteilt, alle zu Wehr und Arbeit herangezogen. Gottesdienst und gemeinsames Bibellesen wurde eifrig betrieben, zum Teil mit aufrichtiger Frömmigkeit. Mehrere Ausfälle wurden mit Glück unternommen; bei einem derselben fand Matthysson tapfer kämpfend den Tod. Das plötzliche Fehlen einer solchen Energie würde die schlimmsten Folgen gehabt haben, wenn nicht Jan van Leyden sich an die Stelle des Propheten geschwungen hätte. Er nahm die Witwe des Verstorbenen, die schöne Differe von Haarlem, zur Frau und drängte Rothmann und Knipperdolling, die ebenso ehrgeizig, aber weniger geschickt und geistesgegenwärtig waren, zur Seite. Wenn er, wie Matthysson, Träume und Visionen als Ausgangspunkte seines Willens hinstellte, so war bei ihm politische Berechnung, was bei jenem Schwärmerei gewesen war. Das Wichtigste war jetzt die Instandsetzung der Festungswerke, die so vorzüglich ausgeführt wurden, daß später der Frankfurter Patrizier Holzhausen, nachdem er sie in Augenschein genommen hatte, seinem Rat empfahl »das Ewer Fürsichtigen Weisen meister Casparn den baumeister alhier senten, der stat befestigung zu besehen. Derglichen nit vil gefunden werden mit solicher wehr, als diese stat ist.« Eine besonders mächtige Schanze, noch lange nach ihrem Erbauer, dem Gildebruder Johann Kerkering, genannt Uldan, die Uldanschanze genannt, die das Ludgeritor schützen sollte, findet sich in der jetzigen Engelschanze wieder. Man schreibt Jan van Leyden den Hauptanteil an diesen Anlagen zu; jedenfalls war er unermüdlich gegenwärtig, um die Arbeiten zu überwachen. Das Material wurde aus den Kirchen genommen; Jan van Leyden nannte den Dom de groote steenkule, den alten Dom de olde steenkule, die Kapellen am Dom de lütten sieenkulen. Vieles, was wir als Zerstörungslust und Vandalismus auffassen, erklärt sich zum Teil aus praktischer Notwendigkeit, zum Teil aus Haß und Geringschätzung des Kirchlichen. Die religiöse Erregung des Volkes klug berechnend, ließ Jan van Leyden die Kirchturmspitzen unter dem Vorwande abtragen, daß das Hohe erniedrigt und das Niedrige erhöht werden müsse, während es ihm darauf ankam, die Kirchtürme, wie das im Mittelalter oft geschah, als Bastion zu benützen. Nachdem die Empörung von Andersdenkenden, die es immerhin noch gab, blutig unterdrückt und ein Sturm des Belagerungsheeres ruhmvoll abgeschlagen war, machte sich Jan van Leyden, gestützt auf den Goldschmied Dusentschu, zum König. Er hatte inzwischen, der Verführung erliegend, die die Hingebung der Frauen auf ihn ausübte, die Vielweiberei eingeführt, was ihm eine Reihe von Anhängern entfremdete. Es wird berichtet, er habe siebzehn Frauen gehabt, unter denen außer der schönen Differe, der Königin, Elisabeth Wandscherer, Klara Knipperdolling, Angele Kerkering und Anna Kippenbroich waren. Er staffierte sich nun mit goldenen Ketten und allerlei Schmuck aus, genoß die Liebe der Frauen und den Gehorsam des Volks, aber hart am Abgrund und die bittere Neige schon auf der Lippe. Vielleicht, daß alle in solcher Lage sich das Denken verbieten, die Augen schließen und auf ein Wunder jenseits aller Möglichkeit hoffen. Die Wiedertäufer schickten Apostel aus, die, nachdem sie das Abendmahl genommen hatten, die schützenden Mauern verließen und so oder so umgebracht wurden. Heldenmütig wurde ein neuer Sturm unter großem Verlust der Bischöflichen abgeschlagen. Diese unerschütterliche Haltung mochte den Feinden imponieren; von seiten der Hansestädte und von seiten des Reichs wurden Vermittlungsvorschläge gemacht, die nicht am Bischof, sondern an den Wiedertäufern scheiterten. Sie hatten sich vielleicht in ein altbiblisches Heldentum hineingelebt, wo es nichts gibt zwischen Sieg und Untergang. Einen gewissen Respekt bekundete auch der Landgraf Philipp von Hessen, indem er sich mit dem König in einen Briefwechsel einließ, wo einer den andern von der Richtigkeit seiner Auffassung zu überzeugen suchte. Zuletzt fehlte es an Lebensmitteln; im April 1535 wurden die überflüssigen Esser, Greise, Frauen, Kinder fortgeschickt und kamen fast alle draußen um. Wie Gefahr und Not zunahmen, wurde Jan herrischer und gereizter; eine seiner Frauen, Elisabeth Wandscherer, die sich gegen seinen Despotismus auflehnte, enthauptete er mit eigener Hand. Kurze Zeit danach fiel die Stadt durch Verrat in die Hände der Belagerer; vielleicht hätte sie sonst noch länger widerstanden. Bei der Erstürmung fielen eine Menge Wiedertäufer im Kampfe, auch Hermann Tylbeck und Krechting, glücklicher als die Gefangenen. Dem einziehenden Bischof überreichte der Droste Meerveldt die Kroninsignien des besiegten Königs.

Jan van Leyden blieb hohen Sinnes; es wird erzählt, er habe, als der Bischof ihn höhnisch angeredet habe: »Bist du ein König?« die Gegenfrage gestellt: »Bist du ein Bischof?« Mit Bezug darauf, daß Waldeck die bischöfliche Weihe nicht empfangen hatte. Auch hier zeigte sich, daß legitime Sieger grausamer sind als Rebellen, die in der Notwehr und in der Aufwallung töten, aber selten besondere Martern ersinnen, um sich an den Qualen der Gestürzten zu werden. Von Justiz war nicht die Rede, sondern von Rache. Ein Ritter wurde mit Rücksicht auf seinen Adel begnadigt, nachdem er die Wiedertäuferei abgeschworen hatte, Kerkering gewährte man aus demselben Grunde den verhältnismäßig leichten und ehrenvollen Tod durch Enthauptung. Die Kinder Heinrich Krechtings, der entkam, erhielten sogar einen Teil ihrer väterlichen Besitzungen zurück und wanderten mit verändertem Warnen nach Bremen aus. was aus Rothmann wurde, hat niemand erfahren. Sein Leichnam wurde nicht gefunden und alle Nachforschungen nach seinem Verbleib waren vergebens. Der Überlieferung nach hätte er als Lehrer bei einem Adligen in Verborgenheit bis zu seinem Tode gelebt. Jan van Leyden, Knipperdolling und Bernd Krechting, die das Unglück hatten, lebend in viele Hände der Feinde zu fallen, erlitten einen qualvollen Tod mit bewundernswerter Standhaftigkeit, ohne von ihrer Überzeugung zu weichen. Der Bischof sah dem fürchterlichen Schauspiel zu. Die übrige Bevölkerung fand Gnade gegen widerruf; aber die schöne vierundzwanzigjährige Differe von Haarlem und die Frau, Tochter und Schwiegermutter Knipperdollings hielten sich dazu zu gut und zogen den Tod vor; sie wurden auf dem Domhof enthauptet.

Der Stadt war die Erhaltung ihrer Rechte und Religionsfreiheit zugestanden; aber der Bischof kehrte sich nicht daran, sondern machte den Rat zu einer abhängigen Behörde; die Gilden wurden aufgehoben, der Protestantismus beseitigt. Dies unrechtmäßige Vorgehen war mehr als dem Bischof selbst dem Einfluß des Adels zuzuschreiben, von dessen Beteiligung am Aufstande nicht die Rede war. Allein kaum hatte Waldeck die Stadt gefesselt und gedemütigt, als er, um den Adel nicht zu mächtig werden zu lassen, sich ihr wieder näherte und ihr nach und nach alle Rechte zurückgab. Seine schon früher gehegte Hinneigung zum Protestantismus erneuerte er in so weitgehendem Maße, daß er seinen Ständen den Vorschlag machte, das Stift nach den Grundsätzen des Augsburgischen Bekenntnisses zu reformieren. Trotz heftigen Widerstandes der Domherren trat er dem Schmalkaldischen Bunde bei; den Spruch, auf den einst die Rebellen sich berufen hatten, man müsse Gott mehr gehorchen als den Menschen, führte er nun selbst im Munde. Was ihn lockte war eigentlich die Umwandlung des Bistums in ein weltliches Fürstentum; das konnte er doch nicht durchführen. Er starb als ein vielfach enttäuschter alter Mann.

Damals stand die Wage für Katholizismus und Protestantismus in Münster noch gleich. Als bei einer der nächsten Bischofswahlen ein Herzog von Bayern und einer von Sachsen-Lauenburg gegenüberstanden, war der Augenblick der Entscheidung: sie fiel auf das Haus Wittelsbach, womit der Weg zu systematischer Katholisierung beschritten war. Mit den Bayern, deren zwei aufeinanderfolgten, kamen die Jesuiten und die Spanier nach Münster, sodann die Kapuziner, Franziskaner und Klarissinnen; eine Bigotterie wurde herrschend, die sehr von dem weitläufigen Hansegeist der alten Stadt abstach. Die uns überlieferten Äußerungen des Rats, als der Bischof einem des Protestantismus verdächtigen verstorbenen Bürger das Begräbnis verweigerte, atmen Billigkeit und Einsicht und eine durchdachte Duldsamkeit, und wirken um so tiefer, als sie mit überlegener Zurückhaltung vorgetragen sind. Gegen den Fanatismus der neuen Gewalthaber kam jedoch die Stadt nicht auf; sie mußte Schritt für Schritt zurückweichen.

Während der fünf Jahre, die der Friedenskongreß in Münster und Osnabrück tagte, wurden die beiden Städte neutralisiert und genossen volle Umschlägigkeit. Dieser Umstand und der andere, daß Münster zu den bevorzugten Plätzen gehörte, die während des Dreißigjährigen Krieges wenig gelitten hatten und sich eines damals seltenen Wohlstandes erfreuten, mag das Selbstgefühl seiner Regenten gehoben und sie zu dem Entschluß angespornt haben, sich von den Fesseln, die die letzten Bischöfe der Stadt angelegt hatten, zu befreien, was nur durch den Erwerb der Reichsfreiheit geschehen konnte. Förmlich hatte Münster dieselbe nie besessen, sowenig wie die Bischöfe die volle Herrschergewalt über Münster besaßen. Die Rechte und Besitzverhältnisse änderten sich damals je nach der Kraft, der Einsicht, dem Glück der Beteiligten; hatten abhängige Städte die wichtigsten Rechte an sich zu bringen gewußt, so standen sie endlich tatsächlich frei da, und die Bestätigung des Kaisers war wie der Kranz, den man dem erfolgreichen Kämpfer aufsetzt. Münster hatte sich in weitgehendem Maße unabhängig vom Landesherrn gemacht, ihm aber doch bisher als solchem gehuldigt; diese schwankende Rechtslage ertrugen beide Teile unwillig, seit weltliche und geistliche, katholische und protestantische Fürsten danach trachteten, ihre zerstreuten Gebiete und Rechte zu einem Staat zusammenzuballen, in dem sie unbedingt herrschten. Ein hervorragender Träger dieser Richtung war Christoph Bernhard von Galen, der Schatzmeister des Kapitels, den die Domherren gleich nach dem Westfälischen Frieden, im Jahre 1650, zum Bischof wählten. Von den Wittelsbachern absehend, hatten die Herren damals vorgezogen, einen Mann aus ihrer Mitte zur Herrschaft zu bringen. Wie die Domherren schlechtweg Adlige, waren die Bischöfe im allgemeinen schlechtweg Fürsten; selten kehrte einer den Geistlichen hervor. Bischof Heinrich von Schwarzburg hatte einmal Karl den Kühnen von Burgund zum Zweikampf gefordert, weil seine Truppen bei der Belagerung von Neuß das münstersche Lager schmählicherweise während des Waffenstillstandes überfallen hatten. war an Christian Bernhard von Galen nur die Skrupellosigkeit, mit der er seine Ziele verfolgte und Bündnisse zum Schaden des Reichs schloß; aber das entsprach den Gesinnungen der Fürsten nach dem Dreißigjährigen Kriege. Galen war fünfzig Jahre alt, als er die Regierung antrat; er trat auf, als hätte er seine Jugendkraft bisher zurückgehalten und wolle sie nun rückhaltlos in den paar übrigen Jahrzehnten verschwenden. Er war begabt, tüchtig und tatkräftig in jeder Beziehung, hatte auf mehreren Universitäten studiert und sich auf Gesandtschaftsreisen politische Gewandtheit geholt. Er trat der Entartung des Klerus entgegen, er wußte die feindlichen Besatzungen, die noch in Münster waren, zu entfernen, so daß der Verkehr sich belebte, er sammelte ein Heer und schloß Bündnisse mit den katholischen Fürsten von Mainz, Köln, Trier und Pfalz-Neuburg. Ihrerseits schloß die Stadt Münster, im Gefühl, daß die Entscheidung bevorstehe, ein Bündnis mit den Holländern, Galens gehaßtesten Feinden. Zwischen Kämpfen und Vermittlungen wagte die Stadt, den Kaiser um Bestätigung ihres Besatzungsrechtes und um die Reichsfreiheit zu bitten; der Kaiser schlug das letztere Gesuch ab und verlangte hinsichtlich des Besatzungsrechtes Beibringung von Beweisen. Es folgte Eroberung der Stadt und Übergabe an den Bischof, aber auf Einschreiten der Ritterschaft Amnestie. Obwohl der Kaiser die Stadt zur Unterwerfung unter die Hoheit des Bischofs aufforderte, gab sie nicht nach; auf den Beistand der Hansestädte und Hollands hoffend, forderte sie den Bischof dadurch heraus, daß sie von den bisher steuerfreien Geistlichen Steuern erhob. Indessen mußte sie, von allen im Stich gelassen, bei einer nochmaligen Belagerung sich beugen; im Jahre 1661 verlor sie alle ihre Freiheitsrechte und wurde zu einer bischöflichen Untertanenstadt. Eine ungeheure Kriegsentschädigung, die ihr auferlegt wurde, sorgte für ihre Entkräftung, die den Handel lahmlegte und sie dauernd wehrlos machte. Da, wo jetzt das Schloß liegt, errichtete der Bischof eine Zwingburg, während das Rathaus, der edle Zeuge städtischer Freiheit, den Bürgern zum Hohn zur Hauptwache gemacht wurde. Nachdem alle Gilden aufgehoben waren, ließ der Bischof auf das Schuhhaus am alten Fischmarkt die Inschrift setzen: Schuster bleib bei deinem Leisten. Das strenge, verwitterte Gebäude, jetzt ein Lagerhaus, steht da wie ein erstarrtes Denkmal erduldeter Schmach.

Nachdem das selbständige Leben der Stadt gebrochen war, gaben ihr die Sieger, Bischof und Adel, das Gepräge. Zur Zeit der Wiedertäufer hatte der Erbmänneradel die Mauern verlassen und sich auf seine Wasserburgen draußen zurückgezogen. Viele starben aus; jetzt gibt es an vollbürtigen Erbmännern nur noch die Droste-Hülshoff und die Kerkering zur Borg. Damals bildete sich aus zurückkehrenden Erbmännern und später Geadelten eine Aristokratie, die sich um den bischöflichen Hof scharte; der einstige Gegensatz zwischen Bischof und Ritterschaft, der zeitweilig so weit gegangen war, daß Ritterschaft und Stadt sich gegen den Bischof verbündeten, fiel fort. Im Bilde der Stadt kam etwas Neues auf: neben die schmalen, straffen Giebel, die fest und gelassen schreitenden Lauben, die beherzte Geschlechter sich erbauten und in einem wundervoll geschwungenen Bogen um den Mittelpunkt des Verkehrs reihten, stellten sich die zum Genuß eines reichen, sorglosen Daseins bestimmten Adelshöfe.

Wie stark aber der Klang an schwillt, den sie geben, sie übertönen die alten Stadthäuser nicht: es ist die durch und durch westfälische Eigenart, die sie verwandt ineinanderfügt. Trotz ihrer Pracht haben auch die Adelshöfe etwas Verhaltenes, in sich Zurückgezogenes, wie es den Bauern Westfalens eigen ist. Die Anlage der Höfe und Kurien war gewöhnlich so, daß an einen Mittelbau sich zwei Flügel so anschlossen, daß ein hufeisenförmiger Grundriß entstand; der dadurch gebildete Hof wurde nach der Straße hin durch ein eisernes Gitter abgeschlossen. Die Pfeiler zwischen dem reichverzierten Schmiedewerk wurden etwa mit Sphinxen geschmückt, die die Wappen des Geschlechts hielten. Zu dem Reiz der barocken Formen tritt die Farbigkeit des Materials. Der dunkle Purpur des münsterschen Backsteins wird durch den gelblichen Sandstein gehoben, der oft die Fenster umrandet, und das Rot der Ziegel des Walmdaches, das tiefe Grün alter Bäume, der Linden auf dem Domhof, der Kastanien und Gebüsche in den Gärten fließt mit tausend herabhängenden Zweigen um die glühenden Mauern. Wohltuend wirkt es, daß die kleinen, bescheidenen Bürgerhäuser der letzten Jahrhunderte sich sehr wohl neben den Adelshöfen halten; ihre schmucklosen Wände machen auf ihre Art denselben Eindruck vornehmer Abgeschlossenheit und sich selbst genügender Sicherheit.

In einer Zeit, wo das naturgemäße Mit- und Gegeneinanderwirken der verschiedenen Glieder eines Volkes zugunsten der verbündeten Fürsten- und Adelsmacht aufgehoben war, gab es in Münster immer noch einen Zusammenhang. Wenn die Bischöfe oft als ein fremdes Element in das Münsterland eingezogen sind; denn außer Christian Bernhard von Galen, einigen Herren von Holtum und ein paar anderen stammten die meisten und besonders die späteren nicht aus dem einheimischen Adel; so vertraten die Erbmänner, die Domherren, die Bürger, die Bauern die westfälische Art und waren nicht so verschieden voneinander, wie die Verhältnisse sie erscheinen ließen. Namentlich aber die großen Baumeister, die im 17. und 18. Jahrhundert an der Stadt bildeten, und die neben den Fürstbischöfen wie eine andere Reihe von Dynasten stehen, die eigentlichen Herren der Stadt, die sie prägten, sie schufen auch im Dienst der Freude aus heimischer Natur und heimischer Gesinnung heraus. Peter Pictorius, Lambert von Corfey, Gottfried Laurenz Pictorius und endlich des letzteren Schüler Johann Konrad Schlaun errichteten Wohnhäuser, Schlösser und Kirchen, die dem Stil des triumphierenden Fürstentums entsprachen, aber von allem Aufgeblasenen, Prahlerischen, Ausposaunenden, was der barocken Architektur und Plastik leicht einen Beigeschmack des Unechten und Römischen gibt, frei sind. Das Wohnhaus, das sich Schlaun in der Hollenbecker Straße baute, zeigt, wie sich die Grandezza der Adelshöfe auf ein Gebäude bürgerlicher Art anwenden ließ. Wie die Tür mit der kleinen Freitreppe und dem Fenster im ersten Stock mit dem schmiedeeisernen Balkon in eine Nische gerückt und durch einen Rundbogen eingefaßt sind, das gibt der schlanken Front zusammen mit dem Rot des Backsteins so viel Schwung und Würde, daß man einen Blick in die Seele des Baumeisters zu tun glaubt, der sich seiner Macht gleicherweise wie seiner dienstlichen Stellung bewußt war. Was ist merkwürdiger, als daß das zweiflügelige Zuchthaus, der erste große Bau, den Schlaun in Münster ausführte, trotz seiner strengen Einfachheit und düsteren Bestimmung Verwandtschaft mit den Palästen des Adels zeigt? Besonders ergriffen stehen wir vor dem Landhause Rüschhaus, das sich Schlaun eine Stunde von Münster baute, und nach welchem der Generalmajor und Kommandant der Artillerie sich Herr zu Rüschhaus nennen durfte. Da liegt zwischen dunklen Eichen, zwischen Wiesen und Hecken ein altes westfälisches langgestrecktes Bauernhaus mit breitem Torweg, geräumiger Diele und umfangendem Dach, durch einige wohlangebrachte geschweifte Linien mit dem Gepräge des Erbauers versehen und in die Region durchdachter Kunst gehoben. Es ist ein schönes Zusammentreffen, daß das Haus des genialen Architekten, der am liebsten westfälischen Dialekt sprach, später von der großen westfälischen Dichterin, Annette von Droste-Hülshoff, bewohnt wurde. Das zarte Fräulein mit den Nixenaugen, das in Münster im alten Drostehause am Krummen Timpen abstieg, der Straße mit den verschwiegenen, bröckelnden Palästen, ließ in ihren Dichtungen noch einmal erstehen, was der Heimat ihrer Väter eigentümlich war: die zusammengehende Form voll gebändigten Feuers, das zuweilen in stolzer Flamme hervorschlägt, das Aroma von Weihrauch und Lindenduft, die Melancholie und der Hochmut des Adels, der verpflichtet, und die dämonischen Gestalten, die durch die dämmernde Heide schwanken, aus der Mimigerneford, der Hügel des Heiligtums, schicksalsvoll aufsteigt.

Soest

Wer zum erstenmal nach Soest kommt, könnte sich einbilden, es habe vor langer Zeit einmal, etwa um 1400 oder 1500, ein Unglücklicher, ein Vergewaltigter oder Entehrter, die Stadt durch einen Fluch erstarren lassen, daß sie seitdem unverändert blieb, daß nichts hinzuwuchs, der Wandel der Jahrhunderte mit den Bedürfnissen und Erfindungen nicht zum Ausdruck kam; Gott habe zwar den Fluch des Unglücklichen gehört, ihn aber durch die Gnadengabe der Schönheit ausgeglichen. Der Bann habe nicht gehindert, daß die Häuser langsam ein wenig verwitterten, manche ganz verschwanden, daß in manchen Straßen Gras wuchs, von bemalten Mauern der Glanz wich, von bunten Figuren die Farben abblätterten; nicht ganz ist sie es mehr, die ehrenwerte Stadt, deren Recht friedlich erobernd bis ans Meer drang und die mit mächtigen Fürsten wetteiferte; aber besonders deutlich kann man sich hier vorstellen, wie eine deutsche blühende mittelalterliche Stadt aussah, bevor die Festlichkeit der Renaissance und die Phantastik des Barock eindrangen. Die Befestigungen sind anderswo viel besser erhalten als in Soest, wo von 36 Türmen nur noch einer und von den Toren nur das mit Erkern geschmückte Osthofentor erhalten ist, das erst in der Reformationszeit entstanden ist; es ist mehr das Innere der Stadt im ganzen, das durch den Gegensatz seiner stolzen Kirchen zu dem bäuerlichen Charakter der Häuser so fremdartig wirkt. Klar sieht man, wie die Regelmäßigkeit der Anlage durch die eigenwillige Lust und Laune der Bewohner so weit aufgehoben wurde, daß man oft wie in einem Labyrinth verirrt nicht aus und ein weiß. Vom Markt, dem Mittelpunkt des Ortes, erstrecken sich nach allen Seiten in die Runde Straßen, die von der schützenden Mauer aufgefangen und durch die Tore ins Freie geleitet werden; dazwischen aber entstand ein Netz kleiner verbindender Straßen, die sich biegen, je nachdem die Bürger ihre Häuser und Äcker anlegten. Aus dem Holz der Eichen, unter denen die alten Sachsen sich gern ansiedelten, waren die Häuser errichtet, Fachwerkbauten, deren Gerüst mit Lehm ausgefüllt war. Es sind bäuerliche Häuser mit spitzem oder gedrücktem Giebel, mutwillig bald so, bald so gegen die Straße gestellt; zwischen den kleineren treten auch höhere mit mehreren Stockwerken hervor, etwa mit geschnitzten Rosetten geschmückt. Sieht man ab von den vulgären Spuren der Neuzeit, die hauptsächlich auf das Bahnhofsviertel beschränkt sind, so spürt man den Geist altwestfälischer Bauern, wie sie sich in heidnischer Zeit am großen Teiche ansiedelten, in dessen dunkler Fläche sich noch jetzt Büsche und Häuser spiegeln. Lange saßen sie in dörflicher Namenlosigkeit an ihrem Wasser, nur zuweilen im Wetterleuchten der Geschichte aufleuchtend. Ein ehrfürchtig geschonter Mauerrest soll das letzte Trümmerstück einer vom großen Sachsenherzog Wittekind errichteten Burg sein; auf ihn wird auch ein Kruzifix, bekannt als der große Gott von Soest, zurückgeführt, indem es als Patengeschenk galt, das Karl der Große seinem überwundenen Feinde bei der Taufe gegeben hatte, und das im 18. Jahrhundert gestohlen wurde. Nach anderen ist die Mauer älteren Ursprungs und stammt aus der Zeit der Merowinger. Der Merowingerkönig Dagobert schenkte die Höfe am Teich dem heiligen Kunibert, Erzbischof von Köln, der die Peterskirche, Olde Kerke genannt, gegründet haben soll, und als Mönche von Corbie die Gebeine des heiligen Vitus nach Corvey geleiteten, kamen sie durch Susat – d. i. Soest – und wurden dort von einer großen Volksmenge andächtig begrüßt. Dann aber erhielt Susat selbst den Leib eines Heiligen durch die Fürsorge des Erzbischofs Bruno, eines Bruders des Kaisers Otto des Großen, dem der Mangel eines Klosters an dem abgeschiedenen Orte auffiel. Es war der Leichnam des heiligen Patroklus, den er durch die Freundschaft des Bischofs von Troyes erhalten hatte, und den er, da Köln reichlich versorgt war, als die Seele einer neuzugründenden Münsterkirche nach Soest bringen ließ. Der heilige Patroklus, der ritterliche Gallier, wurde nunmehr zum Patron von Soest und die Patrokluskirche zum Wahrzeichen der Stadt, wenn es auch noch lange währte, bis ihr Turm gewaltig sich über der anmutigen Vorhalle erhob. Es gibt verschiedene Darstellungen des heiligen Patroklus, von denen die schönste sich auf einem im 14. Jahrhundert vom Goldschmied Ziegefried verfertigten vergoldeten Schrein befindet, der durch die Pietät- und Verständnislosigkeit der herabgekommenen Soester des 19. Jahrhunderts, die ihn als altes Silber verkaufen wollten, nach Berlin verschlagen ist. Der heilige Krieger steht dort breitbeinig, unerschütterlich und mit einem höchst individuellen, reizvoll häßlichen Gesicht, in dem sich Kindlichkeit und stolzes Bewußtsein mischen. Überall ist er mit einem Schilde abgebildet, das der Reichsadler schmückt, so daß man ihn für einen Roland halten könnte, und in der Tat ist er auch zu einem ähnlichen Sinnbild für Soest geworden. Er war der Stadtheilige, der Sankt Peter, den Heiligen des Erzstifts und der Olde Kerke verdrängte, der Inbegriff der städtischen Würde, des städtischen Rechts und namentlich der städtischen Wehrhaftigkeit, wie denn auch die Patrokluskirche zugleich Rüstkammer und Befestigung war. Auf dem Stadtsiegel jedoch erhielt sich der heilige Petrus, und als er später verschwand, sein absonderlich zackiger Schlüssel. Erst zweihundert Jahre nachdem Erzbischof Otto das Parroklusmünster gestiftet hatte, wurde es durch Erzbischof Rainold von Dassel, den berühmten Kanzler Barbarossas, geweiht. Noch waren die Erzbischöfe ihrer treuen Stadt treue Beförderer und Beschützer, denen dankbares Gedächtnis bewahrt wurde, am meisten dem Nachfolger Rainolds, Philipp von Hainsberg. Er ließ die erweiterte Stadt durch Mauern befestigen, vielleicht damit sie in der Zeit, wo die wilden Kämpfe um die Lehen Heinrichs des Löwen das ganze Sachsenland durchtobten, gesichert sei. Er schenkte den Bürgern auf ihre Bitte die verfallene Wittekindsburg, an deren Stelle sie ein Hospital errichten wollten, damit, wie es in der Schenkungsurkunde heißt, die Höhle des Gewürms, das Nest der Störche, Dohlen und Krähen ein Zufluchtsort der Armen und Schwachen werde. Bis in die neuere Zeit war das Hohe Hospital Mittelpunkt des Soester Armenwesens; jetzt stehen Häuser und Gärten auf dem Gebiet und dazwischen ein Rest der alten sagenhaften Wittekindsmauer.

Inzwischen, zu einer Zeit, als Lübeck noch nicht gegründet war, hatten die Soester schon denkwürdige Taten verrichtet. Was für ein abenteuernder Drang führte die binnenländischen Bauern, die an einem nicht schiffbaren Bach wohnten, an die Küste und auf das nördliche Meer? Schleswig, das hernach von den Wenden zerstört wurde und dessen Hafen versumpfte, war damals ein blühender Ort und wurde der Ausgangspunkt für die Fahrten. Das Andenken an die altertümliche Zeit erhielt sich noch lange, als sie schon fast vergessen war, in dem Namen der Schleswickbrüder, einer Soester Kaufmannsgesellschaft. Soest, Dortmund, Münster, Salzwedel und Bardewik, lauter Binnenstädte, gründeten die sächsische Kolonie Wisby auf Gotland, welche so bedeutungsvoll für den norddeutschen Handel und die Entstehung der Hanse wurde. Zu der Peterskiste in der Marienkirche von Wisby, wo das Geld der Kolonie verschlossen war, gab es vier Schlüssel, die von vier Städten verwahrt werden. Dhen enen sal achterwaren dhe oldermann van godlande, dhen anderen dhe van lubike, dhen dherden there van sosat, dhen verden dhere van dhortmunde.

Die besondere Gabe Soests war sein Recht, das es in einem Buche, der Skrae, gesammelt und aufgezeichnet hatte und weitverbreitete. Trotz des nordischen Wortes Skrae, welches Schrift bedeutet, ist das Rechtsbuch in lateinischer Sprache verfaßt; es wurde ins Deutsche übersetzt und der Gemeinde jährlich vorgelesen. In der Skrae finden sich die wichtigsten Punkte germanischer Rechtsauffassung: der Schutz freier Personen vor schimpflichen Leibesstrafen, der Schutz vor willkürlicher Verhaftung, die Heiligkeit des Hauses, weitgehende Rücksichtnahme auf die augenblickliche Lage des Angeklagten, die Findung und Weisung des Urteils durch Schöffen, wozu jeder Freie gewählt werden konnte, die Eidesbekräftigung als höchstes Beweismittel, so daß unbescholtene Personen durch die Bürgschaft ihres Wortes die Anklage gegen einen, der nicht auf frischer Tat ertappt oder durch Augenzeugen unwiderleglich überführt war, aufheben konnten. Seitdem im 16. Jahrhundert die Skrae einmal gestohlen und zehn Jahre lang verschwunden gewesen war, wurde sie an einer Kette aufbewahrt.

Daß Männer mit so frühentwickeltem Rechtsbewußtsein auch das Bewußtsein ihrer Kraft und den Drang nach Freiheit hatten, ist selbstverständlich. In Eintracht mit ihren erzbischöflichen Oberherren erwarben sie ein Privileg ums andere, schlossen sie in weiter Ferne selbständig Verträge und fühlten sie sich, ohne in besondere Verbindung mit dem Kaiser zu treten, als Reichsangehörige. Es gab bei ihnen, wie sich von selbst versteht, Reiche und Arme, durch Geburt und Begabung unterschiedene Leute; aber es bildete sich nie ein herrschender Patrizierstand aus wie in den hansischen Seestädten und vielen andern. Einen Waffenadel scheint es in Soest nicht gegeben zu haben; die Grundlage einer freien, ungebeugten bäuerlichen Bevölkerung blieb immer bemerkbar. Zu dem aus dem hansischen Großhandel hervorgegangenen Patriziat gehörten die Lo, die Lünen, die Bockum-Dolffs, Dael, Klepping, später kamen die Krackerügge, zur Megede, Sybel auf, alte Kleinbürger waren die Duncker, Juckenack, Kerstin. Die ältesten Geschlechter, bischöfliche Ministerialen, die Timonen, die Brausteiner, verschwanden schon im 13. Jahrhundert infolge der Ermordung Engelbrechts I., welche für die Einzelkräfte in Westfalen eine Befreiung bedeutete.

Die Stellung der Kölner Erzbischöfe war dadurch, daß sie nach dem Sturz Heinrichs des Löwen das Herzogtum Westfalen an sich brachten, sehr verstärkt worden; sie waren unter den Reichsständen des Niederrheins und Westfalens der mächtigste, und viele unter ihnen erfüllte das Bewußtsein mit einer die Nachbarn beängstigenden Herrschsucht. Engelbrecht I. hatte staatsmännische Tendenzen, wie sie erst in viel späterer Zeit allgemein wurden und sich verwirklichen konnten. Er strebte danach, seinen zerstreuten Besitz zusammenzufassen und zum Zweck besserer Übersicht und Ordnung die verschiedenen rechtlichen Beziehungen, in denen er zu seinen Nachbarn stand, in eine möglichst gleichmäßige Abhängigkeit ihrerseits zu verwandeln. Diese Absicht machte ihn verhaßt in einer Zeit, in welcher ein solches Vorgehen revolutionär war, und wo jugendliche Kraft so allgemein war, daß Unordnung als natürlich, Ordnung als der ideale Ausnahmezustand aufgefaßt wurde; es läßt sich daneben auch denken, daß gerade das Vornehme, Hochgreifende und Strenge in Engelbrechts Charakter die Abneigung des ungezähmten Adels, der ihn umgab, verstärkte, weil sie sich von ihm verachtet glaubten. Später erzählte man sich, wenn einer anstatt Geleites oder Schutzbriefes einen Handschuh des Erzbischofs habe vorweisen können, habe das zu seiner Sicherheit genügt, so gefürchtet sei Engelbrecht gewesen. Obwohl dies den Städten erwünscht sein mußte, waren doch auch sie ihm abgeneigt, weil er sie, ungeachtet der Freiheiten und Privilegien, die sie sich erworben hatten, wieder in die frühere Abhängigkeit zu stürzen suchte. Als der Erzbischof von einer Verschwörung Kunde bekommen hatte, die sich durch ganz Westfalen verbreiten und auch Städte umfassen sollte, beschied er eine Tagung nach Soest, wo sich neben vielen anderen Dynasten auch derjenige einfand, der ihm als sein Mörder bezeichnet worden war, Friedrich, Graf von Isenburg, der Bruder der Bischöfe von Münster und von Osnabrück, die Engelbrecht selbst befördert hatte. Er teilte den versammelten Herren mit, was ihm offenbart worden war, und zerriß am Ende den Brief, der die Bezichtigung enthielt, vielleicht, weil ihm ritterliche Furchtlosigkeit angeboren war, vielleicht auch, weil er durch eine so großartige Wendung seine Feinde zu entwaffnen dachte. Dazu jedoch war der Haß zu begründet und saß die Erbitterung zu fest in den Gemütern. Das las wohl der Erzbischof aus den Mienen der Geladenen ab und begriff, daß sein Wagnis, da es ihm die Feinde nicht versöhnen konnte, sein Schicksal besiegelte. Bevor er aufbrach, um in Schwelm eine Kirche zu weihen, beichtete er in der Bonifaziuskapelle dem Bischof Konrad von Minden, und man sah ihn das Heiligtum mit feuchten Augen verlassen. Es war der 1. November des Jahres 1225. Gegen Abend, als er in die Nähe von Schwelm gekommen war, brachen seine Mörder aus dem Hinterhalt hervor, angeführt und angefeuert durch den Grafen von Isenburg, und töteten den sich tapfer Wehrenden.

Der Tod des Erzbischofs war für Soests Entwicklung günstig; denn es konnte nun auf dem Wege zu immer größerer Unabhängigkeit fortschreiten.

Im ganzen hingen die Soester in der damaligen Zeit ihrem Herrn noch treu an, der ihnen nicht so gefährlich war wie den Kölnern, wo er seinen Sitz hatte, und es konnte in der denkwürdigen Schlacht bei Worringen geschehen, daß sie auf seiten des Erzbischofs, die Kölner auf seiten seiner Feinde fochten. In dieser Schlacht traten, wie in einem schrecklich-schönen Schauspiel, alle Dynasten und streitbaren Kräfte auf, nach ritterlicher Art sich im Kampfe messend. Ausgangspunkt des Zwistes war ein Streit über das Erbe des söhnelos verstorbenen Herzogs Walram von Limburg zwischen dem Gatten von dessen verstorbener Tochter Reinold von Jülich und dem nächsten Agnaten Adolf VII., Grafen von Berg. Dieser hatte seine Ansprüche einem wegen seines hohen Sinnes berühmten Herrn, dem Herzog von Brabant, Johann dem Siegreichen, abgetreten, dessen Herz höher schlug, wenn er in die Schlacht ritt, und der nun gegen den von Jülich in die Schranken trat. Dieser gewann die angesehenste Macht für sich, nämlich den Erzbischof von Köln, Siegfried von Westerburg, ferner dessen Bruder, Grafen von Westerburg, den Grafen Adolf von Nassau, den späteren Kaiser, einen außerordentlich starken und tapferen Mann, den Grafen Heinrich von Luxemburg, den Vater des gleichnamigen Kaisers, den Ritter von Falkenberg, den schönsten Mann seiner Zeit, und die Bürger von Soest. Mit dem Herzog von Brabant kämpften Graf Simon von Teklenburg, Otto von Waldeck, Robert von Virneburg und die Herren von Reiferstein und Windeck. Die Stadt Köln stellte 1000 Streiter, welche zusammen mit den bäuerlichen Bergischen Fußknechten von einem Weltgeistlichen namens Dodde unter dem Rufe: »Berge romerike!« in die Schlacht geführt wurden. Obwohl die größere Zahl auf der Seite des Erzbischofs war, unterlag er; er selbst und Adolf von Nassau wurden gefangen, der Graf von Luxemburg, der von Falkenberg und des Erzbischofs Bruder fielen. Heinrich von Luxemburg suchte in der Schlacht den Herzog von Brabant, seinen persönlichen Feind, auf, um ihn zu töten und war dabei, ihn vom Pferde zu reißen, als ein Ritter, der seinen Herrn in Gefahr sah, dem Luxemburger seinen Speer unter die Rüstung stieß, daß er starb. »Unglücklicher,« rief Herzog Johann aus, »was hast du getan! Du hast den tapfersten Ritter getötet, der verdient hätte, ewig zu leben!« Ebenso großartig zeigte sich der Brabanter gegen Adolf von Nassau. Als der Graf vor den Herzog geführt wurde und dieser ihn fragte, wer er sei, antwortete der Gefangene: »Ich bin Adolf von Nassau, zwar nit ein großer Herr, aber der begehrt, große Sachen zu vollbringen«; worauf der Herzog ihn freiließ und als Freund behandelte. Die Kölner betätigten ihre Zufriedenheit mit dem Ausgange der Schlacht, indem sie dem Herzog von Brabant das Bürgerrecht schenkten und ein Haus in der Stadt, welches noch lange das Freihaus von Brabant hieß.

Nachdem der Erzbischof aus der Gefangenschaft entlassen war, nahm er Rache an dem Grafen Adolf von Berg, der arglos genug war, kölnisches Gebiet zu betreten. Nach der Überlieferung hätte der Erzbischof den Unglücklichen mit Honig bestreichen lassen und ihn so, in einen Käfig gesperrt, den Bienen preisgegeben; nach anderen hätte der Herzog von Brabant ihn befreit, doch sei er bald danach körperlich und geistig zerrüttet gestorben. Der Brabanter selbst fiel im Tournier bei der Vermählungsfeier der Tochter Eduards II. von England, nachdem er in 70 Turnieren Sieger gewesen war, Adolf von Nassau fiel als Kaiser in der Schlacht bei Göllheim. In der Schlacht bei Worringen, die einen so durchaus ritterlichen Charakter hatte, soll doch das bürgerlich-bäuerliche Fußvolk den Ausschlag gegeben haben.

Soest begann wie andere Städte sich durch Bündnisse zu kräftigen; seine natürlichen Genossen waren Paderborn, Münster, Dortmund und Lippstadt. Etwa um 1300 hatte die Stadt der Engern, wie man sie nannte, bereits einen außerordentlichen Wohlstand und eine hohe kulturelle Blüte erreicht. Die Straßen waren früher als z. B. in Augsburg gepflastert, es gab Ärzte, deren einer schon um die Mitte des 13. Jahrhunderts ein stattliches Haus in der Nähe des Münsters besaß, es gab eine Apotheke, die Malerei wurde gepflegt und die Kirchen wurden geschmückt. Im Vergleich zu Münster ist Soest allerdings eine schlichte Stadt, aber darum keine kunstlose. Die öffentlichen Gebäude, Kirchen und Rathaus, wirken durch Masse und großartige Formen imposant; der Turm des Münsters mit seiner reichen, durch Ecktürmchen gezierten Helmpyramide ist von herrschender Gewalt. Von der abseits gelegenen Kirche Maria in der Wiese wurde im Mittelalter nur der Unterbau der Türme vollendet; das Paar, das wir heute sehen, hat nicht die sichere Hand eines alten Baumeisters, sondern die neuere Zeit ergänzt. In einigen Kirchen sind altromanische feierliche Wandgemälde aufgedeckt worden, in der Wiesenkirche fesseln wundervolle Glasgemälde. Besonders schön ist dasjenige, welches den Stammbaum Christi aus der Wurzel Jesse darstellt, einer schlanken, goldgelben Pflanze vergleichbar, die im braunen Mantel der Maria wie in einer kostbar glühenden Frucht gipfelt. Der Eindruck der Stadt im ganzen ist licht: weiß sind die meisten der dunkelumrandeten, mit roten Ziegeln bedachten Fachwerkhäuser, grünlich schimmert der Sandstein, aus dem die Steinbauten, namentlich die Kirchen, errichtet sind. Der überall sichtbare Turm des Münsters ist mit Blei gedeckt.

Die kraftvolle und selbstbewußte Stadt, die ein weites, fruchtbares Gebiet mit vielen Dörfern, die sie rings umgebende Börde, unumschränkt beherrschte, trat doch kaum jemals nach außen oder innen so gebieterisch und herausfordernd hervor, wie das andere wohl taten, und das mag mit ihrem bäuerlich-demokratischen Charakter zusammenhängen. In Soest waren die Zünfte, wenigstens die vornehmen, nicht vom Rate ausgeschlossen, und der Rat, der sich lange Zeit nicht selbst ergänzte, hing mehr als anderswo mit Bürgerschaft und Gemeinheit zusammen. Dieser Umstand mag eine gemäßigte Haltung, einen langsamen Schritt bedingt haben. Friedliches Wesen wurde der Stadt durch zwei glückliche Umstände ermöglicht, daß nämlich der Erzbischof von Köln durch die Kölner beschäftigt war, und daß die Grafen von Arnsberg, wie es scheint, keine erobernden Naturen waren. Die Grafen von Arnsberg hätten die erbliche Reichsvogtei über Soest, die sie besaßen, für sich ausnützen und erweitern können, anstatt dessen verkauften sie sie an Soest als ewiges Lehen. Zwar geriet Soest darüber mit dem Erzbischof in Streit und mußte sie ihm wirklich abtreten; aber da er versprechen mußte, die Richter aus der Bürgerschaft von Soest zu wählen und zwei beigeordnete Ratsherren zu dulden, war der Gewinn doch auf seiten der Stadt. Ihre tatsächlich erreichte Unabhängigkeit wurde so groß, daß sie das Bewußtsein einer Reichsstadt hatte, was sie doch rechtlich nicht erhärten konnte. Es mußte also ein Zusammenstoß mit dem Oberherrn erfolgen, wenn einmal ein Erzbischof zur Regierung kam, der den tatsächlichen Zustand einem geschriebenen oder überlieferten Recht anpassen wollte. Eine solche Entwicklung bereitete sich am Ende des 14. Jahrhunderts auf dem Gebiete der Gerichtsbarkeit vor.

In das Zwielicht der Sage gehüllt, ehrwürdig und grauenvoll zugleich, erscheint der Nachwelt die heilige Feme. Man betrachtete sie als eine Stiftung Kaiser Karls des Großen und des Papstes Leo III., und so viel ist gewiß, daß ihre Entstehung auf die alten Grafengerichte zurückzuführen ist, die nach dem Untergange des karolingischen Reichs als solche allmählich verschwanden, aber in seltsam verwandelbarer Form erstanden. Drei Schöffen des Femgerichts hatten das Recht, einen auf frischer Tat ertappten Verbrecher sofort zu töten, indem sie ihn mit einer Weide an den nächsten Baum hängten. War der Spruch vollzogen, so steckten sie ein Messer in den Baum zum Zeichen, daß hier mit Recht gerichtet, nicht gemordet war. Wenn ein Angeklagter nach dreimaliger Vorladung nicht erschien, war sein Leben verfallen. Nur durch die Freischöffen konnte eine Klage vorgebracht werden. Seit dem 13. Jahrhundert fingen die Freischöffen an, sich als ein Stand abzusondern und selbst zu ergänzen. Später tauchte die Behauptung auf und wurde geglaubt, Freigerichte seien nur in Westfalen, auf der sogenannten Roten Erde zulässig. Kaiser Karl V. und mehr noch Sigismund begünstigten die Entwicklung des heimlichen Gerichts, das sich als Reichsgericht fühlte; Sigismund wurde selbst Freischöffe. Nach der Meinung der Eingeweihten war »dit hilge recht dat hogeste recht in dem hilgen Romischen riche«, ja in der Welt. Die Freigrafen nannten sich gern »von Reiches Gnaden«, sie waren der Meinung, daß »alle grafschaften unde frystoele von dem Romischen koenige und dem heiligen riche zu lene gont«. Es ging sogar das Gerede, daß der Erbfreigraf von Dortmund dem Kaiser bei der Krönung in Aachen einen auf das heimliche Gericht bezüglichen Eid abnehme. Oberster Stuhlherr der Feme war der Erzbischof von Köln als Nachfolger der Herzöge von Sachsen. In den vier Bistümern von Köln, Minden, Paderborn und Osnabrück gab es über 400 Freistühle. Ihre Bedeutung stieg dadurch, daß Karl IV. ihnen die Handhabung des Landfriedens anvertraute.

Auch Soest war im Besitz einer Stuhlherrschaft und des Rechts, Freigrafen zu setzen. Als nun die Stadt ihren Freistuhl, der sich weit draußen in der Börde befand, an die Elverichsporte unmittelbar vor dem Tore verlegte, wurde der damalige Erzbischof, Friedrich von Saarwerden, bei Kaiser Wenzel vorstellig und bewirkte, daß derselbe nicht nur das bereits Bewilligte als unredlich erschlichen bezeichnete, sondern erklärte, weder Soest noch eine andere Stadt in Westfalen dürfe überhaupt einen Freistuhl haben. Er ging in seiner Launenhaftigkeit so weit, der Stadt die hohe Gerichtsbarkeit ab- und dem Erzbischof zuzusprechen. Ein so folgenschwerer Eingriff bewog die Stadt zu einem außerordentlichen Schritt, nämlich in Verbindung mit einem Schutzherrn zu treten, dem Grafen Adolf IV. von der Mark, der zugleich erster Herzog von Kleve war. Auf diesen damals jugendlichen Herrn bezieht sich ein Vers, der uns seinen Charakter als den eines Ritters ohne Makel überliefert hat:

»Syn neyn was neyn gerechtig – Syn ja was ja vollmechtig – Hey was Synes ja gedechtig – Gyn grondt syn mondt eindrechtig – Prinz aller Prinzen Spiegell – Syn wordt dat was syn sigell – Syn modes stolz & kregell – Der fromen fürsten regell.«

Damals hatte er vielleicht diesen Ruf noch nicht erworben, vielleicht verhieß ihn nur, was sich Redliches und Großes in den Mienen und im Wesen verkündet; was ihn aber besonders den Soestern empfahl, war wohl sein mehr oder weniger feindliches Verhältnis zum Erzbischof von Köln. Es wurde eine »sonderliche Freundschaft« zwischen Soest und Kleve geschlossen, so daß der Herzog die Stadt zu schätzen versprach, ohne sich verdächtige Rechte auszubedingen. Durch die Absetzung des Kaisers Wenzel, womit auch seine willkürlichen Bestimmungen über die Freigrafschaften fielen, wurde zunächst noch einmal ein Ausgleich geschaffen; erst als im Jahre 1414 Graf Dietrich von Mörs zum Erzbischof gewählt wurde, verdichtete sich wieder die Gefahr. Graf Dietrich von Mörs war, als er zur Regierung kam, jung, schön, unternehmend und ruhmbegierig, dabei aber unsicher, ohne Folgerichtigkeit und Kraft. Die Stadt Soest, sehr auf ihrer Hut, trat ihm zuerst entgegen, indem sie sich für mehrere kleinere Städte verwendete, die der Erzbischof einer neuen Steuer unterwerfen wollte. Dadurch gereizt, stellte Dietrich alle Beschwerden zusammen, die er Soest vorwerfen konnte; denn er hatte seit Jahren in Urkunden und Schriften seinen Ansprüchen und den Übergriffen der Stadt nachgespürt. Noch ist die umfangreiche Rolle vorhanden, welche die sämtlichen Klagepunkte des Oberherrn aufführt nebst den Bußen, die die Angeklagte zur Entschädigung zu zahlen habe, eine so ungeheure Summe, daß sie ihren Wohlstand für immer untergraben hätte. Es handelte sich dabei hauptsächlich um die Gerichtsbarkeit, die Soest an manchen Orten ausübte, wo sie dem Erzbischof nach seiner Meinung zustand. Bei den fließenden Verhältnissen des Mittelalters war es nicht leicht, unfehlbar jedem das Seine zu erteilen; aber im Grunde kam es weniger auf die Rechte im einzelnen an als darauf, ob Soest die Kraft hatte, denjenigen Grad von Unabhängigkeit rechtmäßig zu machen, den es im Laufe der Jahre tatsächlich erreicht hatte. Beide Teile waren willens, die Entscheidung auf die Waffen abzustellen, aber es vergingen mehrere Jahre mit Vermittelungs- und Sühneversuchen; denn auch damals suchte jeder dem andern die Schuld an der Entfesselung eines Krieges aufzubürden. Der Erzbischof wollte die Angelegenheit vor ein Schiedsgericht bringen, von dem Soest wußte, daß es zu seinen Gunsten entscheiden würde, schließlich lud er die Stadt vor des Königs Gericht und machte damit den Fall zur Reichssache. Auf die Vorladung durch Herzog Bernhard von Sachsen-Lauenburg, dem Kaiser Friedrich III. die Entscheidung übertragen hatte, erschien Soest nicht, sondern protestierte und appellierte an den schismatischen Papst Eugen IV. Inzwischen hatten die Streitenden gerüstet; Soest hatte die sonderbare Freundschaft mit dem Herzog von Kleve erneuert und noch dazu das sogenannte **pactum ducale** abgeschlossen, das bis auf Friedrich den Großen die Grundlage seiner Verfassung geblieben ist. Herzog Adolf von Kleve, der Kriege sein Leben lang vermieden hatte, übertrug nun in hohem Alter die Schutzherrschaft seinem jungen Sohn Johann, der sich damals als Gast am Hofe seines Oheims Philipp von Burgund befand; der Herzog war nämlich mit einer Burgunderin verheiratet. Von der dort üblichen Mode, die Gewänder mit Glöckchen zu besetzen, wurde der junge Prinz spottweise Jehanneken mit den Bellen genannt. Außerdem hatte Soest noch die Bundesgenossenschaft der Städte Münster, Paderborn und Köln, die in ähnlichen Beziehungen zum Erzbischof standen, und konnte etwa noch auf Unterstützung von Burgund rechnen; denn durch die Verwandtschaft zwischen Kleve und Burgund war dies mit seinem Gegner Frankreich in die Fehde hinein gezogen. Eine überwältigende Reihe glänzender Namen war auf Dietrichs Seite: die Bischöfe von Utrecht, Münster, Minden und Hildesheim, die Kurfürsten von der Pfalz, von Brandenburg, von Sachsen, Herzog Wilhelm von Sachsen und sein Bruder und Herzog Wilhelm von Braunschweig, die Grafen und Herren von Nassau, von Sain, von Isenburg, von Waldeck, von Katzenellenbogen, von Hanau, von Rietberg, von Pyrmont, von Runkel, von Westerburg und, seltsam und traurig zu sagen, die freie Stadt Dortmund. Schließlich erklärte der Kaiser den Krieg gegen Soest als Reichssache und warnte alle, der geächteten Stadt beizustehen.

Am 30. Juni 1444 richtete Soest den klassischen Absagebrief an den Erzbischof, der so gelautet haben soll: »Wettet biscope Dietrich von Mörs, dar wy den vesten Junker Johann von Cleve lever hebbet als Juve, und werde Juve hiemit abgesagt.« Darauf ritt Johann, vermutlich luftig läutend mir seinen Glöckchen, an der Spitze von 2400 Mann in Soest ein, beschwor, wie es üblich war, zunächst der Stadt Freiheiten und Privilegien und empfing dann von den Herren von Soest die Erbhuldigung. Der ältere Bürgermeister band einen seidenen Beutel mit 100 Mark Silber an seinen Gürtel und beschenkte ihn mit Wein, jedoch als man in das Patroklusmünster ging, um die Messe zu hören, verschloß der Klerus zum Zeichen der Feindschaft das Gitter des hohen Chors. Erst die Drohung des Rats, er werde die gesamte Geistlichkeit aus der Stadt vertreiben, setzte es durch, daß ein Gottesdienst gehalten werden konnte.

Die Erzbischöflichen fühlten sich ihres Sieges gewiß und verlachten Jehanneken, den sie für einen Fant ansahen, wie sie an weichlichen Höfen mit Damen spielen. Ein Vers ging um wie an einen Wächter gerichtet: »Lyk ut, daget icht? (Lug aus, tagt es etwa?) Kommt dat Kind von Gente nicht?« Doch schien es ihnen notwendig, so tapfer hielten sich die Gegner, zu deren Führern auch die beiden ehrbaren jungen Helden Johann de Rode und Johann von der Broke, Bürgermeister von Soest gehörten, noch eine Hilfstruppe zu werben, deren allzu bekannte Furchtbarkeit in der Tat die Bedrohten erschreckte, das waren die böhmischen Hussiten. Ihre Verwendung durch den Erzbischof mag damals einen Eindruck gemacht haben wie Frankreichs Verwendung von schwarzen Afrikanern gegen Europäer. Zu Beginn seiner Regierung war Dietrich von Mörs dem Kaiser Sigismund in seinem Kampfe gegen die Hussiten zugezogen; allerdings war er ruhmlos zurückgekehrt, hatte aber damals Beziehungen angeknüpft, die er jetzt auszunützen dachte. Die Nachricht, daß ein Heer von 30 000 böhmischen Ketzern herannahe, verbreitete Entsetzen im Reich; ein Angriff der Hussiten bedeutete ein Erdbeben, eine Sündflut, eine unabwendbare greuelvolle Verwüstung, wie sie im frühen Mittelalter mir den Hunnen oder Ungarn hereinbrach. Die städtischen Bundesgenossen Soests gaben ihre Sache verloren, Münster, Paderborn sagten ab, wie wenn ein Blitz sie gelähmt hätte; einzig das nahgelegene Lippstadt blieb treu und erwartete, wenn auch bebend, das Schreckensschicksal. Ein Glück war es, daß das Kind von Gent ein furchtloser Ritter und seinem Wort treu wie sein Vater war. Wo die Not ihn erforderte, da war er, wo das Grauen die Gemüter wanken machte, tauchte er hilfreich auf. Er schlug sich durch nach Lippstadt, und als die Belagerer, ohne etwas ausgerichtet zu haben, nach Soest aufbrachen, um alle Kraft auf einen Hauptschlag zu wenden, erschien er in Soest und vereinigte seinen Mut mit dem der Bürgerschaft. Nach der Überlieferung war es ein Heer von 50-60 000 Mann, das sich vor Soest lagerte, wovon die Hälfte Hussiten waren, genug, um die ehrenwerte Stadt Soest in Grund und Boden zu zerstören, wenn sie in des Feindes Hände fiel. Am 30. Juli 1447 um 3 Uhr, ungefähr drei Wochen nach ihrer Ankunft, begannen die Belagerer den wohlvorbereiteten Sturm; aber er wurde von einer entschlossenen Bevölkerung abgewehrt. Alle, auch die Frauen, waren auf den Wällen; in der Kirche knieten und beteten die, welche nicht kämpfen konnten. Alte und Kinder, und die Gebeine des heiligen Soldaten Patroklus wurden unter Bittgesängen durch die Straßen getragen. Als dieser Sturm abgeschlagen war und noch ein Versuch mißglückte, war der Krieg verloren. Die große Zahl der Krieger selbst machte sie denen, für die sie kämpften, ebenso furchtbar wie den Bekämpften; die verwüstete Börde konnte sie nicht mehr ernähren, und den Sold aufzubringen wurde mit jedem Tage schwerer. Der Erzbischof hatte schon vor dem Sturm das Heer verlassen, um den drohenden Forderungen der Hussiten auszuweichen, nun blieb nichts übrig, als sie zu entlassen. Es war wohl der größte Augenblick im Leben der Stadt Soest, als die Bürger von der unerstürmten Mauer herab die Würger abziehen, langsam, langsam in der blauen Ferne sich verlieren und etwa noch einmal von weither die Waffen aufblitzen sahen, die ihr Blut vergießen sollten; als sie die Pfeile sammelten, die zahllos drinnen und draußen von dem schweren Kampfe zeugten, und die sie aufbewahrten ihrer Not und ihrem Siege zu ewigem Gedächtnis. Vielleicht war das, was sie geleistet harten, über ihre Kraft gegangen; die Waffe fiel aus ihrer Hand und sie ergriffen sie nicht wieder. Schon im Beginn des 16. Jahrhunderts reimte die Chronik wehmütig an die

Zeit der Soester Fehde gedenkend: »Dei olden hebt ere vriheit in eren gehat – Averst in düsser tid verd sei matt.«

Immerhin sind aus dem Zeitalter der Reformation noch Züge alter Kraft und Roheit überliefert. Wie fast überall wurde auch in Soest die reformatorische Bewegung durch die mittlere Bürgerschaft getragen, während die Reichen und Vornehmen zunächst beim Alten bleiben wollten. Unter ihnen herrschte aber keine Einigkeit; es waren hauptsächlich zwei Patrizier, welche die Reformation zu fördern suchten, Johann Rubeck und Johann von Holtum. Es begab sich nun, während die Glaubensstreitigkeiten im Gange waren, daß es beim Trunk im Weinhause etwas ungebührlich zuging und daß sich unter denen, die das Ärgernis erregt hatten, fünf Eidgesellen, d. h. zum Schutze des Evangeliums Verschworene, befanden. Von ihnen der angesehenste war der reiche Gerber Johann Schachtrop, ein starker, fester Mann, der sich zu sicher im Bewußtsein seiner Stellung, seiner Tüchtigkeit und Aufrichtigkeit fühlte, als daß er an Flucht gedacht hätte. Auch war das Vorgefallene an sich belanglos; aber der katholische Rat ergriff den Anlaß, um die Andersgläubigen zu schrecken, und verhaftete die fünf Männer, unterwarf sie der Tortur und erreichte dadurch, daß die Angeklagten bekannten, was verlangt wurde, nämlich, daß sie einen Mordplan gegen die Katholiken im Sinne gehabt hätten. Als sie zum Tode durch Enthauptung verurteilt worden waren, fanden sie sich mit Ruhe in ihr Geschick, ja, es wollte jeder der erste im Martyrium sein. Man ließ Johann Schachtrop den Vortritt, und die versammelte Volksmenge erwartete bebend vor Teilnahme und Entrüstung das jetzt so verehrte Haupt fallen zu sehen. Da ereignete sich etwas Außerordentliches: der Scharfrichter tat einen Fehlhieb, indem er den Gerbermeister in den Rücken, nicht in den Hals traf. Nach altem Herkommen erwirkte ein Fehlschlag dem Opfer Gnade; es bemächtigte sich der Zuschauer vermehrte Erregung und neue Hoffnung. Schachtrop sprang auf, um seine Befreiung zu erzwingen, versuchte, obwohl seine Hände gebunden waren, dem Henker das Schwert aus der Hand zu winden, löste mit den Zähnen den Strick, der ihn fesselte, und entriß, schwer verwundet wie er war, im fürchterlichen Kampfe dem Nachrichter die Waffe. Die Teilnahme des Volks zeigte sich so deutlich, daß die Gerichtsherren nicht den Mut hatten, die Exekution fortzusetzen; vielmehr ließen sie Schachtrop frei und die vier übrigen einstweilen ins Gefängnis zurückführen. Der gerettete Meister, der das eroberte Schwert nicht aus der Hand ließ, wurde in sein Haus getragen, wo er am folgenden Tage an seiner Wunde starb. Unter allgemeiner Trauer wurde er begraben und das Richtschwert, seinem letzten Wunsche gemäß, ihm auf die Bahre gelegt. Die Todesurteile der anderen wurden in Verbannung verwandelt.

Nachdem das Anwachsen des Protestantismus verschiedene katholische Ratsherren verscheucht hatte, wurde Johann Rubeck Bürgermeister und Johann von Holtum weltlicher Richter. Der letztere heiratete eine ehemalige Nonne, die als Jungfer Stine oder »große Begine« bekannt war. Daß er, wie berichtet wird, von Aldegrever sich mit seinem schönen Weibe nackt habe abkonterfeien lassen, erregt die Vermutung, es sei vielleicht ein Funke von dem wiederläuferischen Brande nach Soest verweht und habe dort hie und da gezündet. Die Bevölkerung im allgemeinen wurde nicht davon berührt, der Goldschmied Johann Dusenschuer von Münster, der nach Soest ging, um dort Anhänger und Hilfe zu gewinnen, wurde ergriffen und enthauptet.

Es ist nicht selten, daß Künstler sich Bewegungen hingaben, die erstarrtes Gesetz, getragen von pharisäischer Selbstüberhebung, lockern wollen; so scheint es, daß Aldegreven, der zu den Führern der Reformation in Soest gehörte, den Wiedertäufern nicht abgeneigt war. Aus seinem Bildnis Jan van Leydens, den er vor seinem Tode malte, spricht eine große Auffassung der dargestellten Persönlichkeit. Aldegreven, der letzte große Künstlername, der in Soest erklungen ist, war in Paderborn geboren und hatte revolutionäre Gesinnung und Überzeugungstreue von seinem Vater, einem Paderborner Holzschuhmacher, geerbt. Dieser, obwohl alt und lahm, hatte die Kühnheit, als der Bischof 16 protestantische Bürger hinrichten ließ, vorzutreten und zu verlangen, daß man ihn auch töte, da er so schuldig sei wie jene. Die leidenschaftliche Teilnahme an den öffentlichen Angelegenheiten, der Bürgersinn, der den Sohn beseelte, zeigt in ihm noch einmal einen Künstler städtischer Blütezeit.

Die Freiheit und das protestantische Bekenntnis, die Soest sich gerettet hatte, sondert es in jeder Beziehung auch äußerlich von den katholischen Städten Westfalens, wie Münster und Paderborn. Während diese über den ehrenfesten Stolz der Hanse barocken Purpur warfen, wuchs die fruchtbare grüne Börde in Soest hinein. Einem Greise gleich, der nach kräftig durchstürmtem Leben wohlig müde vor seinem Hause auf der Bank sitzt und in das Abendrot blinzelt, der Kindheit gedenkend, wie er die Kinder auf dem Markte spielen sieht, so verlor Soest den Unternehmungsgeist und den Drang ins Weite, und es wurde wieder wie vor 1000 Jahren, als die Bauern auf einsamen Höfen am Teiche saßen. Doch nicht ganz so; denn die hatten das Leben vor sich, das nun gelebt war, und mir dessen letzten versteinerten Früchten ein verknöcherter Magistrat ziellos spielte.

Das Beispiel Soests lehrt, daß ein Erschlaffen der Kraft die erste Ursache des Niedergangs der mittelalterlichen Städtekultur war und daß diese Erschlaffung mit den äußeren Umständen übereinstimmte, welche das Aufkommen neuer Mächte und Verhältnisse begünstigten. Auch die Dynastie der Herzöge von Kleve, die mit so glänzenden, ritterlichen Figuren begonnen harre, verfiel jammervoll im Wahnsinn; der Kampf um ihr reiches Erbe eröffnete mit Blut und Grauen den Dreißigjährigen Krieg. Soest wurde wenig von den Stürmen der Geschichte berührt; schon hatte der Fluch oder Segen es getroffen und in ein unsichtbares Gehege eingesponnen. Die Herzöge von Kleve tasteten seine Freiheit und Rechte, die zu bewahren sie gelobt hatten, nicht an und, was viel verwunderlicher ist, auch die neuen Herren, die Kurfürsten von Brandenburg, bequemten sich dem alten **pactum ducale** des Kindes von Gent. Noch immer, wenn auch die Bevölkerung von 5000 und 6000 auf 400 Einwohner zusammengeschmolzen war, bestanden Rat und Bürgermeister in früherer Zahl und wurden ebenso viele Beamte der verschiedenen Verwaltungszweige wie früher gewählt. Der Großrichter saß noch immer »wie ein griesgrimmender Löwe« auf dem Gerichtsstuhl vor den vier Bänken, es gab bis zum Jahre 1750 Freigrafen und Freischöffen, die nach uralter Formel mir schrecklichen Leibesstrafen bedroht wurden, falls sie die geheime Losung der Feme verrieten. Zu Pfingsten ritt der Freigraf nach dem Kloster zu Welver, frühstückte bei der Äbtissin und rief, zu Pferde das Schwert schwingend, daß er aus Vollmacht kaiserlicher Majestät und der ehrenwerten Stadt Soest das adlige Stift befreie, und daß niemand sich daran vergreifen solle, so lieb ihm sein Leib und Leben, Gut und Blut sei. Die preußische Regierung war einmal einen Augenblick lang geneigt, darin eine Schmälerung der landesherrlichen Hoheit zu sehen, ließ sich aber leicht überzeugen, daß es gar nichts zu bedeuten habe. Daß die kurfürstliche und später königlich preußische Regierung, die es so sehr liebte, durchzugreifen und gleichzumachen, sich die Mühe nahm, um diesen westfälischen Brocken einen Umweg zu machen, erklärt sich zum Teil aus der Rechtschaffenheit der hohen preußischen Beamten, die das anerkannte Recht der Stadt nicht antasten zu dürfen glaubten. Dazu kam aber noch ein anderes, daß nämlich sich Soest auf die Reichsfreiheit zu berufen pflegte, die es eigentlich gar nicht besaß, und daß die Hohenzollern jede Einmischung des Kaisers, wozu es in einem solchen Falle leicht hätte kommen können, vermeiden wollten. Kaum hatte Friedrich der Große die Befreiung seiner Staaten von allen etwaigen kaiserlichen Ansprüchen erlangt, als er mit energischem Griff der Soester Selbstregierung ein Ende machte. Erst die Franzosen aber hoben die Herrschaft der Stadt über die umgebende Börde auf, die bis dahin unbeanstandet von Preußen gedauert hatte, so daß nun der Kreislauf des Lebens von Soest beendet war und die hohen Türme als letztes Zeichen sagenhafter städtischer Größe über wogende Fluren und Äcker ragen.

Paderborn

Unterhalb des Domberges, wo unter überhängendem Gebüsch die silberne Pader fließt, träumt die Vergangenheit. Eins von diesen kleinen Häusern mit den schützenden Dächern konnte das Wohnhaus des unglücklichen Bürgermeisters Liborius Wichart gewesen sein, unter dem eine Paderquelle hervorfloß, die eines unheilvollen Tages so seltsam rot gefärbt war, daß alle sich entsetzten. Das war vor dreihundert Jahren; aber noch 600 Jahre früher, als der große Kaiser Karl zuerst in diese Gegend kam, da sah es noch ganz anders aus: da rauschten weithin Wälder von Eichen, und die Straße, die sie durchschnitt, wurde selten von Reisenden begangen. Begegnete ihnen die reine Quelle nicht wie eine gastliche Nymphe, aus kristallener Schale Erquickung spendend? Hatte sie göttlich waltend die Sitten der sächsischen Bauern, die wer weiß wie lange schon auf wohlbestellten Höfen hier angesiedelt waren, gemildert? Irgendein menschliches Dasein muß wohl die Wildnis am Quell beseelt und den Frankenkönig angehaucht haben, daß er hier seinem Gott eine Kirche und damit einen Mittelpunkt sich ansammelnden Lebens zu gründen beschloß. Solchen Klang hatte der Name des germanischen Helden, daß er an das namenlose Wasser im deutschen Walde arabische Gesandte aus Saragossa lockte, die Hilfe gegen den Kalifen von Kordova suchten, daß er von Italien den Papst herführte, den die Römer vertrieben hatten. Damals waren die Deutschen das auserwählte Volk und ihr Führer der Herr des Abendlandes. Es war im Sommer des Jahres 799, zweiundzwanzig Jahre nachdem Karl das erstemal an der Pader Hof gehalten hatte, daß Leo III. ihn dort aufsuchte und Gespräche mit ihm führte, in denen, so nimmt man an, der Gedanke des durch die Deutschen zu erneuernden Römischen Reiches zuerst ausgesprochen wurde. Im folgenden Jahre empfing Karl in Rom die Kaiserkrone.

Edle Sachsen mit fremdartig wohllautenden Namen, Harhumar und Baderad, wurden die ersten Bischöfe von Paderborn, neben der Kirche entstand für sie eine ihrem Rang entsprechende Wohnung, die auch die Kaiser beherbergte. Nach dem Tode Karls kamen Ludwig der Fromme, Ludwig der Deutsche, Otto der Große, neunmal Heinrich II., dessen Gemahlin Kunigunde im Dome durch den Erzbischof Willegis von Mainz gekrönt wurde, siebenmal Konrad II. und dreimal Heinrich III., dem der Erzbischof von Mainz Bardo bei einer Predigt im Dome seinen nahe bevorstehenden Tod verkündigt haben soll. Der letzte deutsche Kaiser, der sich in Paderborn aufhielt, war Otto IV. Damals war Paderborn schon eine blühende Stadt; in der Zeit der Karolinger und der sächsischen Kaiser jedoch wurde nichts so sehr gerühmt wie das silberhelle Wasser der Pader, eine Gabe der noch heiligen Natur an ein junges Heldenvolk.

Nie ist mir ein Turm so überwältigend groß erschienen wie der des Domes von Paderborn; es raubt den Atem, an ihm hinaufzusehen. Man denkt an die Eichenurwälder, die einst an dieser Stelle rauschten, an die heiligen Bäume, in deren Zweigen der Westfale die Stimme seiner Götter vernahm, an die Mächtigen, die sie fällten und statt ihrer im Dienste des Gottes der Götter Riesenbäume aus Stein errichteten. Es sind nicht mehr die alten Steine; nicht einmal von dem, was der große Erbauer-Bischof Meinwerk schuf, ist viel übriggeblieben; dennoch ist denen, die die ersten Kirchen und Paläste anlegten, das Bedeutende zu verdanken, das man heute sieht, da sie die großen Linien zogen, die sich durch Jahrhunderte erhalten haben. Zerstörte auch das Feuer wieder und wieder die unermüdlich neuerstellten Werke, es blieb doch ein Gemäuer, ein Grundriß, ein Grundgedanke, der in die Erde hineinwuchs und trotz aller Baumeister mit baute. Paderborn war lange ein verkümmertes und ist noch jetzt ein verschlafenes Städtchen; aber nichts und niemand kann ihm den heroischen Umriß nehmen, den erhabenen Menschensinn, der sich hineinergoß, und daß es Geruch von Urwald, Sumpf und Heide ausatmet, die es einst verschlang. Dieselbe Größe wie der romanische Dom hat die halbgotische Jesuitenkirche mit dem stolzen Aufgang und dem Innenraum, der wie in Feuer vergoldet erscheint, hat das gotisch-barocke Gymnasium und die Franziskanerkirche mit der breiten Treppenanlage und dem Brunnen. Wieviel träumerische Versunkenheit aber brütet über den Quellen, an den alten Mauern, in den engen Gassen, die zur Domfreiheit führen! Neben der Idee des allumfassenden heiligen Reiches, die sich hier Denkmale setzte, weht noch der Geist der schweigsamen Wilden, die als Herren auf ihren Höfen saßen, die ihre Götter im Sturm und im Rauschen hundertjähriger Bäume ehrten und ihr blondes Haupt nur dem selbstgewählten Herzog beugten.

Die Zeit der großen Bischöfe, die den Reichsgedanken vertraten und Kulturmittelpunkte gründeten, war mit den Hohenstaufen vorüber; sie waren nun im allgemeinen nichts anderes als Fürsten, die ihre Verbindung mit Rom benutzten, um auf Kosten des Reichs Macht zu genießen und sich und ihre Familie zu bereichern. Die Paderborner Bürgerschaft stand dauernd schlecht mit ihren Bischöfen, weil diese auf gewisse Rechte, die ihnen in der Stadt geblieben waren, nicht verzichten wollten. Es handelte sich um die Gerichtsbarkeit, die bequemste und wirksamste Handhabe, um in das Regiment einzugreifen und es an sich zu ziehen. Indem sich die Paderborner nach Bundesgenossen umsahen, bot sich ihnen die Politik des Erzbischofs von Köln an, der nach Einverleibung des Bistums Paderborn trachtete. Wahrscheinlich durch die Vermittelung Engelberts von Köln erlangten sie von König Heinrich, dem Sohne Kaiser Friedrichs II., ein wichtiges Privileg, welches ihnen gestattete, einen den Bischof vertretenden Grafen selbst zu ernennen. Zwar gab es noch eine Zeitlang einen vom Bischof ernannten Stadtgrafen, von welchem Amte das Geschlecht der Grafen von Paderborn abstammte, allein ihre Befugnisse wurden immer geringer, und schließlich verschwanden sie ganz; in der Mitte des 14. Jahrhunderts besaß die Stadt die volle Gerichtsbarkeit und übte sie durch den Rat aus. Es begann eine Zeit der Blüte, bezeichnet durch selbständig abgeschlossene Bündnisse der Landeshauptstadt mir Warburg und Brakel und über das Stift hinausgreifend auch mit Soest. Paderborn, Warburg und Brakel versprachen sich, einem neuen Bischof nur dann zu huldigen, wenn er sie bei ihrem alten Recht, ihren alten Gewohnheiten und allen althergebrachten Ehren zu lassen gelobe. Indem er Administrator von Paderborn wurde, kam Erzbischof Dietrich von Köln seinem Ziel, das benachbarte Stift dem seinigen einzuverleiben, sehr nah; kölnisch zu werden, lehnten jedoch die Stände von Paderborn, auch die Stadt ab; sie hätten dadurch einen mächtigen gegen einen schwächeren Herrn eingetauscht. Zwar wurden die Stände aus Angst vor der Feme, deren oberster Stuhlherr der Erzbischof von Köln war, bewogen, in der großen Soester Fehde sich Dietrich von Mörs anzuschließen; die Stadt Paderborn aber hatte den Mut, zu Soest zu halten, bis die Kunde vom Herannahen der Hussiten sie schreckte.

Um diese Zeit etwa, um die Mitte des 15. Jahrhunderts, begann der wirtschaftliche Niedergang, dem damals die meisten deutschen Binnenstädte anheimfielen, sich bemerkbar zu machen. Hier wie in Soest war die Stadtverfassung insofern demokratisch, als auch Handwerker in den Rat gewählt werden konnten, und als es städtische Adelsfamilien nicht mehr gab. Die Geschlechter v. Elzen, v. Driburg, v. Westphalen, v. Schildern, v. Krevet, v. Haxthausen, v. Herse, die in und um Paderborn begütert waren, gehörten dem Domkapitel oder der Ritterschaft an, und ihr Ansehen, ihr Ehrgeiz, ihr Selbstbewußtsein waren der Stadt entzogen. Es bildete sich trotzdem aus den Familien, die in den Rat gewählt zu werden pflegten, Kaufleuten und reich gewordenen Gewerbetreibenden, eine Art Aristokratie; aber sie hatte von einer solchen nur die Engherzigkeit und den Hochmut, nicht den kühnen Griff in der Politik. Die Abneigung gegen die Geistlichkeit, die in den Bischofsstädten besonders stark war, wo man ihr Treiben vor Augen hatte, die Meinung, daß sie durch verbotene Gewerbstätigkeit den wirtschaftlichen Niedergang mit verschuldete, erleichterte der neuen Lehre den Eingang, für die ohnehin Geist und Gemüt überall vorbereitet war. Stadt und Ritterschaft waren überwiegend protestantisch, aber auch in den Klöstern und selbst im Domkapitel und auf dem Bischofssitz fand das Luthertum Anklang. Als Bischof Heinrich von Lauenburg starb, der den Protestantismus offen begünstigt harte, beschloß das Kapitel, das in der Mehrzahl doch katholisch geblieben war, es müsse etwas Außerordentliches geschehen, um den alten Glauben wieder in Aufnahme zu bringen. Zu diesem Zwecke wurden die Jesuiten nach Paderborn gerufen und wurde aus der Mitte des Domkapitels ein als eifriger Katholik bekannter Mann gewählt, Dietrich von Fürstenberg, aus westfälischem Geschlecht.

Ein Jahr nachdem Dietrich in Paderborn seinen Einzug gehalten hatte, verließ ein Mann die Stadt, in dem sich der Widerstand gegen die bischöfliche Macht und der Gedanke städtischer Unabhängigkeit noch einmal sammeln sollte, so daß der Kampf zwischen Fürstengewalt und modernem Staat und mittelalterlicher Vielgestaltigkeit zu einem Zweikampf zwischen Dietrich von Fürstenberg und Liborius Wichard wurde. Dietrich war ein feiner Politiker und ein schwer zu durchschauender Mensch. Er war eifrig katholisch, empfing aber erst einige Jahre nach seinem Regierungsantritt die Weihe, weil es verlangt worden war, und hat niemals ein Meßopfer dargebracht, was zu allerlei Gerüchten Anlaß gab. Er war eigentlich nicht unduldsam, wenigstens gab es, sogar in seiner Verwandtschaft, Protestanten, mit denen er verkehrte; es scheint, daß er, wie so viele, den Katholizismus als das Gegebene und Legitime und die Protestanten als Rebellen betrachtete, die als solche unterdrückt werden müßten. Die Protestanten in seinem Stift entweder katholisch zu machen oder zu vertreiben, bedeutete ihm dasselbe wie seinen Ständen die Selbständigkeit nehmen; er wollte als echter Fürst des 17. Jahrhunderts eine möglichst gleichartige Masse leicht zu regierender Untertanen.

Es läßt sich denken, daß er mit solcher Disposition zunächst den Jesuiten nicht günstig gesinnt war; aber da er außer ihnen keine Freunde im Stift hatte, wurde er allmählich in ihre Arme getrieben. Das Domkapitel, sittenlos und verwildert, wollte sich die hergebrachte Weiberwirtschaft nicht nehmen lassen, die Ritterschaft war protestantisch und eigenmächtig, und beide Stände hätten es unbedingt mit der Stadt gegen den Bischof gehalten, wenn nicht ihre Steuerfreiheit dazwischengestanden hätte, welche der Stadt begreiflicherweise ein Dorn im Auge war. Wäre die Stadt einträchtig gewesen, so hätte sie auch jetzt noch eine achtbare Macht bedeutet; aber Rat und Gemeinheit, das heißt die Bürgerschaft, die im Rat nicht vertreten war, standen sich durch Verschulden des Rats feindlich gegenüber. Infolge der Schlamperei des Rats war die Stadt in der letzten Zeit in Verfall geraten, die Befestigung vernachlässigt, die Bürgerschaft nicht zum Wachtdienst herangezogen, das Recht nicht gepflegt, kurz, es hatten sich überall verderbliche Mißstände eingeschlichen. Im Rat saß ein vermögender Lohgerber, Liborius Wichard, der gegen den Schlendrian seiner Genossen auftrat und sie sich dadurch zu Feinden machte. Auch seine erbittertsten Gegner haben ihm zugestanden, daß er klug und beredt war, besonders eine Eigenschaft aber wird an ihm hervorgehoben, die überall und jederzeit selten ist, daß er furchtlos aussprach, was sein Herz bewegte. Er gehörte offenbar zu jenen Menschen, auf die der Anblick der Ungerechtigkeit wie Gift wirkt. Dadurch wurde er im Rat als unbequem empfunden, und die Nachstellungen der beiden rechtskundigen Bürgermeister, die ihn vor allem haßten, brachten ihn endlich so weit, daß er die Stadt verließ. Man könnte sich denken, es hatten zwei Engel um sein Geschick gekämpft, und der eine, der sein irdisches Glück wollte, hätte ihn von da hinweg geführt, wo der Schatten eines furchtbaren Blutgerüstes überirdischen Augen schon sichtbar war. Eine sonderbare Verschlingung der Ereignisse war es, daß der neue Bischof, Dietrich von Fürstenberg, dem verfolgten Manne zu Hilfe kam, indem er ihm gestattete, sich auf seinem Grund und Boden vor der Stadt anzubauen; vielleicht weil er den Feind des regierenden Rats als seinen Freund betrachtete. Allein der Haß der Ratsherren duldete seine Nähe nicht: sein Haus wurde überfallen und niedergerissen und er gezwungen, ins Elend zu gehen. An dem unversöhnlichen Haß, der ihn zu verderben suchte, kann man ermessen, wie stolz und herbe er sein konnte, wo er haßte und verachtete. Der Verarmte und Heimatlose begründete in der kleinen Stadt Scherfede eine Gastwirtschaft, wurde aber des Orts sowie des Geschäfts überdrüssig, als ihm seine Frau starb, und ging nach Warburg. Dort war ihm neues Glück aufbewahrt: er heiratete eine Witwe, die Anteil an einem reichbegüterten Hospital hatte, dessen Provisor ihr verstorbener Mann gewesen war. Auch hier jedoch geriet er in Zwist mit dem Warburger Magistrat, der ihm das Recht am Hospital beeinträchtigen wollte, so daß er sich entschloß, wieder nach Paderborn zu ziehen, wo inzwischen seine erbittertsten Feinde gestorben waren. Fünfzehn Jahre waren verflossen, der Weg schien geebnet; ein anderer Engel, ein stolz und düster blickender, der nicht Glück, sondern Ruhm für seinen Schützling wollte, stieg auf und verscheuchte den sanfteren. Wieder war es der Bischof, der sich Wichards in seinem Streit mit dem Warburger Magistrat angenommen hatte. Mit seiner Frau und sieben Söhnen kehrte er in die Vaterstadt zurück, vielleicht durch dasselbe Tor, neben welchem vier Jahre später sein Haupt, auf einer Stange befestigt, den Ankommenden den Sieg des bischöflichen Herrn und die Erniedrigung der Stadt verkündigte.

Er wurde sofort in die Erregung hineingezogen, welche die Stadt seit dem Regierungsantritt Fürstenbergs ergriffen hatte. Noch hatte der Bischof nichts Wesentliches ausgerichtet, sowenig wie die Jesuiten. Er verlangte, gestützt auf irgendwelche Abmachungen früherer Zeit, einen gewissen Anteil an der Gerichtsbarkeit, den ihm die Stadt vorenthielt; er hatte einmal die Marktkirche, die im Besitz der Protestanten war, geschlossen, sich aber nicht gerührt, als sie gewaltsam wieder geöffnet und wie zuvor benutzt wurde. Er war kein Mann, der leicht Gewalt brauchte, auch konnte er sich nicht wohl darüber hinwegsetzen, daß er die Rechte und Privilegien der Stadt beschworen harte. Auf allen Seiten von Gegnern umgeben, hielt er es für das beste, Gelegenheiten abzupassen; diese Politik, die ihm vielleicht auch von den Jesuiten geraten wurde, entsprach am meisten seinem Charakter. Die Verblendung seiner Feinde zeichnete sie als zum Untergange bestimmt. Die Bürgerschaft war mit Recht entrüstet über den Rat, der in seinem Schlendrian fortfuhr; es bedurfte nur eines Mannes wie Liborius Wichard, damit der aufgehäufte Unwille Tat wurde. Seine Tatkraft und Beredsamkeit vereinten die Bürger zu einem Geheimbunde, an dessen Spitze er stand; sein treuer und kluger Gehilfe war der junge Paderborner Rechtsgelehrte Wolfgang Günther, eifrig protestantisch, scharfsinnig, tätig und gewandt mit der Feder. Von der zusammengefaßten Bürgerschaft zur Rede gestellt und bedroht, ergriff der Rat den unseligsten Ausweg, sich dem Bischof zu nähern und ihm denjenigen Anteil an der Gerichtsbarkeit einzuräumen, den er als sein Recht beanspruchte. Als städtische Obrigkeit und Protestanten hätten die Ratsherren vor allen Dingen das Interesse der Stadt wahren müssen; aber sie gaben es lieber preis, als daß sie sich mit der Bürgerschaft vertragen hätten. Ihrerseits begingen Wichard und Günther eine Unklugheit, indem sie die Vermittlung des Bischofs anerkannten; denn nun hatte dieser Fuß gefaßt und stand als Schiedsrichter über der zerspaltenen Stadt.

Wenn der Bischof von Anfang an einen bestimmten Plan verfolgte, besaß er eine Schlauheit, die man jesuitisch nennen könnte; vielleicht aber ließ er sich nur im allgemeinen von dem Grundsatz leiten, stets die Entzweiung seiner Gegner zu schüren und einen durch den andern zu schwächen, bis sich Gelegenheit böte, einen durch den andern zu vernichten. Er ließ zunächst die Ratsherren verhaften und leitete einen Prozeß ein, der ihre Schuld offenbar machte; es wurde ihnen nachgewiesen, daß sie ihre Pflicht vernachlässigt und die öffentlichen Gelder in strafbarer Weise verschleudert und veruntreut harren. Es harre den Anschein, als wolle Fürstenberg schlechtweg Gerechtigkeit üben, als plötzlich der Prozeß unterbrochen wurde, ohne daß irgend etwas, auch nur Amtsenthebung gegen die Schuldigen unternommen worden wäre. Dieser auffallende Schritt, der den Eindruck hervorrief, als habe der Bischof die Bürgerschaft irregeführt, erregte die Leidenschaften aufs neue. Wichard und Günther, welch letzteren der Bischof eine Zeitlang gefangenhielt, faßten den Entschluß, den Entscheidungskampf herbeizuführen. Sie legten ihren Handlungen nun ein Privileg Kaiser Friedrichs III. zugrunde, ohne gewisse Rezesse zu beachten, durch welche später einige Bischöfe Vorteile über die Stadt erlangt hatten. An der Spitze eines ihm ergebenen Haufens hielt es Wichard für möglich, die verlorene Freiheit und Macht der Stadt zu erneuern.

Die leise Arbeit des Bischofs ging indessen weiter. Bei der neuen Ratswahl setzte er es durch, daß alle ausgeschlossen wurden, die mit den alten Ratsherren verwandt waren; indessen kamen, wie es heißt, lauter gute, fromme, einfältige Handwerksleute in den Rat, die sich wohl von Wichard leiten ließen, aber auch dem Bischof keinen nachdrücklichen Widerstand entgegensetzten. Als er, erzürnt über Wichards Berufung auf das Statut Kaiser Friedrichs III., dessen Auslieferung verlangte, forderte der Rat ihn auf, gutwillig die Stadt zu verlassen; auf diesem gelinden Wege hofften sie sich Ruhe zu schaffen. Noch einmal wurde dem leidenschaftlichen Manne das Tor geöffnet: das Verhängnis war schon nah über seinem Haupte, als Warnung und Befreiung zugleich ihm winkte; aber er hielt sich nach seinen eigenen Worten der Stadt mit Leib und Leben verbunden und war zu sehr mit ganzer Seele in diesen Kampf verstrickt, als daß er sich noch hätte herausreißen können. In den ersten Januartagen des Jahres 1604 wurde Wichard zum Bürgermeister, Wolfgang Günther zum Stadtsekretär gewählt; er stand nun an der Spitze des Gemeinwesens und dem fürstlichen Landesherrn als Herr der Stadt gegenüber, die zwar nicht reichsfrei, aber doch von manchem König und Kaiser urkundlich gefreit war.

Wichards Regiment begann damit, daß er einen vornehmen Bürger, der eine Prozession beschimpft hatte, ernstlich tadelte; der Bischof sprach befriedigt die Vermutung aus, daß er den neuen Bürgermeister etwa noch zu Tische laden würde. Man möchte meinen, Dietrich von Fürstenberg habe Sympathie für Wichard empfunden. Gefiel ihm etwa die tatkräftige, freimütige, unbekümmerte Persönlichkeit, die der seinigen, behutsam schleichenden, berechnenden entgegengesetzt war? Schwankte er noch, mit welcher Partei er sich verbinden solle? Wichard sicherlich schwankte nicht; er wollte es zum offenen Kampfe kommen lassen. Zu diesem Zweck setzte er die Stadt in Verteidigungszustand und entfaltete eine bewundernswerte Umsicht und Organisationsgabe. In kürzester Zeit wurde die Mauer hergestellt und die gesamte Bürgerschaft auf den vernachlässigten Wachtdienst eingeübt. Dabei mußten auch die Jesuitenschüler und die Geistlichkeit sich beteiligen, niemand durfte sich entziehen, alles gehorchte. Weil Wichard alle Kräfte in den Dienst des bevorstehenden Freiheitskampfes stellen, allen Bürgern, Männern und Frauen, den Geist der Selbstverleugnung und Todesbereitschaft einpflanzen wollte, verfuhr er mit ungewöhnlicher Strenge gegen Missetäter. Einen Dieb ließ er nach beschleunigtem Verfahren hängen, ohne den Bischof zugezogen zu haben; es kam ihm wohl darauf an, seine Einmischung abzuschneiden und von vornherein zu zeigen, daß er sein Recht dazu nicht anerkenne. Seine Härte vermehrte den Haß seiner Feinde und brachte sogar Anhänger gegen ihn auf. Vielen waren die Anstrengungen, die er der Bevölkerung zumutete, unbequem, überall zeigte sich Widerstand. Seinem Feuer gelang es doch noch einmal, die Menge hinzureißen, als er vom Balkon herab das Privileg Friedrichs III. vorlas, das er als Rechtsgrundlage der Stadt anerkannt wissen wollte. Es war ein Augenblick, jenem ähnlich, als Esra dem Sklave gewordenen Volk Israel das Gesetz des Moses vorlas und ihm seine große Vergangenheit erzählte, bis es in Tränen ausbrach und sich drängte, einen neuen Bund mit Gott zu schließen.

Der Aufschwung einer Stunde hinderte nicht, daß die Unzufriedenheit fortwühlte. Von einem Häuflein Getreuer, zum äußersten Bereiter umgeben, beachtete Wichard die um sich greifende Feindseligkeit nicht. Die Annäherung spanischer Truppen verschärfte die Spannung; denn die protestantisch städtische Partei glaubte, der Bischof habe die Fremden gerufen, um sich ihrer gegen die Stadt zu bedienen. Jedenfalls bereitete er endlich eine Tat vor, indem er die Eroberung der Stadt dem Grafen Johann von Rietberg anvertraute, der sich dadurch besonders empfahl, daß er erst kürzlich katholisch geworden war und in spanischem und polnischem Kriegsdienst gestanden hatte. Wie nun Wichard sich nach Bundesgenossen umsah, zeigte sich, daß er allein war; denn die Stände, obwohl sie dem Bischof feindlich gesinnt waren und der Stadt den Sieg gönnten, wollten sich doch nicht auf offene Teilnahme einlassen. Wieder zeigte sich die Steuerfreiheit der bevorzugten Stände als Hindernis; als der Bischof den Einfall der Spanier mit Geld abkaufen wollte, lehnten Kapitel und Ritterschaft den Beitrag ab, um die Kosten den Städten allein aufzuhalsen. In dieser Not wandte sich Wichard an den Landgrafen Moritz von Hessen, von dem er wußte, daß er gern einen seiner Söhne auf den Paderborner Bischofsstuhl gebracht hätte; aber der Landgraf, ein ungewöhnlicher, denkender Fürst, der das Zwiespältige der Verhältnisse tief empfand, konnte sich keinen Entschluß abringen und versagte sich dem Bittenden. So stand Wichard nicht an der Spitze einer einmütigen Bürgerschaft, sondern eines verzweifelten Haufens. Doch hielten sie sich so tapfer, daß der erste Versuch des Grafen Rietberg, mit Hilfe von Verrätern die Stadt zu überfallen, abgeschlagen wurde. Da setzte sich der Bischof mit dem Rat in Verbindung und erzielte die Übergabe in der Weise, daß ein Scheinvertrag geschlossen wurde, demzufolge alle Rechte und Freiheiten der Stadt gewahrt bleiben sollten; in Wirklichkeit jedoch übergab sich die Stadt auf Gnade und Ungnade und wurde die Auslieferung des Bürgermeisters zugesagt.

Wichard ahnte nichts, die Bürgerschaft jubelte über die vermeintlich glückliche Lösung. Erst als der Graf von Rietberg einrückte, begriff der unglückliche Bürgermeister, was vorging, stürzte zornig auf das Rathaus und fand dort alles gegen sich; als er sich auf seinen Stuhl setzte und rief: »Den will ich sehn, der seinem Bürgermeister Gewalt antut!« traf ihn ein Faustschlag ins Gesicht. Es war um ihn geschehen. Nachdem er unerträgliche Stunden lang an eine Säule gebunden dagestanden hatte, dem Hohn und Anspeien des Pöbels ausgesetzt, wurde ihm in Eile der Prozeß gemacht, dessen Ausgang von vornherein feststand. Das Urteil wurde sofort an ihm vollzogen: der Leib ihm aufgeschnitten, das Herz herausgerissen und ihm ins Gesicht geschlagen; dann wurde er geviertelt. Uns, die wir kaum fähig sind, die Beschreibung einer solchen Schlächterei zu hören, erscheint es als unfaßbarer Heldenmut, daß das Opfer sich ruhig selbst entkleidete, mit Fassung sich auf den Martertisch binden ließ und unter Anrufung Gottes die Qual erlitt. Der Bischof, der die Fällung und Vollziehung des Urteils kaum hatte erwarten können, soll dem fürchterlichen Schauspiel aus seinem Garten vor dem Westertor, denn da fand die Hinrichtung statt, zugesehen haben. Der zerstückte Leichnam wurde auf einen Karren gelegt und an seinem Hause vorübergefahren, seiner Witwe und seinen Söhnen, wie es heißt, zu Jammer und Schimpf. Die Jesuiten rühmten sich, Wichard vor seinem Tode zum katholischen Glauben bekehrt zu haben, und der berühmte Paderborner Bildhauer Heinrich Gröninger, der den Gefangenen zusammen mit dem Jesuiten Wachtendonck im Turme besucht hatte, bestätigte es in einer Denkschrift. Von protestantischer Seite wurde die Behauptung heftig bestritten, und man möchte auch glauben, der Bischof hätte in diesem Falle das Gedächtnis des Besiegten weniger schonungslos verfolgt. Erst Christian von Braunschweig ließ im Dreißigjährigen Kriege die Gebeine des letzten Bürgermeisters von Paderborn ehrenvoll bestatten.

Wichards Freund und Kampfgenosse Wolfgang Günther fand beim Landgrafen Moritz von Hessen Schutz und Beschäftigung. Der Fürst schätzte ihn so hoch, daß er ihn zum Generalauditor und Kanzleidirektor machte und sich stets von ihm beraten ließ; aber er konnte das schreckliche Ende, das auch ihm bevorstand, nicht abwenden. Als Moritz zugunsten seines Sohnes abdankte, empfahl er diesem Wolfgang Günther, da er wußte, wie seine Feinde, namentlich die hessische Ritterschaft, ihn haßten; aber Wilhelm gab ihn ihrer Rache preis, und er wurde, nachdem er grausame Tortur erlitten hatte, enthauptet, 24 Jahre nach dem Tode Wichards. Dietrich von Fürstenberg starb im Jahre 1618 dreiundsiebzigjährig. Ein Jesuit hielt ihm die Leichenpredigt über den Text: »Wie der Morgenstern im Hause der Nacht, also hast du geleuchtet im Hause Gottes.« Der Bildhauer Gröninger, von dem die eindrucksvoll-phantastische Statue des heiligen Christophorus im Dome stammt, errichtete ihm das figurenreiche Grabdenkmal.

Die unterworfene Stadt wurde ihrer Freiheiten beraubt und zu einer Landstadt herabgedrückt; die Bürger mußten ihre Waffen abliefern, wobei es sich zeigte, daß eine große Menge vorhanden war, die alle in die fürstbischöflichen Burgen gebracht wurden. Diese Entwaffnung, die nicht nur in Paderborn, sondern überall so oder so vollzogen wurde, hätte nicht so allgemein stattfinden können, wenn nicht eine Erschlaffung der bürgerlichen Kraft eingetreten wäre, mit der wieder die neuen Erfindungen in Einklang waren, die im allgemeinen darauf zielten, den Kampf von der Person abzuziehen und in die immer selbständiger werdenden Kampfmittel zu verlegen. An die Stelle der wehrhaften, trotzigen, mit Leib und Seele am Leben der Stadt beteiligten Bürgerschaft traten ängstliche, pedantische, unpraktische Philister. Es geriet so sehr in Vergessenheit, wie es einst gewesen war, daß die Beschäftigung mit politischen Dingen einen Anstrich von Vermessenheit oder Lächerlichkeit erhielt, daß man sich gewöhnte, sich selbst für unzulänglich und die Deutschen für unpolitisch zu halten, und man kann ja auch sagen, daß nach dem Dreißigjährigen Kriege eine andere deutsche Nation auf die Bühne trat.

Die neue Lehre war in der Bürgerschaft Paderborns so befestigt gewesen, daß trotz aller Verfolgungen und Ausweisungen noch viel Evangelische vorhanden waren, als der Dreißigjährige Krieg ausbrach und die Anwesenheit des tollen Christian ihnen glücklichere Aussichten eröffnete. Der junge Herzog, der im Jesuitenkollegium am Kamp Wohnung nahm, rächte die Leiden seiner Glaubensgenossen auf die wildhumoristische Art, die ihm eigentümlich war, und die ihn zu einer volkstümlichen Figur, halb Held, halb Wildfang und Popanz machte. Er entnahm dem Dom den silbervergoldeten Schrein des heiligen Liborius und ließ daraus Münzen schlagen mit der Umschrift: Gorres Freundt der Pfaffen Feindt. Die Gebeine, die er auf die Dauer nicht mitschleppen konnte, kamen später nach Paderborn zurück und erhielten einen neuen, prächtigen Schrein, den Meister Hans Krako zu Dringenberg verfertigte.

Nachdem Paderborn im Laufe des Krieges sechzehnmal bald von protestantischer, bald von katholischer Seite erobert worden war, hatte es das letzte an Kraft und Wohlstand eingebüßt, was ihm noch geblieben war. Im Lande waren verschiedene Ortschaften verwüstet und bis auf den Namen untergegangen, der etwa an einem Felde haften blieb. Die Sage erzählt von Glocken zerstörter Kirchen, die die Soldaten, da sie sie nicht mitnehmen konnten, in Teiche versenkten, und deren Läuten aus der Tiefe zuweilen so betörend erklingt, daß es die, die es vernehmen, auf den Grund zieht. Die einst blühende Stadt war so ausgesogen, daß nicht einmal der Wunsch, sich aus dem Elend zu erheben, die Bewohner belebte. Die Fürstbischöfe, nun unbeschränkte Landesherren, taten nichts für ihre Hauptstadt, außer daß sie ihre Katholisierung vollendeten. Im Maße wie die Bürgerschaft in Armseligkeit versank, schlossen sich die Domherren als adelige Korporation ab, was sich schon im 15. Jahrhundert vorbereitete. Ferdinand II. von Fürstenberg erhob zum Gesetz, daß jeder Adlige, der ins Domkapitel eintreten oder dem Landtage beiwohnen wolle, 16 adlige Wappen vorlegen müsse. Diese Bestimmung gab Anlaß zu der besonders reichen Ausschmückung der Epitaphien, die wir im Kreuzgang des Domes bewundern, wo die vielen Wappen mit ihren geschnörkelten Helmen, Tieren und Blättern die Fläche arabeskenhaft ausfüllen.

Das Ende des Reichs war auch das Ende der Bischofsherrschaft; aber der Übergang an Preußen bedeutete keine Erneuerung der früheren Blüte. Was hätte die neue Zeit zunächst auch bringen können als einen Bahnhof, Fabriken, Postgebäude, Strafanstalten und ähnliche Errungenschaften? Den Schwung und künstlerischen Trieb der früheren Jahrhunderte konnte sie nicht wiedererwecken. Befremdet sieht man an der imposanten Front des Jesuitenkollegs zwischen den in neuerer Zeit dort angebrachten Kaiserfiguren zwei moderne Erscheinungen, Wilhelm I. und Wilhelm II. mit Mantel und Krone mittelalterlich maskiert. Immerhin regt sich neues Leben in der alten Stadt, wenn es auch sehr verschieden ist von dem, aus dem sie hervorging.

Hersfeld

Im Winter 1760 während des Siebenjährigen Krieges bezogen die Franzosen, die Hessen-Kassel besetzt hatten, zwischen Fulda und Werra ihre Quartiere; ihr bedeutendstes Verpflegungsmagazin befand sich in Hersfeld. Heu und Stroh war in den Stiftsgärten aufgehäuft, 80 000 Säcke Mehl und 50 000 Säcke Hafer in der geräumigen Stiftskirche. Da, im Februar 1761, geschah es, daß Herzog Ferdinand von Braunschweig, der Verbündete Friedrichs des Großen, die Offensive ergriff und dadurch die Franzosen nötigte, sich gegen Hersfeld zurückzuziehen. Dem Marschall Broglie, dem Befehlshaber der Franzosen, kam es darauf an, die Vorräte zu retten, zu welchem Zweck er Befestigungen anlegte; allein da der Feind rasch und in Überzahl heranmarschierte, beschloß er den Rückzug, nicht ohne vorher die kostbaren Vorräte, damit sie nicht in des Gegners Hand fielen, zu vernichten. Vor dem eiligen Abzuge am Nachmittag des 19. Februar wurde die Brandfackel in die Gärten und das Schiff der Kirche geworfen, und das entzündete Feuer durch Heu und Frucht unheilvoll gespeist. Die entsetzte Bevölkerung, der das Löschen zuerst durch ausgestellte Wachen verwehrt wurde, versuchte nach dem Abzuge der Franzosen vergeblich die ungeheuer angewachsene Brunst zu bekämpfen; das edle frühromanische Bauwerk stürzte ein, viele schöne Kunstgebilde, die es erfüllten, mit einreißend und begrabend. Mit der Kirche verbrannte das anstoßende Kloster und die Residenz der Äbte; es sollen noch nach einem halben Jahre, als die Aufräumungsarbeit begonnen wurde, die Flammen aus dem Schutt geschlagen haben. Großartig in ihrer Einfachheit muß die unzerstörte Stiftskirche gewesen sein, herrlich das ungewöhnlich breite Mittelschiff, an dessen acht Paar Rundbogen tragende Säulen sich die marmornen und alabasternen Standbilder der Äbte lehnten, mehr als lebensgroß, einige stehend, andere kniend und betend. Da die Mauern des Mittelschiffs verschwunden sind, umfängt uns nun ein weiter, ungedeckter Raum mit der einzigen Gliederung in Querbau und Chor, der über die Grabstätte erhöht ist. Glorreich erhebt sich über der Zertrümmerung der gerettete Triumphbogen, in das flimmernde Blau oder in den dunklen Wolkenzug des Himmels seine reingeschwungene, feste Linie prägend. Zu nieempfundener Andacht reißt der aus dem wuchernden Gras zu den Wolken sich spannende Bogen hin; hier ertönt keine Predigt mehr, kein Altar ist mehr da, wo die Sinnbilder des Glaubens dargestellt und ausgeteilt wurden, gebrochen ist das geweihte Haus mir seinen Schranken wie unser Körper im Augenblick des Todes, und die Nähe einer höheren, namenlosen Erkenntnis bricht herein. Kein Grauen mehr, kein Tasten mehr am Rande bedeutungsvoller Bilder – es glüht von Angesicht zu Angesicht. Aber das auch ist doch nur Symbol, nur ein Augenblick der Ahnung, die an dem göttlich leichten Schwung des einsamen Bogens aufschwebt.

Wie das makellos Vollkommene so teilt uns auch die Ruine eine besondere Erschütterung mit. Aus dem Zerfall haucht uns mit herbstlich tragischem Aroma das Geheimnis der Persönlichkeit an, die eins ist mit dem All und doch ewig unteilbar ein und dieselbe. Ruinen sind auch die Namen der Großen, die mit den Anfängen der christlichen Klöster verknüpft sind. Über Hersfeld steht der Name des Lullus, der ein Gefährte des Bonifazius und sein Nachfolger auf dem erzbischöflichen Stuhle von Mainz war. Er gründete Kloster Hersfeld in einer Waldwildnis, wo sich 33 Jahre früher ein anderer Schüler des Bonifazius, der Bayer Sturm, angesiedelt hatte, der später erster Abt des Klosters Fulda wurde. Vielleicht um diesem aufblühenden Stift ein Gegengewicht zu geben, schuf Lullus Hersfeld, dem die Freigebigkeit Karls des Großen, dessen Gunst sich Lullus erfreute, große Schenkungen und Gnaden zuführte. Man weiß nicht viel mehr von Lullus, als daß Bonifazius und Kaiser Karl ihm ihr Vertrauen schenkten, daß er Erzbischof von Mainz und Abt von Hersfeld war, daß er in wundertätiger Weise Kranke heilte, daß er in Hersfeld eine Kirche baute, vermutlich neben einer älteren kleinen, aus der Zeit Sturms stammenden, daß er dieser Kirche den Leichnam Wigberts, seines ehemaligen Lehrers schenkte, und seinen verstorbenen Jugendfreund Witte neben jenem in der von ihm erbauten, den Aposteln Simon und Judas Thaddaeus gewidmeten Kirche beisetzte. Er selbst starb im Jahre 787 und erhielt ein Grab neben dem seines Freundes. Im folgenden Jahrhundert wurde er heiliggesprochen und seine Feier wurde auf den 16. Oktober, seinen Todestag festgesetzt. Der Name, allein übriggeblieben von einem Leben voll hoher Gedanken und Taten, tönt, als Ursprung verehrt, unendlich fort. Der Feiertag eines Heiligen zog Krämer, Kaufleute und Kauflustige herbei, ein Markt entstand mit allerlei besonderen Rechten und Gewohnheiten, der Lullusmarkt, der heute noch das jährliche Ereignis Hersfelds bedeutet. Von Montag mittag um 12 Uhr an bis zur Mitternacht des Donnerstag brennt um die Zeit des Lullusmarktes ein Feuer auf dem Markte, wie es vor Jahrhunderten die Gäste des herbstlichen Festes erwärmte. Dann erschallt der volkstümliche Ruf: Bruder Lolls! dann erschallt auch die ehrwürdige Stimme der Lullusglocke, die sonst schweigt. Sie soll um 1050 gegossen und eine der ältesten Glocken in Deutschland sein und hängt mit zwei jüngeren im Glockenturme an der Ostseite der Kirche. Man nimmt an, daß der untere Teil des Turmes älter als die Kirche ist und von dem Dom des 9. Jahrhunderts stammt.

Unter den Benediktinern von Hersfeld waren angesehene Geschichtsschreiber, wie Lambert von Aschaffenburg und Lambertus Hersfeldensis, und Abte, die treu den Kaisern anhingen und denen die Kaiser vertrauten, so daß Heinrich III. einem von ihnen die Kaiserkrone verpfändete. Sie beherrschten ein großes Gebiet, das hauptsächlich in Thüringen lag und zu dem drei Städte gehörten: Hersfeld, Gotha und Arnstadt; aber im Maße wie namentlich Hersfeld sich hob, sank das Ansehen des Stiftes. Die durch Tuchweberei und Tuchhandel reichgewordene Stadt wurde durch Kaiser Wilhelm von Holland in des Reiches Schutz und Geleit aufgenommen und hatte das Bewußtsein einer Reichsstadt. Der Huldigungseid, den sie dem Abt leistete, drückte mehr ihr Selbstgefühl als ihre Ergebenheit gegen ihren Herrn aus. Er lautete: »Wir wollen unserm Herrn eine Hilfe tun als unsere Eltern und Vorfahren vor andern unserm Herrn gnedig, unseres gnedigen Herrn Vorfahren getan haben, unverletzt unserer Rechte, Briefe und Gewohnheiten, die wir von unseren Eltern und Vorfahren hergebracht haben. So gelobt die Stadt, die Schöffen, die Bürger gemeiniglich die Hülfe zu vollenden.« Es erschien dieser Bürgerschaft, die sich den Äbten gleichberechtigt fühlte, als eine Anmaßung und Gewalttätigkeit, daß Berthold II. von Völkershausen, der in der zweiten Hälfte des 14. Jahrhunderts an die Spitze des Stiftes trat, den Plan faßte, die alte Macht wiederherzustellen und verlorene Gebiete wiederzugewinnen, vor allen Dingen seine bedeutendste Stadt sich wieder zu unterwerfen. Gemeinsames Interesse führte ihn die Ritter der Umgegend zu, die den Bund der Sterner gebildet hatten, um der anwachsenden Macht des Landgrafen von Hessen entgegenzutreten. Der Landgraf hatte so wenig Anhänger unter der Ritterschaft, daß er sagte, er könne die treugebliebenen mit einem Brote speisen. Man hätte meinen können, auch die Stadt Hersfeld sei gegen den benachbarten Dynasten gewesen; allein die Furcht, unter die Botmäßigkeit ihres Abtes zu geraten, bewog sie zum Anschluß an den einstweilen weniger gefährlichen Landgrafen. Einmal, als das landgräfliche Heer von den Sternern geschlagen bis vor Hersfeld getrieben war, tat die Stadt einen entscheidenden Schritt, indem sie den Bedrängten ihre Tore öffnete und sie dadurch rettete. Diese wirksame Parteinahme erbitterte die Verbündeten und sie beschlossen den Untergang der Stadt.

Viele hessische Ritter, die von Buchenau, die von Hauner, die von der Tann, die Eberstein, die Falkenberg und Netra, hatten Burgsitze in Hersfeld und waren dort so bekannt und mit allen Verhältnissen vertraut, daß ihnen ein Überfall leicht ausführbar schien. Ein besonders starkes, kampflustiges, gefürchtetes Geschlecht waren die Buchenauer, die den Stiften Hersfeld und Fulda verschiedene Äbte geliefert haben. Sie besaßen Burgen und Schlösser und auch Häuser in Hersfeld und dauerten trotz der vielen Fehden, in die ihre Wildheit sie verwickelte, bis zum Anfang des 19. Jahrhunderts fort. Der letzte Buchenau, sehr unähnlich seinen Vorfahren, wendete die Waffe gegen sich selbst aus unglücklicher Liebe zu einer Bürgerlichen. Bei der Verschwörung gegen Hersfeld waren vier Buchenauer beteiligt, darunter Eberhard, der die »alte Gans« genannt wurde, und dessen Raufereien vom Volk besungen wurden. Der Überfall wurde auf den 28. April, den Vitalistag, festgesetzt, weil an diesem Tag wegen der Wahl der Ratsschöffen Festlichkeiten stattzufinden pflegten, von denen man hoffte, daß sie die Aufmerksamkeit des Rats ablenkten. Der Abt, Haupt und Seele des Unternehmens, veranstaltete selbst Gastereien, bei denen er vermutlich den berauschenden Wein nicht sparte. Zum Heile der Stadt indessen wurde ihr, nicht durch Verrat, sondern durch die Redlichkeit eines Ritters, der unheilvolle Plan bekannt. Simon von Haune, an den die Trümmer der Burg Hauneck auf der Stoppelschanze noch erinnern, hielt es für unritterlich, eine Fehde ohne vorhergehende Aufkündigung des Friedens zu beginnen und richtete an die Stadt den folgenden Fehdebrief: »Wisset, ihr Hersfelder, daß ich, Simon von Haune, Ritter, euer und der euren Feind sein will mit meinen Mithelfern, und ich will euch nicht allein nach Gut, sondern auch nach Ehre, Leib und Leben stehen, ehe es Morgen wird. Danach habt ihr euch zu richten. Datum unter meinem Insiegel am St. Vitalistage 1378.« So gewarnt konnte der Rat sich auf den Überfall vorbereiten und tat es gründlich und mit glücklichem Erfolge. Einige Verschworene, die der Stiftsdechant von der Tann in seinem Hause verborgen hielt, wurden entdeckt und nach kurzem Prozeß enthauptet; als die nichtsahnenden Angreifer die Mauer zu übersteigen versuchten, wurden sie gerüstet empfangen und blutig zurückgeworfen. Eine durchlöcherte eiserne Sturmhaube im Rathause und ein steinernes Kreuz mit Inschrift erhalten das Andenken der wundergleichen Errettung vor Mord, Plünderung und Knechtschaft. Berthold von Völkershausen, der Abt, soll als ein verarmter und blinder, büßender Mann, von Gott geschlagen, geendet haben; so wenigstens wollte die Entrüstung der Hersfelder ihn sehen, die sein vergebliches Streben, den alternden Kirchenstaat zu erneuern, als den Unfug eines Tyrannen betrachteten.

Später versuchte noch einmal ein Abt, es war ein Buchenau, sich der Ungunst der Zeit zu erwehren, doch auch er mußte sich beugen und schließlich den Landgrafen Ludwig den Friedfertigen von Hessen als erblichen Schirmherrn des Stifts anerkennen. Damit war eigentlich die selbständige politische Existenz sowohl des Klosters wie der Stadt, die sich schon vorher immer enger an Hessen angeschlossen hatte, zu Ende. Daß dieser Vorgang hier schon so früh, um die Mitte des 15. Jahrhunderts, stattfand, ist vielleicht der Tüchtigkeit und Mäßigung der hessischen Landgrafen zuzuschreiben.

Einen letzten Glanz warf auf das untergehende Stift die Erscheinung einiger bedeutender und merkwürdiger Äbte, besonders des Krafft Myle, der vierzig Jahre lang, von 1516-56 unter dem Namen Crato das Kloster regierte. Er gehört in die Reihe jener Männer, wie sie die reformatorische Frühzeit hervorgebracht hat, die nicht aus Schwäche oder Gleichgültigkeit, sondern aus überlegener Reife und einem harmonischen Gemüt heraus inmitten der Glaubenskämpfe sich menschlich duldsam verhielten. Er empfand das Notwendige und Schöpferische in Luthers Auftreten und bewies ihm furchtlos seine Liebe in gefährlicher Zeit. Als der Reformator aus Worms zurückkehrte, berührte er nach Friedberg und Alsfeld auch Hersfeld. Crato sandte ihm seinen Kanzler bis an die Grenze entgegen, empfing ihn selbst beim Eichhof, jener Zwingburg, die Berthold von Völkershausen einst als Drohung errichtet hatte, bewirtete ihn festlich und ließ ihn seine eigenen Zimmer bewohnen. Nicht damit zufrieden, bewog er Luther in der Stiftskirche zu predigen, ungeachtet dieser ihn auf die schlimmen Folgen aufmerksam machte, die ihm, dem Abt, daraus erwachsen könnten. Seine Bewunderung Luthers veranlaßte Crato aber nicht zum Religionswechsel. Er hinderte den schnellen Fortschritt der Reformation im Stift und in der Stadt nicht, ja es scheint, als habe er ihm Vorschub geleistet; aber er selbst blieb Katholik und richtete für sich den Gottesdienst nach alter Weise in der Residenz ein oder wohnte ihm in Fulda bei. Es mochte ihm überflüssig scheinen, seit der Kindheit vertraute Formen abzustreifen, die ihn nicht abhielten, alles Gute und Große zu begreifen und zu ehren und soviel als möglich auszuüben. Krafft Myle war eines Bürgers Sohn aus der Wetterau, der erste bürgerliche Abt Hersfelds nach einer langen Reihe Adliger.

Ein anderer Crato, Adam Krafft, eines Bürgermeisters Sohn aus Fulda, der in Erfurt studierte, sich mit Luther und Melanchthon befreundete und Fulda verlassen mußte, weil er nach der neuen Lehre predigte, wurde in Hersfeld aufgenommen und ergriff dort durch einen Vortrag das Herz Philipps des Großmütigen so, daß er ihn zu seinem Hofprediger machte. Er wurde später Professor in Marburg.

Das eigentümliche Verhältnis gegenseitiger Duldung, welches es ermöglichte, daß ein katholischer, von Papst und Kaiser bestätigter Abt in einem Lande, das von einem der kriegerischsten protestantischen Fürsten abhing, sich hielt, konnte noch eine Weile fortgesetzt werden. Michael Landgraf stiftete aus eigenem Vermögen im Jahre 1570 das Gymnasium, das ein wertvoller

Besitz Hersfelds wurde. Diese Tat und seine Äußerung, Musik solle an der Schule gelehrt werden, weil ohne sie sich der Mensch vom unvernünftigen Tiere wenig unterscheide, läßt auf einen hohen gebildeten Sinn schließen. Der letzte dieser protestantisch-katholischen Äbte, die aufzufinden und deren Genehmigung zu erlangen immer schwerer wurde, war Joachim Roell; nach seinem Tode suchte Landgraf Moritz seinen Sohn zum Administrator des Stifts zu machen, dessen Verweltlichung damit eingeleitet war.

Noch einmal erlebte Hersfeld einen großen Augenblick, als es in der napoleonischen Zeit wie in der Vitalisnacht von gänzlicher Zerstörung bedroht und wunderbar durch die Ehrenhaftigkeit eines Mannes gerettet wurde. Es war am 24. Dezember des Jahres 1806, als ein italienisches Infanterieregiment in Hersfeld einrückte und sich bei der Bürgerschaft einquartierte. Bei dem Tuchbereiter Pforr zog ein italienischer Sergeantmajor namens Martinelli ein, der, obwohl ordentlich verpflegt, seine Wirte durch unverschämte Forderungen belästigte. Pforr rief seine Nachbarn zu Hilfe, ein Auflauf entstand und es kam zu Tätlichkeiten; plötzlich fiel aus dem Hause des Sattlers Seelig ein Schuß, der Martinelli tödlich traf. Den erschreckten Italienern wurde es inmitten der aufgebrachten Bevölkerung bange, und sie zogen sich fliehend aus der Stadt zurück, wobei noch mehrere verwundet wurden. Die Gutartigkeit der Hersfelder zeigte sich, wie sie die Verwundeten aufsammelten und liebevoll pflegten. Nachdem die Wut gegen die Eindringlinge verraucht war, stellte sich bei der Bürgerschaft die Angst vor den Folgen der Empörung ein: der Sattler Seelig, der den verhängnisvollen Schuß getan hatte, entfloh, Pforr verbarg sich.

Anfang Januar rückte General Barbet ein, unter dessen Oberbefehl das Haus des Sattlers geplündert und niedergerissen, der junge Sohn eines Tagelöhners, der am Auflauf besonders beteiligt gewesen sein sollte, als Opfer erschossen wurde; er starb mutig. Man glaubte dadurch und durch Geldleistungen den Zorn des Siegers besänftigt; allein nach einigen Tagen traf ein Befehl Napoleons ein, die Stadt Hersfeld, weil sie sich an seinen Soldaten vergriffen habe, solle gänzlich abgebrannt werden. Am 19. Februar wurden von den Franzosen unheimliche Vorbereitungen getroffen: damit nicht Sturm geläutet werden könne, wurden die Seile und Klöppel aus allen Glocken entfernt, damit nicht gelöscht werden könne, die Löschgeräte mit Beschlag belegt und die Spritzenhäuser bewacht. Nachts erhob sich ein Sturm, der im Bunde mit den rachsüchtigen Feinden schien, um das Feuer zu schüren. Am andern Morgen um 9 Uhr mußten der Rat und alle öffentlichen Beamten vor dem General erscheinen, um den Befehl des Kaisers zu vernehmen. Barbet eröffnete ihnen, er werde nunmehr die Stadt an allen vier Ecken und in der Mitte anzünden, und man dürfe nicht zu löschen anfangen, bevor die fünf angezündeten Gebäude niedergebrannt wären. Barbet verließ darauf die Stadt und begab sich zu den vor den Toren aufgestellten französischen Truppen, die Ausführung des Befehls einer italienischen und zwei Kompanien badischer Jäger überlassend, die einem badischen Oberstleutnant namens Lingg unterstanden. Wollte er eine so verhaßte Tat unter Verzweifelten einem Deutschen zuschieben? Wollte er einem Deutschen Gelegenheit geben, eine deutsche Stadt zu retten, falls er die Verantwortung auf sich zu nehmen wagen sollte? Lingg hatte Mut und Erbarmen. Die fünf anzuzündenden Gebäude wurden so gewählt, daß das Feuer von den vereinzelt stehenden nicht auf andere übergreifen konnte. Die inzwischen eingetretene Windstille begünstigte die List. Nachdem das geschehen war, ließ Lingg seine Truppen auf dem Markte aufrücken und las ihnen den Befehl des Kaisers vor, der zur Plünderung der Stadt aufforderte, hinzufügend, er hoffe, daß seine Soldaten eine Stadt nicht berauben würden, wo sie soviel Gutes empfangen hätten. Der Befehl zur Plünderung, fuhr er fort, sei gegeben, sie sei jedem erlaubt. Wer Lust habe zu plündern, der solle vortreten und sich melden. Es meldete sich keiner, auch dann nicht, als Lingg die Aufforderung wiederholte. Nun gab er das Kommando zum Abmarsch, und im Geschwindschritt zogen die Truppen aus der geretteten Stadt.

Als die Bürgerschaft zur Besinnung und zur Erkenntnis der empfangenen Wohltat gekommen war, wurde eine Abordnung nach Vacha geschickt, wo Lingg im Quartier lag, um ihm zu danken und ihm ein Geldgeschenk anzubieten. Er nahm die Abgeordneten freundlich auf und bewirtete sie, lehnte aber das Geschenk ab. Ein Deutscher, der im Dienst eines fremden Eroberers eine deutsche Stadt vernichtet hätte, wäre des Hasses und der Verachtung wert gewesen; immerhin ehrt es die Hersfelder, daß sie dem Deutschen, der sie auf eigene Gefahr gerettet hatte, unendlichen Dank bewahrten. Sie stellten sein Bild im Rathaus auf und errichteten ihm im Jahre 1896 ein Denkmal. Als im Jahre 1822 in Baden Überschwemmungen großen Schaden angerichtet hatten, veranstalteten sie eine Kollekte und übergaben Lingg das gesammelte Geld mit der Bitte, es den etwa geschädigten ehemaligen Jägern zukommen zu lassen. Der Kurfürst von Hessen verlieh Lingg den hessischen Löwenorden und erhob ihn als Lingg von Linggenfeld in den Adel.

Von der einstigen Blüte und Selbständigkeit der Stadt Hersfeld sind als Denkmale übriggeblieben die kräftige Stadtkirche und das Rathaus mir den Renaissancegiebeln. Wenige Reste nur sind von der Mauer da, die mit vier Tortürmen und sechzehn nach der Stadt zu offenen Türmen stattlich befestigt war. Wohl finden sich hie und da noch hübsche Fachwerkhäuser, geschmackvolle Türen aus verschiedenen Zeitaltern; aber im ganzen macht die Stadt einen ärmlichen Eindruck. Von den ansehnlichen Steinhäusern, die sich die wohlhabenden Familien vor dem Dreißigjährigen Kriege erbaut hatten, zeugen noch vereinzelte Keller.

Die neueste Zeit hat erfreulich in Hersfeld gewirkt, indem sie neben das Rathaus ein schönes, durch Wahrheit des Ausdrucks ergreifendes Weltkriegsdenkmal stellte, und indem sie den im Mittelalter berühmten heilkräftigen Lullusbrunnen, der während des Dreißigjährigen Krieges in Verfall und Vergessenheit geraten war, wieder aufschloß und zum Gebrauch einrichtete. Die Kurgäste können sich auf einer Allee alter Linden ergehen, wo schon vor Jahrhunderten Brunnentrinkende auf und ab wandelten.

Erfurt

Erfurt sei keine Stadt sondern ein Land, sagte man im Mittelalter. Die selbständigen Städte im Reich glichen alle mehr einem schweizerischen Kanton als einer heutigen Stadt, insofern sie von einem mehr oder weniger ausgedehnten untertänigen Landbesitz umgeben waren; der von Erfurt war besonders groß. Es hatte, als es auf dem Höhepunkte seiner Macht war, auf 610 Quadratkilometer 95 Ortschaften und alles in allem 42-50 000 Einwohner, wovon etwa die Hälfte auf das Land fielen. Sein Reichtum ruhte in dem fruchtbaren Boden, der den Waid hervorbrachte. Diese Pflanze, die im Mittelalter dazu diente, das soviel gebrauchte Tuch blau und schwarz zu färben, wurde nur in Thüringen gebaut und in Erfurt weitaus am meisten. Man sagt, daß die Erfurter, wenn sie eine feindliche Burg gebrochen hätten, den wieder geglätteten Boden unter dem Rufe: »Heia, es wachse der Waid!« mit Waid besät und dadurch erst recht sich eigen gemacht hätten.

»Erfurt ist ein fruchtbar Bethlehem. Erfurt liegt am besten Ort. Da muß eine Stadt stehen, wenn sie gleich wegbrennete.« So urteilte Luther; aber er warf auch den Erfurtern vor, daß der Überfluß der Natur sie träge mache, und daß sie am Fett erstickten. Eine so außerordentlich begünstigte Stadt, reich durch die Produkte der Erde, leicht zu befestigen, am Kreuzungspunkt alter Handelsstraßen gelegen, seit Jahrhunderten besiedelt, hätte eine ruhmreichere und glücklichere Geschichte haben sollen; reich wurde sie auch, gewann aber nie die ausschlaggebende Stellung, die ihr, wie man meinen könnte, als Mittelpunkt Deutschlands gebührt hätte. Es ist kaum begreiflich, daß sie nicht die Reichsfreiheit erwarb, was manche andere mit geringeren Mitteln durchsetzte; es fehlte ihr auch nicht an Verbindungen mit den Kaisern, seit Erfurt am Ende des 14. Jahrhunderts das Schloß Kapellendorf erworben hatte, das vom Reiche zu Lehen ging, so daß Rat und Bürgerschaft deswegen dem Kaiser huldigen mußten und des Reichs Liebe Getreue betitelt wurden. So greifbar kam das Glück ihnen entgegen, daß Kaiser Siegmund, der ein romantisches Interesse an den Einrichtungen des Reichs nahm, sie zur Beschickung der Reichstage einlud. Der Rat lehnte ab mit der Erklärung: daz unsere stait Erfurt keyn rich stait nicht en ist unde wir an daz riche ouch nicht gehoren, sondern an unsern gnedigen hern von Mencz ende sinen stifft, alz daz kundlich und uffenbar gnug ist.«

Das rechtmäßige Verhältnis war damit allerdings richtig bezeichnet. Von den Königen war Erfurt an das Erzbistum Mainz gekommen, wahrscheinlich durch eine Schenkung Ottos III. an den Erzbischof Willegis. Dessen Wappen, das silberne Rad im roten Felde, übernahm die Stadt Erfurt; auch ihr älteres spielt auf Mainz an, denn es wies den heiligen Martin, den Mainzer Schutzpatron, in einem von Türmen flankierten Tor und hatte die Umschrift: Erfordia fidelis est filia Moguntiae fedis.

Es ist schwer zu begreifen, warum Erfurt so nachdrücklich, sich selbst auf alle Zukunft bindend, die Reichszugehörigkeit ablehnte. War es so hochmütig, daß es des Reiches Schutz nicht zu bedürfen glaubte? Scheute es die Reichssteuer? Alles in allem fehlte wohl den Erfurter Politikern der weite Blick und der hohe Schwung; sie liebten es, krämerhaft eine Macht gegen die andere auszuspielen, sich durchzuschlängeln, offenes Hervortreten zu vermeiden.

Von den Mächten, die mit Recht oder Unrecht Anspruch auf Erfurt erhoben, blieben, nachdem der Verlauf der Geschichte einige ausgeschaltet hatte, Mainz und Sachsen übrig. Von Mainz hatte sich die Stadt bis zu einem hohen Grade unabhängig gemacht, als in der Mitte des 15. Jahrhunderts Erzbischof Diether von Isenburg sich vornahm, die ursprüngliche Gewalt seiner Vorgänger wiederherzustellen. Glückte ihm das auch nicht ganz, so hatte er doch Erfolg mit einem feinen Schachzug, indem er sich mit Kursachsen verständigte, so daß es den Erfurtern nun nicht mehr möglich war, sie gegeneinander auszuspielen. Sie wurden so in die Enge getrieben, daß sie einen nachteiligen Frieden eingehen mußten, der ihnen eine übermäßige Schuldenlast aufbürdete. Von jetzt an kam es so, daß die Parteien innerhalb des Gemeinwesens die beiden Schutzmächte gegeneinander ausspielten, in der Weise, daß das niedere Volk sich auf Mainz, die Patrizier, die in Erfurt Gefrunden, Befreundete hießen, sich auf Sachsen stützten und dadurch jeden Streit verschärften. Die sächsische Regierung ließ immer Schutz hoffen, leistete ihn aber nie, sondern hoffte mehr durch heimliches Zusammenwirken mit Mainz zu erlangen. Diese schleichende Politik erwiderten die Erfurter durch zweideutige Wendungen wie die: Ihre Kurfürstliche Gnaden solle sich keiner widerwärtigen Hülfe von ihnen zu versehen haben.

Gegen die Juden verfuhren die Erfurter folgendermaßen. Sie waren den Juden so stark verschuldet, daß sie die Zeit der großen Verfolgung um 1349 benutzen wollten, um sich ihrer zu entledigen. Man bereitete die Tat dadurch vor, daß man Stimmung gegen sie machte, wie es noch jetzt geschieht, wenn der Krieg gegen ein Land eröffnet werden soll, und beschuldigte die Juden, nicht nur die Brunnen, sondern sogar die Gera vergiftet zu haben; zeitweise wurde deswegen nicht mit Wasser gekocht. Der Rat zögerte anfangs seine Einwilligung zu geben; denn der Unwille des Erzbischofs von Mainz, dem die Juden gehörten, war vorauszusehen; doch gab er endlich nach und erklärte sich bereit, untätig zu bleiben, bis der größte Teil der blutigen Arbeit getan wäre. Dies hinterhältige Verhalten setzte er fort, indem er hernach einige von den Tätern enthaupten ließ, andere verbannte.

Ein ähnliches Doppelspiel betrieb der Rat zur Zeit der Bauernkriege. Die nicht schlechtgestellten bäuerlichen Untertanen der Stadt erhoben sich, dem Zuge der Zeit folgend, und forderten Anteil am Regiment. Die kriegerische Stimmung einer Menge kräftiger Männer benutzte der Rat geschickt, um die mainzische Herrschaft abzuwerfen, wodurch zugleich die Kampfbegier der erregten Bauern abgelenkt wurde. Als aber nach kurzer Zeit die Bauern überall im Reich besiegt und die alten Verhältnisse wiederhergestellt waren, nahm der Rat seine Untertanen für das, was sie mit seinem Willen und unter seinen Augen getan hatten, in Strafe, in der Weise, daß vier Rädelsführer enthauptet wurden und jeder beteiligte Bauer zehn Gulden erlegen mußte.

Solche Züge, wenn sie nicht zufällig, sondern typisch sind, lassen ein Bild geschichtlicher Größe nicht aufkommen; trotzdem hat Erfurt in bezug auf seinen Handel und seine Ausbreitung eine kühne, folgerichtige Politik betrieben. Seine Befestigung war so vorzüglich, daß Luther von der Stadt sagt: »Sie ist nicht zu nehmen, es sei denn, daß sie von den Türken belagert werde.« Das Land war durch Burgen gesichert, das städtische Militärwesen war in bester Ordnung. Schon in der ersten Hälfte des 14. Jahrhunderts hielt der Rat stehende Truppen. Auch hat Erfurt äußerlich eine interessante und bedeutende Gestalt, und seine Geschichte ist reich an schönen Augenblicken.

Ein solcher war der Aufenthalt Kaiser Rudolfs von Habsburg im Jahre 1290, veranlaßt durch die Fehden und Räubereien, die nie endend Thüringen verheerten. Das Geschlecht der Thüringer Landgrafen, die für Erfurt gefährliche Nachbarn gewesen waren, starb mit Heinrich Raspe im Jahre 1247 aus, worauf nach längerem Erbfolgekriege Thüringen an Heinrich den Erlauchten, Markgrafen von Meißen, fiel. Dieser überließ es seinem Sohne Albrecht dem Entarteten, der mit seiner Familie beständig in Streit lag, aber mit Erfurt sich gut stand; dafür daß er in der Stadt wohnen durfte, verkaufte er ihr für ihr gutes Geld angrenzendes Thüringer Gebiet.

Am 14. Dezember 1289 zog Rudolf mit glänzendem Gefolge in Erfurt ein. Er wurde zuerst zur hochgelegenen Marienkirche geführt und dort feierlich begrüßt und stieg dann im Peterskloster ab, das den dahinter gelegenen, noch höheren Hügel seit alten Zeiten krönte. Vielleicht hat es Bonifazius selbst gegründet, der uralte heidnische Heiligtümer auf den Anhöhen verdrängen wollte. Das Recht einer königlichen Pfalz, die daneben erwuchs, ging nach dem Verfall derselben wahrscheinlich auf das Peterskloster über, das sich bis zu seinem Ende im Jahre 1803 Königliches Kloster nannte. Mit den reichen Mönchen, den ersten Besiedlern und Lehrern der Gegend, stand die Stadt in bestem Einvernehmen, ihre herrliche romanische Kirche war ein Gegenstand stolzer Bewunderung. Bei der Belagerung Erfurts durch die Verbündeten im Jahre 1813 wurde sie, da sie den Franzosen als Vorratsniederlage diente, ein Ziel der Geschütze und am 6. November gegen Abend von einer Granate getroffen und angezündet. Die Mauern, die noch erhalten sind, bezeugen, wie schön sie war. Damals waren ein besonderer Stolz der Mönche die Glocken und die Orgel ihrer Kirche. Die Orgel hatte 2333 vergoldete Pfeifen und ihr Klang war wunderbar. Von den vier Glocken hatte drei, Andreas, Paulus und Petrus, ein Meister von Aachen gegossen, die vierte war der Mönche eigenes Werk. Sie wurden übertroffen durch die Maria Gloriosa des Doms, die aus dem Jahre 1250 stammte und bedeutend schwerer war als die jetzige, die im Jahre 1497 durch Gerhard Wou in Kampen gegossen ist und 275 Zentner wiegt.

Kaiser Rudolf war zur Zeit seines Besuches in Erfurt schon alt; aber er ruhte nur sechs Tage aus, bevor er gegen die Raubritterburg Ilmenau zog und 29 Mann von der gefangenen Besatzung auf dem Erfurter Rabenstein hinrichten ließ. Im Frühling wurden noch 66 Burgen in Thüringen zerstört und ihr Wiederaufbau verboten. Am Weihnachtstage hielt Rudolf einen Reichstag ab, der viele Fürsten und Herren nach Erfurt führte, und auf dem viele das Thüringerland betreffende Anordnungen erlassen wurden. Es gelang dem König, Albrecht den Entarteten mit seinen beiden Söhnen, Friedrich mit der gebissenen Wange und Diether, zu versöhnen und ein Landfriedensgericht zu schaffen, das mit großer Vollmacht ausgestattet war, so daß es Burgen abbrechen und die Landesacht verhängen konnte.

Die Geschäfte wurden durch Familienfeste unterbrochen. Es besuchten den König seine beiden Töchter, die Königin von Böhmen und die Herzogin von Sachsen und sein Sohn Herzog Albrecht. Vater und Sohn bewirteten sich gegenseitig, wobei Albrecht durch mitgebrachtes Tafelzeug und Gerät Pracht entfaltete. Landgraf Albrecht der Entartete schlug gelegentlich 16 junge Männer zu Rittern, die der König selbst mit dem Schwert umgürtete. Auch die Vermählung einer Verwandten aus der Heimat, der Gräfin Margarete von Kyburg, mit dem Grafen Dietrich von Cleve fand statt, die der Erzbischof von Salzburg einsegnete. Die festlichen Mahlzeiten, die Rudolf gab, fanden im Garten des Klosters oder im Kreuzgang statt. Wie aber das Leben nie vergißt, etwas Dunkles in die Freude zu mischen, so erfuhr der König in Erfurt den Tod seines Sohnes Rudolf, den er zum Nachfolger vorgeschlagen hatte, und erlebte den Tod des Erzbischofs von Salzburg.

Von der humoristischen Laune des Königs erfuhren die Erfurter manches; den stärksten Eindruck machte es ihnen wohl, als er den Bierrufer spielte. In Erfurt haftete das Recht, Bier zu brauen, auf gewissen Häusern, deren Besitzer Biereigen genannt wurden; das dunkelbraune Erfurter Bier war sehr beliebt und hieß Schlunze. Hatte ein Biereigen frisch gebraut, so wurde das durch den Bierrufer verkündigt, damit jeder wisse, wo ein guter Trunk zu haben sei. Nun begab es sich, daß der Ratsmeister Siegfried von Bustede, als Rudolf mit seinem Gefolge an seinem Hause vorüberritt, den König einlud, ein Glas frisches Erfurter Bier bei ihm zu versuchen. Der König nahm an, und nachdem alle getrunken hatten und die Gläser wieder gefüllt waren, ritt Rudolf die Straße entlang und rief nach Art der Bierrufer: »Woll in! Woll in! Eyn edel trut guts Erforts bier hat Sifried von Butstede ufgetan!« Die Erfurter vergnügten sich besonders an dem ihnen fremden alemannischen Dialekt des Königs; übrigens konnte es nicht anders sein, als daß seine lange Gestalt, sein langes, ernstes Gesicht mit den freundlichen Augen und der stark hervortretenden, gebogenen Nase, die ganze eigenartige, schlichte und doch ehrfurchtgebietende Persönlichkeit auffiel und sich einprägte.

Die elf Monate, die Rudolf sich in Erfurt aufhielt, waren für ihn sowohl wie für die Stadt eine ruhmreiche und glanzvolle Zeit. Bei seinem Abschied nannte er Erfurt des römischen Reichs herrlichen Garten, wo es ihm wunderbar wohl gefallen habe. Er erwies sich als ordentlicher Haushalter, indem er die gemachten Schulden richtig beglich, er hatte von acht Bürgern und einem reichen Juden, Johannes von Acken, tausend Mark geborgt, wofür er die Zürcher Reichssteuer von zwei Jahren anwies.

Ein anderer großer, ja vielleicht Erfurts größter Augenblick hing mit der Universität zusammen. Schon am Ende des 12. Jahrhunderts besaß Erfurt eine Schule, wo klassische Sprachen und scholastische Wissenschaft gelehrt wurden, und die viele für eine Hochschule hielten. Zweihundert Jahre später, im Jahre 1392, gründete der Rat aus den Mitteln der Stadt eine wirkliche, in vier Fakultäten gegliederte und vom Papst bestätigte Universität. Es war innerhalb des Reichs die fünfte: Prag, Wien, Heidelberg und Köln gingen ihr vor. Die Professoren der Theologie hielten ihre Vorlesungen im auditorium coelicum über dem östlichen Kreuzgang des Doms; das Gebäude, welches gewöhnlich die Universität genannt wird, war das collegium majus. Es wurde im gotischen Stile, an dem man in Erfurt noch festhielt, in den Jahren 1511-15, um die Zeit, als Luther im Kloster war, erbaut. In seiner burghaften Festigkeit, seiner gemessenen, fast düsteren

Pracht vertritt es weniger den verwegenen, sprühenden, protestierenden Geist des Humanismus, der in Erfurt blühte, als die von ihm überwundene mittelalterliche, scholastische Wissenschaft oder die geheimen Künste des Doktor Faust, der nach einigen Angaben daneben wohnte. Es leuchtet ein, daß das die Universität ist, in der er den Studenten den Homer erklärte und die Helden der Ilias und Odyssee, zuletzt den Riesen Polyphem, leibhaftig vor ihnen erscheinen ließ. Unentwirrbar sind in der merkwürdigen Gestalt des Faust Geschichte und Sage verwoben. Gewiß ist, daß er sich im ersten Viertel des 16. Jahrhunderts in Erfurt aufhielt; denn Mutianus Rufus erzählt in seinem Briefe, daß er ihn dort in einer Herberge sah, und spricht mit der Geringschätzung des Gelehrten von seinen Aufschneidereien. Im Jahre 1522 war ein Heinrich Faust in Erfurt immatrikuliert. Seltsame Geschichten wissen die Erfurter Chronisten von ihm zu berichten. Eines Abends, als Faust in Prag war, klopfte es spät an die Tür des Hauses zum Anker in der Schlößergasse in Erfurt, wo Faust als Gast des Junker von Tennstedt abzusteigen pflegte. Die herbeieilenden Diener sahen zu ihrem Erstaunen Faust, den sie in weiter Ferne wähnten, zu Pferde vor dem Tor halten; er sei, sagte er, von Prag hergeritten. Man führte das Pferd in den Stall, Faust zum Hausherrn, der seinen Gästen ein herrliches Mahl herrichten ließ. Faust erbot sich, den Wein zu liefern, bohrte ein paar Löcher in den Tisch, fragte jeden nach seinem Lieblingswein und zapfte dann allen, was ihnen beliebte. Unterdessen fraß Faustens Pferd im Stalle einen Sack Hafer nach dem andern; wieviel die Diener auch herbei schleppten, das Tier war nicht zu sättigen. Um Mitternacht tat es einen Schrei, so laut, daß die lärmenden Gäste im Saale es vernahmen. Als es zum dritten Male schrie, sagte Faust, es sei nun Zeit heimzureisen und verabschiedete sich. Man hörte ihn ein Stückchen durch die Schlößergasse galoppieren, dann schwang sich das Pferd in die Luft und führte ihn im sausenden Fluge nach Prag. In einem Dach in der Schlößergasse soll sich noch die Öffnung befinden, durch welche Faust auf seinem Zaubermantel fortzufliegen pflegte, und die man niemals habe zumauern können. Ein anderes Mal, als Faust nach Erfurt kam, war er in der Michaelisstraße zu Gast und unterhielt die Gesellschaft damit, daß er drei Dämonen kommen ließ und sie fragte, wie geschwind sie wären. Der dritte stellte Faust zufrieden, indem er sagte, er sei so schnell wie der Menschen Gedanken. Die Dämonen mußten Essen und Getränke bringen und begleiteten das Mahl mit wunderbarer Musik, wie sie noch niemand vernommen hatte. Die Chronisten erzählen ferner, daß dem Rat von Erfurt das Zauberwesen bedenklich geworden sei, weil er damit die Jugend betöre, und daß deshalb der Dr. Klinge beauftragt worden sei, ihn zu bekehren. Faust jedoch blieb ungerührt, ja, er sagte grade heraus, wenn der Teufel einem das Wort halte, müsse man es ihm auch halten. Dr. Conrad Klinge war ein Barfüßermönch, der, als alles zur neuen Lehre überging, der alten Kirche treu blieb und die neuerer erfolgreich bekämpfte; er starb im Jahre 1556 und erhielt ein Grabdenkmal im Dom. Fausts Name ist in Erfurt in dem von der Schlößergasse abzweigenden Faustgäßchen erhalten, das einst Sperlingsgäßchen hieß. Durch diese führte Faust einst ein Fuder Heu auf einem mir zwei Pferden bespannten Wagen, der viel zu breit war, als daß er natürlicherweise durch das schmale Gäßchen hätte hindurchkommen können. Da trat dem verdächtigen Gefährt ein Mönch mir einem Bannspruch entgegen, und siehe da! die befreiten Augen der Zuschauer sahen nur noch zwei rote Hähne, die einen Strohhalm hinter sich herzogen. Wunderbar läßt so die Sage die beiden großen Zauberer, die dem deutschen Volke teuer sind, einander gegenüberstehen; denn unter dem Mönch wird man Luther verstehen dürfen, der so oft die Gaukeleien des Teufels zunichte machte. Luther überwand, das Chaos und die Dämonen, aber sie waren ihm nicht unbekannt, und aus unerforschten Abgründen aufwallend hat Mystik seinen Glauben durchdrungen. Wenn er ein Werk der Ordnung aufbaute und aus unverständlich gewordenen Symbolen Gehalt für das menschliche Bewußtsein gewann, so war er doch kein Führer der Aufklärung, vielmehr werfen ihm die Aufgeklärten mittelalterlichen Aberglauben vor. Auf der anderen Seite war Faust, wie wir ihn aus der Überlieferung kennen, kein gemeiner Hexenmeister. Wenn er die Leute mit seinem Spuk foppt, die Studenten mit dem groben Polyphem erschreckt, wenn er den Bekehrer abweist und vor den Augen der Stadtbüttel, die ihn greifen sollen, auf feurigem Pferd über die Mauer sprengt, so glaubt man ihn über die Spießbürger lachen zu hören und spürt einen freien Geist, der mit seiner Macht spielt und jener Erlösung würdig ist, die die Dichtung ihm gebracht hat.

Es ist sehr oft der Fall, daß besondere Ruhmestitel einer Stadt oder eines Staates ihm nicht durch Einheimische, sondern durch Fremde geworden sind, weder Faust noch Luther waren Erfurter, und auch der Kreis, der damals durch Witz, Jugendmut und Zukunftsfreudigkeit soviel Aufsehen erregte, bestand größtenteils aus Fremden. Mutianus Rufus war in Fritzlar geboren, Justus Jonas in Nordhausen, Johan Hesse in Bockendorf in Hessen, Crotus Rubeanus in Dornheim, Trutfetter in Eisenach. Erfurter jedoch war Johannes Lang, der treue Freund Luthers aus dem Augustinerkloster, der trotz seines zurückhaltenden und bescheidenen Wesens der tapferste und ausdauerndste Vertreter der neuen Lehre in Erfurt wurde. Die prickelnde Atmosphäre, die diese Männer um sich verbreiteten, zog begabte Jugend und bedeutende Geister an; Hutten hat sich zwar nur vorübergehend in Erfurt aufgehalten, rechnete sich aber stets zu den Erfurter Humanisten. Bei Luthers erstem kühnen Auftreten neigten sich fast alle Humanisten ihm zu; die Universität jedoch hütete sich vor offener Parteinahme und verfuhr nach dem bewährten Erfurter Mittel. Als der Streit um Reuchlin entbrannt war, urteilte die Universität zur Entrüstung der Humanisten, der Inhalt des Augenspiegels sei zwar zu verwerfen, damit solle aber der Ehre Reuchlins nicht zunahe getreten werden. Nach der Leipziger Disputation aufgefordert, ein schiedsrichterliches Urteil zwischen Eck und Luther zu fällen, lehnte die theologische Fakultät von Erfurt ab. Die Veröffentlichung der Bannbulle wurde zunächst von der Universität hinausgezögert; als dann die Studenten, unbedenklich, das den Buchdruckern zur Vervielfältigung übergebene Exemplar ihnen entrissen und mit dem Witzwort: bulla est, natet! in die Gera warfen, gelang es ihr, einen Formfehler aufzufinden, und sie entschuldigte sich mit der Erklärung, die Bulle sei nicht gehörig insinuiert. Als der Fehler beseitigt war, lehnte sie die Veröffentlichung deshalb ab, weil dadurch noch größere Unruhen entstehen würden. Nun aber erwies sich das Feuer der Jugend und die Einsicht und Begeisterung der Humanisten stärker als das Schwanken der älteren Richtung: Johannes Lang wagte es, auf der Kanzel für Luther einzutreten. Da er Professor an der Universität war, Griechisch lehrte, über Demosthenes las und von allen humanistischen Gelehrten hochgeschätzt wurde, fand er großen Anhang, besonders seine Schüler Eoban Hesse und Justus Jonas schlossen sich ihm an. Im Rat wendeten sich die Freunde Sachsens Luther und seiner Lehre zu, allen voran der Ratsmeister Adolarius Huttemer, ein wütender Gegner von Mainz, also auch aus politischen Gründen Protestant, ferner der zweite Ratsmeister Jakob von der Sachsen, Bonaventura Gunderam und Georg Friderun. Während in den meisten Städten der aristokratische Rat von der niederen Bürgerschaft zur Annahme des Luthertums gezwungen oder allmählich dafür gewonnen wurde, drängten die politischen Verhältnisse in Erfurt den in der Hauptsache antimainzischen Rat auf die sächsisch-lutherische Seite. So kam es, daß zur Zeit des Reichstages von Worms die vorher zerklüftete Stadt in einmütiger Begeisterung aufflammte. Unter dem Rektorat des Crotus Rubeanus beschloß die Universität, Luther, der auf seiner Reise von Wittenberg nach Worms durch Erfurt kam, feierlich einzuholen; die Stadt bot ihm Asyl an. Luther traf am 6. April von Weimar aus ein in einem von der Stadt Wittenberg ihm gestellten Wagen, begleitet von seinem Ordensbruder und Freund Amsdorf und einem jungen pommerschen Edelmann; der kaiserliche Herold Kaspar Sturm ritt ihm voran. Bis zum Dorfe Vlekra, das Erfurt gehörte, ritten ihm vierzig Mann zu Pferde entgegen, an ihrer Spitze der Rektor der Universität, Crotus Rubeanus. Er begrüßte Luther als Gottgesandten, als Rächer der Lüge der Zeit, die den Menschen den Glauben geraubt habe. Luther antwortete, daß er eine solche Ehrung weder verdient noch gehofft habe, sie aber als Zeichen der Liebe dankbar annehme. Dann ging er durch die von neugierigen und begeisterten Menschen erfüllten Straßen zum Augustinerkloster, wo der Prior Johannes Lang den alten Freund empfing und beherbergte. Am folgenden Tage, es war der weiße Sonntag, predigte Luther, dem allgemeinen Verlangen nachgebend, in der Augustinerkirche. Sie war so überfüllt, daß Krachen im Holz Gefahr des Einsturzes der Empore zu verkünden schien und Schrecken sich unter der Zuhörerschaft verbreitete. Luther sagte ruhig: »Fürchtet nichts: das ist der Teufel, der mich abhalten will, das Evangelium zu predigen; aber es soll ihm nicht gelingen,« und stellte damit die Ruhe her. Die Universität gab ihm am Tage darauf ein Festmahl; aber nicht weniger Ehre erwiesen ihm die Stadt und das Volk.

Sowohl für Luther wie für Erfurt bedeuteten diese Tage einen Höhepunkt voll fleckenlosen Glanzes. Luther hatte den großen Wurf gewagt, er ging, sein Leben für seine Überzeugung einzusetzen, unter dem Beifall des Volkes und der Gebildeten. Da, wo er eine frohe Studienzeit durchlebt, wo er seine bittersten Kämpfe gekämpft, wo er die entscheidende Erleuchtung gehabt hatte, begegneten ihm alte Kameraden und Freunde mit Verehrung fast wie einem Heiligen oder Heiland. Noch gab es keinen Konflikt als den mit den alten Mächten, die er angegriffen hatte, noch keinen Zwist mit seinen Anhängern, noch keine von den unlösbaren Verwickelungen, die anzeigen, daß auch die reinste Idee, wenn sie die Erde berührt, sich mit Irrtum, innerem Widerspruch und fremdartigen Stoffen vermischt. Erfurt mußte bald einen Umschwung zugunsten der Katholiken erleben. Die Angehörigen der alten Stifter widersetzten sich den Neuerungen, die Erzbischöfe gaben sich erfolgreich Mühe, die reiche Stadt zurückzugewinnen. Sie verfolgten dabei den Grundsatz, lieber auf dem Gebiete der Religion Zugeständnisse zu machen, als von den Hoheitsrechten etwas preiszugeben; der Erzbischof Albrecht soll sogar bezüglich des katholischen Gottesdienstes gesagt haben: »Wer nit neingehen will, der bleib draußen.« Erzbischof Daniel Brendel von Homburg wußte die Jesuiten unter Verkleidung in Erfurt einzuführen, allmählich drangen auch in den Rat wieder katholische Elemente ein, und schließlich mußte Johannes Lang, sosehr es schmerzte, den Katholiken den Dom zurückgeben. Die Erfurter Halbheit stellte sich diesmal als Errungenschaft dar; denn es war das erstemal, daß ein katholischer Landesherr auf sein Recht, seine Konfession zur herrschenden zu machen, verzichtete und Katholiken und Evangelische nebeneinander bestehen ließ.

Noch einmal sollte sich auf kurze Zeit das Glück den Protestanten zuwenden und in den erhabenen Wölbungen des Doms das Wort des Evangeliums verkündigt werden; das war im Dreißigjährigen Kriege unter der schützenden Herrschaft Gustav Adolfs. Vergeblich hatte der Rat gebeten, daß der Stadt die schwedische Besatzung erlassen werde; sie war ihrer militärischen Bedeutung wegen dem Könige zu wichtig, als daß er auf sie hätte verzichten können, um sie etwa dem Feinde zu überlassen. War er in diesem Punkte unerbittlich, so ließ er über die Überwundenen die Sonne seiner Menschlichkeit um so strahlender aufgehen. Am 22. September, um 4 Uhr nachmittags, ritt er durch das Andreastor ein, begrüßt vom Geläut der Maria Gloriosa und dem Chor aller Glocken der vieltürmigen Stadt und vom Jubel des damals noch überwiegend protestantischen Volkes, zwiefach leuchtend im Glanze des eben errungenen Sieges bei Breitenfeld und seiner Persönlichkeit. Für die Zurufe aus der Menge dankte er freundlich in deutscher Sprache, den Deutschen als Sohn einer deutschen Mutter begegnend. An den Rat, der ihn vor dem Hause zur Hohen Lilie, wo er absteigen sollte, empfing, richtete er gewinnende Worte. Dies erste Giebelhaus Erfurts hatte die Renaissance gebracht; es gehörte dem Ratsherrn und Goldschmied Hiob Ludolf. Der Platz vor den Stufen, an dem es liegt, war damals mehr bebaut und also enger als jetzt, und auch die Treppe, die so leicht und sicher zu den beiden stolzen Kirchen auffliegt, hatte noch nicht ihre jetzige Breite; dennoch wird Gustav Adolf, der den Sinn der Könige für große Architektur in hohem Maße besaß, einen starken Eindruck von der grandiosen Anlage empfangen haben. Nach kurzem Aufenthalt in seinen Gemächern begab er sich zum Peterskloster, wo der besorgte katholische Klerus ihn kniend erwartete. Der König benahm sich mir der Mischung von Majestät, Herzlichkeit und diplomatischer Klugheit, die augenscheinlich nicht überlegt, sondern ihm natürlich war und deshalb unwiderstehlich wirkte. Er hörte die Ansprache des Abts mit entblößtem Haupte an und erwiderte freundlich beruhigend, daß niemandem ein Haar gekrümmt werden solle, wenn nur der Klerus während der Dauer des Krieges nichts gegen ihn unternähme; er sei nicht ins Reich gekommen, um die katholische Kirche zu vernichten. Auch den Vertreter des Erfurter Jesuitenkollegiums begrüßte er freundlich und versprach ihnen eine Schutzwache. Er machte dann, wie er in allen befestigten Plätzen sofort zu tun pflegte, einen Umritt um die Befestigungen und bedachte die notwendigen Neuerungen und Verstärkungen. Vielleicht hörte er auch einmal eine Predigt in der Andreaskirche von dem dort angestellten Pfarrer Michael Altenberg, dem Verfasser und Komponisten von Gustav Adolfs Lieblingsliede: »Verzage nicht, du Häuflein klein,« unter dessen Klängen er bald in die Lützener Schlacht und in den Tod gehen sollte.

Die Huldigung konnte der Stadt nicht erspart werden, doch verlangte sie der König nur für die Dauer des Krieges und versprach beim Friedensschluß dafür zu sorgen, daß die Selbständigkeit Erfurts anerkannt werde. Die Beseitigung der Rechte von Mainz konnte er allerdings leicht verschenken; aber es war ihm zweifellos ernst damit, daß er die Stadt heben und namentlich die herabgekommene Universität wieder zur Blüte bringen wollte. Wenn er seinen etwaigen militärischen oder diplomatischen Vorteil stets sofort erkannte, so erfaßte er ebenso schnell die Angelegenheiten, die ihn nicht unmittelbar berührten; wo er auch war, war er immer der König, der für das allgemeine Beste zu sorgen hat. Daß von allem, was er plante, wenig zur Ausführung kam, war nicht seine Schuld.

Am Ende desselben Jahres kam die Königin Eleonore nach Erfurt und besuchte am Neujahrstage den Gottesdienst im Dom. Die Bibel, die ihr als Geschenk des Rats überreicht wurde, nahm sie freudig dankend an, das Geldgeschenk lehnte sie ab, um es nicht Notleidenden zu entziehen. Ihre natürliche Freundlichkeit gewann ihr die Zuneigung des Volkes. Am 28. Oktober 1634 kamen König und Königin zusammen nach Erfurt und stiegen in der Hohen Lilie ab. Gustav Adolf führte noch am selben Tage sein Heer weiter, in die Schlacht, die zwischen ihm und Wallenstein entscheiden sollte. Marie Eleonore, die an ihrem Mann mit der angstvollen Liebe hing, die man für den fühlt, für dessen Verlust man ewig zittern muß, siedelte, nachdem der letzte Abschied genommen war, in das Haus zum Schwarzen Löwen am Anger über, das neben dem Haus zum Weißen Löwen lag, in dem der schwedische Statthalter, Herzog Wilhelm von Weimar, residierte; die Häuser haben jetzt die Nummern zehn und elf. Dort erfuhr sie nach einer Woche des Königs Tod. Eine feuerrote Katze, die nachts durch die Zimmer sprang und dabei eine irgendwo angebrachte, von zwei schwedischen Löwen getragene Krone herunterriß, wurde als Botin der Hölle angesehen, die das große Unglück verkündete.

Durch die schwedische Episode, die soviel wie Selbständigkeit bedeutete, war die Abneigung gegen die mainzische Herrschaft in Erfurt verstärkt; aber auch die sächsische wurde nicht mehr gewünscht: man hoffte nun auf dem Friedenskongreß die einst verschmähte Reichsfreiheit zu erlangen, und die Schweden bemühten sich wirklich, das Versprechen des verstorbenen Königs einzulösen; aber die Stimmen von Sachsen und Mainz, besonders die des Erzbischofs Joh. Phil. von Schönborn wogen mehr beim Kaiser, wie denn überhaupt der Krieg den Sieg der fürstlichen Territorialgewalten vollendet hatte.

Joh. Phil. von Schönborn, der mit 27 Jahren Bischof von Würzburg und mit 32 Jahren Erzbischof von Mainz geworden war, vollzog die Vernichtung der mittelalterlichen Verhältnisse, indem er Erfurt zur untertänigen Stadt machte und seinem Staat einverleibte. Gewandt begann er mit der bescheidenen Forderung, daß das früher üblich gewesene Kirchengebet für den Kurfürsten und das Stift, das unter Gustav Adolf abgeschafft war, wieder eingeführt werde. Es entstand darüber eine Entzweiung zwischen Rat und Volk, wobei das Volk wie früher zu Mainz hielt. Während der Rat auf den stets trügerischen sächsischen Schutz hoffte, brachte Johann Philipp durch Vermittlung eines Domkapitulars, des Freiherrn von Reiffenburg, den Kurfürsten Johann Georg auf seine Seite, indem er ihm Aussicht auf ein Bündnis mit dem zahlungsfähigen König von Frankreich eröffnete. Herr von Reiffenburg wurde von drei beteiligten Mächten, Mainz, Sachsen und Frankreich, mit Geld, Ämtern und Titeln reich belohnt. Außer diesen Helfern gewann Johann Philipp nach den tatkräftigen Bischof von Münster, Bernhard von Galen, und den Herzog von Lothringen zur Unterwerfung der gefürchteten Stadt, die keinen Freund hatte. Zwar sah der Kaiser die Einmischung Frankreichs nicht gern und auch der Regensburger Reichstag war nicht einverstanden, Hessen, Weimar und Gotha verweigerten anfangs den fremden Hilfstruppen den Durchzug; aber es war kein ernstlicher Wille dahinter. Den einzigen, der mit der Tat für Erfurt eintreten wollte, den Kurfürsten von Brandenburg, wies es ab, vielleicht weil es seiner Selbstlosigkeit mißtraute. Gegen so viele Feinde verteidigte sich die Stadt rühmlich und erfolgreich, namentlich die Studenten, die eine eigene Kompanie bildeten, zeichneten sich aus; aber das konnte die endgültige Niederlage nur hinausschieben. Als Johann Philipp in die unterworfene Stadt einrückte, eröffnete eine kursächsische Garde den Zug. Seiner Freiheit wurde Erfurt ganz und gar beraubt, aber das religiöse Bekenntnis betreffend, blieb es bei dem System gegenseitiger Duldung; der Erzbischof erteilte sogar den evangelischen Geistlichen einen besonderen Schutzbrief.

Damals war die einst so reiche Stadt schon verarmt und verödet. Zu Beginn des Dreißigjährigen Krieges betrug die Zahl ihrer Einwohner 20 000, am Ende desselben die Hälfte. Von den angesehenen Familien hatten verschiedene nach der revolutionären Bewegung des Jahres 1510 die Stadt verlassen, andere nach dem Pfaffensturm, einem Tumult, den im Jahre 1521 das Vorgehen der Vorsteher der Marien- und Severikirche gegen Justus Jonas erregte. Verhängnisvoll wurde es, daß diejenige Gabe der Natur, die Erfurts Wohlstand begründet hatte, der Waid, durch das Bekanntwerden des Indigo seiner Geltung beraubt wurde. Sein Siegeslauf wurde nicht dadurch aufgehalten, daß eine Reichspolizeiordnung Einkauf und Verkauf des Indigo als einer Teufelsfarbe verbot, und der Anbau von Hopfen, Anis und Gemüse, wozu Erfurt sich entschloß, ersetzte den Verlust einstweilen nicht. Schädigend wirkte auch das Aufkommen Leipzigs, das vom Kurfürsten von Sachsen begünstigt wurde, und mancher Erfurter mochte, das bedenkend, beklagen, daß man nicht zur rechten Zeit sächsisch geworden war. Der Reichsdeputationshauptschluß teilte die Stadt sehr gegen ihren Willen Preußen zu; dann wurde sie, die nicht reichsfrei, nicht mainzisch, nicht sächsisch, nicht preußisch hatte sein wollen, ohne Bedauern französisch.

Der Kongreß, den Napoleon in Erfurt veranstaltete, um sich dem Abendlande als Nachfolger Karls des Großen vorzustellen und die Fürsten, die er als Vertreter des einstigen römischen Reichs deutscher Nation ansah, zu demütigen und bloßzustellen, zeigte in einem tragikomischen Schauspiel, wie furchtbar das tausendjährige Reich wirtschaftlich, politisch und seelisch herabgekommen war. Die anfangs von den einziehenden Franzosen mißhandelte Stadt betrachtete Napoleon, der sie in seinen Schutz nahm, als ihren Erretter und jubelte ihm zu. Die Kaufmannschaft ritt ihm bis Gossenstädt entgegen, um ihm als Leibgarde zu dienen, und gab eine Probe belobter Gewandtheit, indem sie die Husaren, die vor dem kaiserlichen Wagen herritten, überholten, eine Glanzleistung, zu der die Zeit bürgerlicher Selbständigkeit sie erzogen haben mochte. Bürgerschaft, Magistrat und Geistlichkeit versammelten sich zu feierlichem Empfang und taten auch weiterhin, was die Notwendigkeit gebot und noch mehr. Der letzte Grund dieses begeisterten Entgegenkommens war vermutlich der Wunsch, durch Napoleons Vermittlung sächsisch zu werden; der König von Sachsen wurde von der Bevölkerung, wo er sich zeigte, mit besonderem Nachdruck begrüßt, und Napoleon zeichnete ihn vor den übrigen deutschen Fürsten aus.

Der Kaiser wohnte im Regierungsgebäude, dessen einer Flügel durch den ehemaligen schönen Renaissancebau »Zum stolzen Knecht« gebildet war. Für die übrigen Gäste des Kongresses waren Häuser am angrenzenden Anger, dem einstigen Waidmarkt, unter dem Titel maisons de l'empereur beschlagnahmt; auch Kaiser Alexander und sein Bruder Konstantin wohnten dort. In der Hohen Lilie war Jerome, König von Westfalen, abgestiegen. Für die Theateraufführungen war ein herrschaftliches Haus in der Futterstraße, dem altberühmten Rebstock gegenüber, hergerichtet. Dort betrachteten die Zuschauer weniger die Bühne als das Schauspiel, das der wunderbare fremde Eroberer und die deutschen Fürsten gaben, die sich diensteifrig verachten ließen in der Hoffnung, unter dem Schutze des Kaisers sich gegenseitig ein Stück Land abzujagen.

Durch allen Wechsel der Zeit ist Erfurt die fruchtbare Erde geblieben, Trägerin des Waid einst und nun der Blumen, die zugleich das Land schmücken und das Volk nähren. Auch die Pracht des Stadtbildes ist durch den Ungeschmack des 19. Jahrhunderts wohl empfindlich geschädigt, aber doch nicht gestört. In magisch mittelalterliche Lust gehüllt durchkreuzen alte Straßen, alte Brücken und Plätze labyrinthisch die Regelmäßigkeit der Anlage. Eine ungewöhnlich große Menge gotischer Häuser ist erhalten, von denen zwar meistens nur das Erdgeschoß unverändert geblieben ist, die sich aber durch Tore und Wappen ausweisen. Merkwürdigerweise sind keine Giebelhäuser darunter, die in Erfurt erst die Renaissance einführten. Das älteste der erhaltenen gotischen Häuser ist das Lilienfaß in der Johannesstraße, das der Familie Huttemer gehörte. Adolar Huttemer, der kühne Ratsmeister, der als Gegner von Mainz die Reformation unterstützte, wohnte daneben im Hause »Zur bunten alten Eule«. In der Johannesstraße wohnten die reichen Waidherrn, die Ziegler, Utzberg, von Sachsen, Pardis, v. d. Marthen; ihre Häuser hatten geräumige Böden unter den hohen, mit vielen Luken versehenen Dächern, wo der Waid in umständlichem Verfahren zubereitet wurde. Das berühmteste Haus in der gleichfalls von Waidherren bewohnten Futterstraße war der Rebenstock, der von Otto Ziegler erbaut, bis zum Ende des 18. Jahrhunderts der Familie Ziegler gehörte. von dem Rebenstock, den der Erbauer aus dem Heiligen Lande mitbrachte, und der Kalebs Trauben getragen haben soll, liegt nach der Überlieferung ein Stück im Fundament eingegraben. In der Engelsburg wohnte der Freund Luthers und Schwiegervater Eoban Hesses, Dr. med. Valentin Sturz. Erbaut hatten sie im Jahre 1432 der Mainzer Vitztum Joh. von Allenblumen und seine Gattin Wunne von Weißensee, deren Gedächtnis ein Grabstein im Dom mit ihrem Wappen, Einhorn und Forellen, erhält. In den Jahren 1530-1618, wo die Bautätigkeit außerordentlich lebhaft war, entstanden die bedeutenden Renaissancehäuser. Es waren darunter drei Giebelhäuser, das Haus »Zur hohen Lilie«, »Zum güldenen Rad« und »Sonnenborn«; im allgemeinen wurde das steile gotische Dach etwas abgeschwächt beibehalten. Das stattlichste Haus, das den Platz vom ersten bis zum achten Hause in der Schlößergasse einnahm, erbaute 1612 der reichste Waidjunker Hiob von Stotternheim; ein Brand hat es im Jahre 1660 zerstört.

Von den 89 Gotteshäusern, die Erfurt besaß, sind die beiden Stiftskirchen auf dem Unterberge, Marien und Severi, die schönsten. Dies Heiligtum bildet nicht den Mittelpunkt der Stadt, sondern gleichsam den Griff eines Fächers, von dem aus Hauptstraßen nach den jetzt nicht mehr vorhandenen Toren in der Mauer liefen. Dieser durch den Lauf der wilden Gera und die Lage des Unterbergs bestimmte Plan ist sehr eigenartig, ebenso die Anordnung der beiden Kirchen, deren Türme, anstatt nach Westen, nach Osten, der Stadt zu gerichtet sind, wie das auch bei der Peterskirche der Fall ist. Ganz besonders originell und charakteristisch ist aber die durch zufällige Umstände nötig gewordene Befestigung des Unterberges. Als der Chor des Domes, das ist die Marienkirche, für den Klerus zu klein geworden war, entschloß man sich einen größeren zu bauen, wozu der vorhandene Boden des Berges nicht ausreichte. Deshalb wurden zwei übereinanderliegende Reihen starker steinerner Bogen errichtet, die sogenannten Kavaten, die die hochthronende Gebäudegruppe tragen.

Der Dom mit seinem überhohen Chor, den die Türme nur wenig überragen, mit dem dreieckigen Anbau, dem Triangel, der mit seinen beiden Portalen den Haupteingang für die über die Stufen Aufsteigenden bilden mußte, zieht durch Pracht und den überraschenden Glanz der architektonischen Einfälle den Blick gewaltsam an; wendet man dann aber sich der Severikirche zu, möchte man ihr den Preis geben. Die zu einer einzigen Mauer zusammengezogenen Türme, das ungeheure Walmdach, das von Norden gesehen der Kirche die pompöse Behaglichkeit eines repräsentativen Hauses gibt, der Gegensatz dieses Dachgebirges zur Eleganz der spitzen Turmhelme, die schöne Farbigkeit der mattroten Ziegel, der hellgrünen Turmspitzen und des gelben Sandsteins, das alles zusammen läßt sie dem Dome an Originalität nicht nachstehen, noch weniger an geschlossener Wucht.

Der innere Domchor ist ein Werk, das menschliche Kunst und Arbeit vergessen läßt: er steht da, als wäre er auf den Wink eines Zauberstabes fertig aus der Erde gewachsen. Durch zwölf sehr hohe, sehr schlanke Glasfenster fällt das Licht ein, blumenbuntes, fabelhaftes Licht, dem unsrigen so unähnlich, wie der Himmel der Erde. Das Langhaus gleicht an manchen Punkten einem versteinerten Palmenhain, in dem schöne Grabplatten das Andenken vergangener Geschlechter hüten.

Zwei Meisterwerke besitzt auch die Severikirche: den spätgotischen Taufstein mit einem Überbau, der auf vielen phantastisch sich rankenden Stengeln als göttliche Blumenkrone Maria mit dem Kinde trägt, und das alabasterne Relief des heiligen Michael. Er ist nicht als Kämpfer, sondern als Sieger dargestellt, triumphierend getragen von seinen Flügeln und seinem Mantel, die die Tafel reich ausfüllen. Sein Kindergesicht voll Ernst und Unschuld blickt unter der königlichen Stirnbinde gelassen auf das groteske Scheusal zu seinen Füßen, das sich mit komisch ohnmächtigem Ingrimm in den Speer des Überwinders verbeißt. Seine Fledermausflügel allein kennzeichnen im Gegensatz zu den feierlichen Schwingen des Erzengels die Ausgeburt der Hölle.

Daß die Neuzeit wagte, auf den Westgiebel des Domes ein Mosaikbild der Maria zu setzen, das einem riesigen Lackbilde gleicht, gehört zu den Veränderungen oder zu dem gänzlichen Verschwinden des Geschmacks, der zuweilen vorkommt und wohl ebenso wie ein Erlöschen der Kraft auf einem bestimmten Gebiete eine falsche Tendenz im allgemeinen bezeichnet.

Die Verbreiterung der Treppe und die Freilegung des Platzes, Neuerungen des 19. Jahrhunderts, sind zwar dem gotischen Stile der Stadt nicht angemessen; aber durch sie hat der alte Platz vor den Stufen den Charakter freier Größe erhalten, der dem Mittelpunkt Thüringens und Deutschlands wohl ansteht.

Die zentrale Lage bringt es vielleicht mit sich, daß man in einer Hinsicht die Geschicke Deutschlands mir denen Erfurts vergleichen kann. Im deutschen Reich mischten sich germanisches, romanisches und slawisches Volkstum und Wesen, germanischer und romanischer Glaube, germanische und romanische Kunst, und bildete sich nicht dasselbe politische Nationalgefühl aus wie in England und Frankreich, sondern die Liebe zur Heimat, zu so viel Land, als sich überblicken und mit wirksamer eigener Tätigkeit erfüllen läßt, und anderseits der Sinn für andere Völker und die Fähigkeit ihre Leistungen anzuerkennen, sogar übertrieben zu bewundern. Diese Eigenschaft bedeutet eine Stärke und eine Schwäche, und so hat denn auch die unsichere Politik Erfurts Bedeutendes gezeitigt, nämlich das Nebeneinanderbestehen der beiden Konfessionen. Auf dem Unterberge stehen nebeneinander Marien und Severi, das katholische und das protestantische Gotteshaus, ein Bild widerstreitender Tendenzen, die es in einem Volke geben kann wie in einem Individuum, ohne es zu zerreißen, vielmehr es bereichernd.

www.ingramcontent.com/pod-product-compliance
Lightning Source LLC
LaVergne TN
LVHW051256200726
843510LV00010B/1152